체험 미술심리치료의 확장

장연집 · 최호정 · 홍혜정 · 김현미 · 임하연 공저

Expansion of Lived Experience in Art Psychotherapy

학지사

머리말

이 책은 서울여자대학교 특수치료전문대학원에서 미술심리치료학을 전공하고 질적 연구방법을 활용하여 학위논문을 제출해 석 · 박사 학위를 취득한 제1세대 졸업생들이 다룬 체험 자료들을 분석하고 있다.

특히 Max van Manen의 해석학적 현상학적 질적 연구(이후 질적 연구로 표기함)를 기반으로 하고 있는 이 책은 미술심리치료학 전공에서 다루어 온 질적 연구를 연구방법이라는 기존의 접근 방식으로만 한정 짓지 않고, 전공을 활성화시킬 수 있는 새로운 공부법으로서의 가능성을 현실화하기 위해, 크게 두 가지 측면에서의 확장을 시도하고 있다.

첫 번째는 기존의 질적 연구에 미술심리치료학 전공의 특수성인 시각 언어의 사용을 개방하는 시도를 하고 있다. 그리고 시각 언어를 기존의 구술 언어와 같은 층위에 동등하게 위치시켜 놓고 있다. 두 번째는 국내외에서 시도된 적이 없는 것으로 학위논문에서 다룬 해석학적 현상학의 글쓰기를 기반으로 두 가지 형태의 체험 글을 다루는 시도를 하고 있다.

이 같은 두 가지 측면에서의 확장 시도를 하기 위해 질적 연구의 철학과 적용에 관해 신중하면서도 조심스럽게 깊이와 그 근본이 되는 바탕을 유지하면서도, 새로운 전공의 출현이라는 시대 변화와 흐름을 반영하기 위해 긴 숙고의 시간이 요구되었다. 서울여자대학교 특수치료전문대학원의 개원 시기를 중심으로 산출해 보면 그 시기는 현재 18년이 된 시점이다.

미술심리치료학 전공의 역사를 만들어 가는 1세대를 15년 정도로 본다면, 현재 전공의 졸업생들은 1세대에 속하게 된다. 이들 중 극히 일부가 이 책을 제작하는

데 대학원 졸업자로서 체험 자료를 다루어 주었다. 이들은 개인적인 측면에서는 질적 연구와 전공의 활성화를 동시에 다루는 확장의 시도 작업에 직접 참여함으로써 많은 배움의 기회를 가졌지만, 이들의 참여는 미술심리치료학이란 전공의 역사라는 측면에서 보면 초창기 전공의 역사를 다룰 수 있도록 해 주는 기록으로서의 살아 있는 체험 자료를 남겼다는 의미를 갖는다.

학부 과정에는 개설되어 있지 않고, 대학원 과정에서 처음으로 개설되기 시작한 미술심리치료학 전공의 1세대들에게는 전공이 쌓아 놓은 학문적 역사가 없었고 선배가 없었기 때문에 지도교수와 동료들이 서로에게 힘이 되어 주고 서로를 격려해 가며 공부했던 지난날들을 떠올릴 수 있을 것이다. 아무도 밟은 적 없는 새로운 길을 걸어야 했던 1세대 전공자들의 초창기는 한마디의 단어로 표현하기는 쉽지 않으나 그 속에는 고단함이라는 부분이 반드시 자리하고 있을 것 같다.

전공의 1세대들이 했던 말들 중 기억에 남는 것은, 선행 연구나 임상 현장에서 요구되는 경험의 축적이 부족하여, 당시 자신들의 위치가 어디에 있는지를 점검해 가며 불안감과 막막함을 늦춰 보기도 하였고, 그런가 하면 새로운 전공이 뿜어 대는 이끌림과 열정을 끌어내 주는 호기심이 학위 과정을 밟아 가는 데 바탕이 되어 주었다는 말이다.

이들을 이끌어 온 지도교수로서 대학원의 입장에서 바라본 전공의 1세대들은 모두로부터 그리고 모든 상황으로부터 관심을 받아 온 특수한 세대로 느껴진다. 비록 이들에게는 전공의 역사도 없었고, 선배도 없었으며, 선행 연구도 얇았고, 많은 부분이 생소하고 어눌했지만, 한편으로는 지도교수도 가까이 있었고, 칭찬도 많이 받았으며, 기대도 많이 받았다. 물론 어려움이 산재해 있었지만 닦아 가는 길마다 능력 이상의 기회가 마련되었고 큰 기쁨을 갖게 하였던 것으로 기억된다. 설익고 미처 준비가 되지 않음으로부터 나오는 어려움은 예상했던 것이지만, 기회라는 것을 주면서 익혀 가야 했던 상황이 주는 곤란함도 있었다. 이런 과정에서 전공의 1세대들은 누구도 말해 주거나 가르치진 않았으나, 스스로 책임감을 자신에게 끌어당기고 전공의 발전이 자신들과 모두를 위한 발전이라는 마음을 가지고 있었던 것이다.

이제 이들은 대학원 졸업생이 되어, 각기 자신들의 자리를 안정적으로 잡아 가고 있다. 이들은 지나 온 길을 되돌아보고, 앞으로 펼쳐질 길을 떠올려보면서, 자신들이 서 있는 현재를 좀 더 굳건히 해 보고 싶어 할 것이다. 이 책은 좁게 보면 특정한 대학원의 졸업생들이 다룬 자료이지만, 크게 보면 국내 1세대 전공자들의 순수한 체험 자료이기도 하다. 따라서 이 책은 한국 미술심리치료학 관련의 모든 대학원과 그 전공자들이 접하는 체험 내용들과 많은 부분 겹쳐질 것이다.

이 책을 구성하고 있는 모든 자료의 내용은 질적 연구방법으로 학위논문을 쓴 미술심리치료학 전공의 학위 취득자들인 졸업생들의 체험 자료로, 크게 두 가지의 흐름을 지니면서 전개시켜 나가고 있다.

하나는, 이 책에서 시도되고 있는 시각 언어는 구술 언어와 동일하다고 보는 입장에서 다루어지고 있으나, 단 여기에서는 예술 자료로서의 가치를 탐구하거나 분석해 보는 일은 자제하고 있다.

다른 하나는, 이 책에서의 질적 연구는 연구의 기능을 포함하여, 내면적인 통찰의 기회 마련이 제공되고 있다.

이 책에서 다루고 있는 체험 자료는 국내에서 미술심리치료학이라는 세부 전공으로 학위를 취득한 졸업생들이 직접 겪은 이야기라고 볼 수 있다. 이들은 현재는 교수, 강사, 현장의 미술심리치료사, 연구자, 연구소 운영자 등 다양한 역할을 해 오고 있다. 여러분의 현재 또는 미래의 모습이기도 하다. 따라서 당연히 여러분이 체험한 그리고 체험할 이야기이기도 하다. 학위 취득 후, 여러 해를 전공 관련의 다양한 현장에서 보내고 있을 때, 대학원 지도교수가 나눔과 배움이 있는 성장을 위한 가상공간에서 모임을 만들고자 하는데, 이에 자율적으로 참여 의사를 보내 준 이들은 곧 여러분 자신일 수도 있다고 본다. 이 책의 저자들도 이렇게 그저 순수한 마음으로 참여하게 된 것이다.

졸업 후 다양한 현장에서 맡겨진 역할에 최선을 다하며 적극적으로 지내다 보면, 직업으로서의 일이나 직장에서 요구되는 일부터 하게 마련이다. 따라서 전공 분야에서 요구되는 연구와 특수한 세부 주제 같은 부분에는 경쟁력이란 것이 느슨해질 수도 있다. 그러나 학위 취득자의 경우, 직장을 가져 전문적인 일을 하더라도 개인 경쟁력을 갖추기 위해서는 어떠한 형태이든 연구를 포함하여 쉼 없는 배움이 필요하다. 이에 졸업생을 위한 새로운 경쟁력으로서 연구와 전공이라는 두 마리의 토끼를 동시에 다뤄 볼 수 있는 기회의 제공과 대학원의 졸업생을 위한 돌봄은 매우 힘들기는 하지만 지도교수로서 충분히 에너지를 내어 줄 수 있는 부분으로 보고, 과감히 에너지를 내어 보게 된 것이 수년이 걸리게 되었다.

물론 전공의 특수한 주제들 중에는 혼자서 자율적으로 공부를 해 갈 수 있는 부분도 있다. 그리고 전문 교육기관이나 학회에서 다뤄지는 부분도 많이 있다. 반면, 석사학위 이상의 수준을 갖추고 있으면서 특정한 질적 연구를 중심으로, 전공의 다양한 주제를 다뤄 보기 위해서는 이들 구조에서 다뤄지기를 기다리기보다는 동종의 소모임을 통해 집중적으로 다루었을 때 시너지 효과가 나타날 수 있는 그런 공부도 있다. 이 책은 후자의 경우에 해당한다.

이 책에는 Max van Manen의 해석학적 현상학의 질적 연구로 학위논문을 제출하였고, 임상실습 경험과 슈퍼비전이 최소 720시간이 되며, 최소 4가지 유형의 미술심리치료학 전공의 다양한 주제를 다룰 수 있는 졸업생들의 체험 자료가 수록되어 있다.

이들의 자료에 기본이 된 출발점은 나눔이다. 나눔은 구체적으로 연구 참여자들 자신이 석 · 박사 학위논문에서 다루었던 논문 중 중요 부분인 해석학적 현상학의 글쓰기(이는 이후 이 책의 시작점이란 의미로서 원본으로 표기하고자 한다) 부분을 공개하고, 이를 나누는 데 동의서를 제출하면서부터 시작된다.

대부분의 학위논문은 개인적인 자료이다. 부분이든 전체이든 크든 작든 모임에서 공개되어 공유되는 일은 좀처럼 일어나지 않는다. 이를 다루고자 한 이 책의 기본 자료는 학위논문의 일부분으로부터 시작된다. 아직은 누구도 시도한 적이 없는 제안으로부터 시작된 것이 이 책이다. 학위논문에서 다뤄진 내용의 일부를 공개한다는 동의서를 제출한다는 것은 그것을 다루어 줄 사람들과의 관계에서 상호 간의 존중과 신뢰가 자리했기에 가능한 일이다. 자신의 논문 중, 자신이 가장 진솔하게 자신만이 할 수 있는 소리를 담고 있는 특정한 그런 부분을 나눌 수 있다는 것은, 앞으로 펼쳐질 수많은 어려움을 충분히 함께 이겨 낼 수 있는 힘과 책임감을 지니고 있다는 의미로 받아들일 수 있다.

미술심리치료학 전공자가 해석학적 현상학적 연구방법을 활용하여 학위논문을 수행하려 할 때, 초창기의 연구 자료를 수집하는 과정에서는 전통적으로 구술 인터뷰에 집중해 왔었다. 그러나 인터뷰 과정에서, 때때로 언어로 표현해 내는 것을 힘들어하는 내담자를 만나게 될 경우 그림을 그려 보라는 경우도 자연스럽게 생겨났다. 물론 이 같은 부분은 학위논문에는 실리지 않아 왔다. 그러나 그 같은 자료는 축적되어 갔다. 동시에 전공자이면서 연구자로서 구술 인터뷰 자료를 다루는 과정에서 연구자 자신도 자연스럽게 시각 언어를 다루는 경우가 쌓여갔다. 이 같은 과정을 거치면서 자료는 다루어지지는 않았지만 축적되었다. 같은 배경으로 미술심리치료학 전공자에게는 시각 언어가 구술 언어보다 힘이 강할 수 있다는 것을 설명 없이 체험으로 이미 잘 알고 있는 부분이다. 이에 이 책에서는 1단계로 두 가지 언어인 구술 언어와 시각 언어의 층위를 같은 위치로 배치해 놓고, 이를 자율적으로 다룰 수 있도록 허용하고 있다. 그리고 이 책에서는 시각 언어는 허용하되 구술 언어의 자료를 분석하는 것은 과학적 연구로서 아직은 준비가 되어야 할 부분이 있기 때문에 이는 후속 연구의 부분으로 남겨 두고 있다.

현재 구술 언어가 지니고 있는 한계의 간극을 메우거나 핵심을 강조하려 할 때 시각 언어가 지닌 강도를 충분히 잘 알고 있지만, 시각 언어만을 다루려 할 때 과학적 연구에서의 타당도와 신뢰도의 부분에 대한 연구가 좀 더 깊이 있게 다루어져야 하기 때문이다. 그리고 이 부분은 미술심리치료학 전공에서 사용하는 미술이 예술로서의 미술이나 미술 교육에서의 미술과 어떤 부분이 같고 다른지에 관해 충분한 연구와 정비가 필요하고 관련의 연구 수행이 선험적으로 깊이 있게 다루어져야 하기 때문이다.

시각 언어를 다루는 부분과 함께, 이 책의 핵심 부분은 학위논문 중 일부분에 해당하는 '원본'을 기반으로, 크게 두 가지인 반영적 작업과 창의적 작업의 부분으로, 특히 반영적 글과 창의적 글이 다루어진다는 것이다.

이에 이 책의 기반이 되고 있는 원본을 설명해 보면, 원본은 학위논문 중 중요한 일부분이다. 대부분의 학위논문은 논문 심사 후 도서관에 비치된다. 심지어 인터넷상에서도 검색하면 질적 연구이더라도 찾아볼 수 있도록 공개되어 있기도 하다. 그러나 질적 연구방법을 활용한 학위논문의 경우는 자료의 관리가 매우 신중하게 다루어져야 한다. 따라서 학위논문이 이미 어떤 식으로든 공개된 것이라 해도, 이들 자료를 전체이든 부분이든 관계 없이 중요한 부분을 다시 읽거나 다루려 한다면 다시 한번 이의 사용을 허락한다는 동의서를 요청하게 된다. 그리고 논문을 다룬 연구자가 동의서를 제출하였다고 해도 그것이 다루어지는 과정에 대해 해당 연구자는 망설임과 조심스러움을 가질 수 있으므로 특히 작은 모임에서 이 부분을 집중적으로 다루게 될 경우에는 이 같은 부분의 이해와 연구자 존중이 우선적으로 요구되어야 한다. 이 책의 경우, 동의서 제출은 오직 순수한 배움에 대한 열정과 서로에 대한 신뢰가 있었기에 가능한 일로 이는 결코 쉬운 일이 아니라는 것을 알아야 한다. 이 같은 태도는 모든 질적인 자료를 다루는 경우에도 동일하게 요구되는 부분으로 생각된다.

다시 말해 제출된 질적 자료를 다루고 분석하기 위해서는 연구자로서의 자료를 대하는 일관된 건강함이 뒷받침되어야 한다는 생각이다. 이 부분은 질적 연구의 타당도와 신뢰도 관련 부분으로 연계지어 볼 수 있다. 기꺼이 자신의 체험을 다루고, 반영된 것을 감사로 받으며, 또 다시 비판적 시각으로 자신의 글에 대한 자료를 수용해야 하는 일련의 과정은 혹독하지만 많은 배움으로 채워질 가능성이 높다.

이 책은 원본을 포함하여 이들 세 가지 종류의 글을 원본, 반영적 글, 창의적 글로 표기하고 있으며, 이들을 쉽게 구별하고 이해할 수 있도록 삼각형의 도형으로 비유해 보면 다음과 같다.

1단계의 원본은 학위논문에서 다루어진 중요한 일부분으로 해석학적 현상학의 글쓰기를 지칭하고 있다. 이의 자리는 비유컨대 삼각형의 왼쪽 밑면에 위치시켜 볼 수 있다. 변증법적인 正의 단계를 상징하며 대학원 재학생 시절 다룬 학위논문으로 제출된 자신의 자료를 공개하고 나누는 시작점으로 볼 수 있다.

2단계는 삼각형의 위쪽 꼭짓점으로 변증법적 反의 상태를 상징하며, 이에는 반영적 작업 I과 반영적 작업 II를 배치시켜 볼 수 있다. 원본을 비추어 내는 수많은 거울로, 그 비추어 낸 체험 자료들의 내용이 곧 거울이 된다.

3단계는 삼각형의 오른쪽 밑면에 배치시킬 수 있으며 변증법적 合의 단계를 상징하는 창의적 작업을 배치시켜 볼 수 있다. 겉으로 보면 1단계와 3단계의 높이는 같이 보인다. 그러나 3단계는 졸업 후 성장해 있는 상태에서 1단계에서의 자신의 과거와 2단계에서의 수많은 거울의 반응을 참고하면서, 자신의 내면을 스스로 들여다보는 힘을 갖추고 있다.

이 책은 원본, 반영적 작업 I과 반영적 작업 II, 창의적 작업이라는 일련의 과정 속에 나눔, 배움, 성장과 재창조라는 흐름이 반복적이고 지속적으로 순환되어 간다는 것을 다루고 있다.

이들은 자신의 학위논문에서 다루어진 자료를 공개함으로써 3단계의 성장과 재창조를 스스로 이끌어 내어 보는 과정을 체험하면서, 미술심리치료 전공자로서 용기를 가지고 자신을 드러내는 나눔으로부터 시작하는 여정을 떠나 본 것이다. 이 과정에서 많은 거울이 되어 준 자료들이 만들어지고, 이어 이들을 보면서 자신의 내면에서 들려오는 소리에 귀를 기울이는 과정을 통합하여 자신의 과거와 현재를 바탕으로 한 미래를 잠시 만나 보는 경험을 가질 수 있었을 것이다.

이 책에서는 이 같이 3단계로 구성된 삼각형의 궤적을 밟아 가는 과정이, 졸업생 전공자들에게는 자율적 공부법의 모델이 되어 줄 수 있을 것이라는 가정을 하고 있다.

이를 이 책의 차례와 연결시켜 보면 다음과 같다. 이 책은 제1부에서 제4부까지, 10개의 장으로 구성되어 있다.

제1부는 4개의 장으로 이루어져 있으며, 미술심리치료학 전공에서 접근해 본 질적 연구와 체험의 원자료를 다루고 있다.

제1장은 질적 연구와 미술심리치료학 전공을 다룬다. 해석학적 현상학적 체험 연구를 기반으로 미술심리치료학의 특수성인 시각 언어에 대해 살펴보며, 시각 언어가 가지는 가치와 중요성을 다루고 있다. 그리고 체험 연구의 확장을 시도한 반영적 작업과 창의적 작업을 다루며, 이들 체험 자료로서의 가치와 미술심리치료학 전공 졸업생을 위한 새로운 공부법에 대한 의미를 설명하고 있다.

제2장은 미술심리치료학 전공의 학위논문 안에서 다루어진 해석학적 현상학적 글쓰기인 16편의 원본을 축약하여 다루고 있다.

제3장은 15인의 반영적 작업자가 16편의 원본을 읽고 다룬, 112편의 반영적 작업(반영적 작업 I과 반영적 작업 II) 중 제2부에서 분석한 반영적 작업의 원자료인 총 85편을 다루어 놓고 있다.

제4장은 12인의 원저자가 자신들의 원본을 읽고 반영적 작업자가 다룬 반영적 작업을 보고 체험한, 25편의 창의적 작업 원자료를 다루어 놓고 있다.

제2부는 체험 미술심리치료에서의 반영적 작업을 분석해 놓고 있다. 반영적 작업은 한국 미술심리치료학 전공의 특수성과 이를 반영시킨 질적 연구의 확장 가능성을 다룸으로써 전공자들에게 전공과 질적 연구를 가깝게 연결 짓고, 이 같은 과정을 통해 연구 참여자들에게는 나눔을 통한 새로운 배움의 기회가 제공되어 성장이 현실화되는지에 관심을 갖고 수행되었다.

제5장과 제6장은 원본 한 편을 읽고 다룬 반영적 작업 I을 분석한 것이다. 분석 분량이 길어서 주제를 임의로 일곱 개로 나누다 보니 두 장으로 나누게 되었을 뿐 분석의 흐름과 맥락은 동일하다. 총 101편(글 55편, 시 6편, 그림 40편)의 자료가 수집되어 제5장은 반영적 작업의 의미와 목적을 다룬 후, 원본을 미술심리치료학의 네 가지 유형별로 분류하여 다뤄 놓고 있다.

제6장에서는 미술심리치료학 슈퍼비전, 미술심리치료사, 미술작업 관련 전공과목이라는 세 가지 주제를 기반으로 한 체험 자료를 분석하고 있다.

제7장은 졸업생의 전공 심화에 깊이를 더해 줄 수 있는 원본의 활용과 원본을 2~5편 다룬 체험을 분석하고 있다. 이를 위해 총 11편(글 6편, 그림 5편)의 자료가 수집 · 분석되었다.

제3부는 이 책의 목적인 체험 미술심리치료의 확장에서 가장 관심을 끄는 부분이다. 대학원생 시절에 다룬 원본의 원저자는 세 번째 단계인 창의적 작업의 단계에서는 졸업생 연구 참여자로 창의적 작업자라는 이름으로 불리며, 대학원생 때 자신이 다룬 원본과 이를 다룬 두 번째 단계에서 수많은 거울에 비추어진 원본을 보면서, 세 번째 단계에서 스스로 자신이 체험한 내용을 통합적으로 다루게 된다. 특수성과 고유성이 유지되기도 하고 흐트러지기도 하는 장면에서, 전문가로서의 정체성을 재고해 보는 기회를 갖게 된다.

제8장은 Max van Manen이 제시한 분석 절차에 따라 분석된 창의적 작업을 다루는데, 특히 자신의 내면에서 말하는 소리를 들을 수 있는 기회를 갖게 된다. 따라서 내면의 목소리와 함께한 체험이 있는 경우에는 그 깊은 울림의 의미를 찾아보는 데 관심을 기울일 수 있게 된다.

제9장은 창의적 작업이 시도된 지 2년여의 시간이 지난 시점에서, 창의적 작업에 참여하였던 3인의 연구 참여자들이 지난 3단계에서 수행하였던 창의적 작업을 통해 가졌던 체험을 되돌아보고 있다.

제4부는 미술심리치료학 전공자의 성장과 미래를 다루고 있다. 미술심리치료 전공자로서 대학원 과정의 결실인 학위논문의 작성과 학위취득 이후 졸업생으로 참여한 새로운 시도로서의 확장이란 체험은 반영적 작업과 창의적 작업이라는 일련의 과정을 밟아 가면서, 이들 과정이 다름 아닌 자율적으로 참여한 배움의 기회임을 알게 하였다. 그리고 전공자로서 올바른 정체성과 미술심리치료학 전

문가로서 각자가 설정해 놓은 목표를 향해 확장시켜 가는 노력을 통해 서로가 모두 연결되어 있는 하나임을 보여 주었다.

제10장은 미술심리치료 전공자에서 전문가가 되는 과정은 혼자가 아니라는 것을 말하고 있다. 서로 거울과 버팀목이 되어 주면서 함께 성장해 가는 동료들이 있다는 것의 이해와 의미 그리고 그 과정을 통합적으로 다루었으며, 미술심리치료 전문가가 되기 위해 필요한 나눔과 배움이 있는 미술작업과 체험 글을 수록하였다.

이 책에서는 한국 미술심리치료학 전공의 1세대가 다루어 놓은 체험 자료를 분석하였다. 특히 기존의 질적 연구에 미술심리치료학 전공의 특수성을 접목시키는 시도를 하였으며, 원본을 기반으로 반영적 작업과 창의적 작업을 개발한 확장을 다루어 놓고 있다.

존중과 개발 그리고 혁신이 진화로 이어지는 과정이 담겨 있는 이 책을 통해 미술심리치료학 전공자인 졸업생, 재학생 그리고 학위 과정을 준비하는 모든 사람이 짧은 시간 동안 깊이 있고 진솔한 전공 관련의 과거, 현재, 미래라는 역사성과 다양한 전공의 세부 주제들을 동시에 접해 보면서 자신만의 안목을 가질 수 있게 될 것이다.

미술심리치료학에 관심을 갖고 있는 전공자와 미술치료에 관심을 가지고 있는 모든 분 그리고 전공자는 아니지만 질적 연구방법뿐만 아니라 양적 연구 및 통합적 연구에 관심을 갖고 있는 모든 분에게도 권해 드리고 싶다.

질적 연구와 미술심리치료학 전공 모두의 발전에 도움이 되기 위해 수년 동안 준비한 자료들이 이제 한 권에 담기게 되었다.

이 책이 구체화되기 이전부터 마음을 담아 준 김시내 선생에게 감사를 드린다. 그리고 체험 자료를 보내 주고 5인의 저자가 자료를 분석하는 데 지켜봐 주고 기다려 준 문리학, 한경아, 김초롱, 임은영, 김성희, 박주희, 김희연, 임연채, 김현진 선생에게 깊은 감사의 마음을 전한다. 이에 더하여 이 책이 출간되기까지 저자들이 집중할 수 있도록 많은 부분을 인내로 덮어 준 5인의 가족들에게도 특별히 감사하는 마음을 전하고자 한다.

그리고 2018년 4월 학지사에서 출간한 『체험 미술심리치료』 책이 좋다고 격려해 주셔서, 그 책과 이어지는 이 책을 마무리하는 데 속도를 내도록 해 주신 출판사 학지사의 김진환 사장님에게 특별한 감사의 말씀을 전해 본다. 아울러 편집진들의 큰 수고에 감사를 빼놓을 수 없다. 심리학과 미술심리치료학 관련의 좋은 저서들을 많이 출간하는 우뚝 선 출판사가 있다는 것은 전공자들에게는 마음 든든한 부분이다. 이에 학지사가 더욱 발전하길 기원해 본다.

2018년 8월

저자 대표 張蓮集

차례

Part 3 체험 미술심리치료에서의 창의적 작업 분석

Part 4 미술심리치료학 전공자의 성장과 미래

Part 1 미술심리치료학 전공에서 다루어진 질적 연구와 체험의 원자료

제1부는 총 4개의 장으로 구성되어 있다. 미술심리치료학 전공의 질적 연구를 중점적으로 다루며, 해석학적 현상학적 글쓰기와 반영적 작업 및 창의적 작업의 원자료를 실었다.

제1장은 질적 연구와 미술심리치료학 전공을 살펴본다. 다양한 질적 연구방법 중에서도 해석학적 현상학적 체험연구를 바탕으로 미술심리치료학의 특수성인 시각 언어를 다룬다. 그리고 해석학적 현상학적 체험연구의 확장으로 새롭게 시도되는 반영적 작업과 창의적 작업에 대해 소개한다.

제2장은 미술심리치료학 전공에서 다루어진 해석학적 현상학적 글쓰기를 다룬다. 이는 크게 두 가지로 나뉘며, 미술심리치료의 유형으로 분류한 해석학적 현상학적 글쓰기 9개와 미술심리치료의 주제로 분류한 해석학적 현상학적 글쓰기 7개이다.

제3장은 반영적 작업의 원자료인 반영적 작업 I과 반영적 작업 II를 싣고 있다. 반영적 작업 I은 2장에 수록된 원본에 대한 반영적 작업이며, 반영적 작업 II는 2~5편의 원본에 대한 반영적 작업을 말한다.

제4장은 창의적 작업의 원자료를 다루며, 총 12인의 창의적 작업자의 원자료 총 25편이 실려 있다.

Chapter 1 질적 연구와 미술심리치료학 전공

제1장은 질적 연구와 이를 바탕으로 한 미술심리치료학 전공의 특수성을 다룬다. 첫 번째로는 해석학적 현상학적 체험연구에서 다루어진 시각 언어에 대해 소개하며, 이러한 시각 언어가 미술심리치료학 전공 질적 연구에서 가지는 의미들에 대해 살펴본다. 그리고 전통적인 질적 연구 자료 수집 방법의 하나인 심층면담과 더불어 그림, 사진 등의 시각 언어 자료들을 수집하는 시각적 방법에 대해 알아본다.

두 번째로, 국내에서 처음 시도되는 반영적 작업과 창의적 작업을 소개한다. 이 두 가지 접근법은 해석학적 현상학적 체험연구의 확장을 시도한 것으로, 미술심리치료학 졸업생을 위한 새로운 공부법을 창출해 내기 위함이다. 반영적 작업과 창의적 작업의 시도 배경과 자세한 연구방법에 대해 설명하며 나아가 이러한 새로운 시도가 미술심리치료학에서 새로운 공부법으로서 어떠한 의미를 가지는지 고찰해 본다.

1. 해석학적 현상학적 체험연구와 미술심리치료학 전공의 특수성

미술심리치료학은 미술과 심리치료가 융합되어 있는 학문이다. 미술심리치료학은 예술로서의 미술과 심리학에서의 심리치료를 합성한 표기로 학문적으로는 사회과학이라는 자리를 굳건히 한다(장연집, 2017a). 미술치료가 사회과학 안에서 미술심리치료학이라는 학문으로 자리를 굳히고 전문성의 향상을 가져오기 위해서는 미술심리치료학 전공 관련 연구물의 축적이 필요하다(장연집, 2014). 그리고 미술심리치료학이 지속적으로 학문적 성장을 해 나가기 위해서는 미술심리치료학의 특수성을 잘 담아낼 수 있는 연구방법을 사용하는 것이 중요하다.

미술심리치료학의 특수성을 가장 잘 나타내는 것은 아마도 미술작업일 것이다. 미술작업은 정서적 치유를 촉진하고, 내적 갈등을 해소하며, 개인의 창조성을 일깨워 준다(Rogers, 2007). 미술심리치료를 받는 내담자는 자신의 미술작업을 통하여 정서적 안정을 취하고, 삶의 어려움을 해결하며 성장으로 나아간다. 미술심리치료사 역시 내담자들이 창조해 낸 미술작업을 통해 그들의 삶을 이해한다. 때때로 미술심리치료사는 내담자의 미술작업을 분석하고 해석해야 하는 경우도 생긴다. 이러한 관점에서 볼 때 미술심리치료 전공을 위한 연구에서 미술작업과 관련된 그림, 사진 등의 시각 언어는 매우 중요한 가치를 지닌다.

그렇다면 미술심리치료학에서 이러한 시각 언어를 자연스럽게 담아낼 수 있는 연구방법은 어떤 것이 있을까? 다양한 연구방법 중 시각 언어를 보다 깊은 차원에서 다룰 수 있는 연구방법으로 질적 연구를 꼽을 수 있다. 질적 연구는 인간의 생활세계에 초점을 맞추어 인간을 보다 깊게 이해하고자 하는 목적을 가지고 있다. 그렇기에 연구 참여자가 겪는 일상의 경험에 관심을 가지고 그들의 경험이 진정 어떠한 것인가를 묻는다. 즉, 연구 참여자가 경험하는 그 체험의 의미와 본질을 탐구하는 연구방법이다. 이러한 질적 연구의 탐구방식은 내면의 주관적 표현이 잘 드러나는 시각 언어와 만났을 때 한층 더 깊은 체험의 차원으로 들어갈 수 있게 된다. 따라서 미술심리치료학에서 추구하는 시각 언어와 질적 연구의 만남은 미술심리치료학 전공 연구에 시너지 효과를 가져다줄 수 있을 것이다.

질적 연구에는 다양한 연구방법이 존재하지만, 시각 언어를 가장 자연스럽게 담아낼 수 있는 연구방법은 해석학적 현상학이라 할 수 있다. 대표적으로 꼽을 수 있는 질적 연구방법은 현상학, 문화기술지, 내러티브 탐구, 근거이론, 사례연구 등이 있다. 이러한 질적 연구방법들은 큰 틀에서 보자면 심층면담, 참여관찰 등을 이용한 전통적인 자료 수집방식을 공유하고는 있다. 그러나 엄밀하게 보자면 같은 질적 연구라 하더라도 연구방법론에 따라 자료 수집 방법이 조금씩 차이가 있음을 알 수 있다. 그리고 이들 대표적 질적 연구방법 중에서 시각 언어 자료 수집에 가장 가치를 두고 있는 것이 Max van Manen의 해석학적 현상학적 체험연구라 할 수 있다. 다음에서는 Max van Manen의 해석학적 현상학적 체험연구에 대해 더 자세하게 고찰해 본다.

1) 해석학적 현상학적 체험연구

Max van Manen의 해석학적 현상학적 체험연구는 과학적인 연구방법으로 인간의 소소한 일상에 관심을 가지고 생생한 체험의 의미와 본질을 드러내 보고자 한다. 해석학적 현상학적 체험연구에서 주로 질문되는 연구문제는 "연구자가 연구 주제로 선정한 현상에 대해 연구 참여자들이 어떠한 체험을 하는가?"이다. 해석학적 현상학적 체험연구는 연구 참여자가 경험하는 그 현상에 대해 매우 사려 깊고, 주의 깊은 태도로 바라보는 것을 필요로 한다. 그리고 이러한 태도는 연구 참여자로 하여금 자신의 삶에서 경험되는 특정 현상에 대해 보다 내면적인 성찰을 가능하게 해 준다. van Manen은 이러한 체험연구는 시를 짓는 것과도 같은 것이라 표현했다(van Manen, 1984). 시를 짓는다는 것은 단순히 시구를 만드는 것이 아닌 본래의 경험을 관통하는 본질을 포착하는 것이기 때문이다.

이러한 해석학적 현상학적 체험연구의 목적을 이루고자 연구자들은 기본적으로 자신이 연구하고 있는 현상을 경험한 연구 참여자들과 심층면담을 하였다. 심층면담은 개인들의 삶의 경험에 통찰력을 제공하는 하나의 효과적인 방법이다. 심층면담을 통하여 질적 연구자들은 질문에 대한 답을 얻으려는 것도 아니고, 평가하기 위한 것도 아니며, 연구 참여자들의 생생한 경험과 그 경험으로부터 만들어 내는 의미를 이해하고자 하는 것이다(Seidman, 2009).

Max van Manen의 해석학적 현상학적 체험연구방법이 다른 질적 연구방법과 차별화되는 특성 중 하나는 시각 언어 자료를 활용한다는 것이다. 즉, 전통적으로 이루어지는 심층면담과 더불어 다양한 예술적 자료들을 통하여 연구하고자 하는 경험의 본질과 의미를 파악하는 단계가 존재한다. Max van Manen의 해석학적 현상학적 체험연구를 수행하기 위해서는 총 11단계의 연구절차를 거치게 되는데, 그중에서 '실존적 탐구' 단계에서는 예술자료들을 수집하게 된다. 그림, 영화, 시 등 다양한 예술자료는 인간세계에 일어날 법한 이야기와 상황들을 제시해 준다. 예술자료들은 인간의 생활세계에 대한 수많은 체험을 담고 있기에 질적 연구의 자료로서 충분한 가치를 가지고 있다. Max van Manen은 예술을 신체 움직임을 통한 텍스트라고 보았다. 즉, 예술가들은 자신들의 체험에 형태를 부여하는 것이며, 따라서 예술작품들은 그들의 체험이 초월된 형태로 표현된 것이다.

각기 다른 예술의 형태(그림, 조각, 음악, 영화 등)들은 나름의 표현 언어를 가지고 있기에, 비단 언어로 이루어진 자료만이 연구의 텍스트를 구성할 수 있는 것은 아닌 것이다. 예술 역시 살아 있는 시각적 · 청각적 · 촉각적인 연구 텍스트들이라고 볼 수 있다(van Manen, 1990).

현상학적 연구에서 시각 언어가 사용된 대표적인 예로 반 고흐의 구두 그림을 들 수 있다. 고흐는 여러 켤레의 구두 그림을 그린 바 있다. 이 글을 읽는 독자들은 고흐의 구두 그림을 떠올리며 어떠한 느낌을 받는지 생각해 보았으면 한다. 이 신발의 주인은 누구일까? 어떤 일을 하는 사람일까? 언제 이 신발을 신을까? 이 신발을 신는 사람은 어떠한 삶을 살고 있을까? 등등 수많은 질문을 해 볼 수 있겠다. 독자들은 아마도 그림을 보면서 이러한 질문에 스스로 답을 찾아 가는 과정에서 신발이라는 대상에 대한 많은 생각을 가지게 될 것이다. 또한 그림을 통해 느껴지는 정서는 언어로만 표현된 것보다 깊이감을 한 층 더 해 줄 수 있을 것이다.

하이데거는 고흐의 구두 한 켤레 그림을 인용하며, 한 편의 예술작품은 그것을 바라보는 사람에게 어떠한 진실을 알려 준다고 하였다. 즉, 구두가 진실로 무엇인지를 보는 이에게 폭로한다는 것이다. 하이데거에게 예술은 진실이 발생하는 한 방식이다(박정자, 2005).

> 하이데거는 예술작품의 진실이 무엇인지를 규명하기 위하여 반 고흐의 구두 그림을 예로 들었다. 착용자의 고단한 삶과 노동이 각인되어 있는 찌그러지고 망가진 낡은 구두를 통해 그는 예술작품이 단순한 제품적 성격을 넘어 존재의 진실을 드러내 준다는 것을 해명하였다……. 그는 예술작품이란 존재의 진실로 껑충 뛰어오르기 위한 스프링 또는 발판이라고 말하였다.

Max van Manen(2015)은 그의 글 '교육적으로 바라보기와 듣기를 통한 사려 깊은 관찰'에서 이탈리아 화가인 카라바지오와 램브란트가 각각 그린 '이사악의 희생'이란 그림을 인용했다. 아브라함이 자신의 아들인 이사악을 제물로 받쳐야 한다는 신의 음성을 따르기 위해 아들을 제단에 묶은 후, 칼을 들고 죽이기 직전의 모습을 담은 그림들이다. Max van Manen은 두 화가가 공통적으로 표현한 아브라함의 모호한 얼굴 표정에 주목했다. 그러면서 이러한 아브라함의 모습은 현대 사회에서도 예외적이 아니며, 일상의 삶에서 부모들이 자신의 자녀들과 가질 수 있는 애매모호한 관계의 어려움을 보여 준다고 하였다. Max van Manen은 이 대목에서 '아브라함이 자신의 소중한 아들에게 칼을 들고 있는 것과 같이 실제로 우리도 우리의 자녀들, 우리에게 소중한 사람들에게 수많은 다른 방식으로 죽임을 행할 수 있다.'고 말한 데리다를 인용하였다(van Manen, 2015). Max van Manen이 표현하고자 하였던 이러한 미묘하고 정교한 내적인 상황들은 글과 시각 언어인 그림이 함께 제공되었기에 더욱더 잘 포착되었다고 여겨진다.

2) 미술심리치료학 전공의 특수성: 시각 언어 다루기

질적 연구는 다양한 학문적 배경과 전공에 따라 유연하게 선택적으로 사용되고 있다. 따라서 연구자의 전공과 연구주제에 따라 적합한 연구 자료를 선택하는 것은 매우 중요한 사항이다. 미술심리치료라는 전공의 특수성이 잘 드러날 수 있게 하려면 어떠한 질적 자료를 수집해야 하는 것일까? 이 질문에 대한 답은 다양한 방법으로 찾을 수 있겠지만 미술심리치료학 관련 연구에서 빠질 수 없는 것이 바로 시각 언어 자료일 것이다.

미술심리치료학을 포함한 사회과학 연구에서 이미 시각 언어가 학문적 지식 소통의 한 가지 방식으로 사용되고 있다. Weber(2008)는 연구에서 왜 시각 언어를 사용해야 하는가에 대해 다음의 몇 가지 이유를 제시했다.

첫째, 시각 언어는 말로 할 수 없는, 형언할 수 없는 것을 정확히 담아낸다. 어떤 경우에는 단순히 말로 전달되기보다는 보여 주어야만 하는 것이 있다. 시각적 언어는 숨겨져 있거나, 포착하기 어려운, 말로 하기 어려운 것을 제공해 줄 수 있다.

둘째, 시각 언어는 공감적 이해를 촉진한다. 시각 언어는 기억에 잘 남을 뿐 아니라 이것을 통해 다른 사람의 경험을 간접적으로 느낄 수 있고 우리 자신의 관점과 경험에 비추어 생각할 수 있도록 해 준다.

셋째, 시각 언어는 은유와 상징을 통하여 구체화된 경험을 전달한다. 시각 언어는 특정한 경험이 어떠한 것인지 모호하게 알고 있던 것에서 좀 더 구체적이고 진정한 이해를 할 수 있도록 이끌어 준다. 이와 같은 시각 언어 사용의 장점은 미술심리치료학 연구에서도 예외가 아니다. 미술작업을 주로 사용하는 미술심리치료학의 특수성으로 인하여 미술심리치료학 질적 연구에서 시각 언어가 차지하는 위치는 매우 크다.

다음에서는 미술심리치료학 전공에 적합한 질적 연구 자료로서 시각 언어에 초점을 맞추어 보고자 한다.

국내 미술심리치료학 석박사 학위 청구논문에도 해석학적 현상학적 연구방법을 통해 연구되는 현상에 대한 시각 언어를 다룬 연구들이 다수 존재한다.

홍혜정(2015a)의 「미술치료사의 미술작업을 통한 자기돌봄 체험연구」에서는 미술치료사인 Wadeson이 자신의 질병으로부터 자신을 돌보는 방법으로 미술작업을 선택한 이야기를 소개한다. 수술을 받고 있는 자신의 모습, 그리고 수술 후 회복되고 있는 자신의 DNA를 그린 Wadeson의 수채화 작업이 인용되었다. 이 그림을 통하여 한 미술치료사에게 있어서 미술작업을 한다는 것이 힘든 병상생활에 얼마나 위안과 힘이 되어 줄 수 있는지에 대해 이해할 수 있게 되었다. 특히 건강을 회복하고자 하는 강한 열망을 표현하는 데 그 어떤 것보다도 미술작업이 도움이 됐음을 알 수 있다.

「성인여성의 부모용서를 시각 언어로 표현하고 자기돌봄을 이끄는 미술치료활동 체험연구」(김현진, 2016)에서는 실제로 부모들로부터 정신적 · 신체적 · 정서적 학대를 당하고 그것으로 인하여 트라우마를 가진 여성 작가들의 부모 용서에 대한 미술작품을 포함하였다.

니키드 생팔의 '사격회화'의 이미지는 자신을 성폭행한 아버지와 모든 남성에 대한 분노의 폭발이라 볼 수 있다. 이것이 아마도 그녀가 보일 수 있는 최대의 공격이었을 것이다. 이 사격회화의 이미지가 글과 함께 제시되었기에 그녀의 분노가 얼마나 컸을지 더 잘 헤아려진다. 그러나 그녀의 이러한 공격성과 폭력성을 이미지로 승화시킨 점이 바로 자기돌봄의 좋은 예로 볼 수 있는 것이다.

쿠사마 야요이 역시 세계적인 일본의 미술가로, 물방울 무늬의 조각들로 유명하다. 그녀 역시 어린 시절 어머니로부터 심한 신체적 학대를 당하였고 그로 인해 정신적으로 강박에 시달리게 되었다. 끝도 없이 이어지는 물방울 이미지를 보며 쿠사마 야요이를 고통스럽게 했던 정신적 강박이 그대로 느껴질 것이다. 이러한 그녀의 강박적 성향이 미술작품으로 승화되어 물방울 무늬의 무한 반복이라는 그녀만의 독특한 작품 세계가 펼쳐졌다.

세계적인 조각가 루이스 부르주아 역시 부모에 대한 원망을 담은 작업에서 용서에 대한 주제로 넘어가는 다양한 작품이 소개되었다. 어린 시절 아버지의 외도로 인하여 심한 마음의 상처를 받았고 그 분노감을 표현하는 기괴한 작품들도 있었다. 그러나 결국 '꽃'이라는 작품을 통해 부모를 용서하는 과정을 밟았고 평생을 무겁게 안고 가던 짐에서 해방되었다.

이러한 예술작가들의 부모로부터 받은 상처와 그 상처를 극복해 가는 용서의 과정은 이들이 보여 주는 시각 언어가 있기에 더욱 생생하고 공감할 수 있는 지평을 열어 주는 것이다.

문리학(2014)의 연구에서는 노인이 되어 감을 주제로 한 시각 언어 자료들이 포함되어 있다. 66세에서 77세의 남녀 노인 13명을 대상으로 노인이 되어 간다는 것이 어떠한 경험인 것인지 연구한 해석학적 현상학적 연구이다. 이 연구에서 연구자는 3편의 노인에 대한 그림들을 수록하며 분석하고 있다. 먼저, 화가 장리석의 1958년도 작품 '그늘의 노인'을 소개한다. 이 작품을 통해 독자들은 노인이 되어간다는 것이 어쩌면 이렇게 어둡고 그늘진 벤치에 앉아 낮잠을 자고 있는 노인처럼, 생활 전선에서 물러나 일상에서 무료한 시간을 보내고 있게 되는 것일까 스스로에게 질문해 볼 수도 있다(문리학, 2014).

박수근의 '할아버지와 손자'라는 작품은 노인이 되어 간다는 것에 대한 또 다른 경험을 보여 주는 그림이다. 이 그림에서 할아버지는 견실한 두 어깨로 손자를 품안에서 보호하고 있는 노인의 모습으로 그려졌는데, 이는 가족의 중심에 있는 우뚝 선 존재로 보인다. 푸근한 할아버지의 품안에 안긴 손자와 사랑을 나누는 정겨운 모습이 느껴지기도 한다. 노인이 되어 간다는 것은 이렇게 사랑이 많아지고 그 사랑을 나누어 줄 수 있는 여유로운 모습일 수도 있을 것 같다.

고흐의 '비탄에 잠긴 노인'이라는 작품에서는 노인의 절망이 느껴진다. 이 노인은 어떠한 삶을 살아왔을까 궁금해진다. 이 그림은 고흐 자신의 모습일지 모르겠지만 독자들에게 자신들의 나이 듦에 대한 생각으로 이어질 수 있도록 충분한 자극을 준다. 어쩌면 이미 노인이 되어 간다는 것이 이렇게 절망스러운 경험일 수 있다는 것에 대한 두려움을 불러일으킬 수도 있겠다.

앞선 연구에서 살펴본 바와 같이 해석학적 현상학적 체험연구에 담긴 시각 언어의 역할은 연구의 중심이 되는 현상에 대한 다층적인 의미를 남겨 준다. 독자들은 시각 언어를 접하게 됨으로써 자신에게 관련된 질문을 하게 될 것이다. 또한 시각 언어가 보여 주는 생생함으로 인하여 간접체험을 경험하게 되기도 할 것이다. 미술심리치료학 전공의 해석학적 현상학적 체험연구에서 시각 언어가 가진 힘은 이렇게 읽는 사람으로 하여금 자신의 내면과의 접촉을 이끌어 낸다.

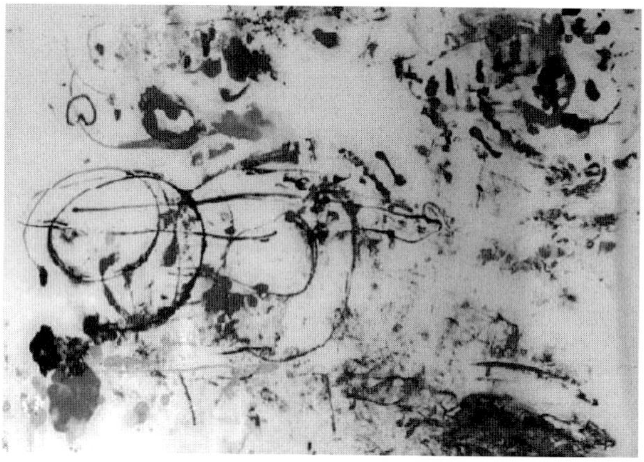

[그림 1-1] 김희연(2014). 선물. 70×106mm. 종이, 물감.

출처: 김희연(2015: 42).

미술심리치료학 전공의 해석학적 현상학적 체험연구에서는 다양한 연구 단계에서 시각 언어가 사용된다. 해석학적 현상학적 연구방법으로 쓰여진 서울여자대학교 특수치료전문대학원의 미술심리치료 석박사 학위논문에는 연구자 자신의 체험을 기술하는 부분에 연구자의 미술작업이 글과 함께 소개되고 있다. 질적 연구자로서 자신이 경험한 연구의 주 현상에 대해 기술해 보고 그림으로 표현해 보면서 스스로가 먼저 자신의 경험의 의미와 본질을 성찰해 보는 단계이다. 더불어 연구 참여자들의 경험에 신선한 시각으로 다가가기 위해 주관적인 연구자의 경험을 괄호치기할 수 있는 좋은 기회이기도 하다. 이들이 이렇게 연구 현상에 대한 자신의 체험을 시각 언어로 표현하는 것은 질적 연구자이기에 앞서 미술심리치료사이기 때문이다. 즉, 이들에게 시각 언어는 자신을 표현하는 익숙한 도구인 것이다.

「미술치료 석사학위과정생의 임상실습을 위한 현장 수퍼비전 체험연구」(김희연, 2015)에서 연구자는 그림을 활용하여 자신이 실제 체험한 현장 슈퍼비전을 전달하고 있다. 연구자가 임상실습 현장에서 뇌병변 환자와 데칼코마니 작업을 하고 현장 슈퍼비전을 받고 나서 작업한 그림과 글을 소개한다(김희연, 2015: 42).

> 2014. 7. 12.
>
> 치료실에 혼자 남아 아까 아동들이 사용했던 어린이 물감을 짜 봤다.
> 헐~ 이렇게 짜기 힘들 줄이야. 내가 아이들에게 뭘 한 거지…….
> 현장 슈퍼비전을 받으며 뇌병변 아동들에 대한 설명을 들으며
> '물감 짜는 게 많이 무리가 되었을까?'라는 의문이 계속 들었다.
> 매체 선택도 문제가 많았지만 오늘 날씨에 대한 변수를 내가 생각하지 못했던 것 같다. 내가 먼저 물감 짜는 것을 시도해 봤어야 하는데…….
> 치료사로서 미흡하게 준비했던 내 자신에 대해 반성!하는 날이다.

이 글과 [그림 1-1]에서 내담자를 이해하려는 연구자의 노력의 흔적을 볼 수 있다. 미술치료 회기가 끝난 후 홀로 남아 내담아동이 했던 미술작업을 그대로 따라 해보는 것은 아마도 다른 미술심리치료사에게도 낯설지 않은 모습일 것이다. 특히 내담자와의 미술치료 회기에서 어려움이 있었거나 강한 감정이 느껴졌을 때 주로 그런 반응 작업을 하게 된다. 연구자는 스스로 내담아동이 썼던 물감을 똑같이 짜 보며 그것이 생각했던 것보다 쉽지 않았음을 알게 된다. 그리고 그것은 연구자의 이미지에서도 고스란히 느껴진다. 데칼코마니 작업임에도 불구하고 물감이 넉넉하게 묻어져 있지 않은 것을 보면 말이다. 그림을 통해 연구자가 행했을 행위를 있는 그대로 볼 수 있게 되는 것이다. 시각 언어를 통해 어떤 설명보다도 설득력 있게 눈으로 확인할 수 있게 된다.

「미술치료 석사과정생의 정신과 임상실습 체험연구」(김시내, 2011)에서는 연구자가 실제 정신과 임상실습을 나가며 그 현장에서 경험한 내용을 그림으로 표현하고 있다. [그림 1-2]를 그리며 연구자는 다음과 같은 고백을 한다.

> 정신과에 미술치료 석사과정생으로 실습을 나가서 환자들을 만나면서, '쩍쩍 갈라진 땅을 가꾸어야 하는 사람이다.'라는 생각을 하게 되었다. 연구자 앞에 앉아 있는

사람들은, 다른 병동보다 열악한 환경인 정신과 입원 병동이라는 곳에 사고와 정서에 문제가 생겨 입원해 있는 환자들이다. 때로는 가족들에게 버려진 환자도 있고, 때로는 사람을 너무 그리워하는 환자들도 있고, 때로는 약 때문에 아무런 반응을 보이지 않는 환자들도 있다. 마음을 꽁꽁 닫아 버린 환자, 본인이 느끼는 감정이 무엇인지 이름 붙이지 못하는 환자, 망상과 환청에 사로잡혀 현실을 살지 못하는 환자들도 있다. 이들을 위해 무엇을 할 수 있을지 몰라서 답답하고 힘들기도 했다. '쩍쩍 갈라진 땅 사이사이'라는 제목으로 이러한 감정을 그림으로 표현한 것이다. 이 그림을 그리고 난 후 연구자는 메마른 땅이지만 구멍 사이사이에 생긴 구멍에 씨앗을 심고 물을 주고, 그 사이로 세상을 보여 줄 수 있고, 그 사이에서 보석을 발견할 수도 있다는 것을 알았다.

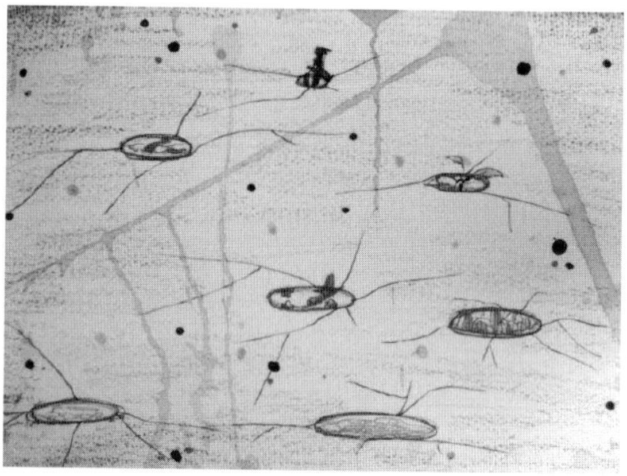

[그림 1-2] 김시내(2011). 쩍쩍 갈라진 땅 사이사이. 394×272mm. 종이, 수채물감, 수채색연필.

출처: 김시내(2011: 54).

'쩍쩍 갈라진 땅'을 본 적이 있는가? 메말라 금이 가고 쪼개진 그런 심정을 느껴 본 적이 있는가? 경험이 있는 미술심리치료사들은 알 것이다. 미술심리치료 석사학위과정생의 신분으로 처음으로 정신과 임상실습을 나갔을 때 느껴지는 막막함과 두려움 말이다. [그림 1-2]가 바로 메말라 금이 가 버린 애타는 실습생의 마음을 잘 전달하고 있다.

[그림 1-3]은 연구자가 정신과 병동에서 환자와의 만남을 통해 힘들었던 경험을 표현하고 있다. 연구자는 한 환자와의 대화에서 "엄마에게서 벗어나고 싶다.

[그림 1-3] 김시내(2011). 조개. 394×272mm. 종이, 수채물감, 수채색연필.

출처: 김시내(2011: 55).

엄마가 사라져 버렸으면 좋겠다."라는 말을 들었다. 연구자는 그러한 환자에 대해 마음의 상처를 입은 자신의 심정을 다음과 같이 표현했다(김시내, 2011: 55-56).

> 연구자는 그녀가 '벗어나고 싶다던 엄마'조차 부럽다는 생각을 하게 되었고 그녀가 밉기까지 했다. 그리고 가식이 아닐 수도 있다고 반박하고 싶었다. 환자가 무심결에 한 이야기에 연구자는 상처를 받고 말았다. 하지만 얼마나 힘이 들면 엄마에게서 그런 생각을 하게 된 것일까에 대해 생각하며, 그녀를 이해할 수 있을 것도 같았다. 이렇게 복잡한 마음으로 회기를 마무리했다……. (중략) 조개라는 제목의 그림은 그 회기를 마치고 집으로 돌아와서 작업한 것이다. 작업을 하면서 이런 아픔도 거쳐야 하는 과정이라고 생각하게 되었고, 연구자가 해결해 가야 하는 문제라는 생각이 들었다. 미술작업을 끝낸 후 그림을 보며, 힘들 때도 환자들을 대할 때는 다시 아무 일 없다는 듯 무장하고 만나는 연구자의 모습이 떠올랐다……. 그리고 완성된 그림을 보며 조개라는 시를 지었다.
>
> 조개
>
> 내 가슴에 돌이 날아와 박힌다.
> 누군가의 돌이 내 가슴에 박힌다.

딱딱한 껍질로 속을 감추고 있다가
순간 열려 버린 틈으로 돌이 들어왔다.

너무너무 아프지만 돌을 토해 낼 수 없는 것이
이 돌을 잘 견디면 진주가 될 것임을 알기 때문이다.

가슴에 날아와 박힌 진주가 될 돌과 아픔과 고통을
나는 딱딱한 껍질 속에 다시 숨긴다.

[그림 1-3]과 〈조개〉라는 시를 통해 독자들은 연구자 자신이 느꼈을 아픔이 어떠했을지 공감이 더해지고 그 생생함을 잘 느낄 수 있게 된다. 흔히 치료사가 자신의 내담자에 대해서 느껴지는 개인적인 감정, 반응들을 역전이라고 부른다. 이러한 그림과 시는 미술심리치료사로서 환자들과의 미술심리치료 회기에서 생겨날 수 있는 역전이에 대한 정교한 감정을 잘 드러내 주고 있다. 어머니에 대한 미술심리치료사 자신의 이슈가 내담자가 자신의 어머니에 대해 느끼는 감정과 부딪혀 생겨나는 아픔을 조개에 박혀 버린 돌에 비유했다. 그리고 진주가 되어 줄 것을 알고 있기에 그 성장의 고통을 감내하려는 미술심리치료사의 노력이 강하게 전달된다. 아마도 독자들은 이러한 시각 언어가 함께 제공되기에 한층 더 연구자의 마음을 헤아릴 수 있으리라 본다.

「미술치료사의 수퍼비전 체험 연구」(김태은, 2009)에서는 연구자 자신의 슈퍼바이지 경험에 대해 진솔하게 글과 그림으로 표현하고 있다.

미술심리치료사라면 누구나 한번쯤은 임상현장에서 내담자와의 치료 장면에서 혹은 임상기관의 행정적 · 구조적인 문제로 어려움을 겪었을 것이다. [그림 1-4] [그림 1-5] 그리고 [그림 1-6]은 슈퍼바이지가 겪는 어려움과 혼란에 대해 이미지로 표현한 것이다(김태은, 2009: 47).

그림을 그리는 동안 가슴은 쿵쾅거리고 얼굴은 빨갛게 달아오르고 잠시도 붓질을 멈출 수가 없었습니다. 이것도 아니야 이것도 아니야 어떻게 해야 하나? 모르겠다. 모르겠어. 멈추지 않는 붓질은 계속해서 한 장의 그림을 새로운 그림으로 변화시켜 나갔고 저는 마지막 모든 것을 덮어 버리고 나니 차라리 마음이 편안해졌습니다. 선생님 전 정말 묻고 싶습니다. 제가 잘하고 있는 건가요? 매일같이 뛰어다니는데 매일 마음은 점점 더 불안해지고 더 허기지는 듯합니다. 그저……. 잠시 덮어 두겠습니다.

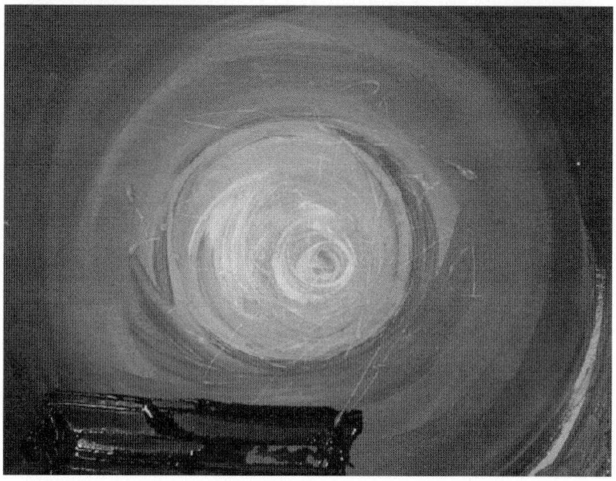

[그림 1-4] 김태은(2003). 나-치료사-혼란. 318×234mm. 우드락, 아크릴 물감.

출처: 김태은(2009: 47).

[그림 1-5] 김태은(2003). 나-치료사-아픔. 318×234mm. 우드락, 아크릴 물감.

출처: 김태은(2009: 48).

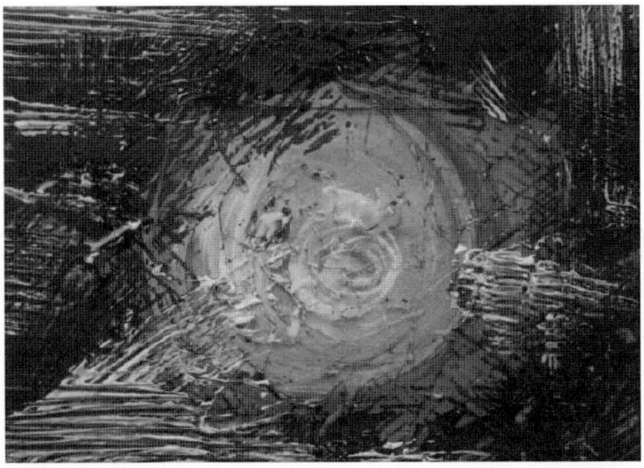

[그림 1-6] 김태은(2003). 나-치료사-덮어 둠. 318×234mm. 우드락, 아크릴 물감.

출처: 김태은(2009: 48).

미술심리치료사로서 자신이 담당하고 있는 임상에 대해 답답하고 혼란스러운 경험은 매우 보편적인 것이라고 본다. 그래서 슈퍼비전 시간과 슈퍼바이저에게 거는 기대가 클 수도 있다. 그러나 때로는 자신의 슈퍼바이저에게 어디까지 이야기를 해야 하는 것인지 그 경계를 잘 알 수 없어 또 답답해지기도 한다. 연구자는 그러한 자신의 마음을 시각 언어로 잘 표현하고 있다. 임상에서 계속 생겨나는 어려움을 혼자서 해결하기는 어려운데, 슈퍼바이저에게 어디까지 이야기해도 되는 것인지 혼자 고민한다. 그리고 혼자 고군분투한 연구자의 어려움이 역력히 나타난 이러한 시각 언어를 통해 독자 역시 그 어려움에 대해 간접적인 체험을 하게 되는 것이다.

다음에서는 해석학적 현상학적 체험연구에서 연구 참여자들이 제출해 준 시각 언어가 얼마나 그들의 경험을 더욱 살아 있게 만들어 주고 공감을 불러일으켜 주는지에 대한 예들이다.

홍혜정(2015a)의 연구 「미술치료사의 미술작업을 통한 자기돌봄 체험연구」에 실린 한 연구 참여자의 그림 작업을 예로 들어 본다. 이 그림은 연구 참여자가 2014년 세월호 사건이 터진 후 미술심리치료사이자 한 엄마로서 그 사건을 보며 느끼는 울분감을 참기 어려워 쏟아내듯이 빠르게 그린 그림이다. 성난 얼굴의 울부짖음과 입에서 토해져 나오는 빨간 피들이 선명하게 보인다. 그러나 그러한 이미지 또한 보고 있기 힘들어 다시 목탄을 들어 낭자한 피들을 검은 색의 뒤엉킨

선으로 덮어 버린다. 이렇게 이미지에 강한 감정을 쏟아붓고 나서야 거친 숨을 몰아쉬며 기진맥진해진다. 그러면서 한결 편안해진 호흡으로 회복됨을 느낀다. 이 이미지는 자신의 강한 감정을 억누르기보다는 절박한 마음을 표출하며 해소하고 안정감을 찾을 수 있도록 미술작업으로부터 도움을 받은 경험을 이야기하는 부분에 포함되었다(홍혜정, 2015a). 독자들은 이러한 시각 언어를 통하여 연구 참여자가 얼마나 절박하고 괴로운 심정이었는지 한눈에 이해할 수 있게 된다. 글로만 전달됐을 때보다는 훨씬 더 이해와 공감의 차원이 깊어지고 그 체험의 생생함이 살아나게 되는 것이다.

또 다른 연구 참여자의 그림([그림 1-7] 참조)에서는 자신이 잘 알아차리지 못했었던 무의식의 모습을 이미지로 자각하게 되는 경험에 대해 이야기하고 있다. 울지 않으려고 자신의 감정을 억압하기만 하는 자신에게 눈물방울의 이미지를 그리며 자신의 눈물도 응원해 주었다는 이야기이다. 그리고 이미지를 통해서 보여진 눈물방울에서 새로운 싹이 피어나는 듯한 모습들을 느끼게 된다.

[그림 1-7] 연구 참여자. 눈물방울. 200×150mm. 종이, 사인펜.

출처: 홍혜정(2015a: 112).

그 모든 상황에서 울면 내가 다 무너질 것 같고, 그리고 울고 싶지가 않았어요. 사실……. 가슴은 울고 싶은데 머리는 울지 말라고 하고 있는 거죠. 그러면서 눈물방울을 그렸는데……. 그러면서 내 무의식의 모습을 봤어요. 내가 가진 약한 모습이죠. 애써 강인한 척하는……. 억누르고 억압하는……. 그래서 나 울어도 되지 않을까? 그래서 내가 내 웃음도 응원하지만 내 울음도 응원해 줘야겠다……. 너는 왜 울으려고 하지 않니? 좀 울어도 되지 않을까. 내가 응원해 줄게……. 지금은 전격 눈물 허용기예요. 나도 울어도 된다는, 그래도 괜찮다는……. (후략)

독자들은 이렇게 시각 언어를 통하여 연구 참여자가 경험한 고통과 눈물 그리고 그 눈물을 통한 새로운 생명력을 얻게 되는 귀한 장면을 포착하게 된다. 특히 무의식의 모습들을 의식화하여 외현화되는 과정을 설명하기란 쉽지 않은 법이다. 이러한 상황에 구술 언어만이 아닌 시각 언어와 함께할 때 그 빛은 더욱 발할 것이다. 이상에서 살펴본 바와 같이 해석학적 현상학적 체험연구에서는 시각 언어를 포함함으로써 연구되는 현상의 본질과 의미를 한층 더 깊게 파악할 수 있게 된다.

질적 연구에서 시각 언어를 다루는 '시각적 방법'은 질적 연구 자료의 하나로 연구 참여자와의 심층면담과 함께 연구 참여자들이 직접 생산한 그림, 비디오, 사진 등을 활용하는 것이다.

질적 연구에서 연구 참여자로부터 자료를 수집하는 방법은 주로 심층면담과 참여관찰이 사용된다. 그러나 시대가 변화함에 따라 질적 연구방법에도 새로운 변화의 바람이 조금씩 일어나고 있다. 최근 들어, 질적 연구자들은 전통적인 질적 연구 자료 수집 방법인 심층면담을 바탕으로 보다 풍부한 자료들을 수집한다. 특히 그림, 시 등의 예술적 자료들에 관심을 가지고 질적 연구 자료로 포함하는 경향이 꾸준히 늘어나고 있다(Weber, 2008). 질적 연구자들은 이제 세상에 만연한 시각 언어에 관심을 보이고 있으며 전통적인 이해의 방식이었던 언어와 텍스트를 너머 세상을 다른 방식으로 이해하려는 도전과 시도를 하고 있는 것이다(Prosser, 2011).

이러한 '시각적 방법'을 활용할 때 연구자는 연구 참여자에게 연구주제, 연구 질문 등에 대한 그림을 그리거나 사진을 찍어 줄 것을 요청한다. 그리고 심층면담 시 연구 참여자가 만들어 낸 이미지들을 가지고 이야기를 나누는 것이다. 이러한 그림이나 사진 등의 시각 언어 자료는 주관적인 것이다. 그리고 이러한 주관성이 우리의 사고와 감정 그리고 행동을 새로운 관점에서 이해할 수 있는 현상학적 · 분석적 도구가 되어 줄 수 있다(Gravestock, 2010).

질적 연구방법에서는 수집된 자료를 분석하고 나서 그 결과를 다시 연구 참여자들과 함께 확인하고 피드백을 받는 단계가 존재한다. 이 단계가 바로 양적 연구 방법에서는 생략되는 단계로, 질적 연구자들이 연구 참여자들을 그저 연구 대상이 아닌 공동의 연구자로서 존중하는 방식이기도 하다. '시각적 방법'을 활용하는 연구에서는 연구 참여자 자신이 생산한 시각적 자료들을 해석하는 데 참여할 수 있다. 즉, 기존의 심층면담이나 참여관찰을 주로 사용하던 전통적인 질적 연구방법에 비해 연구 참여자의 적극적인 참여가 더 두드러질 수 있다. 이렇게 연구 참여자에게 목소리를 부여하는 것은 그들이 자신의 삶을 실제적으로 재현하는 것에 도움이 될 것이다(김아미, 2017). 그리고 연구 참여자들이 연구에 더 적극적으로 참여함으로써 연구는 보다 생동감을 가지게 될 것이다.

시각 언어를 다루는 '시각적 방법'은 언어표현에 어려움을 가지는 연구 참여자들에게 용이하게 다가갈 수 있는 접근법이기도 하다. 최근의 연구동향을 살펴보면, 그림을 이용한 연구들이 주로 아동들을 대상으로 한 연구에서 활발히 수행되고 있다. 자신의 경험이나 느낌, 감정들을 언어로 표현해 내기 어려운 아동들의 경우 그림은 그들의 경험을 드러내는 데 좋은 도구가 되어 줄 수 있기 때문이다. 「예술을 통한 아동이 경험하는 환경에 대한 탐구」(Sorin, Brooks, & Haring, 2006)에서 연구자들은 아동들의 그림이 그들이 느끼는 세상에 대한 소중한 통찰력을 제공해 주었음을 밝혔다.

Eldén(2012)은 「지저분함으로의 초대: 그림 그리기 방법과 아동들의 목소리」라는 연구에서 참여 아동들에게 자신의 하루를 그리게 하고 그림에 대한 이야기를 들었다. 이러한 방법을 통해 아동들의 일상에 대한 통찰과 일견을 가지게 되었다고 하였다. 이 밖에도 아동들을 대상으로 한 비주얼 방법을 사용한 질적 연구들이 다수 있다(Davis, 2013; Schyns, Tymon, Kiefer, & Kerschreiter, 2013).

한편, 성인들을 대상으로 하여 '시각적 방법'을 이용한 연구들도 있다. 면담 시 연구 참여자들에게 연구 질문에 대한 그림을 그리게 하고, 그림을 그리고 난 후에는 그림에 대한 설명을 적도록 한다(Tracy & Redden, 2016). 이러한 방법으로 수집된 질적 자료들을 분석한 연구로는 직장 따돌림에 대한 고통스러운 경험에 대한 연구가 있다(Tracy, Lutagen-Sandvik, & Alberts, 2006). 이 연구에서 한 연구 참여자는 "직장에서의 따돌림이 어떠한가?"라는 연구 질문에 대해 자신은 프로레슬러 경기장에서 바닥에 눕혀져 있고 얼굴에 잽을 맞고 있으며, 매니저는 눈을 가린 심판으로 표현하였다. 연구 참여자가 이 그림에 대한 설명을 하면서 인터뷰는 더욱 구체적이고 생생한 체험을 있는 그대로 드러낼 수 있게 된다.

그리고 Gravestock(2010)의 「스포츠와 운동 분야 연구로서의 그림」이라는 민속지학적 사례연구에서는 피겨 스케이팅 선수의 내적인 사고과정을 그림을 통해 시각적으로 외현화하는 시도를 하였다.

국내의 경우에도 미술심리치료학 분야에서 이와 같은 흐름은 이미 시작이 되었다. 미술심리치료 전공자인 연구자들이 '시각적 방법'을 사용하여 질적 연구 자료 수집을 확장하는 데는 이유가 있다. 즉, 미술심리치료학 분야에서는 언어적 표현이 어려운 상황이거나 말로 다 표현할 수 없을 때 시각 언어를 사용하는 것이 유효하다는 것을 익히 알고 있기 때문이다. 그리고 심층면담을 통해 연구 참여자들이 언어적으로 보고하는 내용과 그들이 표현해 낸 시각 언어가 함께 제시되었을 때 훨씬 더 그 생생함이 배가 되기 때문이다. 누구나 한번쯤은 어떤 상황이나 감정들을 말로 다 표현하기 어려웠던 경험이 있을 것이다. 그럴 때 시각 언어는 이렇게 형언할 수 없는 것들을 정확하게 보여 줄 수 있는 도구가 되어 준다. 글로만 전달됐을 때보다 훨씬 더 이해와 공감의 차원이 깊어지고 그 체험의 생생함이 살아나게 되는 것이다.

다음은 '시각적 방법'을 활용한 국내 미술심리치료학 연구들을 살펴보고자 한다. 해석학적 현상학 연구방법에서 연구 참여자들이 제출해 준 시각 언어 자료들이 얼마나 그들의 경험을 더욱 살아 있게 만들어 주고 공감을 불러일으켜 주는지에 대한 예들이다. 이 연구들은 심층면담 과정에서 연구 참여자에게 연구되는 현상에 대한 미술작업을 해 볼 것을 요청하고 그 이미지를 가지고 추가적으로 질문을 하는 방식으로 확장을 시도한 연구들이다.

「성인기에 사별한 미혼 딸의 이미지 작업 체험연구」(김현진, 2013)에서는 연구 참여자들에게 사별한 아버지에 대한 이미지 작업과 함께 심층면담을 실시하였다. 이미지 작업을 통하여 부재 대상인 아버지의 실체, 미해결된 감정을 시각적 이미지로 표현함으로써 지연됐던 애도를 구체적으로 탐색하고, 관계를 회복하는 기회가 됐음을 밝혔다.

또한 「미술치료 기반의 "미술작업 인터뷰"를 적용한 노인 되어 감의 해석학적 현상학 연구」(문리학, 2014)가 있다. 이 연구에서 연구자는 노인 되어 감의 체험의 의미와 본질을 이해하기 위해 질적 연구에서 사용해 오고 있던 인터뷰와 함께 언어로 표현하기 어렵거나 생생한 체험의 표현을 위해 시각 언어인 미술작업 인터뷰를 실시하였다. 따라서 연구 참여자의 미술작업은 그들의 시각적 진술과정이며 경험 자료로서 사용되었다.

이러한 시각 언어를 사용한 연구 결과에서 '언어로 표현하기 막연한 감정이 미술작업으로 명료하게 보여짐'이라는 본질적 주제가 도출되었다. 연구 참여자가 깊이 인식하지 못하고 막연한 감정으로 받아들였던 늙어 가는 것과 죽음의 경험에 대해 미술작업을 통해 객관화된 시각 언어로 표현할 수 있는 기회를 가지게 되었다. 이를 다시 언어로 진술하는 과정에서 막연한 감정이 구체화되고 명료하게 인식되었다(문리학, 2014).

한 연구 참여자의 진술을 살펴보자. 이 연구 참여자는 늙음과 죽음에 대해 막연한 두려움을 느끼다가 그림 작업을 하면서 떠오르는 이미지를 통해 그 두려움의 실체를 알게 되었다고 했다. 자신에게 떠오른 '이빨 빠진 늙은 개'의 이미지, 그 이미지로부터 다시 '흉측한 몰골'이라는 단어를 생각해 내게 된 것이다. 그 순간 바로 자신이 막연하게 두려워하던 것이 남에게 흉한 모습을 보이기 싫다는 것임을 자각하게 된 것이다(문리학, 2014: 115).

그림으로 표현하라고 하기 전에 잘 몰랐어. 그냥 늙는 게 싫구나, 치매는 누구나 싫어하니까 나도 싫어하는 거라고 생각했지. 그런데 그림으로 표현하라고 하며 머리에서 이미지를 떠올리니까 늙어서 이빨 빠지고 늙은 개가 생각나는 거야. 내가 왜 치매가 두려운지, 늙는 게 싫은지를 알겠더라고. 늙은 것도 치매도 그 몰골을 보여 주기 싫은 거야. 나는 내 인생이 남들 볼 때 부끄럽지 않게 보였으면 하거든. 내가 노인이 되는 것을 거부하는 것은 아니야. 그런데 늙는 게 싫고 생각하고 싶지 않았어. 내가 비참하게 보이는 게 두렵고 싫은 거지.

[그림 1-8]은 한 연구 참여자가 친구의 장례식에 다녀와서 힘든 마음을 이미지로 그린 것이다. 이러한 이미지 작업을 통해서 연구 참여자는 말로 표현하기 어려웠던 죽음에 대한 불안과 두려움을 더 명료하게 자각할 수 있게 되었다고 했다. 다음의 연구 참여자의 진술문을 통하여 질적 연구 수행에 있어 시각적 자료를 통해 인터뷰가 더욱 촉진되고 풍부해짐을 알 수 있게 된다. 또한 이렇게 미술 작업과 함께 수행된 인터뷰는 새로운 시각으로 체험을 보게 하여 연구 참여자들로 하여금 자신의 체험을 보다 깊게 통찰하고 통합하는 계기를 마련해 주었다고 보고했다.

장례식장에 다녀오면 그냥 누워 있었거든. 힘이 빠지고, 그저 친구가 죽었으니 슬퍼서라고만 생각했지. 미술로 표현하자고 했을 때 처음엔 어려웠어. 어떻게 그려야 할지. 종이에 손을 얹고 눈을 감고 있으니 어두운 방에 쪼그리고 누워 있는 내 모습이 떠올랐지. 그 모습을 만들고 종이에 올려놓으니까 경직되어 굳어진 몸이라고 생각이 들더라고. 죽음이 그렇잖아. 미술로 표현하니까 알겠네. 그랬구나. 언제인지 모르지만 죽음이 차츰 가까워져 힘이 빠지고 몸이 경직되나 봐. 몰랐는데 그거였어.

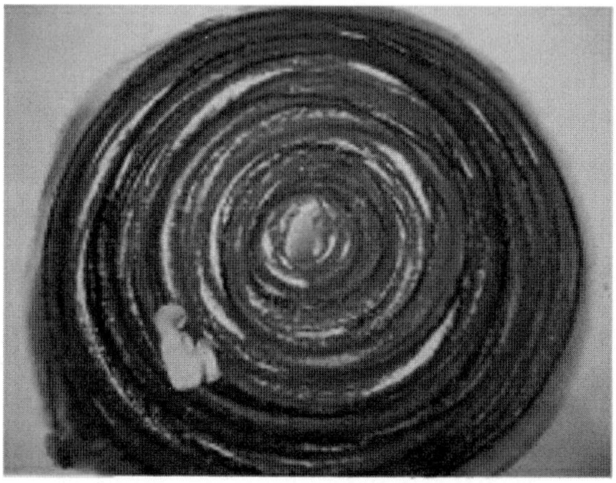

[그림 1-8] 문리학(2014). 죽음 앞에서. 380×270mm. 종이, 파스텔.

출처: 문리학(2014: 116).

이 연구에서 시각 언어 자료를 수집함에 있어 연구자는 연구 참여자들로 하여금 인터뷰 과정이 미술심리치료적 접근이 아님을 명확하게 구분 지었다. 미술심리치료사인 연구자가 연구 참여자에게 미술작업이 동반되는 인터뷰를 할 경우 연구 참여자들은 이것을 미술심리치료 회기처럼 인식하게 될 수 있는 소지가 있기 때문이다.

이상에서 질적 연구 자료로 시각 언어를 사용한 실제의 연구들을 살펴보았다. 질적 자료로서 시각 언어가 가지는 장점은 지속적으로 긍정적인 영향을 미칠 것이다. 그러나 '시각적 연구방법'을 사용함에 있어서 주의해야 할 사항들도 눈여겨보아야 할 것이다. 질적 연구를 수행할 때 연구자들이 연구 참여자를 위한 기본적인 윤리적 고려사항들, 즉 동의서 작성, 비밀보장, 그리고 익명성 외에도 이미지를 다루는 질적 연구에서는 특별히 주의해야 할 사항들이 다수 존재한다.

먼저, 어떠한 시각 언어를 선택할 것인지에 대한 숙고가 필요하며 동시에 그것이 오염되거나 왜곡되지 않아야 할 것이다. '시각적 방법'을 사용하는 질적 연구자들은, 첫째, 시각 언어가 만들어진 맥락과 내용 그리고 시각 언어를 통해 보여지는 주관성에 관심을 기울여야 한다(Pink, 2003). 또한 연구자는 시각 언어 자체가 좋은 연구 결과를 보장한다거나 자동적으로 더 깊은 통찰로 이끌어 주지는 않는다는 것을 기억해야 한다(Weber, 2008). 특히 시각 언어가 무엇을 의미하는가를 제시할 때 더욱 신중해야 할 것이다. 이러한 시각 언어의 불명확한 해석이나 의도가 충분하게 드러나지 않게 됨을 방지하기 위해 반드시 텍스트와 함께 제시되어야 한다는 것도 제기되었다(Clark, Prosser, & Wiles, 2010).

2. 해석학적 현상학적 체험연구의 확장

한국의 미술심리치료학 전공 안에서의 질적 연구의 역사는 미술심리치료학 대학원 과정이 개설되면서부터 함께해 왔다.

지금까지 약 18여 년의 시간이 지나면서 많은 미술심리치료학 질적 연구물들이 축적되었고 미술심리치료사인 질적 연구자들도 많이 양성되었다. 이러한 과정에서 미술심리치료사들은 질적 연구란 것이 무엇이며 양적 연구와 어떻게 다른 것인지 개념적인 것에서부터 각각의 질적 연구방법에 따른 연구수행 절차, 연구 참여자 선정과 자료 수집 그리고 자료 분석에 이르기까지 고군분투하며 공부한 흔적들을 가지고 있다.

질적 연구방법에 매력을 느끼고 이 연구방법에 대해 공부하고자 하는 미술심리치료사들이 점점 많아지고 있다. 그러나 질적 연구방법은 단시간에 쉽게 배워지지 않는다. 질적 연구에 입문하는 미술심리치료사들은 처음에는 '막막함' '낯설음'의 감정들을 느끼곤 한다. 그러나 한 단계 한 단계 천천히 이러한 어려움을 극복하며 질적 연구방법을 배우고 터득하여 학위청구논문을 쓰는 데 성공한다. 그러면서 한층 더 성장한 자신을 발견하기도 한다(장희정, 2017).

학위청구논문을 쓰기 위해 배운 질적 연구방법은 과연 졸업 후에는 어떤 방식으로 활용되고 있는 것일까? 질적 연구는 대학원 재학생일 때에는 흔히 학문적인 측면에서 연구방법론으로 그 기능을 다하는 것으로 생각하기 쉽다. 그러나 사실 질적 연구는 그보다 더 깊은 활용성을 가지고 있다. 기본의 연구물이 누구에 의해, 언제, 어떤 상황에서 무슨 목적으로 읽혔느냐에 따라 같은 글이라도 다르게 읽힐 수 있고 새로운 의미를 지닐 가능성이 높기 때문이다(장연집, 2016). 물론 미술심리치료학 전공 석사 졸업생들이 학교를 떠난 후 임상과 연구 두 마리 토끼를 다 쫓기는 쉽지 않을 것이다. 졸업생들 중 스스로 역량을 갖추었거나 연구가 암묵적으로 요구되는 직장에 있는 경우 연구수행이란 것은 외부에서 자극을 주지 않아도 늘 주목하고 있겠지만, 대부분 현장에서 미술심리치료 실무에 묻혀 있는 경우는 연구에 접촉하거나 결과를 산출해 내는 경우는 거의 드물다(장연집, 2017b). 그렇기에 더욱더 졸업생들을 위한 새로운 공부법과 질적 연구를 지속적으로 수행할 수 있는 시도들이 필요한 것이다.

이러한 과도기를 거쳐 이미 질적 연구수행에 익숙해진 미술심리치료사들은 이제 미술심리치료학 질적 연구의 발전을 위해 한 단계 더 나아가려 한다. 미술심리치료학 졸업생을 위한 재교육의 방안을 모색하기 위한 첫 시도로 해석학적 현상학적 체험연구의 확장인 반영적 작업과 창의적 작업의 시도가 이루어진 것이다.

이것은 인간의 이해와 의미를 담아내는 연구뿐만 아니라 다양한 질적 연구의 자료들을 연구자가 어떻게 활용하느냐에 따라 질적 연구를 수행한 졸업생을 위해서 새로운 공부법으로 활용될 수 있는 가능성을 보고자 한 것이다(장연집, 2017d).

더불어 이러한 시도가 이루어진 데에는 질적 연구자들을 위한 체험적 실존적 자료들을 구축해 놓아야 한다는 책임감이 작용했다. 해석학적 현상학적 연구방법을 적용하여 학위논문을 준비하려고 할 때, 특히 미술심리치료학 전공자들은 한국 문화 속에 자연스럽게 자리하고 있는 미술심리치료를 다룬 다양한 실존적 자료를 찾기 쉽지 않아 당황스러움을 느끼곤 한다. 이러한 미술심리치료라는 주제를 다루고 있는 다양한 실존적 자료들의 태부족 상태를 벗어나기 위한 자료들이 필요하다(장연집, 2016).

이렇게 반영적 작업과 창의적 작업은 졸업생들의 학문적 전문성의 유지와 증진 그리고 질적 연구의 활성화를 위하여 체험적 자료를 만들어 보고 나누는 기회를 갖도록 하기 위함이다(장연집, 2016). 다음에서는 이러한 새로운 시도로 얻어진 결실인 반영적 작업과 창의적 작업에 대해 소개하고자 한다.

1) 반영적 작업의 시도

반영적 작업은 해석학적 현상학의 연구방법으로 수행된 미술심리치료 연구의 핵심 부분인 '글쓰기'(이하 원본이라 칭함)를 기반으로 확장된 것이다. 반영적 작업은 장연집(2017b)의 연구에서 처음으로 사용된 용어이며 원본을 가지고 있는 연구 참여자들이 자신의 원본을 공개하고, 다른 연구 참여자들이 그 원본을 읽고 그것에 대한 체험을 반영적 글과 그림으로 표현하게 하는 방법을 말한다. 즉, 해석학적 현상학의 원본을 기반으로 확장과 변형이 시도된 것으로 반영적 작업은 반영적 글쓰기와 반영적 그림을 말한다.

그렇다면 왜 해석학적 현상학적 학위논문의 원본을 선택했는가에 대한 설명도 필요할 것이다. 해석학적 현상학의 연구방법을 적용한 학위논문에서 가장 중요한 부분으로 여겨지는 것은 해석학적 현상학의 원본이다. 원본은 인터뷰 자료의 분석, 현상학적인 실존적 자료의 수집, 연구자의 전공을 압축적으로 다루어 내는 능력 그리고 삶의 철학 등을 통합시켜 연구자가 자신만의 소리를 글로 다뤄 놓은 것이다. 그리고 원본은 현장의 살아 있는 목소리와 함께 연구자의 시간에 담겨지므로, 연구 참여자와 연구자를 가까이에서 접하는 기회를 갖도록 해 준다(장연집, 2016). 따라서 이러한 원본 부분이 좀 더 확장되고 변형됨으로써 새롭게 탄생할 수 있게 되는 것이다.

이러한 연구방법은 이제까지 한 번도 시도되지 않은 것으로 이러한 작업이 이루어질 수 있었던 것은 졸업생의 원본을 기반으로 해석학적 현상학적 체험연구를 확장시킨 새로운 시도로서 반영적 작업이 참여자에게 배움과 나눔에 도움을 주는 기회가 되는지를 재확인하는 것에 목적이 있다(장연집, 2017b). 또한 새로운 시도를 담고 있으면서 구체적인 기여점을 응축하고 있는 질적 연구의 활성화에 대한 요구와 필요성이 있었다(장연집, 2016).

이러한 반영적 작업이 이루어지기 위해서는 몇 가지 조건을 가지고 있었는데, 먼저 연구 참여자의 범위는 해석학적 현상학의 연구방법을 적용하여 석사 또는 박사 학위논문을 제출하고 학위를 취득한 졸업생으로 제한하였다. 그리고 자신의 학위논문의 원본을 공개할 수 있고, 다른 연구 참여자의 원본을 읽고 난 후 자신의 느낌을 가감 없이 글 또는 그림으로 표현해 줄 수 있는 자로 정하였다. 이들 모두는 자발적으로 반영적 작업에 참여할 의사를 밝혔고, 참여 동의서를 작성하였다(장연집, 2016).

반영적 작업의 질적 자료 수집방법은 다음과 같다.

반영적 작업의 자료는 2015년 6월부터 2017년 2월에 걸쳐 총 15인으로부터 수집되었다. 자료 수집 방법으로는 먼저 한 달에 한 번씩 다른 연구자의 원본 1편 읽고 나서 자신이 어떠한 체험을 했는가를 글이나 그림으로 표현한 후 이 자료들을 연구자에게 이메일로 보내 주는 방식을 택하였다. 질적 연구방법 중 포커스 그룹을 이용한 자료 수집은 연구 참여자들이 함께 모여 그룹 인터뷰를 하는 방식으로 이루어진다. 그러나 반영적 작업을 위해서는 최대한 시간과 공간의 제약을 받지 않고 연구 참여자들이 일정한 시간과 공간에 모여야 하는 수고로움을 덜 수 있는 방법이 필요했다. 따라서 이메일을 통해 공유하기로 하였다.

질적 연구 자료 수집의 형태는 크게 관찰, 면접, 문서 그리고 시청각 자료로 접근할 수 있다. 특히 문서 수집을 통해 연구 기간에 참여자들이 일지 혹은 일기 등을 비롯한 사적인 자료들을 수집한다. 그리고 오프라인에서 만남을 가지지 않고 이메일을 이용하여 온라인에서 자료를 수집하는 형태 또한 최근 몇 년간 새롭게 출현한 자료 수집의 형태라고 볼 수 있다(Creswell, 2015).

반영적 작업의 자료 분석은 여러 유형으로 이루어졌다.

반영적 작업에는 원본 한 편을 읽고 체험한 것을 그림이나 글로 표현한 것을 분석한 연구유형도 있고, 2~5편의 여러 글쓰기 원본을 읽고 반영해 준 것을 분석한 연구 유형도 있다. 이렇게 다양한 연구 유형이 존재하는 것은 자료 수집에 어려움을 겪었기 때문이다. 자료 수집 초반에는 열정적으로 시작되었다. 그러나 자율을 중시하고 특정한 목적을 지닌 구조화된 모임이 아니어서 자료를 주고받는다는 것이 쉽지 않았다. 또한 연말과 정초라는 글쓰기가 쉽지 않은 시기도 있었다. 또한 현상학적 글쓰기 자체에 자리하고 있는 내용과 연구 참여자들의 내면 언어가 간극이 있게 되는 경우 조율과 재정리를 위한 시간도 필요했다(장연집, 2016).

반영적 작업을 통하여 연구 참여자들이 어떠한 체험을 하였는지 다른 유형의 연구에 따라 다양한 결과가 도출되었다. 공통적인 결과를 보자면, 학위논문으로만 묻혀 있을 뻔했던 원본과 연구자가 재조명을 받는 기회를 가졌다(장연집, 2017a).

자세한 연구결과들은 여러 형태로 학술저널에 발표되었으며(장연집, 2016; 장연집, 2017b; 장연집, 2017d), 이 책에서는 제3장, 제5장, 제6장 그리고 제7장에서 보다 상세하게 다루어질 것이다.

2) 창의적 작업의 시도

창의적 작업은 앞서 설명한 반영적 작업에서 한 단계 더 나아가고 심화된 작업의 산물이다. 즉, 연구 참여자들에게 자신의 학위논문의 원본을 공개하고 그것을 읽은 동료 미술심리치료사들이 써 준 반영적 작업을 다시 원저자가 받아 그것을 읽고 난 후의 체험을 글과 그림으로 표현한 것이다. 학위논문의 일부인 원본을 기반으로, 동료들인 연구 참여자들이 거울의 역할을 해 준 작업이 이루어진 것이다. 이것을 창의적 작업이라 부르는 이유는 논문의 원본을 다룬 원저자의 연구 주제가 반영적 작업을 접함으로써, 원본을 다루었을 때의 시각이 시간과 상황의 흐름으로 인해 변화될 수 있기 때문에 그 변화 자체가 창의적인 것이라고 보았기 때문이다(장연집, 2017d).

글을 쓰는 사람이라면 누구나 타인이 자신의 글을 읽고 어떠한 체험을 했는가에 대해 알고 싶어 하며 궁금증을 가지고 있을 것이다. 그러나 그러한 피드백을 직접적으로 받거나 공유할 수 있는 기회는 흔치 않다. 이는 미술작가들의 경우도 마찬가지일 것이다. 자신의 그림이나 미술작업이 갤러리에 전시되고 수많은 관객이 자신의 그림을 감상하여도, 그들이 자신의 그림에 대해 어떻게 느끼며, 그들에게 어떠한 반향을 일으켰는가에 대한 것은 거의 관객들 각자의 가슴속에 묻혀 있게 된다.

창의적 작업은 이렇게 사장될 법한 이야기들을 수면 위로 떠올려 서로에게 더욱 의미 있게 다가가 보려고 하는 것이다. 이러한 새로운 시도를 통하여 원저자들의 경험을 심도 있게 이해해 보고 그것이 미술심리치료학과 미술심리치료사들, 그리고 질적 연구 분야에서 어떠한 의미를 가지는지 알아보고자 하는 것이다.

창의적 작업의 자료 수집은 2016년 4월에서 2016년 10월에 걸쳐 이루어졌다. 연구 참여자는 총 12인이었고, 글과 그림, 시 등 총 25편의 자료가 수집되었다. 그리고 연구자에 의해 이러한 자료들이 해석학적 현상학적 연구방법으로 분석되었다(장연집, 2017d).

창의적 작업을 통한 연구결과를 통해 창의적 작업은 원본과 원저자에게 자신의 정체성을 더욱 굳히면서 자신만의 고유성을 다져 보는 기회를 지니게 해 주는 상징적인 과정임이 드러났다. 그리고 원본을 공개하는 것도 중요하지만, 공개된 자료를 다시금 소화시키는 과정도 중요하다는 것을 많이 생각하는 기회가 되었다(장연집, 2017d).

더욱 자세한 창의적 작업의 실제 예와 그림, 구체적인 자료들과 연구 결과는 제4장, 제8장, 제9장에서 소개된다.

이제까지 살펴본 반영적 작업과 창의적 작업에 있어서, 미술심리치료학 전공 졸업생을 연구자로 선정했기에 특수성은 가지고 있을 수 있으나, 시공의 제한성을 자유롭게 하기 위해 현장 인터뷰가 이루어지지 않은 제한점을 가진다고 볼 수 있다(장연집, 2016). 이러한 상황에서 보면 자료와 관련하여 추가 질문이 다뤄지지 않은 점 등을 제한점으로 들 수 있다(장연집, 2017a).

반영적 작업과 창의적 작업이란 새로운 연구방법의 시도로 미술심리치료학과 질적 연구 분야에 다음과 같은 기여를 기대한다.

첫째, 졸업생을 위한 재교육의 기회 활성화를 통한 미술심리치료 전공의 질적인 성장이다(장연집, 2016). 졸업 후 전공자들에게는 졸업생들 각자의 자율적인 의지로, 학위과정에서 갖게 된 전공의 깊이를 더하며 연구와 현장을 연계시켜 모든 곳이 활기를 갖고 깊이를 더해 가는 그러한 네트워크가 필요했다(장연집, 2017a).

둘째, 미술심리치료학을 위한 해석학적 현상학의 실존적 체험 자료의 축적이다. 해석학적 현상학의 연구방법의 절차에는 '경험한 그대로의 탐구' 단계가 있으며 이 단계에서는 연구주제와 관련 있는 문학, 예술 등의 실존적 체험 자료를 분석하게 된다. 그러나 미술심리치료를 다룬 문학, 예술 분야의 자료들이 매우 부족한 실정이기에 사실상 이 단계에서는 미술심리치료 이론서에 의존하거나 인접한 영역의 자료들을 분석하는 것이 현 우리의 모습이다. 이에 미술심리치료 전공 관련의 해석학적 현상학의 실존적 자료가 부족한 상황에 도움과 기여를 하고자 함이다(장연집, 2016).

셋째, 미술심리치료 실무에 묻혀 있는 미술심리치료사에게 연구와 더욱 가깝게 접촉할 수 있는 기회를 마련한다. 미술심리치료학의 경우 임상현장과 연구가 함께 연결되고 상호보완적 형태를 유지하는 것이 바람직하다. 그러나 임상현장에서 주로 내담자들을 만나고 치료하는 석사학위졸업생 미술심리치료사의 경우 그들의 임상과 연구가 이어지기가 쉽지 않다. 따라서 이러한 자율적인 연구형태와 네트워크를 통하여 좀 더 연구와 가까워지고 연구를 통해 학문적 소통을 할 수 있는 기반을 마련할 수 있다.

현재까지 존재하지 않았고, 아무도 시도해 보지 않은 것을 시도하는 것은 많은 망설임과 주저함을 동반한다. 그러나 이러한 어려움을 넘어서서 좀 더 새로운 것을 향해 나아가려는 활기찬 날갯짓을 시작했다. 앞으로도 한국의 미술심리치료학과 질적 연구의 활성화를 위한 다양하고 창의적인 연구방법들이 출현하기를 기대한다.

Chapter 2 미술심리치료학 전공에서 다루어진 해석학적 현상학적 글쓰기

제1장에서 해석학적 현상학적 연구의 확장 시도로서 반영적 작업과 창의적 작업에 대해서 자세하게 설명하였다.

반영적 작업과 창의적 작업의 밑받침이 되는 최초의 자료는 해석학적 현상학적 체험 연구 안에 쓰여진 글쓰기이다. 이 책에서는 이를 '원본' 이라고 부른다.

제2장에서는 이 책의 반영적 작업과 창의적 작업 분석의 기반이 되는 원본을 수록하였다. 총 16편의 미술심리치료학 전공의 해석학적 현상학적 글쓰기 원본이다. 지면의 제약으로 인하여 전문을 넣지 않고 학위논문 저자들의 동의를 얻어 축약하였음을 밝힌다.

다음에 소개될 원본은 미술심리치료의 유형과 주제로 분류하여 7가지 주제로 세분화하였다. 미술심리치료의 네 가지 유형인 임상미술심리치료, 기관미술심리치료, 의료미술심리치료, 일반인을 위한 미술심리치료, 그리고 슈퍼비전, 미술심리치료사, 미술작업 관련 전공 과목 주제로 분류하여 원본을 제시한다.

제5, 6, 7, 8장에서 다루어지는 반영적 작업 분석과 창의적 작업 분석을 이해하기 위하여 이 장의 원본을 참조하기 바란다.

1. 미술심리치료의 유형으로 분류한 해석학적 현상학적 글쓰기

1) 원본 1: 주의력결핍 과잉행동장애 초등학생을 대상으로 집단 미술치료를 수행한 미술치료사의 체험

원본 1은 임상미술심리치료(Clinical Art Psychotherapy: CAPT) 유형의 주제를 다룬 학위논문 안에 쓰여진 해석학적 현상학적 글쓰기이다.

한계와 좌절……. 그리고 나를 일으켜 주는 동료와 슈퍼바이저

아이들이 모두 돌아간 후 멍하니 한참을 앉아 있다가 문득 시계를 보니 저녁시간이 한참 지나 있다. 연구소 안 모든 치료실에 불이 꺼지고 나만 남았다. '내가 왜 또 이 ADHD 집단을 맡아서 여기까지 왔을까……. (중략) 세션이 진행되는 동안 아무것도 감당하지 못했던 나는 부끄러운 마음으로 질책을 기다렸지만, 슈퍼바이저는 담담히 이야기를 모두 들으신 뒤, 내게 위로부터 해 주셨다. 많이 힘들었을 거라고……. (중략) 얼마나 위로가 되고, 힘이 되던지……. 그날 나는 말씀해 주신 대처할 수 있는 방법들과 여러 조언을 꼼꼼히 적어 곱씹으며 용기를 얻어 집으로 돌아왔다……. (중략) ADHD 아이들이 집단에서 잦은 다툼을 벌이는 것이 처음 있는 일도 아니고, 오늘따라 왜 그렇게 힘이 들었을까……. 고민하다 이 아이들이 나한테 주는 감정이 어떤 것인가를 다시 돌아본다……. (중략) 아마 아직도 나는 이 아이들을 피하고만 싶은 대상으로 여기는 것인지도 모르겠다……. (중략) 역시 예상대로 어머님은 약을 챙기지 않고 계셨고, 오히려 내게 '근데 이 약을 계속 먹으면 나중에 부작용이 엄청나다면서요? 주는 대로 다 먹다 보면 다 크고 난 다음에 바보 된다던데요? 약을 너무 먹어서 그런지 애가 축축 늘어지기만 하고 숙제도 안 하고……. 좀 끊어 봤다 다시 먹이든지 하려고요.' 등등의 얘기들을 하셨다. (중략) 나는 진성이 어머님을 떠올리며 마치 벽을 마주한 듯한 느낌으로 무기력해진다. (중략) 가슴이 답답하고 일지를 더 이상 쓸 수 없을 만큼 완전히 에너지가 소진됨을 느낀다. (중략) 후배 역시 ADHD 아이들 관련한 고민들을 내게 털어놓으며, 우리는 서로 자기 일처럼 함께 고민한다. 아무에게도 털어놓을 수 없고, 얘기를 한다 해도 이 상황들은 일반인은 아마 이해하지 못할 것이다. 후배와 실컷 얘기하면서 '내가 지금 필요했던 건 위로였구나.'라는 생각과 함께 마음이 편안해진다. 우리는 부모교육 회기를 따로 잡아 보는 것이 어떨지 방법들을 고민하고, 서로를 격려하면서 밤이 깊어 가는지도 모르고 이야기를 나눈다.

불협화음도 음악이 될 수 있다는 작은 희망을 발견함

일찍 도착한 진성이가 멋쩍은 표정으로 들어왔다. "선생님……. 저 오늘은 진짜 안 싸우고 잘할 거예요." 기특한 모습에 나도 모르게 웃음이 나왔다. "하

하……. 진성이가 그렇게 말해 주니까 선생님 진짜 기쁘다. 왜 그런 생각을 했어?" (중략) 그렇지만 아이들이 모두 들어와 세션이 시작된 지 15분이 조금 넘었을까……. 아이들 틈에서 "아, 선생님. 진성이 좀 봐요. 진짜!" 하는 소리가 들려온다. (중략) 마무리 작업으로 아이들은 벽에 붙여 둔 큰 종이에 각자의 그림을 원하는 곳에 붙이고, 같이 꾸며서 하나의 그림을 만들기로 한다. 언제 싸웠냐는 듯 다시 웃고, 얘기하며 작업을 열심히들 한다. 다시 한 번 구조를 명확히 하고자 "벽에 있는 이 종이 밖으로는 안 나가는 거야. 규칙 알지?"라고 아이들의 주의를 환기시킨다. (중략) 자신을 통제하고 조절하는 시간이 짧은 아이들에게는 주의를 집중하는 시간을 연장할 수 있도록 즉각적으로 보상을 주는 것이 반드시 필요하다. (중략) 작은 소란은 있었지만 나는 불협화음도 음악의 일부라고 생각한다. 꼭 완벽한 3도, 5도 화음만 아름다운 건 아니다. 새로운 화음을 들려주는 현대음악과 재즈처럼 이 아이들도 각자의 특성을 개성으로 만들어 나갈 수 있을 거라고 나는 믿는다. 이 과정 속에서 미술치료사인 나는 각자가 연주하는 소리들을 들으면서 전체 음악이 조화롭게 들리도록 이끌어 주고, 다른 사람의 연주도 들어 볼 수 있도록 도와주는 지휘자가 된 듯한 느낌이다. 마무리를 하며 각자의 그림이 모여 하나가 된 작품을 보며 아이들도 뿌듯한 표정이다. (중략) 진성이가 한마디 불쑥 "진짜 참은 거라고요."라고 한다. 참느라고 참는데, 진짜 노력하는 건데 안 된단다……. 안타깝다. 그래……. ADHD 진단이 괜히 나온 게 아니지. 마음대로 안 되는 저 녀석은 얼마나 답답할까. (중략) 이 ADHD 아이들과 끊임없는 약속을 해 주며 믿어 주는 게 치료사 역할에서 가장 큰 부분일 수도 있다는 생각이 든다. (중략) 지금까지의 과정들을 정리해 보니 집단의 역동도, 또 개인적으로도 아이들은 조금씩 변하고 있었고, 집단응집력도 단단해졌으며, 서로를 조금씩 이해하고 있었다. 아이들은 변하고 있는데, 치료사인 내가 섬세하게 관찰하지를 못하니 막연하게 늘 힘이 들고 피하고 싶다는 생각만 들었던 것 같다. (중략)……. '아직도 나는 내가 가진 틀과 치료사로서의 욕심을 이렇게 많이 가지고 있었구나.' 하는 생각에 부끄럽고, 아이들에게 미안하다. 변화의 가능성들이 보이는 것 같아 희망이 생긴다. (중략) 내 마음을 열고 어머님들의 이야기를 들으니 모임의 분위기도 달라짐을 느낀다. (중략) 우선 그 분들의 얘기를 진심으로 공감하며 듣는다. '마음이 좀 시원해졌다.' '우리 ○○ 또 잘 부탁드린다.'며 눈물을 닦으며 돌아가는 어머님들을 보며 나도 다시 새로운 마음으로 아이들을 만나야겠다는 다짐을 해 본다.

조금은 성장한 나, 그리고 새로운 만남

아이들은 찰흙을 쓰겠다고 의견을 모았다. 내심 너무 퇴행을 하지는 않을까 걱정이 되지만 아이들을 믿어 보기로 한다. (중략) '또 시작이구나.'라는 생각에 불안함이 몰려왔지만, 다시 정신을 차리고 이 상황에서 적절한 개입을 할 수 있는 방법을 찾는다. (중략) 직접 참여해 미술작업을 함께해 보니 비닐에 찰싹하며 들러붙는 찰흙은 생각보다 쾌감을 주며 시원한 느낌이 든다. (중략) 스스로 외부의 현실 상황과 회기에서 진행된 작업들을 연결해 생각할 수 있는 아이들을 보며 나는 미술작업이 가진 힘을 새롭게 바라본다.

세션이 끝나고 찰흙들을 정리하다가 나는 갑자기 작업을 해 봐야겠다는 생각에 그대로 앉아 무언가를 만들기 시작한다. (중략) 그동안 미술작업을 한참이나 하지 못했다는 생각이 들면서 미술치료사인 내가 정작 미술치료에서 미술작업이 가진 힘을 등한시한 건 아닌가 하는 반성도 해 보게 된다. (중략) 오늘 미술치료 회기를 돌아보면서 '내가 미술치료사로서 조금은 노련해졌구나.'라는 생각으로 뿌듯하다. (중략) 재치 있고, 통통 튀는 아이디어들이 넘치는 아이들인데 정작 미술치료사인 내가 이 아이들의 창의성을 몰라봐 주었다는 생각에 부끄럽다. (중략) '내가 만나는 ADHD 아이들에게 숨어 있는 더 많은 잠재력과 가능성들을 찾아 주자. 이런 과정 중에 아마 나도 함께 성장하고 있을 거야. 고맙다 얘들아.'

2) 원본 2: 미술치료 석사학위 과정생의 정신과 임상실습 체험

원본 2는 임상(Clinical Art Psychotherapy: CAPT) 유형의 주제를 다룬 학위논문 안에 쓰여진 해석학적 현상학적 글쓰기이다.

나는 실습생이다!

나는 일주일을 정신과 병원에서 임상실습을 하는 것으로 시작한다. 내가 임상실습을 하는 곳은 입원병동이 있는 정신과 병원으로, 나는 그곳에서 사회사업팀에 속해 있는 자원봉사자이다. 병원에서 실습생을 받으려면 실습생을 관리-감독

할 전문가가 있어야 하는데, 그렇지 못하기 때문에 나는 '자원봉사자'라는 이름으로 존재해야만 한다. 나는 배우는 과정에 있는 실습생으로 아직 부족한 것이 너무 많다. 하지만 내가 하는 임상실습시간은 정신과 병동에서 '○○'라는 이름으로 불리고 있고, 나 또한 거기서 '선생님'으로 불리고 있다. 이 두 가지 이름이 나에게 무거운 책임감과 중압감을 준다. (중략) 병원에는 간호 실습생들이 오는데, 환자들은 그들을 학생으로 생각하고 어리게만 보기 때문에 '실습생'이라는 단어가 적절하지 않다는 것이다. '하긴! 3개월 공부한 사람도 미술치료사라는데 뭐~!'라는 생각이 들기도 했다. 그렇지만 뭔가 속이는 듯한 생각이 들어 찝찝한 것은 어쩔 수가 없다. (중략) 또 전문성이 없는 사람들이 미술치료사라고 떠벌리고 다니는 현실이 화가 난다. 사실 어떻게 보면 이게 아직 정신과에서 미술치료가 제대로 자리 잡지 못해서 벌어진 일들이다. 결국 내가, 우리가 해결할 수밖에 없는 문제라는 생각이 든다.

그래! 좀 더 공부하고 좀 더 노력하고 좀 더 열심히 해서 그들과 내가 다르다는 것을 느끼게 해야 한다! 나 스스로에 떳떳해져서 언제 어디서라도 미술치료를 공부하고 있는 대학원생이라는 것을 당당하고 자랑스럽게 이야기할 수 있는 날이 올 때까지……!

끊임없이 물갈퀴를 저어 대는 백조

석사과정생은 참 바쁘다. (중략) 대학원에 입학하기 전에는 그냥 열심히 공부만 하면 되는 줄 알았다. 일에 찌들어 있다가 새로운 공부를 하게 되었다는 기대도 있었고, 열심히 할 자신도 있었다. 그런데 요즘 나는 좀 지쳐 있다. 이론 공부는 할수록 내가 무엇을 모르는지만 더욱더 분명해지고, 그럴수록 끝이 보이지 않는 길을 걷고 있는 느낌이다. (중략) 그래……. 임상실습! 사실 요즘은 이것 때문에 더 힘이 든다. 한 시간의 세션을 한다는 것은 단지 한 시간의 의미가 아니다. 회기가 끝난 후 보고서를 작성하는 데도 2~3시간이 족히 걸린다. 그리고 다음 회기를 준비하고 계획을 세우고 하는 데도 적지 않은 시간이 소요된다. (중략) 뭐 알아 달라고 하는 건 아니지만 그래도 이런 내 모습에 대해 지지받고 격려받고 싶을 때가 있다. 힘들게 열심히 하고 있는 거 알고 있다고, 힘들지만 조금만 더 힘내라고……!

마치 백조가 된 기분이다! 우아하게 떠 있기 위해 끊임없이 물갈퀴를 저어야 하는 백조! 한 시간 남짓의 매끄러운 세션을 위해 나는 오늘도 미친 듯이 물갈퀴를 저어 댄다.

정신과 환자와 치료진 사이의 다리가 되다!

"제 생각에 이 분은 지금 의사소통을 하고 싶지 않은 게 아니라, 자신이 먼저 선뜻 다가가지 못하는 거 같아요."

사건의 발단은 이 한마디였다! (중략) 이 말에 의사는 흥미롭다는 듯 나를 바라보았다. 니가 뭘 알아서 그런 말을 하냐는 눈빛인 것 같기도 했다. 어쨌든 이 한마디로 이후 내 병원 생활은 바뀌게 되었다. (중략)

나는 어렵게 온 이 기회에 미술의 특수성에 대해서 이야기하고 싶었다. 그리고 작업을 해석할 때는 조심해야 하며 일대일 해석은 위험하다는 것도 말하고 싶었다. 그리고 나는 ○○님이 그림으로 걸어오는 말에 대답해 주기 위해 노력하고 있고, 그것에 대해 의사와 공유하며 의사에게 환자의 마음을 알 수 있게 그 말을 전해 줄 수 있는 사람이라고 말하고 싶었다. 내 뜻이 그대로 전달되었는지 완전히는 알 수 없지만, 이날 이후 나는 치료진들과 환자에 대해 이야기하는 시간들이 늘어났고 환자와 치료진 사이의 다리 역할을 하는 존재가 되었다.

'미술치료사'라는 근사한 집 가지기

학교에서 이론들을 공부하고 실습현장에서 임상실습을 하면서 나는 이 둘을 떼놓고 이야기할 수 없다는 생각을 한다. (중략) 처음에 심리치료에 대해 공부를 하고 정신병리를 배울 때는, 병리가 나올 때마다 다 나인 것 같고 내 주변의 사람들을 끼워 맞춰 보기도 하고……심지어는 정신과 병동에서 만나는 환자들을 라벨링해서 선입견을 갖고 바라 본 적도 있다. 그리고 '이 병이면 이런 증세를 보여야 하는데 저 사람은 왜 그렇지 않을까?'에 대한 의문을 품기도 했다. (중략) 뭐랄까? 집을 짓는 과정이라고 본다면, 막 심리학을 공부하고 정신병리를 딸딸 외우고 미술치료에 대해서 익히고 하는 것이 설계도를 만드는 과정인 것 같다. 그리고 임상실습은 그 설계도를 갖고 골조를 만들고 집을 짓기 시작하는 작업이다. (중략) 나만의 집을 짓기 위해서는 우선 내가 어떤 사람인지를 알아야 한다. 그래서 나를 탐색하고 돌아보는 시간이 필요한 것이다. (중략) 나에게 정신과는 집을 짓기 위한 든든한 철근이다. 미술치료에 대한 인식 부족으로 좌절을 경험하기도 하고 힘든 환자를 만나면서 힘든 적도 있었다. 하지만 환자로부터 에너지를 얻기도 하고 변화하는 환자들을 보며 보람도 느끼고, 그로 인해 성장 욕구도 느꼈다. 정신과 임상실습은 나에게 이론과 실재를 연결하는 고리이며 정신과 임상실습을 하면서 실습 경험을 쌓는 것뿐 아니라 학문적 성장을 경험하게 하였다.

이 든든한 철근을 갖고 나는 오늘도 집을 짓는다. 그리고 이 집이 근사하게 완성되면 나도 성숙한 미술치료사가 될 것이라고 믿는다!

3) 원본 3: 미술치료학 전공 석사학위 과정생의 아동 미술치료 현장 실습 종결 체험

원본 3은 기관(Institutional Art Psychotherapy: IAPT) 유형의 주제를 다룬 학위논문 안에 쓰여진 해석학적 현상학적 글쓰기이다.

첫 번째 아이, 첫 번째 만남, 만남의 시작

미술치료학 석사학위 과정에 입학하고 적응하기 위해 안간힘을 쓰며 한 학기를 보냈다. 배워야 할 것, 지녀야 할 것, 갖추어야 할 것들이 정말 많다. 내가 정말 미술치료사가 될 수 있을까? 혼란스러운 와중에 고민할 새도 없이 2학기 현장실습 시작이 다가왔다. (중략) 10살짜리 여자아이에게 이렇게나 많은 문제가 있다니. 내가 이 아이에게 어떻게 무엇을 해 줄 수 있을까……. 걱정되고 불안해진다. 첫 회기가 진행되는 날 30분 전에 복지관에 도착하였다. (중략) 연필과 지우개, 파스넷, 도화지. 아이가 앉을 자리에 정갈하게 놓고 맞은편 자리에 앉아서 '나는 지금부터 미술치료사다!'라고 되새겨 본다. (중략) 나의 첫 번째 내담자가 그린 첫 번째 그림이다. 소중하고 조심히 다뤄 주고 싶다. (중략) 이렇게 하얗고 빈 곳에 아무것도 없이 혼자 서 있는 어린아이의 느낌은 어떤 것일까. 외롭지는 않을까? 무섭지는 않을까? 텅 빈 곳이 조금씩 채워질 수 있으면 좋겠다.

한 걸음씩 좁혀지는 간격

진이와의 세 번째 만남이다. 진이는 전보다 조금씩 더 말하고 더 웃기 시작했다. (중략) 아직도 아이와 나 사이에 꽤 먼 거리가 있음을 짐작한다. (중략) 귀로 들었던 진이와 눈으로 본 진이의 차이를 생각하면서, 지금 내 앞에 앉아 있는 아이의 '진짜' 모습을 하마터면 놓칠 뻔했구나 하고 생각한다. (중략) 슬프고 외로운 아롱이에게 해 줄 수 있는 것을 겨우 찾았는데, 그것을 해 주지 못한 채 이 시간을 끝내고 싶지 않았다. 무엇보다 아롱이의 집을 완성하기 위해서 서두르는 진이의 모습을 보니 중단하고 싶지 않았다. (중략) 그 대답을 듣고, 시간은 지났지만 잘됐다, 진이가 만족해서 다행이다 하고 생각했다. (중략) 한 주 후 만난 진이 얼굴이 어쩐지 창백하였다. (중략) 진이는 점심 급식을 먹고 체하여 괴로워하고 있었다. 보호자가 진이를 데리러 올 동안 복지관의 직원 휴게실에 진이를 눕혔다. (중략) 어쩐지 지난주 진이가 아팠던 일을 기점으로 나와 진이 사이의 거리가 당겨진 느낌이다. (중략) 나는 그런 진이의 변화가 반갑고 기쁘다. 이제 정말 진이와 닿아진 느낌이다. (중략) 완성된 그림 안에는 진이가 책상에 앉아 급식을 먹고 있다. (중략) "애들은 나 싫어해요."라는 진이 대답이 속상하다. "언니도 나 싫어해요."하고 진이가 덧붙인다. (중략) 할머니는 무조건 언니의 편을 들어 준다고 진이는 말한다. 나는 갑자기 어렸을 때 나와 언니의 관계가 떠오른다. (중략) 그래서 언니에게 화가 난다. 나의 언니인지, 진이의 언니인지 잘 모르겠다. 진이가 안쓰러운 건지, 어린 내가 안쓰러운 건지도 잘 모르겠다. 분명한 것은 내가 진이의 감정을 알고 있다는 것이다. (중략) 오늘은 20분 일찍 와서 할머니와 보호자 상담을 하는 날이다. (중략) 할머니가 보는 진이의 모습은 내가 생각하는 진이보다 훨씬 더 문제 많은 아이였다. (중략) 그런 마음에 대해 나만큼은 알아줘야겠다. 읽어주고, 받아 주고, 담아 줘야겠다고 생각하며 문을 열고 진이를 부른다.

"진이야, 시작하자 –"

성급하게 다가온 마지막 순간

진이를 만나러 가는 길에 그동안의 우리 시간들을 생각해 본다. 진이는 지난 회기 운동회에서 친구들과 단체 줄넘기를 하고, 함께 점심을 먹고, 방과 후에도 같이 그네를 탔다고 했다. (중략) 지금까지 생각해 본 적 없는 종결이라는 단어가 갑자기 툭 튀어나온다. (중략) 사실 종결 자체를 전혀 염두하고 있지 않았다. (중략) 나와 진이의 관계가 우리 둘을 제외한 상황으로 인해서 중단된다니. 그동안 정성스럽게 쌓아 왔던 관계가 이렇게 허무하게 끝나다니. 내가 해 왔던 노력과 나의 진심이 함부로 취급된 것 같은 느낌이다. 화가 난다. (중략) 나는 잠시 고민하다가, 지금 진이에게 이야기하고 그에 대한 감정을 나누기로 결심한다. (중략) 예상보다 덤덤한 진이의 반응이 의외이다. 나는 조금 당황스러운 동시에 서운함도 느낀다. (중략) 오늘 진이는 평소보다 말과 웃음이 없었고, 모른다거나 그냥 그렇다는 대답만 했다. 그 모습이 처음에 봤던 진이와 많이 닮았다. 처음으로 돌아간 느낌이다. (중략) 우리의 미술치료는 2주 후 종결할 만큼 완성되지 않았다. 나의 첫 번째 사례를 이렇게 불완전한 채 접어야 한다니 속상하고 좌절스럽다. (중략) 나는 지금 우리의 종결 과정을 도울 미술 작업이 무엇일지 고민하고 있다. (중략) 진이를 향한 나의 각별한 마음이 이별에 저항하고 있다. (중략) 그래서 내가 선택한 방법은 마지막 자체를 아예 쳐다보지 않는 것이었다. 끝을 염두에 두지 않고 끝이 와도 못 본 체하려고 애써 왔다. 이토록 어리석은 나에게 종결이 아프고 충격적인 것은 당연한 일이었다.

끝의 시작

11회기를 진행하기 위해 복지관으로 향하는 길. 지난 시간에 진이가 보였던 모습을 생각한다. "괜찮아요."라고 했던 진이의 대답과 달리 그날 진이의 행동들은 괜찮지 않은 것처럼 느껴졌다. 진이는 갑자기 왜 솔직한 감정 표현들을 철회하였을까. (중략) 나조차도 종결에 제압된 채 내 감정을 다스리고 있지 못했다. 그런 상황에서 진이가 솔직한 마음을 비추지 못한 것이 당연했다. 그렇지만 서운함이 없는 척, 모르는 척 진이와 이별하기 싫다. 이런 감정을 나누는 것으로서 우리의 종결 과정을 시작하고 싶다. 오늘은 내가 먼저 용기를 내 솔직한 마음을 말해야겠다. (중략) 너가 지금 기쁜지, 슬픈지, 화가 나는지, 서운한지. 그래야 진이가 진이 마음을 달래 줄 수 있으니까" "내 마음이 어떤지 알아주기, 스스로 내 마음 위로해 주기" 진이가 소리 내어 문장을 읽는다. 그동안 내가 진이에게 해 주고자 노력했던 역할들이다. 이제는 진이가 스스로 이런 역할을 해 나갈 수 있기를 바라면서 진이와의 11번째 회기를 마쳤다.

둘이서 함께 찍은 마침표

처음 종결을 마주하였을 때와 다르게 나는 지금 한결 편안해진 마음으로 마지막을 준비하고 있다. 비록 예정과 다르게 종결이 결정되었지만, 진이와의 헤어짐을 준비할 수 있는 시간이 허락된 것이 다행이었다. 이른 종결에 대한 분개가 나와 진이에게 아무런 도움이 되지 않는다는 것을 알게 되었다. (중략) 나는 우리의 마지막 회기에서 그동안 진이가 만들어 왔던 그림들을 모아서 함께 돌아보고자 한다. 우리의 시간이 헛되지 않았다는 것을 진이에게 확인시켜 주고 싶다.

진이의 그림들이 담긴 포트폴리오를 소중하게 품에 안고 기관에 도착하였다. (중략) "이거 제가 가져가요?" 진이는 내가 준 포트폴리오를 보며 묻는다. "응, 진이가 그린 그림이니까, 전부 다 진이 꺼야." 진이는 작은 손으로 가만히 포트폴리오를 쓰다듬는다. (중략) 그림으로서가 아니라 우리가 보내 온 시간들의 기억으로서 진이의 마음속에 간직되었으면 좋겠다. (중략) 진이는 문은 열고, 또 한 번 뒤돌아서 "선생님이 보고 싶을 것 같아요." 하고 말한다. 나는 순간 마음이 시큰하다. 나도 당연히 진이가 정말 보고 싶어질 것이다.

이 경험을 담고 앞으로 차곡차곡 쌓아 가는 것이구나. 언젠가 커다란 서재가 완성될 것이다. 그렇게 내 첫 사례가 완성되어 저장되었다.

마침표 뒤에 오는 것들

3학기에 시작한 실습이 벌써 종결을 앞두고 있다. (중략) 시간을 잘 지키지 못했었구나. (중략) 진이가 하는 작업을 중단하는 것이 어려웠었다. 그 기억 속에서 진이에게 만족을 주고 싶었던 내 욕구가 느껴진다. (중략) 나는 자꾸만 진이가 아닌 어린 나를 달래 주고 있었다. 이제야 보이는구나. 그토록 부족했던 나를 '선생님'이라고 부르며 따르던 어린 진이에게 미안해진다. 현장실습. 나는 어쩜 나의 훈련만으로서 이것을 생각했던 것일까. (중략) 종결은 정말 중요한 것이었다. 진이와의 미술치료가 종결된 후 몇 달이 흘렀는데 나는 아직 진이를 생각하고 진이를 보내고 있다. (중략) 정성스럽게 쌓아 올린 미술치료의 관계에는 항상 끝이 있다. 마치 녹을 것을 알면서도 눈사람을 만드는 일과 같다. (중략) 끝이라는 것은 극복하는 것이 아니라 경험하는 것이 중요하다는 생각을 한다. 그러니까 나를 떠나가는 누군가를 진심을 다해 '잘' 보내는 것이다. 이제는 누군가와 정성스럽게 마지막을 준비하며 헤어지는 과정이 소중하게 여겨지기 시작했다.

4) 원본 4: 노인복지시설 집단미술치료를 진행한 미술치료학 석사 학위 과정생의 현장실습 체험

원본 4는 기관(Institutional Art Psychotherapy: IAPT) 유형의 주제를 다룬 학위논문 안에 쓰여진 해석학적 현상학적 글쓰기이다.

머릿속에 가득한 물음표

어영부영 여름 방학을 보냈다. 미술치료학을 배우고자 대학원에 진학하고 1학기를 보내면서 그렇게 공부의 필요성을 느꼈건만. 언제나 그랬듯 다짐뿐이었다. '2학기부터는 학교에서 현장실습도 나가라고 하는데…….' 걱정이 이만저만이 아니다. (중략) 새로 오픈한 주간보호센터. 집도 가깝고 일주일에 한 시간 12회기만 하면 되고, 자원봉사니까 자격도 될뿐더러……. 실습 시간도 준다고? 치매 노인 집단이라는 게 썩 내키지는 않지만 어쨌든 학기 중에 다양한 경험이 필요하니까. (중략) 학교교육은 왜 아동 위주였던 거야……. 학교 탓도 해 본다.

결국 기법 책 위주로 보며 프로그램을 짠다. (중략) 이때는 내가 열심히 준비한 치료 계획서가 물거품이 될 거라고는 예상하지 못했다.

모든 일이 예측불가

드디어 첫 실습일. 30분 정도 일찍 가서 관리자와 이야기를 나누기로 했다. (중략) 미술치료실이 따로 있을 거라는 생각은 안 했지만, 미술치료실로 정해진 곳은 식당과 이어진 뻥 뚫린 공간에 사람들이 왔다 갔다 하는 장소였다. (중략) 기본 재료는 준비되어 있다고 했는데, 연필, 지우개, 파스텔, 물감, 붓, 먹물은? 내가 생각하는 기본 재료와 그들이 생각하는 기본 재료는 다른 것이었다. 그나마 새 제품인 것에 위안을 삼자. (중략) 미술치료에 참여하는 노인분들의 성함과 나이, 병명 등이 적힌 종이를 보여 주며 요주의 인물들에 대해 이야기한다. (중략) '아 여기서 나에게, 미술치료에게 크게 기대하는 건 없구나.' 하는 생각에 씁쓸하기도 하고, 한편으로는 '그럼 뭐 편하게 해야지.' 하며 일종의 안도감도 생긴다. (중략)

난 비록 실습생이긴 하지만 내 차비 들이고 시간 들여서 당신들 좋게 해 드리려고 와 있는 건데 도대체 나한테 왜 저러시는 거야? 없던 힘마저 쭉쭉 빠진다. (중략) 끝끝내 작은 그림 하나 안 그리시는 분들이 대다수임에 답답함을 느꼈다.

어리고 부족한 나라도 괜찮을까?

벌써 4회기째 아침이 다가왔다. 눈을 뜨자마자 오늘은 어떻게 한 시간을 버티고 나오나 한숨이 절로 나온다. 노인 미술치료를 진행하기 이전에 만들었던 계획서는 이미 물거품이 되어 버렸다. 어르신들은 내 예상보다도 할 수 있는 활동이 별로 없었다. (중략) 슈퍼비전 시간에 아동, 청소년 미술치료를 진행하고 있는 다른 동기들의 이야기를 들어 보면 그들은 진짜 내담자에게 애정을 가지고 잘해 나가고 있는 거 같은데 나는 어르신들한테 민폐나 안 되면 다행이라고 생각하고 있으니. 미술치료사로서의 자격 자체가 없는 건 아닌지 너무 좌절스럽다. (중략) 미술치료 하기 싫다고 투덜대며 여기까지 온 내가 한심스럽다. 부족한 나를 이렇게 기다려 주시고, 고맙다고 하시는 어르신께 죄송해서라도 최선을 다해야겠다는 생각이 든다. (중략) 나이도 까마득하게 어린 여자애가 와서는 치료사 노릇을 하며 그림을 그려 보라고 하고, 얘기를 해보라고 한다. 만약 내가 이 어르신의 입장이었으면 어땠을까? 나도 하기 싫지 않았을까? (중략) 퇴화되어 가는 기능에 안타까운 마음이 들지만, 그럼에도 불구하고 하고자 하는 의지가 있다는 것이 대단하다는 생각이 든다.

자신을 먼저 점검하기

'오늘 슈퍼비전 시간에는 꼭 내 얘기도 하고, 교수님께 여쭤봐야지…….' 그동안은 내가 잘 못하고 있다는 생각에 동기들과 함께하는 슈퍼비전 시간에 노인에 대해 이야기하는 것이 껄끄러웠다. 슈퍼바이저이신 교수님이 나를 무능하게 보실까 걱정스러운 마음도 있었다. 그렇지만 더 이상은 미룰 수 없어 용기를 내서 이야기를 꺼내 본다. "제가 진행하고 있는 집단의 노인들은 기능이 안 좋고……. 어쩌구 저쩌구" 노인들이 대상으로서 얼마나 어려운지를 한 보따리 펼쳐 놓는다. (중략) 순간 울컥하면서 눈시울이 붉어진다. '왜 이러지?' 내 어려움을 알아주고 감싸주는 슈퍼바이저 선생님이 너무 고맙게 느껴지면서 한편으로는 마음이 편해진다. '그래 진심을 다하면 되는 거야!' (중략) 아직까지 나를 못 알아보시는 분들도 있지만 대다수의 어르신들은 이제 내가 도착하면 반갑게 맞이해 주신다. (중략) 원래는 손에 힘이 약한 어르신들을 위해 '천사점토'를 사용하려고 했지만, 열다섯 분이나 되는 인원이 사용할 만큼 충분한 양을 구입하기에는 재료가 다소 비싸다는 사회복지사 선생님의 말에 찰흙을 사용하기로 하였다.

솔직히 미술치료사에게도 무급이면서 12회기 통틀어 3만원의 재료비만을 책정하고 있는 기관이 이해가 되지 않았다. (중략) 내가 더 잘해서 어르신들이 좋아하는 모습을 보이면 그땐 조금 달리 생각해 주실 수 있겠지……. 더 힘을 내 보자고 스스로를 다독인다.

점토를 만져 보며 어르신들은 아이로 돌아간 것 같았다. (중략) 그런데 그때 조용히 계시던 정이례 할머니가 찰흙을 입안에 넣고 계셨던 모양이다. (중략) '아 이 분들도 이 분들 나름대로 어르신들을 위하고 있구나…….' 각자의 방식이 있음을 이해하게 된다. 한편으로는 더 주의를 기울이지 못했던 나 자신을 책망하며, 더욱 안전에 유의해야겠다고 다짐한다.

진심을 다하는 치료사의 존재

어르신들은 쉽게 작업물이 잘 나오는 것을 좋아하신다. (중략) 단순히 쉬운 작업이 아니라, 어르신들이 하실 수 있는 최선으로 멋진 작업물이 나올 수 있는 것을 구상하게 된다. 그리고 어떠한 작은 것이라도 내가 지시를 한다기보다는 어르신들이 선택하실 수 있게 하는 것에서 존중받는 느낌을 가지실 수 있을 거라는 생각이 들었다. (중략) 그렇게 느끼고 나니 집단원 한 분 한 분이 너무 소중하고 감사하게 느껴지며 집단의 공기까지 달라진다. 그동안의 나를 되돌아본다. 나는 그분들을 있는 그대로 바라보았던가? 내 기준과 잣대로 그분들을 평가하고 있지는 않았었나? 그동안 내가 느낀 어려움은 그분들의 어려움이 아닌 내가 가진 문제들에서 기인한 것은 아니었을까? 이렇게 생각을 하고 나니 슈퍼바이저 선생님께서 하신 말씀이 비로소 이해가 된다. '내담자를 존중하고 위하는 진심 어린 치료사의 태도'만으로도 치료적인 시간을 보낼 수 있다는 것을.

제가 더 감사합니다!

10회기가 되었다. 센터에 들어서자마자 사회복지사 선생님이 기다렸다는 듯 말을 걸어온다. "선생님~ 매주 제출하셨던 일지 있잖아요. (중략) 성의 있게 잘해 주셔 가지고, 저희가 이번에 기관 평가를 너무 좋게 받았어요. (중략) 뭔가 인정받은 것 같은 느낌에 뿌듯하기도 하고, 음료수 하나에도 감동하는 내가 이상하리만치 기분이 좋다. (중략) 회기가 시작되고 나는 종결까지 얼마 남지 않았음을 이야기한다. (중략) 서운해하시는 모습을 보니 마음이 짠하다. 그동안 정도 많이 들었는데……. 내가 더 서운한 것 같기도 하고, 더 하고 싶은 마음도 생긴다. 그렇지만 그건 내가 결정할 수 있는 문제는 아니기 때문에 헛된 약속을 하기는 힘들다. (중략) 사실 이 작업은 '남기고 싶은 것'이라는 주제가 '죽음'을 전제로 하고 있기 때문에 하기에 망설여졌었다. (중략) 선배의 말처럼 어르신들은 생각보다 담담하게 받아들이는 것 같았다. 조금 생각하시는 듯 싶더니 이내 내가 가져온 그림들을 살펴보신다. 그림은 넉넉하게 준비했지만, 서로 더 갖겠다고 투닥거리시는 모습이 마치 아이 같다. (중략) 이렇게 서로 돕기도 하고, 몰입하여 작업하시는 어르신들을 보고 있자니 갑자기 울컥하는 마음이 든다. 이 시간이 너무나 소중하고 아름답게 느껴진다. 이 시간을 제공하고 있는 내가 너무 괜찮은 사람이 된 것 같은 느낌에 어르신들에게 감사하는 마음도 커진다.

더 높고 더 넓게 삶을 바라보다

마지막 회기를 앞두고 마음이 싱숭생숭하다. 처음에는 이 노인집단에 대해 회의적이었지만, 지금 어르신들은 너무나 잘해 주고 계신다. (중략) 미술치료사는 안에서 내담자의 적극적인 탐색이 있어야만 한다는 좁은 시야에서 벗어나 더 확장된 미술치료를 경험하고 있다. (중략) "제가 어르신들에게 너무 감사하는 마음이 커서 이걸 어떻게 표현할 수 있을지 고민하다가 어르신들이 열심히 해 주신 작품의 사진을 찍어 왔어요. 이렇게나 잘하셨어요. 한번 보세요." (중략) 사진을 보며 뿌듯해하시고 서로 돌려도 보시며 기뻐하시는 모습을 보니 내 마음이 꽉 차오르는 느낌이다. (중략) 집으로 돌아가며 어르신들을 통해 내가 얻은 것들을 생각해 본다. 초반에 비하면 정말 장족의 발전이다. (중략) 미술치료사로서의 성장뿐만이 아니다. 나는 어느 순간 한 인간으로서도 훌쩍 자라 있었다. (중략) 죽음을 목전에 두고 있는 어르신들도 창작 작업에 몰두하며 만족하시는 것을 보고 깨달은 바가 컸다. (중략) 이제부터는 미술치료사로서 가졌던 태도의 반의 반 만이라도 가지고 부모님을 이해해 보아야겠다고 다짐한다.

어르신들의 얼굴이 한 분 한 분 떠오른다. 웃음이 번지기도 하고, 뱃 속에 있던 불덩이가 쑥하고 올라가는 느낌이 들면서 눈시울이 붉어지기도 한다. 나의 첫 내담자. 많은 것을 얻게 해 주신 분들. 잊지 않고자 가슴 속에 새겨 본다.

5) 원본 5: 미술치료 석사 과정생의 소아암 환아를 대상으로 한 병원학교 미술치료 실습 체험

원본 5는 의료(Medical Art Psychotherapy: MAPT) 유형의 주제를 다룬 학위논문 안에 쓰여진 해석학적 현상학적 글쓰기이다.

소아암 환아를 위한 전문 미술치료사로 성장해 가는 나

• 낯설기만 한 소아암 환아들과의 첫 번째 만남

이번에 미술치료 실습을 나가게 되는 곳은 병원학교이다. (중략) 하지만 만성적인 질환을 가졌고, 그중 소아암 환아를 만나는 건 이번이 처음이다. 특히나 내담자가 죽음과 맞닿아 있는 경우는……. 이제까지 많은 사람을 만났으니까 크게 걱정을 하지 않지만, 왠지 모르게 자꾸만 긴장된다. (중략) 미술치료를 하는 도중에도 아이들은 별 말이 없다. 차분하다 못해 고요하다. 이런 분위기가 너무 낯설게만 느껴진다. (중략) 선생님 감기예요? 그럼 다음 주에 못 보겠네요?" 나는 당황한다. (중략) 아이들이 소아암이라 건강에 많이 민감하구나. 아이들을 위해서라도 앞으로 내 건강에 신경을 써야겠다라는 생각이 든다. (중략) 어떻게 시간이 흘러간지도 모른 채 첫 회기가 끝났다. 나의 준비가 부족했구나라는 생각이 든다. (중략) 한 시라도 아이들에 대해 알고 싶은 마음에 흔들리는 버스 안에서 나는 책을 꺼내 읽기 시작한다. '아, 아이들이 이런 걸로 많이 힘들어하는구나…….' 오늘은 집에 가자마자 미리 세워 놨던 계획들을 일부 수정해야겠다. (중략) 그동안 쌓아 왔던 실습경험들로 내가 안일해졌었나 보다. 어쩌면 교만해졌었는지도 모르겠다. 정말 하룻강아지 범 무서운 줄도 몰랐었나 보다.

• 나는 외부인? 아니, 나는 소아암 환아를 위한 미술치료사!

일주일 동안 틈틈이 소아암에 대해서 공부를 했다. (중략) 나는 선생님께 내가 소아암에 관해서 알아본 것들과 그에 따라 미술치료를 어떻게 진행하고 싶은지 말씀을 드렸다. 그러기 위해선 아이들이 지금 어떤 상황인지 치료사인 내가 알고 있어야 좋을 것 같다고 말씀을 드렸다. 하지만 돌아오는 말은 정말 예상 밖이었다. (중략) '외부인'이라는 그 세 단어가 내 마음속 깊이 박혀 버렸다. 너무 서운했다. (중략) 서운한 마음이 갑자기 화로 변했다. '아니, 필요해서 불러왔으면 좀 제대로 써먹지, 나 같은 전문인력을 가져다가 왜 그 정도로 밖에 못 써먹어? 난 당신들이 외부에 잘 보이기 위해 우린 이런 시간도 있다고 자랑하는 장식이 아니라, 아이들을 돕기 위해 오는 사람이라고!' (중략) "어……, 뭐……. 선생님 안 오시면 미술치료 못 하잖아요. 전 병원학교에서 미술치료 시간이 제일 좋거든요." (중략) '그래, 이 아이들에게는 미술치료는 정말 필요한 시간이구나. 내가 이 시간을 잘 지켜 내야겠어. 아이들의 상처 난 마음이 잘 아물 수 있도록 옆에서 도와줘야겠어.'

• 소아암 환아를 위한, 그리고 치료사인 나를 위한 중심 잡기

병원학교에서 소아암 환아를 만난 지 3개월이 흘렀다. 처음에 삐거덕했지만 나는 이곳에 어렵지 않게 적응할 수 있었다. 이렇게 될 수 있었던 가장 큰 힘은 아이들이었다. 아이들과 만나는 미술치료 시간이 아이들에게도, 나에게도 너무 소중한 시간이었다. (중략) 한 주가 지나고 또 한 주가 지나고 아이의 머리는 듬성듬성해지더니 나중에는 다른 아이들처럼 민머리가 되었다. 더 이상 별이의 예쁜 리본 머리띠는 볼 수 없게 되었다. 미술치료 시간마다 재잘재잘 자기 얘기를 하던 아이는 말수가 눈에 띄게 줄었다. (중략) 애써 아픔을 이겨 내고 있는 아이에게 다시 아픔을 확인시켜 주면 어쩌나, 나로 인해서 더 슬퍼지면 어쩌나 하는 생각에 망설여졌다. 그리고 그 자리에 같이 있던 아이들도 다 그와 같은 상황을 겪었을 텐데, 내가 그 아이들에게도 다시 한 번 아픈 기억을 떠올리게 하는 것만 같았다. 이럴 땐 어떻게 해야 하는지 너무 당혹스러웠다. 나는 속이 상했다.

아이의 상태는 더 안 좋아졌다. (중략) 나는 서둘러 준비를 마치고 무균실로 올라갔다. 창문 너머로 몸에 여러 주사를 달고 축 처져 있는 아이의 모습이 보였다. 나는 문을 열고 아이에게 인사를 건넸다. 아이는 나를 보고 무척 놀라면서, 너무나 기뻐하는 모습을 보였다. (중략) 힘이 하나도 없어 보이던 아이는 어디서 그런 힘이 났는지 쉬지 않고 그림을 그리기 시작했다. 도화지는 금세 가득 채워졌다. (중략) 나는 저 나이 때 죽는다는 게 뭔지 생각해 본 적도 없었는데……. 나는 많이 힘드냐며 수호천사가 지켜 줄 것이란 말만 짧게 하고 마무리 지었다.

돌아오는 길에 너무 마음이 무거웠다. (중략) 오랜 고민 끝에 슈퍼비전 시간에 얘기를 꺼내놓았다. 슈퍼바이저가 나를 어떻게 볼지 두려웠다. (중략) 나는 뜨거운 눈물이 흘렀다. '그래, 나는 미술치료사가 되기 위한 성장통을 겪고 있는 거야. 내가 보낸 시간이 헛된 시간들이 아니었어. 그리고 나를 위한 시간을 갖자. 나는 지금 휴식이 필요해.'

내 마음을 짓눌렀던 걱정거리들을 하나씩 내려놓았다. 지금까지 얽매였던 나의 상황에 대해 한발 물러섰다. (중략) 오랜만에 만끽하는 여유로움이었다. 이제 깊게 숨을 들이마실 수 있었다. 이제야 내 자신이 존재하는 것 같았다. 내 안에 있는 것을 비우고 나니, 치료사로서 다시 설 힘이 생겼다.

• 무표정한 얼굴에서 밝은 미소가 번지는 미술치료 시간

재충전을 하고 나니 다시 아이들과 마주할 수 있는 힘이 생겨났다. (중략) 오랜 병원 생활로 인해 학교생활을 제대로 하지 못해 친구 사귈 기회가 없었다. 병원에서는 자신이 소아암을 앓는다는 자체가 큰 상처로 다가와, 이곳에서는 빨리 치료만 받고 나가야 되는 곳으로 생각했다. 이런 생각 때문에 같은 병실에 있는 아이들과도 제대로 관계를 맺지 못하는 경우가 많았다. (중략) 그리고 미술치료시간에 아이들과 함께 작업을 하면서 다른 아이들과 소통의 시간도 가졌다. (중략) 공동 작업을 통해 서로의 생각들을 나누고, 함께 같은 목표를 위해 힘을 합하는 경험을 했다.

아무 표정 없었던 아이들이 미술치료 시간에는 밝은 미소를 되찾아 가고 있었다. 다시 생기발랄한 그 또래의 아이들의 모습으로 되돌아가고 있었다. 이런 모습을 보며 나는 다시 한 번 미술치료의 힘을 느낄 수 있었다. '미술치료가 이렇게

아이들에게 많은 도움을 주는구나. 병원학교에서는 일반적인 교과목 수업들도 있지만, 무엇보다 상처 난 아이들의 마음을 보듬어 줄 수 있는 미술치료와 같은 심리치료 수업은 꼭 있어야겠어. 이곳은 내가 정말 필요한 곳이야!' 나는 그곳에서 치료자로서 나의 존재감을 느낄 수 있었다.

• 우리 모두의 힘이 합쳐져 만들어진 행복

많은 우여곡절이 있었지만, 나는 내 자리에서 치료사의 역할을 묵묵히 해내 갔다. 치료진들도 이제 조금씩 내가 하는 일을 이해하고 받아들였다. (중략) 미술치료가 끝나고 자연스럽게 병원학교 담당 선생님과 아이들에 대해 이야기를 나누는 시간이 늘어났다.

아이들의 어머니들도 미술치료가 끝나고 나를 찾아오는 일이 많아졌다. (중략) 요즘은 치료진과 부모님과 함께 미술치료를 이끌어 간다는 생각이 든다. 나 혼자서 이끌어 갈 때보다 아이들에게 더 도움이 될 수 있는 미술치료를 진행할 수 있어 감사한 마음이 든다. 그러던 중 정말 반가운 소식을 들었다. 다음 주부터 금요일마다 열리는 케이스 콘퍼런스에 미술치료사인 나도 스태프의 입장으로 함께 참여했으면 좋겠다는 소식을 들었다. (중략) 이제부터는 나의 역할 더 무거워진다. 내가 해야 할 일이 더 많아졌다. 이것저것 신경 써야 할 것도 많고, 준비해야 할 것이 많아 바빠졌지만 마음만은 너무 행복하다. 나는 미술치료사로서 성장해 가는 내 자신이 자랑스럽다. 그리고 전문적인 미술치료사가 되기 위해서는 끊임없이 공부하고, 나 자신을 발전해 나가야겠다는 다짐을 한다.

6) 원본 6: 저소득층 한부모 가족 아동의 집단미술치료 활동 체험

원본 6은 일반인을 위한(Normal Art Psychotherapy: NAPT) 유형의 주제를 다룬 학위논문 안에 쓰여진 해석학적 현상학적 글쓰기이다.

가족이야기가 나오는 순간 밀려드는 복잡한 심정

엄마나 아빠하고만 사는 가족을 둔 아동들은 늘 가족에 대한 불편함을 가지고 생활한다. 그 불편함은 때론 불안함으로, 때론 원망으로 또는 짜증스러움으로 표현되기도 한다. (중략) 이에 집단 활동에서도 가족과 관련된 주제를 겪을 때마다 혹은 집단 안에서 다른 참여아동들이 가족에 대한 이야기를 할 때마다 연구 참여아동은 자신에게 시선이 집중되지 않길 바라고 깊이 이야기하게 될까 봐 망설이게 되는 경험을 하게 된다. (중략) 결코 친한 친구에게도 이야기하기 어려운 가족에 대한 감정은 매우 비밀스러운 일로 받아들이고 있다. 자신이 잘못한 것이 아닌데 꼭 내가 잘못하고 부족한 것만 같아서 어느 순간부터는 답답하기만 한 감정들을 가슴 속에 묻기 시작한다.

현재 같이 살고 있는 엄마, 나, 아빠에 대해 혼란스러운 감정을 가짐

가족 이야기를 함에 있어서 어떠한 상황에서든 위축되고 눈치를 살피게 되다가도 지금 내 옆을 지켜 주는 엄마(아빠)가 떠오르면 그나마 다행이란 생각을 한다. (중략) 그러면서도 종종 아주 가끔씩 떠난 부모에 대한 생각이 막연히 스치게 된다. 우리를 버리고 어디론가 가 버린 아빠(엄마)가 원망스럽고 지금 어려운 처지가 모두 다 우릴 떠난 아빠(엄마) 때문이라는 생각이 들기도 한다. 하지만 때론 이렇게 힘이 들 때 아빠(엄마)가 우리 곁에 있어 준다면 아주 큰 힘이 되어 줄 것 같다. 많이 보고 싶고 그리워진다. (중략) 이렇게 현재 내 옆에 있는 양육자에 대한 감정은 단순하게 좋다, 싫다로 표현되는 감정이 아닌 때론 나를 서운하게도 하고, 때론 답답하게도 만드는 그래서 종종 나를 서글프게 만드는 존재……. 하지만 결국 나에게 하나 남은 부모이기에 꼭 지키고 싶은 존재이다. 이렇게 특별한 존재인 만큼 말하지 않아도, 나를 지켜 주는 엄마(아빠)가 상처받을까 봐 말은 못하지만, 그래도 자신이 무슨 생각을 하고 무슨 바람을 가지고 있는지 알아서 딱딱 챙겨 줬으면 하는 바람을 가진다.

공평하지 못한 세상에 대한 분노감을 표출하게 됨

참여아동들과의 집단 활동 속에서 그들의 세계에서 유용하게 잘 지켜지고 있는 하나의 법칙을 볼 수 있다. 아이들은 집단활동을 시작한 초기에도 집단작업에서 일어나는 다양한 대립상황이나 갈등상황에서 당당하고 또렷한 말투로 '원래 사는 게 다 그런 거예요.'라고 하며 부정적인 경험에 대해 회의적으로 이야기하곤 한다. (중략) 이 연구의 참여아동들이 세상을 바라보는 시각을 느낄 수 있었으며,

이는 세상의 냉소적인 면을 바라보고 있다는 생각을 하게 되었다. (중략) 참여아동들은 그동안 자신이 어떠한 문제에 처해 있어도 그 누군가에게 관심을 받으며 지지받으며 희망을 얻어 보지 못했다. 그래서 자기 문제는 직접 자신이 해결해야 하는 이 세상은 안전하지 못한 곳이다. 이 곳에서 자신이 살아남기 위해서는 내 것은 내가 똑바로 챙기는 것이다. (중략) 집단 활동에 대해 그들의 경험을 이야기함에도 참여아동들은 8살이면 8살짜리답게, 12살이면 12살짜리답게 불공평한 세상 대한 이야기를 담담하고 단호하게 이야기해 나가는 것을 보면 어쩔 수 없는 세상에 대해 벌써 순응하고 포기해 버린 것만 같은 인상을 갖게 된다.

이러한 참여아동들의 모습들은 집단의 체험 속에서 어떠한 방어 없이 여러 가지 방식으로 자연스럽게 표출되는 참여아동들이 나타내는 강한 신념이다.

반복되는 답답하고 속 터지는 상황이 재현됨

짜증나, 속 터져요, 맨날 그래요, 맨날이라는 단어들은 참여아동들이 어떠한 문제에 처했을 때 가장 많이 하는 말이다. (중략) 이것은 단순히 글자 그대로 짜증나고, 답답한 상황이 아닌 참여 아동만이 느끼고 있는 답답한 현실에서 자신의 삶의 무게를 실어 소리를 지르는 것이며 이에 한스러움마저 느껴진다. (중략) 이처럼 일상생활에서 가족에게 그리고 친구에게 공감받고 대화 나누지 못하는 연구 참여아동들은 집단 활동 안에서도 자신이 그림을 그린 영역과 미술재료에 대해서 특별한 애착을 보이며 매우 신경이 예민해진다. (중략) 이처럼 본 연구의 참여아동들이 경험하는 집단 활동 속에서의 이완된 분위기 속에는 자유로움의 경험과 함께 활동하는 과정에서 불쑥 느껴지는 짜증스러움은 결코 낯설지 않은 매일 겪는 일상의 일부분이다. 그저 늘 느끼고 있는 짜증과 답답함이지만 집단 상황에서는 그 답답함에 대해 큰 소리로 '속 터져요.'라고 이야기할 수 있었으며 '아~ 맨날 집에서도 그런단 말이에요.'라고 시원하게 말해 버릴 수 있다.

그림 속에서 내 맘대로 그려 갈 수 있는 세계를 맛보게 됨

(중략) 참여아동들의 질문의 목소리는 점점 커지고 생기가 돈다. (중략) 이 시간은 이렇게 스트레스 해소가 되는 시간이며 그 무엇보다도 이 시간은 내 자신이 주인공이 되고, 내 마음대로 도화지 한 장을 이렇게 저렇게 주물러 버릴 수도 있

고 그렸다가 지웠다가 할 수 있는 시간이다. (중략) 자신이 짜증나고 화나는 일을 그린 것이라도 내 맘대로 그림을 그리고 나면 행복하고 자유로움을 경험하는 것이 신기하기만 하다고 했다. (중략) 이처럼 연구 참여아동들은 함께 미술작업을 해 나감에 있어서 의미를 찾기 시작했으며 무엇보다 재미를 느끼기 시작한다. 그러고는 미술작업에 몰두할수록 그림에 말하지 않았던 자신의 감정이 담기게 된다는 것을 체험한다. '내가 미처 말로 하지 않았던 내 기분, 감정들이 여기 그림에는 담겨 있구나…….'를 깨우치게 되면서 자연스럽게 나의 옆에 있는 친구들의 그림을 보면서, 그들의 그림 속에 담긴 감정이 궁금해지고 느껴 보려는 시도가 시작된다. (중략) 이러한 과정을 통해서 참여 아동들은 친구의 그림을 나름대로 해석하고 읽어 보려 애를 쓰며 망설이다가 궁금해서 친구에게 다가가 보려고 첫발을 내딛는 시도를 시작한다. (중략) 일주일 뒤면 다시 무거운 세상의 짐을 어깨에 가득 짊어지고 오겠지만, 참여아동들은 자신들이 주인공이 되는 미술치료로 자유로움과 통쾌함을 맛보게 되었으니 이제는 한결 양쪽 어깨가 자유롭게 느껴진다.

또래에게 인정받음에 자신감을 가지게 됨

나이에 걸맞지 않은 회의적인 태도와 공격적인 행동을 취하는 참여아동들도 주변에서 칭찬의 소리가 들리면 더 잘해야지 하는 야무진 표정을 지으며 열심히 작업하는 모습을 볼 수 있었다.

집단 활동을 통해 가족 이야기가 나올 때마다 불안하고 불편한 마음을 갖기도 했으며 옆에서 함께 그림을 그리는 또래와 갈등도 겪게 되었다. (중략) 이러한 참여아동들에게 가장 효과적인 치료제는 바로 칭찬이었다. 선생님의 칭찬보다도 함께하고 있는 집단구성원끼리의 칭찬이야말로 가장 좋은 방법이었다. (중략) 이러한 관계의 형성은 숙제처럼 억지로 한 것도 아니고 선생님이 시킨 것도 아니다. 자연스럽게 집단 활동을 통해서 참여아동들이 체험하게 된 경험이다. (중략) 자연스럽게 칭찬이 나오게 되고 칭찬은 마치 마술사와 같이 집단구성원들을 한순간에 친한 친구들로 만들어 버린다. (중략) 하지만 일주일에 한 번 집단 활동에서 주목받는 기분은 썩 좋은 것이며 앞으로 더 잘할 수 있다는 자발적인 희망과 용기의 솟음이 느껴진다.

하나하나 같이 하면서 완성됨에 성취감을 느끼게 됨

일주일에 한 번씩 진행되는 집단 활동뿐 아니라 참여아동들은 방과 후 보호센터의 프로그램을 통하여 매일 다양한 프로그램을 경험하게 된다. (중략) 집단 활동 6회기에 만들어 본 신체본뜨기는 별것도 아닌 것 같았는데 모든 작품을 모아서 벽에 걸어 놓으니 가수콘서트 현장에 걸린 현수막처럼 재미있기도 했고, 4회기에 작업했던 우리가 함께 사는 집 만들기를 보면서는 함께 대단한 아파트를 만들어 낸 것과 같은 완성에 대한 만족감을 경험한다. (중략) 이렇게 집단 시간은 말하고 싶지 않은 비밀스러운 감정을 표현하게 하고 또한 말해 볼 수 있는 시간을 제공한다. 비밀스러운 감정의 노출이 처음에는 불편하고 피하고 싶기만 하다. 하지만 어느 순간에는 반창고를 붙여 두었던 상처에 깨끗한 공기를 쐬인 기분처럼 이렇게 말해 보니 괜찮네~ 라는 생각도 든다. (중략) 이제는 조금씩 선생님의 이야기가 이해되기 시작한다. 열심히 솔직하게 그리는 그림 속에는 내 마음이 담겨 있다는 게 참 재미있는 일이다. 다양한 미술재료가 눈앞에 있고 내가 무엇을 그리거나, 무엇을 만들거나 옆에서 함께 이야기를 들어 주는 친구와 선생님이 있다. 여기에서는 누구나 다 주인공이 된다. (중략) 그림을 그리기 시작하면서 이리저리 손을 움직이다 보면, 그저 무언가를 만들고 있다는 생각에 기분이 좋기만 하다. 완성된 것을 보는데 같이 그림 그린 아이가 생각나기도 하고 뿌듯하기도 하다. 그 속에서 기대하지 않았던 옆의 친구에게 관심과 칭찬을 듣게 된다. 이런 칭찬에 익숙하진 않아 어색하기도 하지만 이렇게 아이들의 관심을 받고 보니 기분이 썩 괜찮다. 나도 뭔가 잘할 수 있을 것 같고 가슴이 벅차고 설렌다. 미술활동 시간이 많이 기다려진다. 다음 주에는 뭘 그려 볼까? 다음에는 더 큰 종이에다 더 많은 것들을 그리고 만들어 보고 싶다. 그러면 더 잘할 수 있을 것 같다. 그림 그리는 것도, 방과 후 생활도, 학교생활도…….

7) 원본 7: 이혼가정 자녀의 집단미술치료활동 체험-초등학교 고학년생을 중심으로

원본 7은 일반인을 위한(Normal Art Psychotherapy: NAPT) 유형의 주제를 다룬 학위논문 안에 쓰여진 해석학적 현상학적 글쓰기이다.

엄마와 함께 버스를 타고 상담센터의 미술치료실이라는 데를 왔다. 엄마는 내가 중학교에 가게 되면 미술실기 평가를 하기 때문에 방학을 이용해서 미술을 배워 보라고 하면서 데리고 왔다. 나는 미술을 배우는 것을 원하지 않았다. (중략) 나중에 알고 보니 그 아이들도 이혼가정 아이들로 정해진 시간에 와서 미술치료 프로그램에 대한 설명도 듣고 앞으로 할 미술치료 요일과 시간도 정하고 그림을 한 장씩 그리고 끝내고 나가던 참이었던 것이다. (중략) 내 마음을 어떻게 알았을까? 과연 선생님은 그림으로 사람의 마음을 알아줄 수 있는 분 같았다. 처음에 오기 싫었던 것과 달리 이제는 속상한 것도 없는 것 같고 마음이 밝아져서 한 번 해 보고 싶은 마음이 들었다. (중략) 나는 "응." 하고 대답함으로써 어렵게 시작된 나의 미술치료는 출발하게 되었다. 엄마와 나는 선생님의 안내로 이혼가정 자녀들의 집단미술치료 참여 동의서를 읽고 사인을 하였다. (중략) 이 아이들이 모두 이혼가정 자녀들이라니……. 나만 부모님이 이혼한 줄 알았는데……. 이렇게 많을 줄 몰랐다. 가만히 보니 이혼가정 자녀라고 하지만 일반 아이들하고 뭐 그렇게 다를 것이 없다. (중략) 이때 선생님이 계셔서 얼마나 다행인지 모르겠다. 나는 엄마랑 아빠가 싸울 때가 생각이 났다. 이러다가 큰 싸움이 벌어지면 어쩌나 하는 불안한 마음이 언뜻 스쳐지나갔다. 그런데 이렇게 아름다운 '사랑의 공'이 만들어지다니 정말 이제는 마음이 안심이 되고 편안해졌다. 목캔디를 먹은 것처럼 온몸이 시원해졌다. 그동안 욕심 부리는 일, 나쁜 일, 무서운 일이 있어도 다시 아름답게 만들 수도 있겠다는 생각이 났다. (중략) 그거에 비하면 나는 엄마가 우리를 키워 주셔서 정말 다행이다. 그런데 양육비도 주지 않는 아빠는 미웠다. 낳아 놓고 양육비도 주지 않는 아빠가 무슨 아빠냐고 하며 큰소리로 말해 버렸다. 선생님이 말없이 내 손을 잡아 주셨다. (중략) 나는 뱀들이 생쥐를 잡아먹으려고 해서 산 속으로 도망가 뱀이 쥐덫에 걸리는지를 살펴보고 있다고 하였다. 선생님은 뱀이 어서 쥐덫에 걸리고 생쥐가 산 속에서 나오기를 바란다고 했다. 큰 종이에 그림을 그려서인지 속이 후련하였다. (중략) 나는 끈기가 없다. 뭐든지 시작해 놓고 끝까지 하질 못한다. 지금 벌써 미술치료도 끈기가 없어지려고 한다. 가려고 하면 가기가 싫고 귀찮아서 그냥 집에서 멍하니 앉아 있거나 시내에 나가 돌아다니거나 그런다. 오늘 또 미술치료를 빠지게 되었다. (중략) 내가 오늘 친구랑 함께 초콜릿을 사러 안 가면 나는 친구를 뺏기고 말 것이다. 그래서 나는 미술치료를 안 간 것이다. 내가 끈기가 없는 것은 불안해서 그렇다. 여러 가지로 불안하기 때문에 뭐든 꾸준히 다닐 수가 없는 것이다. 또 길에 다닐 때 사람들이 바라보면 너무 무섭기 때문이다. (중략) 오늘은 사람 모양의 종이인형에 아빠와 엄마를 그려 보라고 했다. 한 면에는 아빠를 또 한 면에는 엄마를 그리라고 했다. 정말, 진짜로 싫었다. 엄마도 아빠도 다 그리기 싫었다. 아이들도 모두 싫다고 한다. 선생님은 말없이 기다리고 있다. 할 수 없이 그려야 할 것 같다. (중략) 요즘 아빠에 대해서 자주 생각을 하게 된다. 미술치료를 하면서 아빠를 생각 안 할 수가 없었다. 무슨 작업만 하려고 하면 가족이기 때문에 계속 연결이 돼서 생각을 할 수밖에 없었다. (중략) 내 마음을 담아내고 나니 얼마나 속이 시원한지 오늘 안 왔더라면 어쩔 뻔했는지 모르겠다. (중략) 내가 저번 날에 미술치료 선생님 어떠냐고 해서 엄마처럼 화도 안내고 토닥토닥 나를 달래 준다고 했더니 그것 때문에 계속 화를 내고 있는 것 같다. 엄마는 요즘엔 동네 단짝 아줌마랑 하는 운동도 안 한다. 그러고 매일 우리한테 화만 낸다. 교회 사모님은 나더러 아빠 없으니까 남편처럼, 친구처럼 그렇게 엄마한테 해 주라고 했는데……. 나는 그러려고 했는데……. 남편도 아니고 친구도 아니고 이게 뭐냐고? 에이씨 진짜 짱나! 미치겠다.

미술치료 선생님이 이제 미술치료가 몇 번밖에 안 남았다고 말해 왔었다. 곧 16번이 끝나고 친구들과 선생님과 헤어질 때가 되어 가고 있었다. 나는 그 말에 신경을 못 쓰고 있었는데 오늘 또 선생님이 종결을 준비한다는 말을 하니 갑자기 어찌해야 할지를 모르겠다. (중략) 나는 요즘에 정말 기분이 좋지 않다. 왜 그런지 모르겠다. 더 불안하고 다시 속이 답답하고 현기증이 나고 배도 아프려고 한다. 이런 말은 엄마에게는 하지 않고 있다. 엄마가 걱정을 할 것이고 엄마에게 말해도 별로 달라질 게 없기 때문이다. 오늘은 미술치료가 끝나는 날이다. (중략) 나는 거의 다 비워 둔 채로 선생님께 냈다. 아! 나는 어떻게 해야 하는가? 나는 힘을 내고 싶지도 않아, 나는 어떡하면 좋아? 정말 막막하다. 작품 전시를 보러 아줌마들이랑 복지관 관장님이 오셨다. 모두들 나보고 손재주가 좋다고 하신다. 나는 부끄럽기도 하고 진짜 그런가 하는 생각이 들었다. 그런 얘기를 들으니 기분이 좀 나아졌다.

8) 원본 8: 30대 불임여성의 미술치료 활동 체험

원본 8은 일반인을 위한(Normal Art Psychotherapy: NAPT) 유형의 주제를 다룬 학위논문 안에 쓰여진 해석학적 현상학적 글쓰기이다.

잠이 오지 않는다. 내일은 드디어 피검 날이다. 일주일 동안 하루하루가 어찌나 안 가던지……. 오늘도 분명히 뜬눈으로 밤을 새게 될 것이다. (중략) 아, 벌써 가슴이 죄이는 것 같다……. 밤은 또 왜 이리 길게만 느껴지나……. 오늘따라 옆에서 코만 골고 무심하게 자는 신랑이 얄밉게 보인다. (중략) 따지고 보면 불쌍한 사람이다. 나야 원래 재수 없는 사람이긴 하지만 저이가 무슨죄가 있을까. 돈 버느라 애쓰고 그 돈 벌어다 마누라 섬관이니 뭐니 병원비로 다 쓰고 게다가 마음고생도 해야 하고……. 다 마누라 잘못 만난 죄겠지. (중략) 내일은 어떻게 하든 패스 꼭 돼야 되는데. 하느님, 하느님 제발 딱 한번만, 한번만 되게 해 주세요……. 꼭! (중략) 또 실패다. 끝이다. (중략) 제가 아직도 치러야 할 대가가 남아 있는 건가요. 전 자식 하나만 주시면 정말 더 이상 바랄 것도 없는 사람입니다……. 딱 하나만. 하나만 주셔도 되는데……. (중략) 밤새 울어서인지 눈이 퉁퉁 부었다. (중략) 이 기분에 이따 오후에 혜수 돌잔치를 어떻게 갈까. 또 둘째까지 가졌다는데. 재수없다. 못 가겠는데 이번에는. 안가면 또 나를 측은히 여기겠지. (중략) 생각만 해도 자존심 상하고 쪽팔린다. 꼭 가야만 하나……. 휴~ 가도 할 말도 없는데……. (중략) 비참하게……. 참……. 남의 돌잔치에 갔다 바친 반지로 집도 사겠다. 난 언제 다 돌려받게 될까. (중략) 앞집 여자는 왜 내가 늘상 못 본 척 피해 가도 굳이 와서 아는 척을 하는 걸까. 제발 그냥 지나쳤으면 좋겠다. (중략) 이 아줌마야. 딴 데 가서 그런 무자식이 상팔자라느니 입양하면 애가 생긴다느니 부부 금실이 너무 좋은 거 아니냐는 둥 제발 그딴 소리 하지 마라. 그게 우리 같은 사람한테는 얼마나 치가 떨리는 소리인데. 알고나 하는 소리인지. 우리 심정을 어떻게 당신들이 알아? 아니면 아예 모르는 척하는 게 낫네 이 아줌마야. 내가 낳으면 아줌마가 키워 줄 꺼냐고……. (중략) 아……. 또 생리가 시작된다. 생리만 하면 더 우울하고 아무것도 하기가 싫어진다. (중략) 의사도 못 믿겠고 모든 게 다 싫다. 다 때려치울까. 아니야, 병원이라도 안 가면 집에서 혼자 뭐 해. 더 미치겠지. (중략) 세상에 내 편은 아무도 없는 것 같다. 서럽고 외롭다. 이대로 눈감으면 그냥 내가 없어져 버렸음 좋겠다. 아무도 모르게……. (중략) 오늘따라 동서가 더 얄밉다. 저 여자는 복이 어디 들었기에 이해 잘해 주는 신랑에 떡두꺼비 같은 아들에 직장도 근사하고……. 왜 이리 내 자신이 초라하게 느껴질까……. (중략) 작은 시누가 애기를 안고 들어오고 그 뒤를 큰시누와 조카들이 연달아 들어온다. 난 애들이 싫다. (중략) 얄미운 큰시누가 도와준다고 부엌에 들어온다. (중략) 늙어서 둘이 여행이나 다니고 좋지 그러면서 날 위로 한답시고 말은 늘어놓으면서 은근히 눈치를 준다. 말이나 말지. 나는 아무 소리 안하고 미소만 지을 뿐이다. 산 넘어 산이다. (중략) 밤새 꿈에 시달렸다. 멍하다. 꼭 진짜 같은데……. 아직도 내 몸에 촉감이 남아 있는데……. 서글퍼진다. (중략) 두 번째 활동시간 중 한 참여자는 결혼 전 낙태를 한 경험을 털어 놓았다. 누구에게도 말해 본 적이 없다고 말하며 어쩌면 그것 때문에 지금 자신이 고통을 당하고 있을지 모른다는 생각을 떨쳐 버릴 수 없다고 한다. (중략) 아침부터 짜증이 또 나기 시작한다. 아무리 참으려고 해도 한 번씩 울화가 치밀어 오는 알 수 없는 내 감정을 나도 어떻게 해 볼 도리가 없다. (중략) 가서 내 화초들에게 물이나 줘야 되겠다. 요것들만 보고 있으면 기분이 좋아진다. 하루 종일 시간 가는 줄도 모르게 하고. 귀여운 내 새끼들……. (중략) 인터뷰하러 온다고 하는 미술치료산지 뭔지는 왜 안 오나. 시누 부탁이라 안 들어 줄 수도 없고 재수 없게 뭘 이런 걸 인터뷰한다고 그러지? 내가 설명한다고 뭐를 알기는 알까……. 해서는 또 뭘 어쩌겠다고. 아주 상처에 소금을 뿌려라 뿌려. (중략) 그래도 한 시간이 넘게 내 이야기만 들어주니 고맙다. 나도 실컷 해대고 나니 속이 좀 후련해지는 것 같고. 근데 그림을 안 그려 본 지가 거의 15년이나 됐는데 날더러 어떻게 그리라고 그러는지 모르겠다. 잘 그리고 못 그리고가 없으니까 그냥 편하게 마음대로 그리고 싶은 걸 그리라고? 말은 쉽지. 그래도 하얀 도화지를 보니까 슬며시 기분이 좋아진다. 색지들도 색깔이 너무 곱다. 그래도 이 사람이 뭔가를 준비를 많이 해 왔네? 찰흙도 있고 잡지도 있고……. 뭐가 많구나. 그래, 학교 때는 내가 그림을 그래도 꽤 잘 그린다는 소리도 많이 들었는데……. (중략) 기분이 좋아진다. 그리라고 미술치료사가 말하는 순간 나도 모르게 산이 생각이 났다. (중략) 아~ 이런 데서 살고 싶다. 조용히. 또 뭘 그려 넣을까. 아……. 벌써 30분이 지났네? 더 그려도 되나? (중략)

아니, 가고 싶은 곳이야. 정말루……. 이 그림 제목은 '내가 가고 싶은 곳'이야. 이게 진짜 내 마음을 딱 나 대신에 말해 주고 있는 거야. 진짜루……. (중략) 미술치료사는 고맙다 하고 다시 오겠다고는 가 버렸다. 혼자 또 덩그라니 앉아 있다. 지금 기분이 이상하고 뭐라고 말할 수 없다. 이상하다. 내가 왜 이러는 걸까. 날 뒤흔들어 놓고 간 것 같다. (중략) 놓자……. 그래. 이젠 놓자. 놓는 거야. 이젠 원래 너로서 살아. 예전처럼. 니가 스스로 만든 감옥에서 벗어나서. 자유로워지자고. 그게 너 인생의 전부일 수는 없어 절대루……. 나는 나야. 나는 나라구! 애가 없으면 어때? 누구를 위해 애를 꼭 낳아야 하냐구. 남들이 이상하게 생각하든 말든 그게 뭐가 그렇게 중요하냐구. 왜 이렇게 바보같이 살고 있냐구. 뭐가 무서워서 숨 한번 제대로 크게 쉬지 못하구 스스로를 비참하게 만드냐구……. 니가 너를 안 챙기면 누가 챙기냐구……. 어느 누구도 니 인생을 대신해 줄 수는 없는 거야.

날 보살피고 살자 이제는.

진짜 나답게 살아 보자구!

9) 원본 9: 미술치료 기반의 '미술작업 인터뷰'를 적용한 노인 되어 감

원본 9는 일반인을 위한(Normal Art Psychotherapy: NAPT) 유형의 주제를 다룬 학위논문 안에 쓰여진 해석학적 현상학적 글쓰기이다.

언제 이렇게 늙었는지…… 낯설은 나의 늙은 모습이 그저 안타까움

거울 앞에서 지쳐 있는 나의 모습을 멍하게 마주하며 나를 찬찬히 바라본다. 염색한 지 얼마 안 된 것 같은데 벌써 희끗해진 머리가 보이고, 눈가와 입가의 자글자글한 주름이 두드러져 보인다. 언제 이렇게 늙었을까? (중략) 거울을 보며, 그리고 사진을 통해 본 나의 모습이 너무 낯설다. 머리는 허옇고 윤기 없이 푸석거리고, 피부는 탄력을 잃어 처져 있고, 목은 두꺼워져 있다. 참 안 이쁘다. 젊은 시절의 곱고 뽀얀 피부는 어디로 가 버렸을까? (중략) 그래도 나름 옷차림에 신경 썼는데, 그것조차도 늙은 모습을 감춰 주지는 않는가 보다. (중략) 전엔 그래도 쌩쌩하게 모임에 나갔는데, 오후가 되어 가며 체력이 달리는 걸 느낀다. (중략) 피곤함에 쏟아지는 졸음 속에서 '순간순간을 살다 보니 흐르는 세월에 이렇게 늙어 버렸구나!'라고 혼잣말을 하며 그저 씁쓸하다는 생각에 눈시울이 뜨거워진다.

어떻게 늙어야 할까?

잘 늙어 가는 그림의 퍼즐 조각을 하나씩 맞춰 감

TV를 켜니 노인에 관한 뉴스가 나온다. TV 화면을 통해 아파서 병원에 힘없이 누워 있는 노인의 모습과 간병인이 밀어 주는 휠체어를 타고 병원 복도를 이동하는 노인의 모습을 보고 있자니 순간 가슴이 철렁 내려앉는다. (중략) 노인이 젊은 이와 다르다는 건 알지만 이렇게 부정적인 모습이 많이 노출되어 있는 것이 이제 남 얘기가 아닌 것 같아 화가 나고, 노인하면 아프고 힘없는 것으로 생각나는 게 참 서글프다. (중략) 그래! 난 잘 늙고 싶다. '겨울의 앙상한 나무라고 쓸쓸하기만 하겠는가, 그리고 겨울을 어떻게 날지도 다 다르지 않겠는가.'라고 생각하며 어떻게 늙어야 할지 고민해 본다. (중략) 역시 노인에게 건강이 우선이다. 먹는 거 운동하는 거, 이 모두 내 스스로 내가 챙겨야 한다. (중략) 소박하지만 여유롭고 평화롭게 쉴 수 있어 부담 없이 자녀든 손주든 누가 와도 반길 수 있고, 그들 또한 나를 반겨 주는 그런 노인의 모습을 생각하니 노인이 되는 것도 괜찮은 것 같다. 아무도 안 찾아온다면 쓸쓸하겠지만……. 나도 모르게 작은 한숨이 나온다. (중략) 하루하루를 규칙적으로 바쁘게 사는 내 또래의 이웃집 여자를 보며 나의 무료한 일상과 달라 보였고 뭔가를 배우고 싶어졌다. (중략) 자유로운 시간 속에 누구의 선택도 아닌 내 스스로의 선택으로 누구도 아닌 나 자신을 위한 활동인 것이다. 이것은 즐거움 그 이상의 행복을 안겨 주는 최고의 보상이다. 오카리나를 연주하는 시간은 내가 노인이라는 것을 잊게 하고 그 공간에서 연주하는 그대로의 나만이 느껴질 뿐이다. (중략) 오늘은 더 바쁜 날이다. 오전에는 문화센터에서 새로운 곡을 배우고, 오후에는 요양원으로 봉사를 가야 한다. (중략) 내가 누군가에게 기쁨을 줄 수 있는, 그리고 도움이 될 수 있는 존재라는 것이 무척 감동적이다. 오늘 하루 배움과 봉사로 몸은 피곤하겠지만 오늘 하루 있을 즐거움과 감동이 기대된다.

나의 건강과 행복은 가족의 행복!

결국 딸에게 화를 냈다. 맞벌이하는데 힘드니 손주를 봐 달라는 것이다. 아들,

딸 출가하고 이제야 내 시간을 가져 보며 나를 위해 살아보고자 마음을 먹었는데 말이다. 나이 먹고 노인이 되어서 시간이 자유롭다는 것을 느끼며 이젠 가족을 위해, 다른 사람을 위해 사는 것이 아니라 나를 위해 살고 싶었다. (중략) 자녀 독립시키고 나도 독립해야지 맘먹고 보니 그동안 나를 위해 살았던가 싶은 마음에 울컥했었다. (중략) 그런데 내가 아직도 희생을 해야 하나 싶어서 억울하고 짜증이 난다. 손주 봐 주다 보면 애 뒷바라지도 해야 하고, 또 애한테 묶여 지낼 테니 그것이 억울하다. 남은 노년 동안 아프지 않고 건강할 때 나를 위해 살고 싶었는데, 그것도 쉽지 않다니 씁쓸하고 속상할 따름이다. (중략) 그리고 일단 1년만……. 화장대 앞에 있는 손주 사진을 보며 그냥 씁쓸한 웃음이 나온다. (중략) 더 늙어 힘없고 아프면 아들딸에겐 내가 그런 짐이 될까? 그런 부담스러운 짐 보따리가 되기 싫은데 말이다. 짐 보따리에 하나에 온갖 생각과 감정이 뒤섞여 있어 정리가 안 된다. 아직은 내가 아들딸 짐 좀 들어 주고 더 늙으면 아들딸이 내 무게의 짐을 들겠지. 거동하며 내 앞가림 할 수 있을 때까지만 살아서 우리 아들딸에게 짐이 안 됐으면 좋겠다.

잘 늙고 싶은 마음이 스치는 바람에 움츠러듦

이번 주는 기분이 영 좋지 않다. 매일 즐겁게 살며 늙고 싶었는데 그것도 쉽지 않다. 욕심을 내서 사진편집반을 등록한 게 실수였나 보다. 아직 내 맘은 이팔청춘인데 몸이 안 따라 주는 게 속상하다. (중략) 이런 생각을 하면 초조해진다. 몸이 늙어 감각도 느리고 생각하는 것도 느리고 무릎도 아파 빨리 걷지도 못한다. (중략) 저 배터리는 얼마나 남았을까? 내 남은 시간도 또 얼마나 남았을까? 생각하니 슬프고 또 초조해진다. (중략) 배터리랑 맛있는 저녁을 위한 반찬거리를 사러 가려는데 남편이 "옷 샀어?"라고 물어본다. 그 순간 옛 생각에 욱하니 화가 치밀어 오른다. '아직도 나한테 돈 쓰는 게 아까운가?'라는 생각도 들며 옛날 나한테는 돈 쓰는 거 벌벌 떨며 살림 헤프게 하는 거 아니냐고 잔소리하던 생각이 다시 스친다. (중략) 마트로 걸어가며 마음을 다잡는 게 쉽지 않다는 걸 생각하게 된다. 한번씩 치밀어 오르는 이 감정을 어떻게 해야 할지 나도 모르겠다. 같이 늙어 가는 남편이 측은하다가도 이럴 땐 원수처럼 너무 밉다. (중략) 즐겁게 살기에도 짧은 시간인데, 미워하고 짜증내고 원망하며 그 시간을 보내고 싶지 않단 말이다. 그러니 내 가고 싶은 길을 그대로 갈 수 있도록 제발 발목을 잡지 않았으면 좋겠다.

철렁 내려앉아 먹먹하고 두려운 마음

친구의 남편 부고 소식에 장례식에 다녀왔다. 칠십을 넘으니 주변에서 하나 둘 떠나간다. 이제 죽음이 남 일이 아닌 것 같아 침울하다. 죽는다 생각하면 가슴이 철렁 내려앉는다. (중략) 주위에서 하나 둘씩 떠나며 빈자리가 생길 때마다 죽음이 한걸음씩 내게 다가오는 것 같아 먹먹하다. 며칠 뒤 상처한 친구로부터 전화가 왔다. 혼자 남아 두렵다고 하며 '차라리 남편보다 먼저 죽었으면 좋았을 텐데.'라고 한다. (중략) 늙는 것도 힘든데 그 속에서 남편도 보내고. 좀 더 젊었더라면 상처가 아물고 노년을 맞았을 텐데, 몸도 늙어 힘들 텐데 마음의 고통이 더해져 더 힘들겠구나 싶어서 내 마음도 아프다. (중략) 지금이야 힘없어도 그래도 건강하게 돌아다니긴 하는데, 뇌졸중으로 쓰러지면 누워서 얼마나 힘들까 생각하면 온몸이 굳는 것 같다. (중략) 요즘 잘 먹고 즐겁게 하루 지내다가 잠들다 죽는 것이 복이라는 말이 가슴에 더 와닿는다. 나이 들어 자식들한테 짐이 되고 점점 어딘가 아플 거고 그러다 죽는다 생각하니 인생이 참 허망하다. 무엇을 위해 그렇게 살았나, 사는 것의 의미가 뭔가 싶다. 삶의 내리막길이라는 게 빠르게 지나가고 참으로 허망하다.

마지막 순간까지 아름답게 타오르리라

나에게 허락된 남은 시간이 얼마가 남았을지 모르는데 인생의 허망하다고만 생각할 수는 없다. 보이지 않는 시간에 매달리지 말고 남은 시간 잘 늙어야겠다는 생각을 다시 또 한다. (중략) 내 주름이 늙고 보잘것없는 주름이 아니라 그동안 열심히 살아온 훈장이라고 생각하니 지금의 시간이 소중하고 아까웠다. (중략) 저 해는 빨리 떨어져 곧 어둑해지겠다 싶으니 슬퍼서 가슴이 아린다. 떨어지기까지 붉고 아름다워 더더욱 슬프게 보인다. (중략) 그렇게 난 잘 늙어가고 싶다. 쉽지 않고 매번 부딪히더라도 건강이 허락하는 그 순간까지 잘 늙고 싶다. 여한 없이 세월의 흔적이 묻어난 언덕에 작은 꽃을 피우고 인생의 마지막 장을 덮기 위해 크게 숨을 들이마신다.

2. 미술심리치료의 주제로 분류한 해석학적 현상학적 글쓰기

1) 원본 10: 미술치료학 석사 과정생의 슈퍼비전 체험

원본 10은 슈퍼비전 주제를 다룬 학위논문 안에 쓰여진 해석학적 현상학적 글쓰기이다.

시작과 낯설음…….

전혀 몰랐다. 슈퍼비전이란 용어도 처음 들었다. 실습과 동시에 슈퍼비전이란 걸 받는다는 건 심리치료 이론을 공부하는 것보다 더 막막한 느낌이었다. (중략) 새로운 직업을 얻으려면 이 과정을 무사히 지나야 할 텐데 어렵기만 했다. 그러지 않으려고 노력하지만 자꾸만 손발이 차가워지고 소화가 잘 되지 않았다. 새로 적응해야 할 것이 한두 개가 아니다. (중략) 내담자 사례를 집단 슈퍼비전에 가져가는 것은 두려운 일이었다. PPT로 사례 발표를 하자니 긴장되어 목소리도 떨리고, 준비하는 내내 부족한 것들만 보여서 좌절이 몰려왔다. (중략) 아니 좀 더 솔직히 말하자면 뭘 넣고 빼야 하는지 몰라서 일단 다 넣고 봐야 할 것 같았다. (중략) 잠만 못 자고 괜한 노력을 하는 건 아닌지 피곤하고 불안해졌다. 도대체 어떻게 해야 능숙해질 수 있는 걸까? 다시 의문이 꼬리를 문다. 도대체 왜 이렇게 혼란스러운 건지 모르겠다.

대학원에서 만나는 중요한 관계들…….

함께 수업을 듣는 동료들에게 은근히 불편함을 느꼈다. (중략) 동료들과는 아는 게 고만고만하여 우리끼리 해결할 수 있는 건 한계가 있다. 그런 측면에서 심리학을 전공한 동료는 내게 부러움의 대상이다. 그런데 슈퍼비전에서 그 친구가 세션 중에 미술을 다루는 게 어렵다며 어떤 재료를 써야 할지, 어떻게 내담자가 작업할 수 있게 도울 수 있는지 몰라 힘들다고 하여 내심 놀랐다. (중략) 그런데 문득 심리학도 미술도 아닌 다른 전공을 한 동료가 생각났다. 괜한 오지랖이겠지만, 그 친구는 훨씬 더 힘들 것 같아 잘해 줘야겠다는 생각이 들었다. 이런 생각들을 하다 보니 긴장하고 있던 게 조금 가라앉는 것 같았다. (중략) 학기가 지나면 부담이 덜해질 줄 알았다. 처음보다 방향도 잡히고 알아듣는 것도 많아졌지만 슈퍼비전 시간은 여전히 두렵고 하기 힘들다. (중략) 이러다 의존하게 되는 건 아닐지 약간 아주 약간 걱정됐다. 나중에 혼자 치료사로 활동할 땐 어떻게 해야 하나 신경도 쓰였다.

슈퍼비전을 받는 동안 교수님의 지도방식이 신경이 쓰이지 않는 건 아니다. 교수님을 대하는 게 편해야 속에 있는 내 문제도 꺼낼 수 있을 텐데 사실상 조심스럽다. (중략) 어떻게 해야 교수님만큼 유능해질 수 있을까? 경험도 많고 아는 것도 많으시니까 내담자를 만났을 때 쉽게 흔들리지 않을 것 같았다. 그런데 교수님은 내 기대와 달리 내담자를 만나는 것이 여전히 쉽지 않다고 하셨다. 그럼 도대체 언제쯤 괜찮아지는 걸까? (중략) 그리고 다른 동료들도 비슷비슷하게 혼란을 경험하면서 발전하고 있는 것 같아 안심도 되었다. 나도 해 볼 수 있지 않겠어?

이전과 다른 미술경험…….

심리학이나 심리치료 이론을 배울 땐 이에 대한 허기짐이 있기 때문에 지식이 쌓일수록 힘들긴 해도 흥분될 때가 있다. 그렇지만 원래 먹던 밥이 맛나듯 미술을 직접 다루는 수업에선 좀 더 즉흥적이고 자유로운 느낌이다. (중략) 중학교 때부터 쭉 미술을 했으니 미술은 내게 익숙하고, 중요한 의사소통 방식이다. 그런데 전공이 바뀌면서 학습방법을 바꿔야 하는 상황이 되니 머릿속에서 버퍼링이 잔뜩 걸린 것만 같았다.

때때로 슈퍼비전에서 미술작업을 하기도 했다. 이때의 미술작업은 마치 내가 내담자가 된 것처럼 느껴져 색다르다. (중략) 아직은 미술치료가 치료적인 힘을 갖고 있는지에 대해 확신이 없다. 그래서 학습하고 실습하는 내내 끊임없이 확인 과정을 거치고 있는 것 같다. 개인적으로는 미술작업을 통해 내 문제를 탐색하기도 하고, 나의 현재 모습을 다시 바라보는 경험도 한다. 내게 미술로 표현하는 것은 익숙한 방식이니까 어렵지 않다. 그렇지만 내가 미술치료사로서 내담자가 자기 문제를 해결할 수 있도록 미술작업을 진행할 수 있을지는 아직 자신이 없다.

적응 또 적응…….

슈퍼비전은 매 학기마다 늘 새로웠다. 이 때문에 계속해서 적응해야 했지만 한

편으로는 다양한 경험을 할 수 있어서 흥미진진하기도 했다. 교수님의 지도방식에 따라 사례발표 방식이 달랐고, 지도 내용도 달랐다. (중략) 만약 내가 원하는 대로 슈퍼바이저를 선택할 수 있다면 내가 하고 있는 기관에 대해 빠삭하게 알고 있거나, 내 내담자에 대한 경험이 많아서 관련 정보를 많이 알고 있는 교수님을 슈퍼바이저로 선택할 것 같다. (중략) 매 학기마다 매번 다른 슈퍼비전 방식이 달라지기는 하지만 사례를 발표하고 내담자 사례와 치료사인 나에 대해 얘기하는 것은 공통적인 거 같다. 가끔은 내 문제가 드러나서 울컥할 때도 있고, 동시에 해소되는 경험도 했다. 친구들마다 의견이 다르지만 나는 교수님이 문제점을 콕 짚어 얘기해 주는 것이 더 맘에 든다. (중략) 슈퍼비전은 첫 학기부터 마지막 학기까지 내내 어려웠다. 도대체 언제쯤 수월해질까? 좀 더 편하게 접근하게 되는 날이 올까? 졸업 후에도 계속 지도받을 생각을 하면 패닉상태처럼 멍해지고, 긴 시간 공부해야 하는 치료사의 길을 왜 들어섰을까 후회도 되고, 불안이 올라간다. (중략) 마지막 학기에 들어서야 임상실습 및 슈퍼비전이 이런 나의 고민을 현장에서 경험하고 검토할 수 있는 방법이라는 생각이 든다.

성장통…….

이제 마지막 학기를 마칠 때가 되니 지난 2년 동안 있었던 일들이 주마등처럼 지나간다. (중략) 그래서 교수님의 실수가 때론 실망감을 주기도 하지만 오히려 더 가깝게 느껴져 졸업 후에도 지속적으로 연결고리를 갖고 싶은 마음도 들었다. 졸업을 앞두고 나니 지금까지 슈퍼비전 받았던 것들이 내게 어떤 지침을 준 것 같다는 생각이 든다. (중략) 그동안 많이 투덜거리고 힘들었지만 미술치료사로서 성장하려면 졸업한 후에도 슈퍼비전을 받아야 할 것 같다. (중략) 졸업이 반드시 독립과 분리를 의미하는 건 아닐 것이다. 그렇지만 스스로 서는 것이 불안하다고 옆에 붙어 있으려고 하면 성장할 수 없다. (중략) 지금은 불안한 상태를 충분히 느끼고 준비하는 것이 최선인 것 같다. 앞으로는 지도해 주는 교수님도 옆에 계시지 않을 것이고, 함께하는 동료들과도 헤어져야 한다. (중략) 불안해하고 있어봐야 소용이 없다. 계속해서 움직여야 한다. 다시 또 출발이다!

2) 원본 11: 미술치료학 석사학위 과정생의 임상실습을 위한 현장 슈퍼비전 체험

원본 11은 슈퍼비전 주제를 다룬 학위논문 안에 쓰여진 해석학적 현상학적 글쓰기이다.

기대함 속에 내딛는 첫 발걸음

눈 깜짝할 사이에 어느덧 3학기가 되었다. 미술치료가 좋아서 대학원에 입학했고 학문에 대한 갈급함을 채우는 기쁨에 나름 열심히 공부했던 것 같다. (중략) 막연한 마음에 두려움부터 밀려온다. 이번 학기부터 시작하는 임상실습은 미술치료사로서 나아가는 첫 발걸음인 점에서 내게 중요한 도전으로 다가온다. 임상실습을 통하여 졸업 후 미술치료사로서 일을 하기 전에 간접경험이 될 것이라는 생각에 더욱 열심히 도전하고 실습에 임해야겠다는 다짐을 새겨 본다. (중략) 미술치료를 하는 기관은 많은 것 같지만 어느 기관에 지원을 해야 할지 막막하다. 문득 지난 학기에 정신병리학 수업을 들으며 진단을 가진 사람들을 실제로 보는 것이 사로서 전문성을 키우는 데 필요하겠다는 생각이 들었다. (중략) 운 좋게 며칠 뒤 바로 한 종합병원에서 연락이 왔다. (중략) 학교에서 슈퍼비전 수업을 받지 않았던 내게 임상실습지에서 슈퍼비전을 준다는 것이 어떤 형태일지 잘 와닿지는 않았지만 미술치료사가 있는 병원 기관에서 실습을 한다는 것이 설레기도 하고 안심이 되었다. 뭔가 알차고 많은 것을 배울 수 있을 것 같은 기대감까지 들게 된다. (중략) 공부해야 할 것도 숙지해야 할 것도 많은 것 같고 프로그램도 짜 보며 설레는 마음으로 준비를 해 본다. 그렇게 나의 정신과 병동에서의 실습이 시작되었다.

드디어 실습 시작!

기다리던 실습 첫날이 되었다. 오늘은 미술치료사와 먼저 간단한 오리엔테이션을 갖기로 했다. 조금 일찍 도착한 병원은 진료를 받으러 온 사람들로 북적거리는 활기찬 모습의 분위기가 느껴졌다. 긴장되었던 나의 마음도 조금 풀어지는 것 같았다. (중략) 미술치료사의 질문에 간단하게 내 소개를 했다. 이어서 미술치료사로부터 간단하게 병원 정신과병동에 대한 소개를 받는다. (중략) 첫 실습인 내게는 처음이기에 겪어야 하는 고충과 시행착오는 반드시 따르겠지만 같은 길을 걸어가는 선배 미술치료사가 함께 있는 환경에서 실습을 한다는 것 자체로 많은 의지가 되었고 마치 나의 보호자처럼 느껴지기도 했다.

눈을 크게 뜨고 바라보기

드디어 한시 반……. 미술치료사와 함께 첫 실습을 위해 남성폐쇄병동으로 들어갔다. (중략) 분주하게 활동실을 정리하며 준비를 하기 시작한다. 활동실로 삼삼오오 환자들이 들어오기 시작하여 총 5명이 참여하게 되었다. (중략) 그렇게 시작된 30분 동안의 활동 뒤에 환자들이 자신의 작품을 소개하며 이야기를 나누는 시간을 가졌다. (중략) 환자들의 작은 행동들, 그림에서 보이는 특징이나 느낌들을 보이는 대로 재질문하고 환자들은 자연스럽게 자신의 그림에 대한 설명을 시작으로 대화가 이어지는 것을 보면서 환자를 향한 치료사의 관찰과 질문의 방향이 중요하다는 것을 깨달을 수 있었다.

나는 첫 한 달 동안 정신과 병동에 익숙해져 갔고 미술치료사가 진행하는 회기를 통해 환자들을 더욱 세밀하게 보려고 노력하게 되었다. 어느덧 활동실에 들어오는 환자들에게 먼저 다가가 인사를 건네고 안부를 묻는 등 그들과 함께하는 것이 어색하지 않고 편안해져 갔다.

아직 부족하지만 자신감 있게 진행하기

벌써 한 달이 지나갔다. 오늘부터는 내가 직접 미술치료를 진행하는 날이다. 지난 한 달 충분히 적응한 것 같은데 막상 내가 직접 미술치료를 하려니 긴장되는 마음이 가득하다. (중략) 새로운 환자들이 온다는 한마디에 마음이 더욱 떨리기 시작했지만 미술치료사에게 당당히 미술치료를 진행하는 모습을 보이고 싶은 마음에 떨지 않은 척, 당당하게 병동으로 향했다. (중략) 여기저기서 환자들이 불쑥불쑥 끼어들며 말을 하기 시작한다. (중략) 미술치료사 선생님의 '떨지 않고 잘 하시던데요.' 한마디가 아까의 당황스러웠던 마음에 위로가 되는 듯하다.

미술치료실로 돌아와 오늘의 회기에 대해 미술치료사와 이야기를 나누었다.

(중략) 집으로 돌아오는 길에 미술치료사와 나누었던 피드백의 내용들을 다시 생각하게 되었다. 내가 진행하는 회기를 직접 참여관찰을 한 후에 주는 미술치료사의 피드백에 벌거벗겨진 것 같이 나의 모습이 드러나는 것 같아 부끄럽기도 했지만 스스로는 보지 못하는 내 자신의 모습을 발견하고 객관적인 시각으로 다루어 주는 점이 치료사로서 나를 성장하게 해 주는 자극이 되었던 것 같다. (중략) 증상을 가진 환자 이전에 한 인간으로서 그들의 그림과 언어표현들에 대해서 마음으로 이해하려는 노력이 더욱 필요할 것 같다.

치료사로서 확장된 시각을 갖기

"윤희쌤 이번 달에는 정신과 선생님들이 하는 케이스 콘퍼런스가 있는데 참석하셔서 환자들에 대해서 어떤 방식으로 논의하는지 들으시면 좋을 것 같아요."

미술치료사는 한 달에 한 번 씩 다양한 주제로 스터디를 할 수 있도록 모임을 만든다. (중략) 이번 달에는 정신건강의학과 의사들의 환자들 케이스 콘퍼런스에 참석한다. 의사들은 환자들을 어떤 방식으로 파악하고 치료에 들어가는지 알 수 있는 기회가 될 것 같아 흥미롭게 느껴진다. (중략) 환자에 대한 많은 의문점을 가진 채 미술치료사와 이 환자에 대해 이야기를 나누어야겠다는 생각이 들었다. (중략) 다양한 치료사들과 환자에 대한 정보를 공유하는 스터디를 통해 내 안에 갇혀 있던 시야를 넓혀 주는 계기가 되는 것 같다. 이러한 미술치료사와 환자에 대해 이야기하며 환자를 판단하는 치료사가 되지 말아야겠다는 깨달음과 다짐을 하게 되는 시간이었다.

충돌하며 성장하기

미술치료사는 언제나 나에게 조언을 아끼지 않고 내 곁을 지켜줄 것 같은 존재였는데 이러한 나의 믿음이 깨어지는 일이 있었다. 슈퍼비전을 받으면서 회기 중에 어렵게 느껴졌던 부분에 대해 질문을 하려는데 '선생님이 잘못한 거예요. 어떻게 하는 게 더 좋을지 다시 생각해 보세요.' 이 한마디가 나를 무안하게 했다. (중략) 집으로 돌아오는 길에 전철을 기다리며 아직 풀리지 않은 감정에 마음은 답답하고 몸은 더욱 힘들게 느껴진다. (중략) 집 앞 공원을 산책하며 차곡차곡 쌓여 있던 내 안의 감정들을 하나하나 꺼내 보기 시작했다. 나는 미술치료사의 한마디에 왜 그렇게 소스라치게 화가 났는가? '선생님이 잘못한 거예요.' 이 한마디에 왜 무안한 감정이 들었을까? (중략) 그동안의 나는 환자를 중심에 두고 미술치료를 했던 것이 아니라 미술치료사에게 잘 보이고 싶은 마음에 의식하며 회기를 진행했던 것임을 깨달았다. (중략) 미술치료를 진행하는 치료사로서 나는 어떤 존재로 환자들 앞에 서야 하는가에 대해 진지하게 생각하게 된다.

치료사로서의 나의 모습을 찾아가다

오늘은 실습의 마지막 날이다. 평소처럼 회기를 마치고 미술치료사와 슈퍼비전 시간을 가졌다. (중략) 미술치료사와 지난 실습에 대해, 환자들에 대해 이야기를 나누며 아쉬운 마음을 남긴 채 실습을 마쳤다.

실습기간 동안에 현장 슈퍼바이저의 존재는 내가 진행하는 미술치료를 바라봐주고 내가 성장하도록 도와주고 때로는 나의 고민을 들어주는 멘토와 같은 존재였다. (중략) 미술치료사가 내게 했던 것처럼 나도 환자들의 소리에 귀 기울이며 소통하는 존재로서의 그들을 대하는 모습으로 자연스럽게 녹아져 갔던 것 같다. 실습을 시작할 때는 미술치료사로서의 어떻게 기능해야 할지에 대해 더욱 중요하다고 생각되었는데 그것보다는 어떤 존재로서 환자들과 함께해야 하는지에 대해 더욱 고민해야 함을 깨닫게 되는 시간이었다.

3) 원본 12: 미술치료사의 슈퍼비전 체험

원본 12는 슈퍼비전 주제를 다룬 학위논문 안에 쓰여진 해석학적 현상학적 글쓰기이다.

치열하지만 무기력한 나의 일상

"나는 미술치료사입니다."

미술치료사가 되기 위해 대학원 석사과정에서 2년간 열심히 공부하고 실습을 했고 석사학위를 받았다. (중략) 동료들과 함께 공부하고 열악한 환경이지만 여러 곳에서 실습을 할 때에는 몸이 지치고 힘이 들긴 했어도 마음만은 지금보다 행복했었던 것 같다. 아마도 그때는 '희망'이 있어서였을 것이다. 하지만 그 당시 꿈꾸던 '논문을 쓰고 졸업'까지 한, 지금은 행복하지도 않고 삶의 기쁨이 넘쳐나지 도 않는다. (중략) 처음에 임상현장에 나왔을 때 종종 나를 지탱해 줄 아무런 지지 기반 없이 외롭고 엄청나고 다양한 압박감에 직면하곤 했다. (중략) 나의 직장은 두 곳이다. (중략) 두 곳 다에서 가장 중요한 미술재료가 가장 기본적인 것만 제공된다. (중략) 내가 정말 몇 푼 번다고 요 녀석을 떼어놓고 나간 거야. 남의 집 아이 이야기를 그렇게 열심히 듣고 함께 그림을 그리는 거……. 그게 정말 중요한가? (중략) 센터에서 임금 협상이 있는 날이다. 평소에는 입지도 않는, 어울리지 않는 자켓을 걸쳐 입으면서 '오늘은 반드시 강한 모습을 보여 줘야지.' 다짐한다. (중략) '치료사는 많아져도 내담자들에게 도움이 될 수 있는 좋은 치료사를 고르셔야죠.'라고 말하고는 치료실로 내려왔다. (중략) 열악하고 척박한 이 환경 속에서 살아남아야겠다. (중략) 졸업하고 2년째 미술치료사로 일하고 있으면서 내 모습을 되돌아본다. 그렇게 원하는 공부를 했고 그렇게 원하는 직업을 가졌는데 내가 지금 힘이 든다면 내가 꿈꾸던 미술치료라는 것은 어떤 환상이었던 것일까? 슈퍼비전을 받아 봐야겠다. (중략) 주변의 입소문을 듣고 시간당 얼마나 내야 하는지, 그분이 쓴 책을 사서 읽어 보고 특강자료를 찾아보며 여러 가지 상황을 고려하여 슈퍼비전을 받기로 했다.

이 세상에서 나의 구원자를 찾다

아이를 맡기고 일을 하러 나갈 때도 어려움이 있는데 오늘은 아이를 맡기고 내 돈을 지불하면서 슈퍼비전을 받기 위해 나선다. (중략) 슈퍼바이저는 나와는 너무 다른 차원의 사람인 것 같다. (중략) 슈퍼바이저를 찾아 다닌 보람이 있고 이 사람이라면 그동안 내가 목말라 했던 현실에서 함께 물을 길러 가 줄 것 같다. (중략) 나는 나의 슈퍼바이저에게 푹 빠져 버렸다. 내가 고민하고 있는 나의 사례에 대해 함께 고민하고 나의 내담자의 그림에서 나보다 더 많은 것을 읽어 내고 이해하려고 애쓰는 그녀의 모습, 그리고 나에게 보이는 따뜻하고 지지적인 눈빛은 졸업 후 혼란 속에서 긴 한숨만을 습관처럼 내뱉어 왔던 내 마음속 딱딱한 응어리들을 녹여 주는 듯하다. (중략) 요즘은 주변 사람들에게 편안해 보이고 즐거워 보인다는 소리를 자주 듣는다. (중략) 이제는 늘 어렵게 느꼈던 내담자를 초기 면접하는 것, 유난히 부담을 갖고 있었던 성인남자 내담자에 대한 것들도 극복되기 시작하였다.

슈퍼바이저가 하는 말마다 내 내담자들에게 딱딱! 적용이 되고 딱딱! 맞아떨어지면서 슈퍼바이저에 대한 나의 믿음과 신뢰는 100%가 되었다. (중략) 그녀를 만날 때 내가 가장 유능하게 보이고 싶어 칭찬받을 거리만 챙기며 거울도 자주 보고 좀 더 폼 나게 보고할 수 있도록 말투도 연습해 본다. (중략) 슈퍼바이저와 개인적인 친분도 가질 수 있지 않을까? 혼자 이리저리 생각도 해 보고 어떤 공통점을 만들어 이야기를 길게 나눠 보고 싶다.

당신은 나의 구원자가 아니야!

지루하게도 장마가 계속되던 어느 날 슈퍼바이저에 대한 나의 기대가 와장창 깨져 버리는 일이 있었다. 나의 사례와 관련된 나의 개인적인 이야기를 하던 중 그건 상관없는 일이라고 잘라 버리는 것이다. (중략) 집에 돌아오는 길에 내 몸 속에서 유리잔이 깨진 것처럼 가슴이 따갑고 후끈거린다. 나에 대한 실망감과 수치심은 계속해서 나를 괴롭히고 있다. (중략) 슈퍼바이저의 모든 행동에 실망하고 그러고 나니 점점 더 슈퍼바이저의 단점만이 눈에 들어오고 그녀의 개인적인 취약한 부분만 보여 부정적인 시각만 갖게 된다.

슈퍼비전이라는 시스템 자체가 무슨 먹이사슬 같고 내가 이렇게 많은 돈을 내야 하는 게 맞는 거야? 하는 분노까지 올라온다. (중략) 오늘 내가 경험한 것들이 도대체 무엇인지, 나는 정말 궁금하다. (중략) 오늘 나는 슈퍼바이저를 향해서 실망감을 느꼈다. 그런데 이 실망감이 왜 이렇게 나를 안절부절못하게 만드는 감정이 되는 것일까? (중략) 내가 그녀 앞에서 구걸하는 사람처럼 느껴졌던 것, 그것은 아마도 내가 그동안 그녀에게 '관심'과 '사랑'을 갈구했기 때문이며 오늘 그녀의 정확한 슈퍼비전이 내게는 '섭섭한' 슈퍼비전으로 인식되면서 나는 오늘 그녀를 질투의 대상으로 바라보게 되었고 묘한 경쟁의식을 갖는 대상으로 바라보게 되었던 것 같다. (중략) 홀로 서는 것이 아니라 자꾸만 슈퍼바이저에게 의존하려고 했던 것, 치료과정에 도움을 받기보다 어려움의 책임을 슈퍼바이저에게 전가하려고 했던 내 모습을 깨닫게 된다.

높은 곳에서 내 옆으로 다가온 슈퍼바이저

그래 세상에 완벽한 치료사가 없듯이 어디 하나 빈틈없이 나를 완벽하게 지원해 줄 수 있는 슈퍼바이저도 없다는 것을 인정하자! 하지만 이 감정적으로 불편한 상황은 그리 쉽게 해결되지 않았다. 마치 내담자의 긍정적인 변화의 과정을 기다려 주듯이 내 마음속의 불편감을 해결할 수 있게 되기를 포기하지 않고 견디고 있었다. (중략) 요즘의 고민을 천천히 이야기했다. 내가 뭔데 그들의 고민을 함께 나눌 수 있는 것인지 때로는 두렵다고 그 고민을 함께 나눠 놓고는 내가 아무것도 해 줄 수 없다는 것도 나를 무력하게 만든다고……. (중략) 슈퍼바이저는 예전에 비해서는 헝클어진 모습이지만 진지하게 나와 함께 고민을 나누어 주었다. (중략) 나를 향해 주려고 하는 것, 아니 우리가 슈퍼비전 시간을 통해 만들어 내고 있는 지금 이 순간이 내게는 소중하고 중요할 뿐이다.

그동안 내가 힘들었던 것들이 내 안에 인정받고 싶은 욕구, 끊임없이 보호받고 싶은 욕구 때문에 내담자를 바라보는 것이 참 힘들었다는 것임을 알게 되었다. (중략) 관계에서 오는 묘한 스트레스, 긴장감에 대한 나의 감정들을 이해하기 시작했으며 그러고 나니 내 주변인들 그리고 나의 내담자 그리고 나에게 가장 공격도 미움도 많이 받았던 슈퍼바이저의 감정들도 인정하게 된다.

미술치료사로서 나만의 길을 찾다

미술치료를 전공한 슈퍼바이저인지, 임상심리를 한 사람인지? 슈퍼비전의 필요성은 인식한 뒤 나는 끊임없이 슈퍼바이저를 향해서 시선을 고정하고 있었다. (중략) 미술치료사라고 해서 때로는 '미술' 작품에만 집중해 보기도 했었고 그림에서 증가가 찾아지지 않을 때에는 심리치료에 올인하여 미술치료사인 것에 열등감을 느끼기도 했었다. 어떤 슈퍼바이저를 만나느냐에 따라서 나의 치료회기에 대한 평가도 달라진다는 것을 알게 되었다. 가장 중요한 것은 내가 내 자리를 잘 찾는 것, 자리매김하는 것이라는 생각이 든다. (중략) 리스처럼 길을 잃은 것 같다는 느낌을 갖는다. 더 이상 회오리바람에 휩쓸리는 것이 아니라 나만의 지도를 만들기 시작하리라 다짐한다. 슈퍼바이저를 향해서 왜 이렇게 내가 가야 하는 길을 똑바로 알려 주지 못하냐고 소리치지도 않겠지. 이제 내 손에는 나만의 지도가 쥐어져 있으니까.

5년차 미술치료사가 내담자를 위해 차리는 밥상

역시 시간은 많은 걸 변화하게 했다. 나의 아이는 이제 어린이집에 다니게 되었고 나는 5년차 미술치료사로 센터에서 제법 실력을 인정받는 치료사이다. (중략) 이제는 손에 익숙해진 미술치료실 살림살이들을 손보며, 내가 마치 아이들의 하교를 기다리는 엄마가 된 기분이 들었다. (중략) 전에는 이런 일이 있을 때마다 내담자의 욕구를 잘 읽어 내지 못하는 내 자신이 부끄러웠다. 하지만 이제는 제각기 변화하고 요구가 다른 내담자를 수용하는 역할로 내가 존재한다는 것을 알게 되었다. (중략) 바쁘게 하루가 마무리되었다. 하루의 일과를 일지에 정리하고 다시 치료실을 정리한다. 마음에 허기진 사람들의 식사를 책임지는 나의 치료실에는 오늘 하루 다녀간 사람들이 눈물 흘리며 또는 웃으며 즐겁게 먹고 소화시킨 작업들이 놓여 있다. 때때로 어마어마한 양의 쓰레기를 뱉어 내기도 하는 치료실이지만 나와 나의 내담자들에게 따뜻하고 지지적인 컨테이너가 되어 줌에 틀림없다.

슈퍼비전? 인터뷰…….

슈퍼비전은? 나와 함께 석사과정을 보냈던 한 동료가 박사논문을 쓴다고 인터뷰를 요청했다. 그동안 슈퍼비전을 받은 경험에 대해 이야기해 달라고 한다. 그래……. 슈퍼비전 졸업 후 슈퍼비전을 받아 온 것이 벌써 3년이 되어 간다. 어디서부터 이야기를 해야 할까?

슈퍼비전의 경험을 깊이 탐색해 가면서 그 경험의 속을 파헤치고 들어가면 들어갈수록 단지 슈퍼비전을 위해 슈퍼바이저와 마주하고 있는 그 시간만을 의미하는 것은 아니라는 생각이 든다. 슈퍼바이저와 분리되어 내담자의 치료사로 임상현장에 설 때에도 슈퍼바이저의 존재감이 나와 함께하고 있다고 인식되는 것처럼 슈퍼비전은 나의 일상에까지 영향을 끼치고 있었다. 왜냐하면 나는 미술치료사의 일로만 존재하지는 않으니까. 때로는 나의 가족관계와 직업 사이에서 아슬아슬한 곡예를 할 때도 있고 내담자와 나의 아이 사이에서 갈등을 이겨 내기 위한 투쟁을 할 때도 있다. 어떤 직업에서도 맛볼 수 없는 이런 과정들, 어찌 보면 이 과정도 수련과정 중에 하나이리라. 이 자체로 즐길 수 있고 또 즐겨야 한다는 것을 나는 이제 알게 되었다.

두발자전거 타는 것을 연습하다 – 중심잡기에 대한 깊은 깨달음

두발자전거를 처음 배우던 날, 양쪽의 균형을 맞추는 것이 참 힘들었던 기억이 난다. 한쪽으로 기울어져서 그것을 피하려 하면 그 힘에 기우뚱하며 넘어졌던 기억이 있다.

미술치료사가 되는 과정에서도, 나는 균형을 찾는 것이 몹시 힘들었다. (중략) 슈퍼바이저는 끈질기게 내 두발자전거의 뒤를 잡아 주면서 '괜찮다고' 위로를 해 주었다. 덕분에 나는, 아슬아슬하지만 간신히 이렇게 자전거를 타고 다리도 건너고 밥상도 차리는 치료사가 될 수 있었다.

슈퍼비전 시간에 슈퍼바이저와 나눈 이야기들, 사실 모두 학교에서 배웠던 것들이다. 그동안 내 머릿속에 또는 책에서 읽은 구절의 글씨 형태로 가지고 있었던 지식들이 내 가슴속으로 내 몸속으로 비집고 들어오는 경험이었다. 그 이론들이 내 몸에 배이는 과정은 사실 매우 아픈 경험이었다. 그래서 나는 깨졌다. 내가 깨지고 깨지고 그래도 있는 껍질이 깨지고 깨지고 진짜 내 안의 나를 만나고 그 안에 글씨들이 나의 것으로 녹아 '깨달음'이라는 이름으로 내 안에 새겨졌다. 이론과 실제의 통합? 그게 이뤄진 건지 아직 잘 모르겠다. 하지만 그 이론들이 나를 아프게 하면서 내 안으로 찾아와 주었고 나는 기꺼이 문을 열어 그 이론을 받아들였다.

반전

〈식스센스〉의 주인공은 마지막이 되어서야 자신이 죽은 사람이었다는 것을 알게 된다. 그 영화를 봤을 때 극장에서 받았던 그 충격은 말로 하지 못한다. (중략) 내가 원치 않았는데 준비되지 않은 나의 삶이 무대에 올려지고 공개된 것처럼 분노와 수치심으로 오갔으며 이것은 곧 그 무대의 연출자인 슈퍼바이저에게로 향해 슈퍼바이저를 거부하고 비하하고 도망가고 싶은 경험이었다.

하지만 이제는 자연스러워졌다. 누구의 인생이나 무대에 올리고 보면 슬픔, 좌절, 부족함이 있다는 것, 그것을 누구도 함부로 평가할 수 없으며, 그럴 만한 기준도 없다는 것을, 무대에 올려지는 그 모든 사람의 삶 자체가 그것으로 아름답고 소중하다는 것을 알게 되었다. 이것은 현장에서 만나고 있는, 나의 기준에서는 말도 못할 정도로 끔찍하게 살고 있는 나의 내담자의 웃음을 통해 얻게 된 나

의 소중한 보물이다.

미술치료사의 다리를 건설하다

슈퍼비전을 통해 나는 양극단의 감정들을 경험하곤 했다. 그 대상은 나의 슈퍼바이저, 내담자, 내담자의 엄마, 때때로 나의 친정엄마 또는 남편 등으로 나의 일상으로 번져 나갔다. (중략) 때때로 오락가락하는 감정의 늪에서 빠져나오기 위해서 나는 다리를 건설해야만 했다. 어디로 가야 할지 몰라도 일단 다리를 만들어 빠져나올 길을 만들어야 했기 때문이다. (중략) 감정의 통합이라는 것……. 아직은 멀게만 느껴지는 것들이다. 슈퍼바이저는 나에게 무리하게 요구하지 않았다. 일단을 이것과 저것을 바라볼 수 있는 '연결'부터 시작하였다. (중략) 다리가 건설되고 나니 이제 나는 이쪽에서 저쪽으로 움직일 수 있는, 이 다리의 주인이 되었고 어떤 내담자도 이 다리로 초대하여 함께 거닐 수 있게 되었다. (중략) '나는 행복한 미술치료사입니다.'

4) 원본 13: 미술교사 경험을 가진 미술치료 석사학위 과정생의 정체성 확립 과정에 대한 체험

원본 13은 미술심리치료사 주제를 다룬 학위논문 안에 쓰여진 해석학적 현상학적 글쓰기이다.

내가 느끼는 그림 너머의 이것은 무엇일까?

미술교사로 아동을 처음 만났을 때에는 미술을 잘 가르치고 싶은 의욕이 하늘을 찔렀다. (중략) 또한 자기의 속내를 쉬이 드러내지 않는 사춘기 아동들이 미술이라는 매체 앞에서는 자기를 훨씬 수월하게 표현한다는 것을 미술교사의 입장에서 종종 느낄 수 있었다. 어느 날, 만들기의 일환으로 아동들과 함께 필통 만들기를 했다. 필통을 꾸며 줄 때, 재료는 원하는 것으로 각자 준비하고 못생긴 필통을 만들어도 되고 멋지게 만들어도 된다는 나의 지시사항과 함께 필통 만들기는 시작되었다. 어수선하던 교실 풍경에서 아동들은 작업으로 빠져들어 갔고 몰두해서 자기 자신을 표현하고 있었다. 작업을 마친 후 자신의 작업을 설명하는 아동의 눈빛이 반짝이며 목소리에는 진지함이 묻어 나오는 걸 느낄 수 있었다. 이런 수업이 끝난 날은 아동과의 거리가 한층 더 가까워진 것을 교사로서 느낄 수 있었다. 미술교사로 아동들과 같이 상호작용을 하면서 작업의 질이 향상되는 게 아니라 아동의 내적 변화가 일어나면서 작품의 변화가 일어나는 것을 느끼게 되었다.

미술치료와 미술교육 뭐가 다른가요?

내가 느끼는 미술 너머의 그 무엇을 어떻게 다루어야 할지 막연하던 어느 날 미술치료라는 것을 알게 되었다. (중략) 공부하기 전에 내가 진행했던 미술 수업들과 미술치료가 뭐가 다른지 전혀 모르겠다. 미술치료가 놀이 성격이 들어간 미술교육의 형태와 비슷해도 너무 비슷해 보인다. 미술치료가 이런 것이라면 굳이 비싼 돈에 시간 들여 가며 대학원까지 다닐 필요가 있을까 싶다. (중략) 명칭은 미술수업에서 회기로 바뀌었지만 아동들을 만나고 수업의 도입부처럼 도입부를 거쳐 아동들이 작업을 할 수 있는 환경을 제공하고 작업이 끝나면 함께 이야기를 나누는 그 모든 게 미술수업과 비슷해도 너무 비슷해 보이기만 했다. 내가 원했던 건 이게 아니었다. 굳이 시간과 돈을 들이지 않더라도 이만큼은 이미 하고 있었다.

미술치료와 미술교육의 애매모호함을 걷어 내는 슈퍼비전과 심리치료 교과목

미술치료와 미술교육의 차이가 느껴지지 않아 답답하던 내 안의 불편감은 전공 2학기 과정에서 반전을 맞이하게 된다. (중략) '와! 미술교육이 이렇게 다른 건가' 하는 의심이 든 이후로, 동기생이 슈퍼비전받는 걸 보면서 '아! 그렇구나.' 하는 감탄사가 연신 터져 나왔다. (중략) 또한 슈퍼비전은 내 안에서 각각 따로 자리하고 있던 심리학에 관한 부분, 미술에 관한 부분들이 하나로 묶일 수 있는 기회를 제공받는 자리였다. (중략) 교수님의 지적 사항이 내 마음에도 와서 콕콕 박혔다. 그때까지 내가 하고 있던 관찰은 미술작업을 도구로 한 내담자에 대한 관찰이 아니라 내담자가 그림을 그리는 과정만 관찰하고 있었던 것이다. (중략) 내가 알고 있던 관찰과 미술치료에서의 관찰은 전혀 다른 것이었던 것이다. 이런 경험들이 반복되면서 미술치료와 미술교육은 다른 것이라는 확신이 내 안에서 쌓여 갔다.

나에게 새로워진 미술

미술 전공자들을 보면 어릴 때의 꿈이 화가인 경우가 왕왕 있다. 어린 시절부터 그림 그리기를 좋아하고 잘하다 보니 초, 중학교 때 학교에서 열리는 사생대회에서 상도 받아 보고 고등학생이 되면서 입시를 준비해서 미대를 가는 경우가 전형적인 경우일 것이다. (중략) 그런데 석사과정에서의 미술은 내가 알고 있던 미술과는 좀 다른 것이었다. (중략) 반면, 내게 미술치료에서의 미술을 이해하기 위해서는 기존에 내가 알고 있는 미술이라는 부분이 기준이 되어 한 번의 검열을 거치고 이해가 되었다. (중략) 김춘수 시인의 〈꽃〉에서 내가 그의 이름을 불러 주기 전에는 그는 다만 하나의 몸짓에 지나지 않았으나, 그의 이름을 불러 주었을 때 의미 있는 무엇이 된 것처럼, 내게 늘 익숙하던 미술이라는 것이 미술치료 과정에서 고민을 겪으면서 또 다른 하나의 의미 있는 치료를 위한 도구로서의 미술이라는 꽃이 되었다.

나에게서 분리된 교사의 모습

교사라는 것도 그러했었다. 익숙한 일이었던지라 교사인 나의 모습이 어떻게 비춰진다는 개념 자체가 없었다. (중략) 내게 있던 교사의 모습이 '정'이라고 한다면, 1학기 때 왜 배우는지 몰랐던 과목들이 '반'이 되어 교사의 모습이 내게서 타자화되었고 나는 내 모습을 객관화시켜 바라볼 수 있게 되었다. (중략) 어느 날부터인가 따로 움직이던 교과목들이 서서히 하나로 뭉쳐지기 시작했다. 그러다가 하나의 공처럼 서로 유기적으로 하나 되는 순간이 발생했다. 이 순간을 '합'이라 할 수 있겠다. (중략) 이런 경험들의 모음은 미술치료와 미술교육이 겉은 같아 보일지 모르지만 알맹이는 완전히 다른 것이라는 점에 대해 충분히 이해할 수 있는 도움이 되었다. 머릿속에서 제각기 움직이던 교과목을 통한 지식들이 내담자들을 만나고 슈퍼비전을 받으면서 내게서 하나로 뭉쳐져 '이런 건가 보다.' 할 수 있게 되자 미술치료와 미술교육이 뭐가 다를까 싶은 답답함을 훌훌 털어버릴 수 있게 되었다.

아동을 중심에 놓다

전공 2학기생으로 처음 실습을 갈 때는 매 회기마다 '오늘은 무엇을 할까'가 고민이었다. 내담자인 아동을 한켠에 세워 둔 채로 어떤 작업을 할 것인지에 대해서만 집중했다고 할 수 있겠다. (중략) 미술을 바라보는 나의 시각에도 변화가 있었는데 내담자의 그림 작업 평가를 하려고 하던 내 눈은 결과적으로 봤을 때 허술한 작업도 얼마나 가치 있는 작업인지를 볼 수 있게 되었다. (중략) 눈으로 보이는 증상이 전부가 아니라 아동과 부모와의 관계, 아동과 또래친구들의 관계, 아동 자체의 기질 등을 고려해서 보려 하는 시각을 가지게 되었다. 아동들에 대한 이해가 더 이루어지면서 아동들의 마음 하나하나가 소중해졌다.

나를 알아 가는 것

석사과정은 참으로 '나'라는 사람에 대해 많은 생각을 할 기회가 제공되는 과정이었다. 미술, 교사에 대한 부분들이 정리되어 합(合)이 되면서 미술치료사와 미술교사 각각에 대한 이해가 이루어지고 나더니 새로운 반(反)이 등장하였다. 내 안의 예상치 못한 역동들이었는데 지금껏 살아오면서 큰 문제가 안 되었던 것들이 불쑥불쑥 올라오기 시작했다. (중략) 상대방이나 상황이 나를 기분 나쁘게 만들었다는 정당한 논리에서 기분이 나쁘게 된 감정에 대한 나의 인식과 나의 느낌, 이 부분들이 하나씩 작용을 하기 시작한다. 그러면서 상황과 감정이 잘 정리되어 이 부분은 시시비비를 가리고 저 부분은 감당하기 어려우므로 내버려 두고 또 어느 때는 그냥 모른 척하고 있는 나를 본다.

이젠 내가 누구인지 더 들여다보고 싶어진다.

5) 원본 14: 미술치료사의 미술작업을 통한 자기인식 체험

원본 14는 미술심리치료사 주제를 다룬 학위논문 안에 쓰여진 해석학적 현상학적 글쓰기이다.

미술치료사의 미술작업 노트

(1) 아픈 기억

집단 시간-실기 수업으로 교수님은 치료사가 되시고 우리들은 모두 내담자가 되어 각자 또는 같이 작업을 하는 시간, 내가 제일 좋아하는 시간이다. (중략) 다른 사람들은 모두 작업을 하고 있는데 나만 혼자 이렇게 눈물을 보이고 있으니 너무 창피한 생각이 들고 당황스럽다. 마음이 너무 허전한 것 같기도 하고 무언가 알 수 없는 슬픔이 가슴 저 한편에서 슬그머니 고개를 쳐드는 것 같았다. (중략) 마음이 괴롭다. 집으로 돌아오는 내내 기운이 없고 가라앉으며 엄마에 대한 원망스러운 마음이 들어 힘들었다.

(2) 직면

미술치료사가 되고자 대학원에 진학하고 심리치료 공부와 미술작업들을 하면서 배움에 대한 행복한 마음도 많이 들지만 그렇다고 다 기쁜 것만은 아니다. (중략) 미술치료 공부를 하고 나에 대한 탐색을 하려고 하면서부터 자꾸만 가족과의 여러 가지 문제가 불쑥불쑥 나와 버려 나를 힘들게 한다. (중략) 미술작업을 하면 좋기도 하지만 나의 문제들이 그림에 보여지고 그런 부정적인 나의 모습을 보는 것이 이젠 정말 힘이 든다. (중략) 잊어버리고 그냥 묻어 두고 지나갈 수 있는 것도 작업하면서 생각하게 되고……. 작업은 끝나지만 그 이미지는 계속해서 머릿속에 남아 이렇게 힘들어지는데……. 정말이지 작업하는 것이 두렵고 무섭기만 하다.

(3) 분노

작업을 하다 보면 작업이 나의 무의식 속에 있는 것도 끄집어내는 힘이 있음을 정말 느낀다. 예전 회사를 다닐 때 나를 너무 힘들게 한 사람……. 난 그 사람을 다 용서했고 난 이제 괜찮아졌다고 생각했었는데 사실은 내 안에 그 사람에 대한 미움이 아직도 남아 있음을 알았다. (중략) 연필로 거칠게 그어 댄 선들을 손가락으로 부드럽게 문지르면서 난 나를 위로하는 느낌이 들었다. 그러면서 이렇게 작업으로 나의 분노를 해소하는 것이 얼마나 안전한 것인가 하는 생각이 들었다. 그렇지 않고 지금 그 사람을 찾아가 화풀이를 한다는 것은 생각만 해도 끔찍한 일이다.

(4) 내가 진정 원하는 것

어젯밤 꿈을 꿨다. 꿈에서 공부를 하겠다고 했더니 엄마 아빠가 너 그거 절대로 하지 말라고 하면서 굉장히 강압적인 모습으로 방에 날 가두고 3일 안에 그만 두지 않으면 나랑 인연을 끊겠다고 소리를 질러 댔다. (중략) 만일 꿈만 꾸고 그림을 그리지 않았다면 어떻게 됐을까? 그냥 슬픔에 그쳤을 텐데……. 이렇게 그림으로 연결되어 내 진심에 대해 확신을 가지게 되니 얼마나 다행한 일인지 모르겠다. 안개가 걷히는 느낌이었다.

(5) 짓밟아 버린 내 가면

오늘 집단 시간에 석고 마스크를 만들었다. (중략) 얼굴을 금색으로 칠하고 눈도 약간 내리깔고 약간 미소를 머금은 그런 이미지가 떠올랐다. 그런데 그랬던 처음의 마음과는 달리 완성하고 났는데 마음이 너무 안 좋아졌다. 그 작품이 너무 마음에 안 들고 마치 그 표정이 나를 비웃는 것 같은 느낌이 들었다. (중략) 나를 비하하고 나를 사랑하지 못하는 내가 이렇게 집단원들에게 받아들여지다니……. 나를 안아 주는 그들이 있음에 나의 감격의 눈물은 그칠 줄을 몰랐다. 정말이지 미술치료가 아니면 어디 가서 이런 경험을 할 수 있을까? 모든 과정 자체가 너무나도 치유적이었다. 미술치료의 힘, 그 대단함에 감동한 날이었다.

(6) 심리적인 허기

집단 미술치료를 할 때는 정말이지 난리도 아니다. 서로의 힘든 이슈들이 올라올 때는 울고 웃고 서로 끌어안고……. 서로의 불편한 진실들을 나누는 사람들이다. (중략) 너무 외롭고 더 사랑받고 싶고 그런 욕구들은 아무리 나이를 먹어도 끊임없이 올라오는 걸까? 너무 고마워하며 울먹이던 동기-그는 그 순간 정말 따뜻한 엄마를 만난 것 같은 기분이었을 것이다.

나의 가면, 동기 선생님의 알, 모두 우리들이 만들어 낸 또 다른 나이기에 그것들을 통하여 내 모습을 알게 되고, 가면이 그릇이라는 안전한 공간에 놓여지고, 외로운 알이 친구 알을 만나고 엄마 새를 만나는 이러한 나눔과 받아들여짐을 통해 우리는 심리적으로 위로받으며 그 허기를 채우는가 보다.

(7) 내담자와 나의 패턴

남자 고등학생 내담자가 방금 미술치료실을 떠났다. 세션 하는 동안 나는 내 자신이 이 내담자에게 무언가 화가 나고 있음을 알아차렸다. (중략) 난 빨리 작업을 시작했다. (중략) 어쩌면 그 내담자를 보기가 힘들었던 것은 내가 보기 싫은 나의 모습 때문이었을지도 모르겠다. 나의 내담자에게서 그런 것들을 느끼면 치료에도 많은 영향을 줄 텐데……. 내가 한 발 물러나서 객관적으로 그 내담자를 볼 수 있는 여유를 가져야겠다.

(8) 기다리는 연습

청소년 내담자는 정말 쉽지 않은 대상이다. 어쩌면 그렇게도 한 명 한 명 다들 너무 개성 있고 까다로운지……. 나를 힘들게 하는 청소년 내담자가 있다. (중략) 어쩔 수 없이 난 기다리기로 하고 대신 그 아이에 대한 작업을 하기로 했다. (중략) 오늘은 웬일인지 먹을 써 보고 싶었다. 한지에 먹을 마구 마구 뿌리고는 먹이 번지기를 기다렸다. (중략) 마음이 좀 정리가 되고 편해지는 것 같았다. 먹의 번짐을 기다리는 것-그 순간을 통하여 난 기다리는 연습을 했던 것이다.

(9) 세상을 떠난 내담자를 위한 애도

슬픈 소식을 들었다. 작년에 정신지체 성인 분들 봉사를 했었는데 그분들 중 한 분이 돌아가셨다는 이야기를 지금 거기서 봉사하고 있는 후배를 통하여 듣게 되었다. (중략) 그분이 태어나서 돌아가시기 전까지 살다 가셨을 시간들……. 불편한 장애인으로 살다가 인생이 끝나셨지만 난 그분의 인생이 보석같이 소중하게 느껴져서 비즈를 박아 드리고 싶었다. (중략) 내가 진짜 그 작품에다 절을 한 건 아니지만 내 마음의 제사를 올려 드린 그런 경건한 마음이었다.

(10) 몰입의 쾌감

자꾸만 작업이 하고 싶어진다. 미술작업을 하는 순간에는 다른 생각 없이 굉장히 몰입해서 하기 때문에 하고 나면 쾌감이 느껴진다. (중략) 누가 이래라 저래라 하지 않고 어떤 재료를 가지고 어떤 색깔과 어떤 느낌으로 표현할까 내가 다 결정해서 그걸 만들었을 때, 그리고 완성된 것을 보면서 느껴지는 것들……. 자기 만족……. 너무 행복한 말이다. 사람들은 이런 행복감을 느끼며 살까? 이 가슴 설레는 것들을 알까? 이렇게 나를 표현하는 즐거움……. 다른 사람들도 이런 기쁨을 알았으면 좋겠다. 내가 미술치료사를 하는 이유 중 하나가 바로 이거지. 이러한 기쁨이 깨지고 조각난 마음들을 다시 하나로 만들어 줄 수 있고 건강하게 만들어 줄 수 있는 요소가 있다는 것을 난 확실히 알고 있기 때문이다.

(11) 그림이 주는 메시지

요즘 작업을 하면 계속 나무가 나온다. 그런데 나무들이 하나같이 다 비현실적이다. (중략) 이 나무가 내게 이렇게 좋은 메시지를 주는데 그걸 깨닫고 나니 진짜 힘이 되는 것 같다. 미술작업은 정말이지 귀신같이 나의 상태를 있는 그대로 나타낸다. (중략) 아무리 내가 아니라고 해도 부정할 수 없는 것. 내 그림이 그렇게 말하고 있다. "이게 너야!"

(12) 영혼의 움직임

오랜만에 대학교 때 동기들을 만났다. 친구들이 하나같이 하는 말이 "너 너무 여성스러워졌다. 치마도 입고 웬일이니?" 친구들로부터 그런 말을 들어도 이젠 하나도 창피하지 않다. (중략) 난 남자처럼 입고 남자처럼 행동하고 그렇게 살았었지……. 공부를 시작하고 나서야 내가 가지고 있던 나의 여성성을 찾은 것이다. 내 자신, 내 안의 진짜 나에게 좀 더 가깝게 다가간 느낌이다. (중략) 뿐만 아니라 다양한 재료로 미술작업을 해 보면서 나의 폭도 넓어지는 것 같음을 느낀다. (중략) 미술치료는 정말 신기하다. 작업의 세계가 현실세계로 연결된다는 것–이런 신비로움을 어떻게 과학적으로 증명할 수 있을까? 사람들은 과학적으로 증명되지 않은 것은 믿으려고 하지 않는 습성이 있다. 하지만 숫자와 그래프와 실험으로 이런 신비로운 정신의 세계, 영혼의 움직임을 과연 밝혀낼 수 있을까?

예전에 대학원에서 공부하며 읽었던 책 한 권을 꺼내들고 다시 읽어 보며 가슴이 뜨거워짐을 느낀다. (후략)

(13) 나에게 미술작업이란?

나에게 있어서 미술작업은 어떤 것일까? 그냥 주저 없이 생각나는 대로 써 내려가 본다.

– 희로애락: 작업하면서 울고 웃고 하니까
– 성장통: 보기 싫고 아프고 힘들지만 날 성숙하게 해 주니까
– 압력솥의 김 빼기: 터져 버릴 것 같은 내 마음을 진정시켜 주니까
– 나를 볼 수 있는 거울: 내 내면의 헝클어짐을 보여 주니까
– 인생의 십자가: 내가 평생 지고 가야할 거니까
– 사막의 오아시스: 내담자들이랑 같이 걷는 사막에서 시원한 오아시스 같은 물을 주니까
– 속일 수 없는 것: 절대 거짓말을 안 하니까
– 호흡: 나의 삶과 연결되어 있으니까
– 산전수전 고비를 넘게 해 주는 것: 내가 힘들 때 위로와 힘을 주니까
– 놀잇감: 재미있게 놀 수 있으니까
– 북두칠성: 내가 가야 할 방향을 알려 주니까
– 긴 여행의 문: 나를 찾아 떠나는 여행의 문을 열어 주니까
– 기도의 과정: 간절함, 진실함, 결심이 있으니까
– 신과 만나는 공간: 내가 사랑하는 신을 느끼게 하니까

(14) 미술치료에 대한 신념

후배들이 내가 근무하는 치료센터를 찾아왔다. (중략) 다들 미술치료를 너무 사랑하나 보다. 확신과 신념에 찬 목소리로 이렇게 자신 있게 이야기하다니……. 후배는 언제 선배님들처럼 되냐며 부러워했다.

6) 원본 15: 미술치료사의 미술작업을 통한 자기돌봄 체험

원본 15는 미술심리치료사 주제를 다룬 학위논문 안에 쓰여진 해석학적 현상학적 글쓰기이다.

석사를 졸업하고 이제 졸업장도 있으니 내담자를 도울 수 있다는 사명감에 불타 정말 열심히 일했다. (중략) 첫 날부터 이런 힘든 회기를 한 적은 처음이었다. 너무나 당황하고 놀란 마음을 부여잡고 겨우겨우 회기를 끝냈다.

오늘도 일하러 센터에 나왔지만 자식이고 남편이고 다 소용없고 나부터 살려 달라는 그분들의 울부짖는 아우성이 계속해서 내 귓전을 윙윙 때렸다. (중략) 이런 마음으로 다음 회기를 시작하니 내담자에게 정성껏 대해지지가 않았다. (중략) 그렇지만 나도 너무 지쳐 있고 내담자를 위해 내어줄 에너지가 다 소진되어 버린 것 같았다. 내 삶이 뒤죽박죽 엉망이 되어 버린 느낌이 들었다. (중략) 나도 나의 미술작업을 하고 싶다는 생각이 계속해서 며칠 동안 떠나질 않았다. (중략) 미술작업을 하면 나에게도 너무 좋다는 것을 알고 있지만 일단 너무 몸이 힘들어 미술작업을 할 시간도 없었고 여력이 남아 있지를 않았다. (중략) 내가 내 미술작업을 하지 못하니까 이렇게 내담자가 하는 미술작업에 부러움을 느끼는구나……. 난 내 미술작업을 할 여력이 없는 내 자신이 안타깝기만 했다. (중략) 당분간 집에서 쉬면서 자신을 돌아볼 시간적 여유가 생겼다. (중략) 치료사인 내 자신이 살아야 내담자도 살릴 수 있을 것 아닌가! 너무 열정과 의욕만 앞세워도 그것을 뒷받침해 줄 자기돌봄이 없이는 아무것도 이룰 수 없다는 것을 알았다. 더불어 자기돌봄을 소홀히 하여 심신이 평안하고 행복하지 않다면 내담자도 잘 치료할 수 없음을 깨달았다. (중략) 작업실 가는 수요일이 기다려졌다. 아마도 일주일 가운데 가장 기다려지고 가슴 설레는 시간이 아닐까 싶다. (중략) 조금 더 다듬고 어울리는 받침을 해 주면 정말 멋진 작품이 될 거 같았다. 내 실력이 이 정도였나? 이런 성취감을 맛보니 그런 내가 멋있어 보이고 근사해 보였다. 서둘러 정리하고 나오는 발걸음이 가볍고 신이 났다. 얼굴에 미소가 지어지고 좋은 에너지들이 가득한 활력이 느껴졌다. (중략) 오늘은 미술치료사로서의 나의 모습을 그림으로 그렸다. 처음엔 연못 같은 이미지를 그렸다. 근데 그 연못이 너무 마음에 들지가 않고 답답하고 싫은 느낌이 들었다. (중략) 그래서 물을 막고 있던 돌들을 다 허물고 탁 트여 주고 나니까 너무 마음이 시원했다. 하나의 물줄기 같은 느낌도 들면서 한결 숨통이 트이는 것 같았다. 치료사로서의 내 모습이 고인 물이었다는 것은 무슨 의미일까에 대해 한참을 생각해 보았다. (중략) 난 그림 속에 드러난 내 무의식의 욕구를 알게 되면서 나 자신에게 필요한 것이 무엇인지를 더 잘 알게 되었다. 고인 물이 정화되어 깨끗해지듯이, 나 자신도 나를 정화시킬 시간이 필요한 것이었다. (중략) 이런 작업을 할 수 있는 내가 기특하고 반갑다. 힘들기도 하지만 나의 내면의 이런 모습들을 잘 끄집어내어 표현하고 있으니까……. 그래서 미술작업을 하는 것이니까……. 이 모든 과정이 모두 나를 더 잘 돌보고 성장할 수 있게 하는 밑거름이 되어 주고 있는 것이다.

섬진강에 도착했다. (중략) 외부 환경의 변화에도 불구하고 본성을 지키고 있는 이 변치 않는 풀들이 보여 주는 강인한 생명력에 어떤 존엄함이 느껴졌다. (중략) 나만의 방식으로 나를 돌볼 수 있는 미술작업을 내가 할 수 있다는 것에 정말 감사한 마음이 든다. 미술작업은 정말이지 내게 주어진 너무나 좋은 선물과도 같은 것이다.

나 자신이 미술작업을 꾸준히 해 오면서 미술치료사로서 내담자를 치료하는 데도 많은 도움을 받았다. (중략) 나의 미술작업을 통해 내담자에 대해 많은 생각을 하게 되고, 치료에 대해서 고민하면서 점점 미술치료사로서 전문성도 향상되어 가고 있음을 느꼈다. (중략) 나는 미술치료사의 옷을 입고 살아가는 사람이다. 그러기에 나를 위한 돌봄이 잘 이루어졌을 때 내담자를 위한 돌봄도 더 잘 이루어진다는 것을 내가 아파 가며 뼈저리게 경험하였다. 자신을 돌보는 방법이 다양하겠지만 미술치료사인 나 자신에게 있어서 미술작업은 없어서는 안 되는 것이다. 미술치료사의 진짜 파워는 어디에서 나오는 것일까? 관련 전문지식, 전통적인 심리치료 이론, 슈퍼비전, 임상경력 등등 미술치료사가 가지고 있어야 할 것들이 여러 가지가 있겠지만, 내 미술작업 경험이 있어야만 미술치료사로서 전문성도 발휘할 수 있는 것이다. (중략) 그리고 무엇보다 이러한 미술작업을 통한 자기돌봄은 완성이 없는 것이기에 앞으로도 평생 미술작업을 지속하며 미술치료사인 나 자신을 돌보리라 약속한다.

7) 원본 16: 미술치료학 전공 석사학위 과정생의 '미술작업 중심 교과목' 내에서 미술작업 체험

원본 16은 미술작업 관련 전공과목 주제를 다룬 학위논문 안에 쓰여진 해석학적 현상학적 글쓰기이다.

기대로 가득 찬 첫걸음

첫 날부터 지각이다. 푹푹 찌지는 않지만 아직 늦더위의 열기가 가시지 않은 탓인지 잰걸음에 땀이 비 오듯 흐른다. 연신 손부채질을 하며 강의실 뒷문 손잡이를 최대한 조심스럽게 돌린다. (중략) 어쩌면 미술치료학 대학원에 가기로 한 것은 충동적인 결정이었는지도 모른다. (중략) 열심히 준비를 해서 원서를 내고, 운이 좋게 합격한다. 이렇게 기대감으로 가득 찬 기분도 오랜만이다. 의욕이 이토록 넘치던 때가 언제였는지 아득하기만 하다. (중략) 이론 수업만큼이나 정신병원에서 하는 현장실습도 날 긴장하게 하는 것은 마찬가지이다. 아니 사실 처음 현장실습을 갔을 때는 죽도록 괴로웠다. (중략) 이런저런 실수를 반복하면서 환자를 대하는 데에 자신감을 잃은 적도 있지만 이론 공부가 쌓이면서 정신병리적으로 그들을 이해하게 되고, 적응도 조금씩 되면서 현장실습 나가는 것이 처음처럼 죽을 만큼 힘들지는 않게 된다. (중략) 미술치료사로서 미술이 이론과 현장에서의 가교 역할을 해야 하는데 그 부분이 안개에 가린 듯 자욱하기만 하다. (중략) 때로는 미술치료를 전공하지만 미술치료 경험은 하나도 없이 이론만 파악하고 있는 내가 과연 미술치료학 전공생이라 할 수 있을까 하는 생각이 꼬리에 꼬리를 물어 잠을 설치기도 한다. (중략) 한 학기 동안 바삐 지내면서 잊었던 나의 낮은 자존감과 무기력함이 마음 한편에서 다시금 똬리를 트는 것 같다. 문득 '나부터 치료해야겠다!'는 생각이 든다. 미술작업을 통해 내면의 나와 접촉하고 나를 깊이 탐색하고 싶다. (중략) "한 학기 동안 현장에서 관찰을 하면서 이론과 현장을 연결할 다리가 필요하다는 생각이 들었어요. 미술경험을 내가 직접해 보고, 매체를 경험해 봄으로써 이론과 현장을 연계할 구조가 명확해지지 않을까 했고요. 한 학기 내내 느꼈던 미술치료에 대한 막연한 감정이 제가 직접 경험해 보면 덜해지지 않을까, 그리고 내가 가지고 있던 스스로에 대한 불안함, 그러니까 내가 과연 좋은 미술치료사가 될 수 있을까 하는 불안감도 어느 정도 떨칠 수 있지 않을까 하는 생각에 이 수업을 신청하게 되었습니다." (중략) 그러다가 나를 보고 있는 예진이와 눈이 마주친다. 예진이도 공감한다는 듯이 고개를 끄덕여 주는데 갑자기 신경이 쓰인다.

나를 찾아가는 길을 밝혀 주는 미술작업

미술작업을 통해 나를 탐색할 수 있다는 기대감이 있지만, 막상 수업에서 동기들-예진이를 포함한-과 함께 있으니 덜컥 겁부터 난다. (중략) 내가 감추고 싶었던 나의 어두운 측면이나 나도 모르는 내 모습이 그들에게 이상하게 받아들여지지는 않을까 걱정이 앞선다. (중략) 수업 시간에 미술작업을 하면서 마음 한편이 계속 찜찜하다. (중략) 마음은 혼란스럽기만 한데 이제 동료들과 작품을 나누어야 한다. (중략) 무슨 말을 했는지 모르지만 내가 한 작업을 마치 남이 한 것처럼 차갑게 뭉뚱그려 설명한다. 뭉친 듯이 아파오는 가슴을 외면했지만 한편으로는 힘든 마음을 들키지 않아 다행이라는 생각이 든다. (중략) 그녀의 감정 분출이 너무 과한 것 같기만 한데, 따뜻하기만 한 동기들의 반응에 기분이 복잡해진다.

수업이 끝나고 나도 뭔가 한마디 해야 할 것 같아서 아직 울음의 여파가 가시지 않은 예진이의 어깨를 툭 치며 힘내라는 말을 건넨다. (중략) 인정하고 싶지는 않지만, 자신의 감정을 충분히 표현하고 동료들의 공감을 받는 예진이가 부럽다. 동료들을 믿고 용기를 내서 내 감정을 표출하고 사람들의 응원을 받고 싶다는 생각과 여전히 감추고 싶다는 모순되는 생각이 씨줄과 날줄처럼 교차한다. (중략) 무엇을 그린 건지도 모르겠는데 뭔가 씻겨 내려가 해소된 듯한 이 느낌이 너무나도 오랜만이고 뿌듯하다. (중략) 그 순간 나도 모르게 눈물이 왈칵 쏟아진다. 괜찮다고 아프면 울어도 된다고 이야기해 주는 동료들의 위로에 뭔가 걷잡을 수 없이 감정이 북받쳐 온다. (중략) 스스로의 감정을 인정하지 않고 소중히 여기지 않은 채 애써 무시했던 내가 밉기도, 안쓰럽기도 하다. 그런데 나조차 소중히 여기지 않았던 더 깊은 나를 동료들과 교수님은 그대로 수용해 주고 인정해 준다. 그들 덕분에 내 이미지와 대화를 이어 갈 수 있는 힘이 생긴다. (중략) 수업이 끝나고도 동료들은 내게 다가와서 따뜻한 말을 건네 주기도 하고 아무 말 없이 어깨를 토닥여 주기도 한다. (중략) 나는 이 정도는 감당해 낼 수 있을 만큼 충분히 강한 사람이라는 생각도 든다. 물론 내 안에는 여전히 힘든 부분이 많이 있지만, 예전처럼 압도되지 않은 채로 그것을 직시할 수 있겠다는 자신감과 나의 다양한 모습을 자유롭게 넘나들면서 표현할 수 있을 것 같다. (중략) 그날부터였을까. 꼭꼭 숨겨 왔던 고민들도 친구들과 자연스럽게 나눌 수 있게 된다. 나를 바라보는 마음도, 다른 사람들을 대하는 마음도 한층 편안하다. 예진이를 향해 날카롭게 세웠었던 감정의 날이 무뎌진 것도 그때쯤인 듯하다.

동료들, 평생토록 내 안의 나를 비춰 줄 맑은 거울

'미술치료사를 위한 미술치료'에서 동료의 위로와 공감 속에 닫혀 있던 내 마음이 차츰 열리는 것 같고, 마음속 숨기고 싶은 면까지 그들이 포근하게 감싸 줄 것만 같은 느낌이 든다면 '집단미술치료'는 또 다른 느낌으로 다가온다. (중략) 작업을 하는 과정에서는 불편했지만, 그 시간을 견디고 동기의 마음을 알고 나니 비로소 내 작품에 이전에 없던 생기가 불어넣어진 것 같다. 결과적으로는 좋았지만, 작품을 완성하는 과정에서 내가 왜 그렇게 불편하고 불안했는지에 대해 되묻게 된다. (중략) 그러나 '집단미술치료' 수업을 하다 보면 약간의 아쉬움이 있다. 수강 인원이 워낙 많아서 콩나물시루를 간신히 면한 수준이라는 점이다. (중략) 나만 그런 건 아닌지 동료들은 어느덧 수업이 끝나고도 미술치료실에 둘러앉아 서로의 그림에 대해서 이것저것 물어보고 이야기를 나누어 준다. (중략) 수업시간과 그 이후에도 깊은 마음을 나누다 보니 동료들과의 친밀감이 더해진다. (중략) 위에서 전체를 포괄하고 봐 주는 슈퍼바이저와는 또 다른 옆을 지켜 주는 동료집단의 소중함을 체감할 수 있는 순간이다. (중략) 그토록 낯설게 느껴지던 그들을 향해 굳건한 신뢰감이 생긴다. 나 또한 그들에게 이 감정을 고스란히 느끼게 해 주는 동료이고 싶다는 생각이 간절해진다.

실제적 경험으로 배운 지식을 마음껏 펼치는 공간, 실습 현장

미술작업 교과목을 통해 내면과 접촉하고 힘든 감정을 받아들이며 차츰 나아지는 경험을 하면서 내담자 내면의 역동을 조금은 헤아릴 수 있게 된다. 그러나 막상 실습 현장에 나가 보니 미술매체와 기법에 대한 지식이 부족함을 절감하게 된다. (중략) 어쩌면 환자에게 적용할 수 있는 더 좋은 미술매체가 있는데 단지 내가 접해 보지 않았기 때문에 내담자에게 적용하지 않는 미술매체나 기법이 있을 수도 있겠다는 생각이 든다. (중략) 매체에 대한 치료사의 선호가 내담자를 위한 적절한 개입을 방해할 수 있다는 인식을 하게 되면서 내가 좋아하는 매체와 그렇지 않은 매체를 파악하는 것이 시급하다는 생각이 든다. (중략) 일 년 동안 미술작업으로 나의 깊은 내면과 접촉하고, 수업에서 배운 미술매체와 기법을 실습 현장에 적용해 보고, 미술치료가 무엇인지에 대해 끊임없이 고민하면서 내가 어떤 미술치료사가 되고 싶은지 내 안에서 정리가 되기 시작한다. 미술작업을 직

접 경험하기 전에는 막연하게 매체와 기법에 대해 많이 알면 알수록 실습 현장에서 내담자들을 잘 탐색하게 도와주는 미술치료사가 될 수 있을 것이라고 생각했다. 그런데 실습 현장에서 적용해 보니 기법이 전부가 아니다. 미술치료학 전공생으로서 먼저 미술작업을 통해 스스로의 내면을 투철하게 탐색하고, 이론 공부를 통한 심리적인 이해가 뒷받침되었기 때문에 내담자의 내적인 역동을 이해하게 된 것이다. 이러한 이해를 바탕으로 그들에게 적절한 미술작업을 적용하고 반응함으로써 그들에게 한층 더 다가간다. 치료사의 직접적인 미술작업 경험과 미술매체와 기법에 대한 이해, 내담자의 내적 이해를 위한 이론적인 지식은 떼려야 뗄 수 없는 한 덩어리처럼 엉켜 있다.

홀로서기를 준비하는 작은 나무, 우리들이 모여 푸른 숲을 이룰 때까지

3학기가 끝난 여름 방학에도 정기적으로 모여서 '미술매체와 기법' 수업에서 모두 접할 수 없었던 다양한 매체와 기법을 실험해 본다. (중략) 그녀는 미술교육에서는 아름다운 결과물을 만들어 내기 위한 도구였던 매체와 기법이 미술치료학에서는 그 자체가 내담자의 심리적 과정을 이해하는 대화의 통로이자 열쇠가 될 수 있는 것 같다며 수업을 듣지 않은 아쉬움을 나타낸다. 그래서 우리들은 스터디를 통해 아쉬움을 메워 보자며 예진이를 위로한다. (중략) 세 학기를 보내고 나니 전문성을 갖춘 성숙한 미술치료사가 되기 위해 내게 가장 필요한 것이 무엇인지 알아볼 수 있는 안목이 생긴다. 이론과 실습을 접목시키는 매개체 역할을 하는 '미술작업 중심 교과목'을 들으면서 더 명확해진 것 같다. (중략) 앞으로 미술치료사로서 성장하기 위해서 필요한 것이 무엇인지를 깨달을 수 있는 안목과 그것을 스스로 찾아갈 수 있는 자원이 생겼다는 데에 더 큰 의미가 있지 않을까. '미술작업 중심 교과목'은 미술치료에서 다루는 '미술'과 '미술치료학'을 이해하고, 실습 현장에서 유용하게 적용할 수 있는 경험의 장을 마련해 준 것이다. (중략) 그간의 경험과 함께 이런 작업을 나누는 동료집단에 대한 신뢰를 바탕으로 이번 학기에는 혼자서 미술작업을 하기로 결정한다. (중략) 이 나무들이 나와 같다는 생각이 들고, 나와 함께하는 내담자 같기도 하다. 내 곁을 지켜 주는 동료들 같다는 생각도 든다. 이제 나는 혼자가 아니라 항상 내담자를 생각하고 동료들과 의지하며 그들과 함께 성장하고 싶은 미술치료사이다.

문득 그동안 했던 작업들을 모두 모아 보고 싶다. (중략) 마치 일 년 동안의 나의 성장을 보여 주는 것 같아 가슴이 벅차오른다. 이번 학기가 마지막 학기라는 아쉬움, 혼자서 미술작업을 해도 괜찮을까 하는 걱정도 잠시, 이내 나의 나무를 바라보니 용기가 생긴다. (중략) 학위 과정을 마무리하고 졸업 후의 홀로서기 준비를 잘하리라는 자신감이 생긴다. 나의 내면과 만나는 미술작업을 통해 진정한 미술치료사로 거듭나고 싶다는 기대감과 희망이 가슴 가득 차오른다.

나는 홀로서기를 준비하는 묘목이다. 언젠가는 푸른 빛 넘실거리며 오롯이 서게 될!

Chapter 3 반영적 작업의 원자료

삼각형 도형으로 비유하자면 원본은 밑면의 왼편에 위치한다. 반영적 작업은 삼각형의 꼭짓점이 위치하는 곳에 자리 잡고 있으며(장연집, 2017), 반영적 작업은 I 과 II로 구분할 수 있다.

반영적 작업 I은 원본 중 1편을 읽고 체험한 것을 다룬 것을 말하며, 원본의 거울 역할을 해 준다(장연집, 2017). 반영적 작업은 15인이 참여하여 총 자료 101편이 수집되었다. 그러나 이 책에서 분석의 자료로 선택된 반영적 작업 I의 자료는 총 74편으로, 여기에는 글, 그림, 시가 모두 포함되었다. 그리고 이 장에서는 제5, 6, 7장에서 분석된 원자료인 반영적 작업만 실었다.

반영적 작업 II는 원본 중 2~5편을 읽고 체험한 것을 다룬 것을 말하며 6인이 참여하여 역시 글, 그림이 포함된 자료 총 11편이 수집되었다.

이 책의 제5, 6장에서는 반영적 작업 I을 Max van Manen의 해석학적 현상학적 방법으로 분석한 내용을 다루고 있고, 제7장에서는 반영적 작업 II를 같은 방식으로 다루고 있다.

다음에 소개되는 반영적 작업은 이 책에서 분석한 원자료에 해당된다.

1. 반영적 작업 I의 원자료

1) 미술심리치료 유형을 다룬 반영적 작업 I의 원자료

(1) 원본 1: 주의력결핍 과잉행동장애 초등학생을 대상으로 한 집단미술치료를 수행한 미술치료사의 체험에 기반한 반영적 작업

총 12인이 참여하여 31편의 자료가 수집되었다. 12편의 글쓰기와 그림과 사진이 포함된 19편의 자료이다.

① 연구 참여자 1의 반영적 작업

듣기 싫어. 조용히 해!
치료실 안에 있어도 들리는 그들의 발걸음 소리
징징거리는 소리
혹은 흥분해서 들뜬 소리
보호자와 투탁거리며 다투는 소리
아 하기 싫다.
저 아이들과의 시간이구나.
도망가고 싶다.

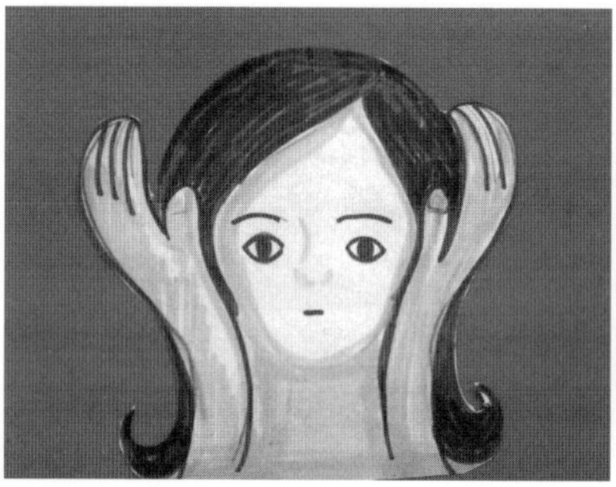
[그림 3-1] #1(2015). 듣기 싫어 I. 272×788mm. 12색 마커.

[그림 3-2] #1(2015). 듣기 싫어 II. 272×788mm. 12색 마커.

너희들 때문에 나는 우울해지기도 때론 화가 나기도 해.
너희들의 불협화음을 듣기 싫어서 나는 엄청난 크기의 손으로 내 귀를 막아.
하지만 표정은 아무렇지 않게……. 무심한 듯 하고 있지……. 이게 치료사다운 것 같아서 말이야.

나는 이런 말을 하고 싶어.
조용히 해!

아무 말도 하지 마!
듣고 싶지 않아!
귀를 막아 버리고 싶어.

오늘은 사고가 나지 않을까
오늘 또 누군가 울지 않을까

조용히 해!

사실 나는 이런 집단을 맡게 될 때마다 떠오르는 기억이 있어

2002년 대한민국이 월드컵의 열기에 가득 찼던 그 여름.

나는 석사논문을 쓰기 위해 책임감을 가지고 복지관에서 아동집단미술치료를 맡게 되었다.

어디선가 무료로 받아 입은 붉은 악마 빨간 티셔츠를 빨아 입지도 않은 아이들은 언제나 새로운 미술재료를 제공하는 미술치료사를 대단한 사람으로 인식하는 듯했다. 그들은 집단 안에서 다른 아이들보다 좋은 미술재료를 갖기 위해 열정적으로 뛰어들었고 한번이라도 치료사인 나의 관심을 얻기 위해 더 목소리를 높였으며 칭찬을 받기 위해 다른 사람의 잘못된 행동을 지적하는 것에 혈안이 되어있었다. 매우 시끄럽고 위험해 보이는 상황들이 반복되어서 담당 복지관과 사무장에게 항상 주의를 듣기는 했지만 집단은 곧 안정을 찾고 균형을 맞춰 갔다. 나는 그것이 '미술의 힘'이고 '집단의 힘'이라고 믿었다.

아이들의 공격적인 행동은 미술작업 중 몰입으로 전환되었고 아이들의 짜증 섞인 감정들은 미술작업을 통해 하나씩 해소되는 것 같았다. 아이들의 미술치료 집단 활동의 모습은 마치 엉킨 실이 풀어져 나오듯 시원하고 개운했다. 그래서 나는 그 집단이 자랑스러웠다. 미술치료 공부를 하고 있는 나에게 어떤 자부심을 되어 주었다.

하지만 결국 사건은 터졌다. 복지사와 사무장이 늘 '조심하라'고 내게 주의를 주었던 아이가 집단 안에서 돌발행동을 했던 것이다. 아이는 집단 안에서 함께 그림을 그리는 상황에서 다른 아이들보다 더 많은 색을 사용하려고 빠르게 움직이

던 중 다른 아이의 그림을 밟게 되었고 이때 한 아이와 싸움이 났다. 싸움이 진정되던 즈음, 항상 분노에 가득 차 있는 아이는 "내가 더 많이 하고 싶었다."며 책상에 있던 카터칼을 들고 벽에 붙어 있는 아이들의 그림을 난도질하기 시작했다. 아직 석사 3학기생이었던 난, 무척 놀랐고 무서웠고 어찌할 바를 몰랐다.

우선 다른 집단원들을 보호한 뒤, 칼을 들고 있는 아이와 한참을 이야기하며 마음을 공감해 주려 애썼고 아이를 한참 울음을 터뜨린 뒤 진정되었다.

아이들을 안전한 곳으로 옮긴 뒤 칼을 든 초등학생 마주하며 나는 순간 많은 생각을 했다.

"저 칼로 나를 찌르면 어쩌지?"(결국 난 그 아이보다 내 걱정을 먼저 하였다.)

"저 칼로 쟤가 스스로 자해를 하면 어쩌지? 나는 평생 미술치료사로 살지 못하겠지."(결국 난 또 내 걱정이었다.)

복지관에서 이렇게 큰 사건이 있은 뒤 그 아이는 지역사회의 후원을 받아 소아정신과에서 진단과 치료를 받게 되었다. 결국 이 아이는 ADHD 진단을 받고 약물치료를 받게 되었다. 논문 집단에서는 탈락하게 된 아이였지만 이 아이는 나와 매우 긴밀한 관계를 계속 유지했고 아이의 마음속 비밀도 듣게 되었다. 아이의 과거 이야기를 듣다 보면 아무 말도 할 수가 없다.

[그림 3-3] #1(2015). 아무것도 보지 않고 아무것도 말하고 싶지 않다.
272×394mm. 종이, 12색 마커.

현재 아이의 행동을 복지사 선생님은 '문제행동'으로 이야기하고 정신과의사 선생님은 '병리적 행동'이라고 이야기하지만 그 아이가 살아온 이야기를 듣다 보면 그저 '당연한 행동'처럼 보인다. 나를 향해 칼을 휘둘렀던 아이를 향한 '사랑'도 아니고 '애정'도 아니고 그저 나는 그 아이의 환경 자체에 입이 막혔다.

학교에서 배웠던 병리는 임상현장에서 내담자를 이해하는 것에는 별 도움이 안 된다는 생각이 들었다. 그저 내 앞에 진단을 받고 약물을 복용하고 잠시 얌전해진 그 아이를 보면서 내 마음은 정리되지 않고 그저 답답했다.

이제는 익숙해진 그들과의 집단미술치료 경험

미술치료사로 임상현장에 있다 보면 가장 많이 만나게 되는 대상이 ADHD 아동이고 그들과의 미술치료 작업은 집단으로 진행되는 경우가 많다.

초심자 때의 갈등이나 고민보다 어느새 나는 현장에 적응을 위해 고군분투하는 자세로 그들을 받아들인다.

항상 시끄럽고 항상 싸우고 항상 울고 항상 누군가를 지적하는 것이 반복이 되는 아이들

그 아이들이 나가면 우르르 몰려 들어오는 그들의 엄마들. 그동안 아이에게 쌓인 많은 감정들을 일주일에 한 번씩 만나는 미술치료사인 나에게 쏟아 낸다.

그들과 그들의 엄마들이 휩쓸고 나간 미술치료실은 말 그대로 전쟁 후 폐허

내 마음도 너덜너덜

피곤한 몸을 이끌며 미술치료 공간을 정리하며 나는 깨닫는다.

그들의 엄마들은 이렇게 어질러 놓는 아이와 매일매일을 함께 시간을 보내겠구나.

그래서 예민해진 엄마들은 또 그들에게 들리지 않는 잔소리를 끊임없이 해대겠구나.

악순환은 그렇게 반복되겠구나.

그들을 이해하는 마음은 이처럼 그들을 만나며 흘린 나의 땀과 눈물을 통해 하나씩 하나씩 이뤄진다.

[그림 3-4] #1(2015). 그들을 만나며 흘린 나의 눈물과 땀. 272×394mm. 종이, 12색 마커.

그들과 함께하는 마음으로, 나는 너희들의 안전한 놀이터!

어느새 나는 산만하다고 말하는 아이들과 작업하는 것이 즐겁고 공격적이라고 말하는 아이들과의 미술작업에서 순간적인 집중력과 창의력이 폭발적인지를 알게 된 미술치료사가 되었다. 이 과정에 나는 많은 땀과 눈물을 흘려야 했지만 나는 어느새 그들과의 작업의 치료적 의미를 읽어 낼 수 있으며 가장 중요한! 진단명을 갖고 살고 있는 아이들이지만 그들의 삶의 의미와 긍정적 역량을 볼 수 있는 눈을 갖게 되니 그들과의 작업이 더욱 즐겁고 의미 있게 받아들여졌던 것 같다.

나는 그들의 삶을 존중한다.
그들의 산만함 뒤에 오는 잠시의 고요를 존중하고
그들의 순간적인 공격성 뒤에 길고 깊게 몰려오는 우울감을 공감한다.

그래서 미술치료실에서 친구들과 어깨를 부딪치며 때론 싸우고 때론 우는 그들의 땀내 나는 작업과정을 진심으로 응원하고 사랑한다.

그들과 함께하는 나도 언제나 땀을 흘리며 그들과 함께하고 있기에 그들의 삶을 존중하는 것은 나의 삶을 인정하는 것과 같은 것이다. 너희를 통해 세상의 아름다움을 배웠구나!

[그림 3-5] #1(2015). 모든 것은 아름답다. 272×394mm. 12색 마커.

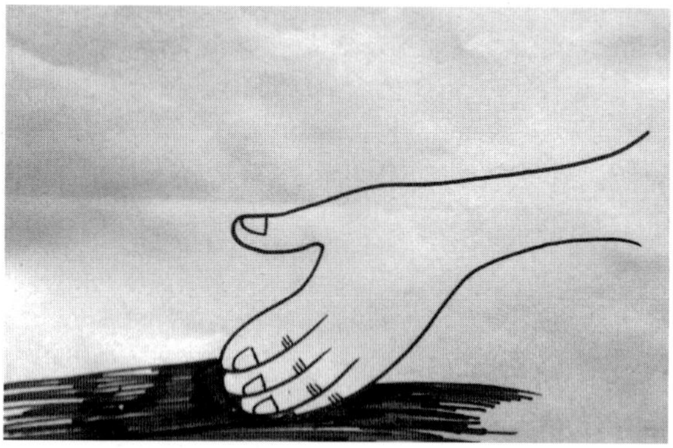

[그림 3-6] #1(2015). 함께 놀자, 이리와. 272×394mm. 12색 마커.

아이들의 소리가 시끄러워 귀를 막고 있던 나의 손은 어느새 아이들을 초대하고 환영하는 손이 되어 있다.

더 놀라운 것은 그 손에 아름다운 선물이 있다는 것!

아이들의 소리가 시끄러워 귀를 막아야 했던 큰 손은

아이들의 안전한 놀이터가 되기 위해 준비되었고

아이들과의 놀이의 꿀맛을 알게 된 내 손에는 반짝이는 보석반지가 있다.

이 보석은 돈으로 살 수 없다는 것을 나는 너무나 잘 알고 있다.

이 보석은 바로 내가 그들과의 집단미술치료 작업 중에 실수하고 후회하며 흘린 땀과 눈물로 맺어진 결실이라는 것을 잘 알고 있기 때문에…….

나는 그들과의 작업 시간의 하모니를 들을 수 있고 미술작품의 창의성을 읽어 낼 수 있으며 아름다운 보석반지를 낀 행복한 미술치료사이다.

[그림 3-7] #1(2015). 땀과 눈물은 아름다운 보석으로 열매 맺는다. 272×394mm. 12색 마커.

② 연구 참여자 2의 반영적 작업

[그림 3-8] #2(2015). "고맙다, 얘들아". 272×394mm. 화선지, 수묵 담채 물감.

ADHD 진단명을 가진 아이들이 많다. 미술치료 현장에서 아마 제일 많이 만날 수 있는 대상군인지도 모를 정도이다.

주의력결핍 과잉행동장애 초등학생을 집단으로 만났던 미술치료사의 글쓰기를 보면서 내가 만났던 많은 ADHD 진단명을 가진 아이들이 떠올랐다. 글을 읽기도 전에 부산스럽고, 정신없고, 거칠고, 분노하는 이미지가 떠올랐다.

글쓰기 초반에는 역시 나의 느낌과 다르지 않았다.

그런데 다 읽고 나니, 오히려 ADHD 진단명을 가진 아이들과는 정반대의 선상에 있는 것 같은 인상을 주는 매체가 떠올랐다.

'먹, 벼루, 물이다'

우리 고유의 미술 매체는 고요하며, 정적이며, 물로 농도를 조절할 수 있다. 물을 많이 머금은 붓에 묻은 색이 번져 나갈 때에는 마음이 편안해진다.

ADHD 진단명을 뗀 아이들과 함께 수묵이 주는 맑고 평안함 속으로 빠져드는 것 같다.

사실은 ADHD 진단명이 어울리지 않는 아이들이다.

ADHD 진단명이 꽃 같은 아이들의 모습을 옭아매고 있다.

아이들에게는 ADHD의 진단명과 약 복용이 필요한 것이 아니라 물과 공기와 빛과 자양분이 필요할 뿐이다.

"너희에게도 물, 공기, 빛, 자양분이 필요한 것처럼 실은 치료사인 나에게도 마찬가지야."

"고맙다, 얘들아."

③ 연구 참여자 4의 반영적 작업

"비밀스러운 감정의 노출이 처음에는 불편하고 피하고 싶기만 하다. 하지만 어느 순간에는 반창고를 붙여 두었던 상처에 깨끗한 공기를 쐰 기분처럼 이렇게 말해 보니 괜찮네."

이 문장이 마음에 남는다. 미술치료는 꽁꽁 얼은 마음을 녹이는 따뜻한 무엇이며, 세상과 가까워질 수 있게 하는 다리와도 같다는 생각을 하면서 이미지 작업을 시작했다.

작업을 하면서는 자연스럽게 내 감정에 더 집중하게 된다.

마구잡이로 표현한 낙서처럼 보이지만, 시작은 약한 힘으로 보일 듯 안 보일 듯 그은 규칙적인 직선이다. 단정하고 완벽해야 할 것 같고 조심스럽기만 한 내 모습은 아닐까. 직선들 위에 조심스럽게 원을 그려 보는데 기분이 괜찮다. 마치 일탈을 허용받은 것과 같이. 환경이 나를 받아 주니 점점 힘이 생기고 대범해진다. 안전한 환경을 만든 후에야 자유로워지는 나. 그런 후에 나오는 안 좋은 감정들. 처음부터 그 감정을 표현하긴 어려웠나 보다. 마음의 갈등……. 해결은 되지 않았지만 행위 자체만으로도 후련하다.

"반창고를 붙여 두었던 상처에 깨끗한 공기를 쐰 기분처럼……."

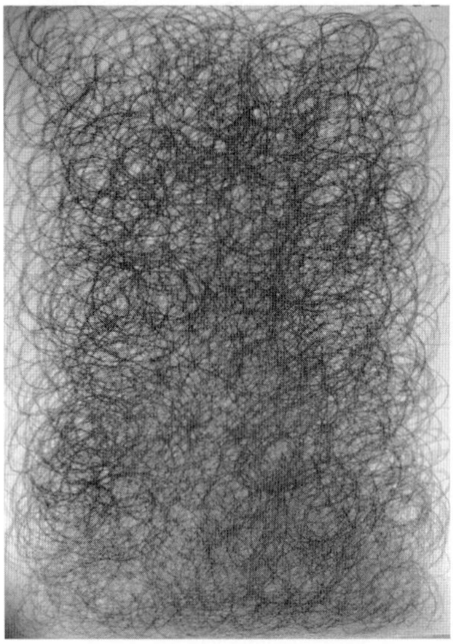

[그림 3-9] #4(2016). 꽃이 필 때까지. 297×210mm. 색연필.

④ 연구 참여자 6의 반영적 작업

화나서 날뛰는 말

빨간 천을 들이받는 황소

고삐 풀린 망아지

정글 속 야생동물의 다툼

애절하게 사랑을 원하는 것 같은 차가운 고양이의 눈빛

그날 내가 만났던 ADHD 집단미술치료 아동 Jun을 떠올릴 때 생각나는 이미지들이다. 집단 안에서 Jun과 다른 아동 K가 싸움이 붙었고 나와 보조치료사 선생님은 폭력적으로 변해 가는 아이들을 끌어안고 움직이지 못하게 하다시피하여 겨우 싸움을 멈췄다. 두 명의 미술치료사는 정신을 바짝 차리며 끝까지 긴장감을 놓지 않았다. 회기 중 이런 일들이 벌어지는 날이 비일비재했다.

씩씩 대는 아동들을 앉혀 놓고 오늘은 또 왜 싸우게 된 것인지 차근차근 이야기를 들었다. Jun은 피해의식이 큰 아동이었다. 싸움의 발단은 K가 Jun의 크레파스에 손을 대면서 시작이 된 것이다. Jun의 크레파스가 너무 뒤죽박죽되어 있는 것을 본 K는 잘 정리해 주려고 손을 뻗은 순간 Jun이 갑자기 K의 손목을 잡고 공격적으로 비틀며 아프게 한 것이었다. K 역시 자신의 호의에 대해 공격을 당한지라 Jun의 발을 걷어차고 말았던 것이다. Jun은 K가 자신을 때리려고 했다는 것이다. 나는 Jun에게 K가 Jun을 도와주고 싶었던 마음에서 크레파스에 손을 댄 것이지 너를 해치려고 한 것은 아니었다는 것을 이해시키기 위해 몇 번이고 같은 말을 되풀이했다. K에게도 Jun을 챙겨 주는 것은 고마운 일이지만 다음부터는 먼저 말로 도움이 필요한지 물어보면 더 좋을 것 같다는 말로 겨우 싸움의 마무리를 지었다.

그날 나는 당장에라도 그만두고 싶은 이 집단을 앞에 놓고 나 자신을 위로하며 미술작업을 하고 회기의 일지를 썼었다.

[그림 3-10] #6(2012). 무제. 272×394mm. 파스텔.

회기의 일지 중에서

……아이들이 폭발한 분노는 수없이 검은 연기를 내뿜었고, 깨어진 유리조각처럼 날카로웠다. 오늘 세션 내내 진땀이 나고 놀라고 당황의 연속이었다. 아이들에게도 내가 얼마나 화가 났으며 그 화를 참고 있는지 나 역시 적나라하게 보였다. 지난 시간에는 별 문제 없길래 괜찮을 것 같았는데 치료사로서 도전을 받는 내담자들이다. Jun은 정말이지 야생에서 자란 거칠은 원시소년 같다. 걱정이 되고 앞이 깜깜하지만 나 자신을 다독거릴 수밖에 없다. "괜찮아. 잘할 수 있을 거야. 치료사로서 좋은 경험을 할 수 있는 기회야~~" 괜찮아 슈퍼비전이 있잖아. 슈퍼비전 받으면서 하면 되겠지……. 할 수 있을 거야……. 작년에 했던 자폐1급의 남자아동 내담자도 있었잖아. 자폐가 매우 심했던 덩치가 산만한 13세 남자아이, 그때도 앞이 깜깜했었지만 결국 종결할 때는 한없이 슬프고 순수한 눈빛으로 내 얼굴만 빤히 쳐다보았던 아이가 생각났다…….

이제 와서 초보미술치료사 시절의 일지를 다시 읽어 보니 도망갈 수 없는 상황에서 어떻게든 버텨 보려는 노력을 했던 것 같다. 슈퍼비전을 받으면서 하면 할 수 있겠지라는 희망에 의지하여 나 자신을 달래고 또 달랬었던 것 같다. 슈퍼비전이 없다면 이러한 어려운 상황에서 어떻게 앞으로 나아갈 수 있을까? 그러나 당시의 슈퍼바이저 역시 그 답을 즉시 알려 주시지는 않았던 것 같다. 부담스럽고 벅찬 회기들을 잘 감당할 수 있도록 내가 할 수 있는 것은 무엇인지에 대해 오히려 내게 물으셨던 것 같다. 그것은 나 스스로 답을 찾아가야 함을 훈련시키기 위한 것이었으리라. 그래야 내가 슈퍼바이저에게 전적으로 의존하지 않으며 독립적인 미술치료사로 성장할 수 있을 테니 말이다. 난 그 대답을 찾기 위해 고군분투하였으며 시간이 흐르고 그러한 답들이 쌓여 가면서 나의 치료 스타일이 생겨나고 미술치료사로서 잔뼈가 굵어지며 성장하게 되는 것 같다.

⑤ 연구 참여자 7의 반영적 작업

글쓰기의 내용을 읽으며 미술치료사가 되어 가는 과정에서 겪는 고통과 고통 뒤의 보람을 맛보는 여정이 마치 나의 세션과 치료사로서의 지난 여정을 보는 듯하였다.

세션이 끝나면 때론 멍하니 혼이 나간 모습으로, 때로는 홀로 남아 어두운 창밖을 응시하며, 때로는 동료들과 어려움을 토로하며, 또한 슈퍼비전과 분석 등을 통해 치료 과정이 선명하게 드러날 때까지 견디어 내야 했다.

긴 세월 동안 견딜 수 있었던 것은 내담자들이 변화해 주었고, 내담자들의 증상이 소거되었고, 내담자들이 행복한 모습을 보여 주었기 때문이다. [그림 3-12]와 같이 종결을 맞은 내담자가 자신의 성장의 과정을 함께해 준 치료사에게 감사와 사랑을 표현할 때 치료사는 그동안의 고통이 감동과 보람으로 바뀌게 된다. 어린 내담자는 하트를 그리고 그 공간을 채우기 위해 가느다란 사인펜을 얼마나 많이 오가며 그었을지 치료사에 대한 감사와 사랑의 마음이 진하게 느껴진다. 나는 이 맛에 미술치료를 한다.

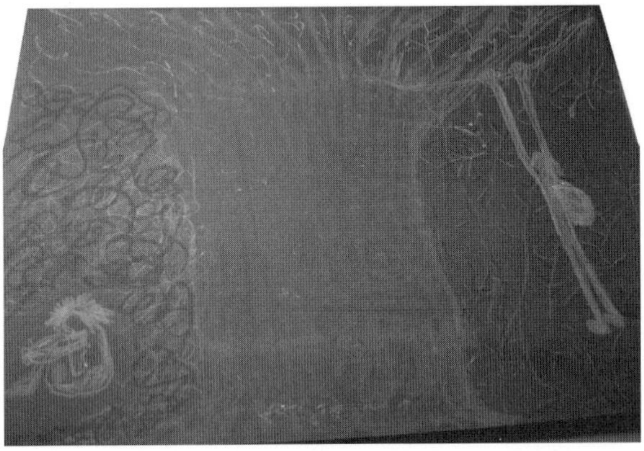

[그림 3-11] #7(2015). 어둠 속에서도 크는 나무. 272×394mm. 파스넷.

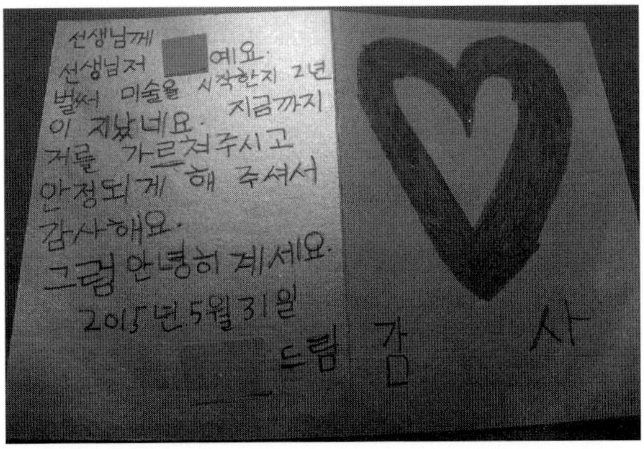

[그림 3-12] #7(2015). 종결을 맞은 내담아동의 치료사에 대한 감사카드. 234×318mm. 크레파스, 물감.

⑥ 연구 참여자 8의 반영적 작업

[그림 3-13] #8(2015). 우리가 바라보는 세상. 210×297mm. 휴대전화로 촬영한 사진.

우리가 함께 바라보고 있는 이 세상을 감히 현실이라고 말할 수 있을까
우리 각자 삶의 진실은 과연 어디서부터 어떻게 설명되어질 수 있을까.

한 사람의 삶을 온전히 이해하기 위한 시도는 애초부터 오류투성이로부터 시작된 것이다.

우리가 객관적 실제라고 믿으며 그에게 강요하는 외부현실과 그만이 바라보고 있는 내적현실에서 비롯된 경험들의 간극을 우리는 어떻게 이야기할 수 있을까.

그가 의도하거나 의도하지 않았지만 외면당한 채 묻혀 버린 이야기들이 담겨 있는 그만의 세계는 나에게도 그에게도 낯설고 당황스러운 곳이다.

깊고 희미한 그 골짜기로 들어갈 수 있는 길은 오직 그만이 안내해 줄 수 있다.

나 자신을 벗어 버리고 그의 현실에 머물러 살아남아 줄 수 있다면 그도 모르게 굳게 닫아 버린 마음의 빗장은 열릴 것이다.

그와 내가 공모한 현실의 한복판에서 그가 지닌 이름 없는 두려움을 함께 견뎌 나가는 여정은 진정한 현실로 안내하며 온전히 '그 자신'이 될 수 있는 길이 된다.

치료자로서의 '나'와 내담자인 '그'의 이야기

⑦ 연구 참여자 9의 반영적 작업

선생님이 너의 마음을 빨리 못 알아채서 미안해

회기 시간이 15분 지났지만 진현이는 아직 센터에 도착하고 있지 않았다. 나는 무거운 마음으로 진현이 어머니에게 전화를 건다.

"어머니, 진현이 미술치료 선생님인데요. 진현이가 아직 도착하지 않아서요."

"(어머니는 깜짝 놀라시며) 선생님, 아침에는 진현이가 시간 맞춰 간다고 그랬는데……. 제가 집에 전화해 볼게요."

짧은 통화 후 나는 진현이 어머니로부터 전화를 기다리고 있었다. 갑자기 센터 입구가 시끌시끌하더니 진현이가 후다닥 들어온다.

"김진현. 너 시계 봐 봐."

"(너무나 미안해하는 표정을 지으며) 선생님, 학교에서 친구들이랑 놀다가요. 깜박했어요."

"깜박할 수 있지. 친구들이랑 노는 거 너무 재밌잖아. 나도 초등학교 다녀 봤다. 근데 너 지난주에도 지지난 주에도 더 지난주에도 친구들이랑 놀다가 센터에 늦었단 말이지. 우리 진지한 대화가 필요할 것 같지 않냐?"

"히히히"

진현이는 그 순간을 너무나 미안해하는 표정으로 나를 대한다. 정말이지 다음 주에는 안 늦을 것만 같은 얼굴이다. 하지만 나는 진현이가 다음 주에도 회기에 늦게 올 거라는 생각이 슬며시 든다. 진현이가 미술치료 회기에 지각한 건 한두 번이 아니다. 처음에는 진현이의 지각하는 행동이 회기에 오기 싫어서 그러나 보다 싶었다. 그런데 진현이는 미술치료 시간을 좋아하고 특히 미술치료사인 나와의 관계는 좋다. 이건 나만의 생각은 아닌 것 같다. 진현이가 미술치료 회기에 자주 늦고 그러자 진현이 엄마는 급기야 진현이에게 미술치료 그만 다니란 이야기를 얼마 전에 하셨다고 한다. 그런데 진현이가 그럴 수 없다고 자기는 미술치료를 꼭 할 꺼라고 내 마음을 이해해 주는 선생님은 미술치료 선생님밖에 없다고 그렇게 부득부득 우겨서 진현이 어머니는 어쩔 수 없이 진현이를 센터에 보내고 계신 거였다. 그때 잠시 지각을 안 하더니 계속 지각이다.

그런데 당최 왜 진현이는 이렇게 줄기차고 끈기 있게 미술치료 회기에 늦는 걸까? 진현이가 미술치료실에 온다는 것은 진현이에게 어떤 의미일까? 달래도 보고 얼러도 보고 하지만 오히려 얘기하는 내가 더 지쳐 가고 있을 즈음이었다. 진현이랑 한 주간 생활에 대한 이야기를 나누다가 진현이는 무심히 담임선생님이 자기를 안 믿겠다고 그랬다며 툭 던지듯 내뱉었다. 나도 담임선생님의 얘기에 깜짝 놀라 무슨 일인지 진현이에게 물어보았다. 어떤 일이 있었는지 얘기하는 과정에서 진현이는 숙제를 해 가기로 담임선생님과 약속을 하고 계속 어겨 왔던 걸 술술 실토하였다. 진현이가 회기 시간에 늦고 너무 미안한 표정을 내게 보이지만 다음 회기에 또 늦는 일을 반복하는 것처럼 담임선생님과의 약속도 이 녀석은 그랬으리라……. 정말 안 봐도 비디오다. 나는 담임선생님이 왜 그렇게 말씀하셨는지 이해가 되고도 남았으나 진현이는 무심한 듯 얘기하면서도 담임선생님에 대해 내심 서운함과 억울함을 확확 풍긴다. 나는 니가 한 행동도 한 번 생각해 보라는 말이 확 튀어나오려다가 ADHD인 진현이에게는 공감이 어려울 수 있다는 생각으로 내 호흡을 가다듬는다. 나는 진현이에게 숙제라는 학교 선생님과의 약속과 시간 지키기라는 미술치료 선생님인 나와의 약속이라는 부분에 대해 어떻게 생각하는지 물어보았다. 진현이의 답을 듣는 순간 나는 머리를 얻어맞은 듯했다.

"그래야 선생님이 절 보잖아요."

아……. 이 녀석이 이렇게 생각하고 있구나. 키는 나만한 그 덩치 큰 녀석이 참으로 애처롭게 느껴졌다. 어려서부터 부산하고 산만한 아이였던 진현이는 학교에서도 집에서도 천덕꾸러기였으리라. 진현이가 관심을 받는 방법은 혼나면서 받는 관심만 가능해 왔지 않을까…….

⑧ 연구 참여자 10의 반영적 작업

난 그래서 네가 예쁘다!

ADHD 아동들의 집단 세션을 진행한 미술치료사에 대해 쓴 글쓰기를 보며 나는 잠시 생각에 잠겼다. 사실 일선 학교에서 만나는 ADHD 아동들은 교실에서 담임선생님에게 문제행동으로 혼나고, 친구들과의 관계도 좋지 않은 악순환의 첫 바퀴를 도는 고슴도치들 같다. 문제행동의 반복으로 자주 지적받고 혼나고 그런 것이 반복되다 보면 한마디로 '문제아로 찍혀 버리게' 되는 것이다. 어느 순간 아이들은 작은 자극에도 털을 곤두세워 화를 내며, 과잉행동에서 과잉방어로 과잉방어에서 분노를 동반한 '또 다른 모습의 과잉행동'을 만들어 낸다.

그런 아이들과 집단 미술치료를 하다 보면 나 또한 딜레마에 빠지게 된다. 하지만 나는 안다. 그들이 얼마나 예쁜 아이들인지……. 그리고 그 사실을 학교 선생님도, 부모도, 친구들도, 심지어 스스로도 모르고 있는 현실이 가슴 아팠다. 아이의 문제행동에 대한 수정보다 문제행동에 가려진 원래의 모습이 얼마나 예쁘고 귀한지 알려 주는 것이 먼저라는 생각을 하게 된다.

이런 아이들이 예쁜 것 보면 나도 고슴도치다. 그리고 어쩌면 우리 모두 고슴도치일지도 모른다. 호기심이 많고 그런 많은 호기심 때문에 자신을 지킬 일도 많아서 ADHD 아이들이 조금 더 자주, 빨리 그 털을 세우는지도 모르겠다.

[그림 3-14] #10(2015). 난 그래서 네가 예쁘다. 137×267mm. 수채 색연필.

난 그래서 네가 예쁘다

아이야.
너는 예쁘단다.
너의 가시가 다른 이를 찌르고 아프게 하여도
너는 원래 예쁘단다.

아이야.
너는 두려운 거란다.
너의 털은 너를 지키기 위해 가시가 되고

그 가시는 너의 무기가 되었지만
너는 원래 두려움이 많은 여린 아이란다.

아이야.
너는 호기심이 많단다.
쉼 없이 눈을 굴리고 작은 소리에도 민감한 것은
네가 호기심쟁이라 그런 거란다.

아이야.
너는 달리기 선수란다.
목표가 생기면 단거리에서 장거리까지
누가 뭐래도 냅다 달릴 수 있는 것을
나는 알고 있단다.

아이야.
우리는 모두 가시가 되는 털을 갖고 있어서
가끔 서로를 찌르고 아프게 하여도
우리는 모두 원래 예쁘단다.

그래서 너도 참 예쁘다.

⑨ 연구 참여자 12의 반영적 작업

ADHD에 대한 치료사로서의 경험과 질적 연구 글쓰기에 대한 재작업 경험

한참 동안을……. 아니 미술치료사로 실습을 나가고 또 곧이어 일을 시작하면서 몇 년 동안 그날의 마지막 세션을 마치면 마치 벗어나지 못해 안달이 난 것처럼 재빨리 치료실을 정리하고 센터를 벗어나곤 했었다. 그리고 그렇게 길을 나서서 집에 도착할 때까지 긴장을 풀지 못했고, 온몸을 침대 위에 던지며 가족에게 나의 힘듦을 하소연할 때가 돼서야 '휴~' 하고 숨을 쉴 수 있었다. 이런 반복은 내가 마음가짐을 달리하게 된 후에야 벗어날 수 있었다. 나는 조금씩 그날의 세션과 내담자들로부터 거리를 둘 수 있게 되었고, 압박감을 느꼈던 빈 치료실에서 좀 더 가벼운 상태를 갖게 되었다. 그런데 이번 연구자의 글쓰기는 나의 초초초보 미술치료사였던 모습, 이제는 지나가서 다행이라고 생각한 시간들을 내 앞에 떡하니 되돌려 놓았다. '이런 젠장…….'

ADHD

내가 대학원 2학기에 했던 실습에서 주치료사로 처음 접한 집단이 '초등학생 ADHD 집단'이었다. 사실 초기 집단원이 현장 사정으로 축소돼서 결국 2명으로 진행되었기 때문에 집단이라고 할 수도 없었다. 그런데도 가장 힘들었고, 사건사고도 많았으며, 아이들의 부모님들과 가장 오랫동안 상담을 했던 집단이었다. 지금도 세션 내용이 생생히 기억난다. 집단원 중 한 아이가 순식간에 벌여 놓은 화장실 천정까지 붙어있던 물에 젖은 휴지조각들, 힘들어하는 나를 안쓰러워하며 내 몸 여기저기에 튄 물감자국을 닦아 주던 아이의 모습, 먹기 싫은 약을 숨기기 위해 자신이 얼마나 다양한 방법을 쓰고 있는지를 자랑스럽게 얘기하던 것, 넘치는 에너지로 전지 크기의 종이가 작게 느껴질 만큼 멋지게 난화를 표현하던 것, 자신의 비밀스럽고 힘든 스트레스 덩어리를 상자에 담고는 정말 생각지도 못한 방법으로 없애 버리며 즐거워하던 일, 그리고 ADHD 아이를 키우는 것이 너무도 힘들어서 우울증에 시달리고 또 도대체 ADHD 약을 먹고 아이가 어떤 느낌을 갖는지 궁금하여 처방약을 직접 먹어 본 어머님들의 하소연 등등. 마치 토네이도 중앙에 앉아 있는 것처럼 정신없이 움직이는 아이들 때문에 속이 울렁거렸고, 에너지가 빨려 나가는 것 같은 상황들은 나의 오감을 건드렸으며, 정신을 바짝 차리게 만들었다. 그땐 모르는 것이 많고 너무도 서툴고 어려워서 그 아이들을 이해하려고 더 열심히 공부했고 애착을 갖고 매달렸던 것 같다. 그렇기 때문에 더 힘들었던 것 같은데, 그렇게 나를 힘들게 했음에도 불구하고 가끔 이제는 청년이 되었을 그 아이들이 어떻게 지내고 있을지 궁금하다. 참 묘하게 미워하려 해도 미워할 수가 없다.

ADHD라고 하면 대개는 키우기 힘들고 가르치기 어려운 아이들을 떠올리게 된다. 그렇지만 막상 접해 보면 많은 준비와 힘은 필요하지만 그 넘치는 에너지에 함께 흥이 나기도 하고, 순간적으로 발산되는 엉뚱한(다르게 보면 창의적인) 발상과 행동으로 집단에 새로운 기운을 불어넣기도 한다. 물론 치료사 입장에서는 때때로 공격성이 강하거나 우울감이 심한 ADHD 아이들을 만나면 나도 모르게 올라오는 감정에 성숙하지 못한 내 모습도 보게 되고, 나의 무능력함을 탓하게 될 때도 있다. 그리고 그런 아이들의 부모님들과 상담할 때는 안타까움과 답답함, 끝도 없이 반복될 것만 같은 악순환에 함께 무력감을 느낄 때도 있다. 전문가로서 현실적인 해결방법을 턱 내놓을 수 있으면 좋을 텐데 내담자마다 다른 상황에 꼭 맞는 방법을 찾는 건 정말로 어렵다. 그런데 이 ADHD 아이들은 학년이 올라갈수록 때마다 해결책을 찾아나서야 하는 일들을 만들어 낸다. 그것도 아주 창의적인 방법으로.

나의 경우엔 함묵증처럼 속으로 들어가서 나오기를 기다려야 하는(마치 촉수를 건드린 달팽이가 다시 고개를 내밀 때까지 기다리는 것처럼) 아이들보다 ADHD처럼 밖으로 쏟아 내는 아이들을 대하는 것이 조금 더 수월하다. 그렇지만 ADHD 아이들을 만나는 것은 여전히 마음 수양이 필요하고, 몇 배로 많은 대안을 갖고 시뮬레이션을 그려 봐야 하며, 계속해서 새로운 정보로 업데이트해서 준비해야 하는 세션이다. 그리고 여러 노력에도 불구하고 너무나 힘에 부칠 때 위로와 힘이 되었던 건, 해답을 찾지는 못해도 함께 힘든 과정을 견디는 노력만으로도 서로 버텨서 앞으로 나아가고 있음을 아이와 부모님과 함께 확인하게 되었을 때, 그래서 치료사로서 내가 무언가 의미 있는 일을 하고 있다고 느낄 때이다. ADHD를 지닌 아이들은 늘 새롭고 어렵지만 그럼에도 불구하고 계속 도전하게 만든다. 치료사 입장에서 ADHD는 참으로 묘한 매력을 지닌 장애이고, 그 장애를 겪고 있는 아이들은 힘들지만 독특한 매력을 갖고 있는 것 같다.

현장에서 같은 미술치료사들의 특정한 경험을 엑기스로 만나는 일은 쉽지 않다. 학회나 사례모임, 슈퍼비전 등에서 같은 경험을 나누기는 하지만 특정 경험을, 경험자의 입장에서 심도 있게, 담담한 목소리로 들을 수 있는 기회는 많지 않다. 그런 측면에서 질적 연구 작업은 이득이 된다. 이번 작업은 개인적으로, 내가 연구 참여자들과 동일한 경험자이면서 치료자이기 때문에 내가 갖고 있는 정보와 경험을 정리해 보는 기회가 되었다. 연구자의 글을 접하고 나니 너무나 공감이 돼서 맞장구 쳐지는 부분도 있었고, 같은 이유로 읽기 힘든 부분도 있었다.

'아, 나만 그런 게 아니구나.' 위안을 받기도 하고, 나보다 훨씬 성숙한 태도로 수행하는 모습에 감탄도 했다. 그러나 역시 제일 많이 하게 된 건 나의 모습과 세션을 되짚어 보는 일이었다. 아마도 나와 같은 미술치료사들의 경험을 바탕으로 쓴 내용이어서 내 모습을 더 들여다보게 된 것 같다. 그 내용을 접하는 것이 힘들기는 했지만 마음을 다잡는 데 도움이 되었다.

⑩ 연구 참여자 13의 반영적 작업

벌써 8월, 졸업 후 반년이라는 시간이 흘렀다. 온갖 힘을 짜내어 석사학위논문을 완성하고 학위를 받은 후 정신을 차릴 새도 없이 미술치료사로 일할 수 있는 일자리를 찾았다. 운이 좋게도 복지관, 사설 센터, 유치원 등 여러 곳에서 일할 수 있는 기회가 주어졌고 하나라도 놓칠세라 욕심을 부려 주 6일을 일하고 있다. 조금만 안정이 되고 자리를 잡으면 슈퍼비전을 받으리라, 각종 세미나에 참석하여 공부를 하리라, 관련 분야 자격증에 도전해 보리라……. 마음은 굴뚝같았지만 너무 일에 욕심을 부린 나머지 생각처럼 시간을 내기가 쉽지 않았다.

오랜만에 미술치료학 연구논문의 해석학적 현상학적 글쓰기를 읽었다. '주의력결핍 과잉행동장애 초등학생을 대상으로 집단미술치료를 수행한 미술치료사의 체험연구'를 읽어 내려가며 내가 현재 개인치료 중인 아동들과 유치원에서 만나고 있는 아동집단들이 스쳐 지나간다. 지치고……. 화나고……. 내가 능력이 없는 것 같아 불안하고……. 어쩌면 이리도 내 이야기 같을까? 나도 초보 치료사를 벗어나면 이 글의 주인공처럼 결국 난해한 순간에 적절한 개입을 할 수 있게 될까?

그러다 또 익숙한 자기반성의 시간을 갖게 된다. 왜 시간이 없다는 핑계만 대고 있었을까……. 힘들고 지칠 때 가장 도움이 되는 것을 아주 쉽게 접할 수 있었는데……. 질적 연구방법으로 논문을 쓰며 그렇게 많은 것을 느꼈었는데……. 다른 미술치료사들을 인터뷰하고, 그 이야기들을 모아 글쓰기를 하는 과정들을 경험하면서 이 연구방법이 경험이 부족한 이들에게는 간접 경험을, 같은 대상을 치료하고 있는 이들에게는 공감과 위로 또는 문제를 풀 수 있는 실마리를 줄 수 있을 것이라 생각하였다. 그렇게 가슴 깊이 느꼈음에도 시간이 없고 피곤하다는 이유로 정작 중요한 것을 잊고 정신없이 일에만 매달렸다는 사실이 나 자신에게도, 만나고 있는 아이들에게도 부끄럽기만 하다.

그래 초보니까……. 이제라도 잠시 되돌아볼 기회를 갖게 되었으니 다행이지……. 억지로나마 자기위안을 해 본다. 그리고 힘들 때마다 관련 질적 연구 논문을 찾아보아야겠다고 다짐을 하는 것만으로 다시 자신감이 차오르고 의욕에 불타오르는 나에게 웃음이 피식 나온다. 마무리로는 토닥토닥 나를 달래 주는 시간을 갖는다.

'열심히 하고 있어. 그리고 나한테는 언제든지 슈퍼비전을 받을 수 있는 훌륭한 교수님들뿐 아니라 질적 연구 논문이 있어!' 마음 한 편이 든든하다. ^^

⑪ 연구 참여자 14의 반영적 작업

연구 참여자 14는 그림만 보내 주었으며 그림에 대한 글을 며칠이 지난 후에 보내 주었다. 이 반영적 작업은 제5장에서 따로 다루었으므로 이 장에서는 싣지 않기로 하였다.

⑫ 연구 참여자 15의 반영적 작업

폭발하는 화산처럼…….

석사학위 과정 중에 만났던 ADHD 아동들과의 첫 회기의 기억이 새록새록 떠오른다.

수줍은 듯 미술치료실로 들어오는 두 아이들은 나의 예상과 다르게 너무 얌전한 모습을 하고 있었다. '저렇게 얌전해 보이는 아이들이 ADHD라니…….' 이론서나 영상매체에서 봤던 ADHD 아동들의 특징과는 다르게 충동성이나 공격성이 전혀 느껴지지 않는 차분한 분위기를 보면서 내심 긴장했던 마음이 풀린 채 첫 회기를 시작했던 것 같다. 첫 미술활동은 라포 형성을 목적으로 아동들이 함께 그림을 그리는 공동 작업을 시도했다. 물감이 묻은 구슬을 함께 굴리며 난화 작업을 통하여 서로를 탐색하는……. 나름 훈훈하게 마무리하는 첫 회기를 기대했었다. 이런 나의 바람은 물거품이 되었고……. 이러한 공동작업의 시도가 아이들에게 충동성을 자극하게 될 줄은 상상도 하지 못했다. 구슬을 굴리면서 아이들 간에 경쟁이 생기기 시작하더니 한 아이가 흥분하기 시작했다. 순식간에, 물감을 종이에 부어 버리고, 이를 본 다른 아이는 그림이 망쳐졌다는 생각에 화를 내며 구슬을 던졌다. 나는 순식간에 일어난 상황에 당황하며 놀라서 정신을 차릴 수가 없었다. 진땀을 빼며 겨우 마무리를 지었던 첫 회기를 되돌아보며 반성의 시간을 가졌다. 난 집단미술치료와 아동들에 대한 이해도 충분하지 못했을 뿐 아니라 친근한 관계를 형성하기 위해 시도했던 공동 작업의 방법이 너무 섣부르고 잘못된 방법이었던 것을 깨달았다. 미술치료 현장에서 미술치료사의 잘못된 시도가 오히려 아이들의 충동성을 자극하고 폭발하게 했던 것 같아 부끄럽고 미안한 마음으로 가득했다. '이러한 실수를 반복하지 않아야지!' 하는 결심과 함께 미술치료사로서 더욱 전문성을 갖추기 위한 노력과 성장의 시간이 되었던 것 같다. ADHD 아이들은 마치 순식간에 폭발해서 활활 타오르는 화산을 내면에 가진 채 화산이 터질 때마다 어디로 튈지 모르는 불꽃과 같은 행동을 보이는 것 같다는 느낌이 들었다([그림 3-15] 참조). [그림 3-15]는 아동들과의 첫 회기 이후에 그린 반응 작업이다.

[그림 3-15] #15(2014). "폭발하는 화산처럼……". 297×210mm. 오일 파스텔.

강렬했던 첫 회기 이후에도 아이들과의 팽팽하게 줄다리기를 하는 시간을 보냈다. ADHD 아이들에게는 미술치료 환경에서 더욱 명확한 구조를 정해 주고 심리적으로든 물리적으로든 안전한 치료환경을 제공해 주는 것이 필요한 것 같다. 이러한 구조적인 환경의 설정이 아동들에게 자신을 통제하고 자기 조절하는 능력을 길러 주는 데 중요하게 작용하는 것 같다.

(2) 원본 3: 미술치료학 전공 석사학위 과정생의 아동 미술치료 현장실습 종결 체험에 기반한 반영적 작업

총 4인이 참여하여 7편의 자료가 수집되었다. 4편의 글쓰기와 3편의 그림이 포함된 자료이다.

① 연구 참여자 3의 반영적 작업

[그림 3-16] #3(2016). ing. 270×470mm. 한지, 파스넷.

내게 익숙한 미술재료들과 함께 두근거림과 긴장으로 첫 만남이 시작되었다. 실습생으로 아동에게 치료적 접근을 하는 것은 만만하지 않았다. 아동과의 치료적 관계를 걱정하고 미술치료가 아동에게 무엇을 제공할 수 있을지에 대한 고민들 때문인지 실습현장으로 향하는 발걸음이 무거웠다.

한 주 한 주 시간이 가면서 종알거리며 자신의 이야기들을 표현하는 아동을 대하는 것이 편해짐을 느끼며 치료실을 나오는 나의 발걸음이 점차 가벼워졌다.

가벼운 발걸음이 익숙해질 때쯤 아동과의 이별을 준비해야 하는 상황에 마주쳤다. 나도 아동도 종결에 대한 준비가 되어 있지 않았는데……. 아직 더 가야 할 길이 남았는데……. 실습생이기에 기관에서 정해 준 종결에 맞춰야만 하는 것이 안타까울 뿐이다. 그렇게 미술치료 현장실습은 끝이 아닌 것 같은 끝을 맺었다. '현장에서 나는 무엇을 한 걸까? 잘했었나?'라는 물음이 머리에서 지워지지 않았다.

끈을 길게 엮어 매듭지어 완성하듯 미술치료 현장실습도 그러하면 좋으련만……. 현장실습은 짧게 매듭지어진 것 같아 아쉽기만 하다. 돌이켜 보면 현장실습들은 미완성의 종결 같아 아쉬움이 많지만, 그 또한 배움의 연속 과정의 하나였다. 어떠한 종결이었든 그 과정을 경험한 나는 이전의 나와 다르고, 또 새로운 실습에서 다른 경험을 통해 치료사로서 성장하는 것 같다. 길고 또 짧은 끈들이 매듭으로 서로 연결되어 어떤 모습의 치료사가 될까?

현장실습에서 아동이 그동안 하나씩 완성한 미술작품으로 포트폴리오를 만들어 주듯, 하나씩 종결해 간 미술치료 현장실습들로 만들어진 하나의 큰 실습 포트폴리오는 어떤 작품이 될지 기대가 된다.

② 연구 참여자 4의 반영적 작업

내담자와의 관계, 그리고 삶 속 관계에서의 종결을 다시 돌아보게 된다

이번 글을 보며 그동안 해 왔던 내담자들과의 종결뿐만 아니라, 삶 속에서 누군가와의 만남과 헤어짐을 돌아보는 기회를 가져 보았다. 갑작스러운, 어쩔 수 없이, 준비 없이, 도망치듯이, 준비된, 계획에 따라……. 등 종결과 관련된 단어들이 떠오른다.

실습으로 진행했던 치료 회기에서 여러 내담자와 종결을 하는 과정에서 이론적으로 거쳐야 하는 과정들을 실행하고 내담자들에게 정서적인 반응도 했지만, 내게 늘 남아 있는 감정은 '회피'였다. 이성적으로는 종결을 잘한 것 같지만, 실제적으로는 충분하지 않았기에 이런 느낌이 남아 있는 것은 아닌지 모르겠다. 학위과정 동안 나는 늘 바빴고 해야 할 일들이 있었으며, 그것들을 위해서 때로는 먼저 종결을 요청한 경험도 있었다. 나의 사정과 욕구로 인해서 종결할 때 내담자에게는 미안했지만, 그때는 나에게 더 집중할 수밖에 없었다고 믿으며 그 결정이 최선이라고 생각했었다. 그래서 내담자 중심의 종결이 아니었던 경험이 있어서 회피로 남아 있는 줄 알았다. 이후에 또 다른 내담자를 만나고 종결하고, 삶 속에서 사람들과 만남과 헤어짐을 반복하면서 내 안에서 종결이 어떤 의미인지를 고민해 보면서 당시에 나의 필요와 욕구로 했던 종결이 회피일 수도 있었겠지만, 그건 하나의 핑계이고 회피의 패턴을 그리는 미해결 과제가 있을 수도 있다는 생각을 했다. 헤어짐을 감당하기 힘들어서 먼저 내 쪽에서 철회하는 것은 아닌지……. 그렇다면 어떤 경험이 내재되어 있는지……. 끊임없이 파고들어간다.

[그림 3-17] #4(2016). 집중. 272×394mm. 수채화 물감.

③ 연구 참여자 6의 반영적 작업

이 글을 읽고 그동안 내가 미술치료를 하면서 했었던 종결에 대한 많은 기억들이 스쳐갔다. 내담자와 함께 종결 시기를 결정하고 종결 준비를 성실하게 하여 좋은 이별을 한 경우도 있었지만 그런 경우보다는 아쉽게도 어쩔 수 없이 조기종결을 해야 했거나 내담자와 나의 의사와는 상관없이 행해진 종결에 대한 기억들이 더 많이 나는 것 같다.

내담자와의 관계는 애착을 형성하지만 그렇다고 사적인 관계를 가지지는 않는 매우 독특한 형태의 관계를 가지게 된다. 더군다나 치료사는 직업상 특히나 더 만남과 헤어짐을 반복하게 된다. 그러다 보니 내담자와 만나고 헤어지는 것이 치료사 자신에게 어떠한 의미로 남고 어떠한 흔적을 남기는 것인지 잘 헤아려 보지 않으면 감정의 앙금들이 남아 힘들어질 수도 있는 것이다.

내담아동과 뜻하지 않은 조기 종결을 하게 됨에 따라 힘든 마음을 잘 조율해

가면서 그래도 종결을 준비하고 성실하게 회기에 임하는 모습을 보면서 미술치료사가 들이는 노력에 대해 많은 응원을 보내고 싶었다. 특히 종결하고 싶지 않은 마음으로 인해 회기를 지속할 수 있는 장소를 따로 물색하거나 집으로 방문하는 방법을 생각하기도 하고……. 여러 가지를 고민하다가 결국에 마음을 비우고 이별을 결정하는 과정이 너무 힘들었을 것 같기도 했다. 그러나 이 모든 고민과 노력들을 통해 한 사람이 미술치료사로 성장해 가는 과정을 하나하나 느낄 수 있었다. 슈퍼비전 안에서 동료의 케이스를 통해 다시 한번 종결에 대한 이슈를 검토함으로써 전문성을 길러가는 경험도 좋았다. 그리고 무엇보다도 어쩜 가장 힘들었을 부분은 내담아동과의 이별이 그렇게 어려웠던 이유가 바로 어린 자신을 돌보고 싶었던 마음이었을 수 있다는 것을 인식하게 된 것일 것 같다. 이러한 치료사의 자기탐색은 대견하기도 하고 얼마나 힘들었을까 하는 마음이 들었다.

④ 연구 참여자 15의 반영적 작업

내 기억 속의 마침표

한 미술치료 프로그램에서 갑작스럽게 전학을 가게 되어 프로그램 참여를 중단하게 된 내담자가 있었다.

'전학을 가게 되어서 이번 회기가 마지막이 될 것 같아요. 일찍 알려 드리지 못해서 죄송해요.' 위클래스 상담 선생님으로부터 전달받은 갑작스러운 소식에 치료사로서 당황스럽고 속상한 마음이 컸다.

'갑작스럽게 종결을 어떻게 하지? 어떻게 헤어져야 하는 걸까…….' 더 이상 함께 만나지 못하는 아쉬움과 당황스러움을 가득 안고 아동과 마지막 회기를 가졌다. 회기 내내 헤어짐에 대한 아쉬운 감정에 압도되어 이러한 나의 감정을 솔직히 표현하지 못하고 어색한 인사만 나누며 헤어졌던 것 같다.

이날의 회기를 되돌아보며 내담자에게 내 마음을 솔직히 표현하지 못한 것에 대한 미안한 마음이 크다. 헤어짐에 대한 받아들이기 싫은 나의 감정이 미술치료의 내담자와의 관계에서도 어색한 행동으로 나타났던 것 같다.

이렇게 헤어짐에 경직이 되는 나를 되돌아보는 시간을 가지다가 오랜 기억 속에 묻어 두었던 '이모와의 헤어짐'이 떠올랐다.

이제는 비교적 덤덤히 기억된다고 여겼는데…….

여전히 나의 마음속에 '이모…….'는 먹먹함이 느껴지는 존재였다.

당시의 난 좋아하는 누군가가 내 곁을 떠난다는 것이 무서웠고 헤어짐을 받아들이기 싫었다. 이러한 감정을 어떻게 표현해야 할지도 몰랐다. 더 나아가 세월이 흐르면서 이모에게 마지막 인사를 하지 못한 내 자신에 대한 '후회'의 감정도 커짐을 느낄 수 있었다.

이모와의 헤어짐을 애도하는 작업([그림 3-18] 참조)을 하며 점차적으로 편안해짐을 느낀다. 미술치료 장면에서의 종결, 헤어짐의 주제를 보다 자연스럽게 받아들이고 표현할 수 있는 그런 치료사가 되기를 기대해 본다.

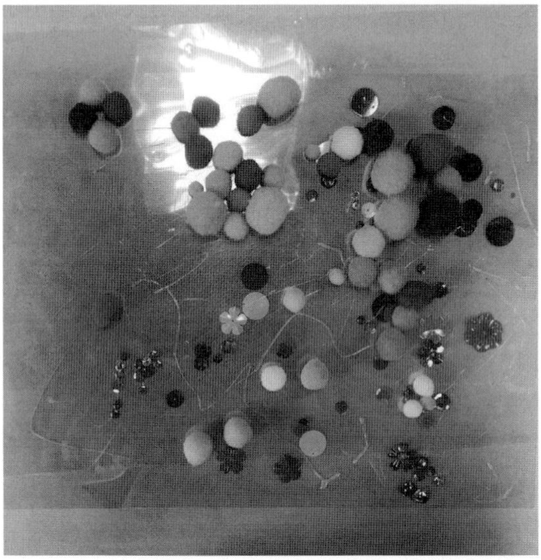

[그림 3-18] #15(2016). 내 마음속에 별과 같이 빛나는 이모.
400×500mm. OHP 필름지, 스팽글, 뽕뽕이, 색지.

"사진 찍는 것을 즐겼던…….

은은하고 달콤한 프리지아 꽃향기를 좋아했던…….

나의 사랑하는 이모…….

내 마음속에 별과 같이 빛나는 이모…….

잊지 않고 기억할게."

(3) 원본 5: 미술치료 석사과정생의 소아암 환아를 대상으로 한 병원학교 미술치료 실습 체험에 기반한 반영적 작업

원본 5를 읽고 총 5인의 연구 참여자에 의해서 7편의 자료가 수집되었다. 5편의 글쓰기와 2편의 그림이 포함된 자료이다.

① 연구 참여자 4의 반영적 작업

소아암 환아를 대상으로 한 병원학교 미술치료는 내게도 의미 있는 임상 현장이라서 이 글을 읽으면서 많은 공감을 했다. 이 글에 담긴 실습생의 경험들이 마치 나의 경험들을 대신 이야기해 주는 듯했다. 이 현장에서 치료사로서 보람도 느끼고 시행착오도 많이 겪었지만, 기관과의 소통이 중요하고 잘 해야 된다는 것을 몸소 체험하기도 했다. 나 하나가 아닌, 미술치료 영역에 소속된 나로서 기관과 소통해야 된다는 것을…….

이 작업은 가장 혼란스러웠던 시기에 임상 현장에서 했던 작업이다.

[그림 3-19] #4(2014). 이목구비. 272×394mm. 색연필.

② 연구 참여자 12의 반영적 작업

병원학교에 대한 나의 경험

개인적으로 병원학교에 대한 경험을 떠올리면 미술교육부터 시작해서 미술치료까지로 이어져 있다. 처음 시작은 대학연합동아리를 통해 서울대학병원과 연세세브란스병원의 어린이병동 내에 설치된 병원학교에서 환아들을 대상으로 미술을 가르치는 봉사활동이었다. 약 3년 동안 매주 1~2회, 1시간짜리 수업을 100여 회 진행하면서 수업계획을 비롯하여 환아들과 상호작용하는 방법과 주의할 점 등을 하나하나 알아 가게 되었고, 병원학교의 환경과 시설을 유지 · 관리하는 선생님들과 안면을 쌓아 갔다. 시간이 지나면서 사용하지 않는 좁은 의사휴게실에서 시작했던 교실은 외부 후원을 통해 제대로 꾸며졌고, 교육청의 지원하에 운영되기 시작했다. 내 기억에 병원학교를 만든 것은 간호사 선생님들을 중심으로 시작되었고, 나중에 교육청이 개입되면서 교사 출신의 교장선생님이 배치되고, 점차 봉사자 기준이 까다로워졌으며 프로그램 역시 체계를 잡게 되었던 걸로 기억한다. 이런 내용들을 기억하는 건 다분히 내 개인적인 호기심과 관심 때문이지만 이때의 경험은 내가 미술치료사로 진로를 수정하는 데 영향을 미쳤다.

대학원에 진학한 초기까지도 미술교사로서 봉사활동은 지속했었고, 임상실습 장소를 컨택하는 과정에서 병원학교 교장선생님께 미술치료시간을 건의하면서 정규 시간을 개설했다. 나에게는 이미 익숙한 공간이었고 병원학교 운영방식과 담당 선생님들을 알고 있었기 때문에 프로그램을 구성하고 치료환경을 꾸미는 일은 비교적 수월했다. 그러나 미술을 가르칠 때와 미술치료를 진행하는 것에서 지속적으로 어렵고 조심스러운 것은 환아들을 대하는 일이었다.

나의 경우, 처음에는 소아암 환아들을 대상으로 프로그램을 설치하여 시작했다가 곧 모자관계로 변경하여 진행했었다. 다른 대학원에서 미술치료 시간을 새로 개설했기 때문에 중복되기도 했지만, 어린 환아들의 경우 증상의 정도에 따라 보호자의 보호가 필요한 경우가 많았고 보호자로부터 아이의 건강상태에 대해 더 쉽게 들을 수 있었다. 그리고 많은 시간을 함께 있는 아이와 보호자 사이의 관계는 치료에 큰 영향을 미치므로 그 상호작용을 바탕으로 접근을 하는 것은 중요하다고 생각했다.

미술치료사로서 소아암 환아들을 만났던 경험

(나는 어떤 심리치료사, 어떤 사람으로 그곳에 있었을까? 그 당시에는 옳다고 생각했던 나의 태도가 정말로 도움이 되었을까?)

나는 대학원 동료와 약 2년 동안 병원학교에서 미술치료를 실시했었다. 내 경험에 나이 어린 소아암 환자들은 성인 환자들과 조금 차이가 있었던 것 같다. 아이들은 자신의 병명이나 치료법에 대해 어른들의 말로 알지는 못한다. 그렇지만 자신에게 무슨 일이 일어나고 있는지는 누구보다도 잘 알고 있었다. 자신의 질병을 온몸으로 경험하면서 옆에 있는 어른들보다 더 의연한 모습을 보일 때가 있었고 더 솔직하게 자기 얘기를 하기도 했다. 물론 어른들도 견디기 힘든 치료과정을 겪으면서 버티고, 성장하는 경우가 있었지만, 반면에 옆에서 지켜볼 시간도 없이 부스러져서 함께 슬퍼할 틈도 없었던 적도 있었다. 그러나 치료사가 어른의 시각으로 지레짐작해서 접근하는 것은 아이에게 자칫 더 큰 두려움을 초래하는 일일 수 있기 때문에 주의해야 한다. 죽음과 맞닿아 있는 '암'이라는 질병을 안고 있는 사람들은 개인차가 있다 하더라도 결코 가벼운 마음으로 만날 수 없다. 극도의 긴장감을 경험하는 아이들에게 논리적이고 이성적인 말로 표현하기 어려운 상황을 비언어적인 방법으로 표현할 수 있는 기회는 분명 필요했다.

몇 년의 시간이 지나 세세하게 기억나지 않지만 지금도 떠오르는 몇몇 아이들이 있다. 처음엔 동생의 치료로 입원했고 그 아이의 형은 놀이 삼아 치료시간에 함께 왔었다. 그런데 형제에게서 골수를 이식받아야 해서 형까지 입원을 하게 됐고 두 아이 모두 점점 장기 입원환자들의 모습과 비슷해져 갔다. 아이들의 부모님은 처음엔 두 분 모두 오거나 다른 가족이 함께 참여했었는데 점점 병원비를 비롯하여 모든 상황을 감당해야 했으므로 꼭 필요한 사람을 제외하고 자리를 비우는 일이 늘어났다. 기운차게 뛰어 들어와서 재잘거리며 작업을 하던 형제는 휠체어에 기대 축 처진 모습으로 오기도 했고, 힘없이 풀린 눈에 침을 흘리며 늘어진 채로 참여했었다. 힘든 상태임에도 불구하고 시간마다 왔던 건 하루 종일 갑갑한 병실에만 있는 것이 안쓰러워 어떻게든 평소 좋아하던 일들을 하게 해 주려고 보호자가 원했기 때문이었다. 또 다른 기억은 그날따라 한 커플의 어머니와 남자아이(7~8살 정도)만 있어서 조용히 작업을 하게 됐고, 나는 신체화 작업을 제안했다. 그날따라 교실에는 따뜻한 햇살이 들어왔고, 나는 조용한 음악을 틀었다. 엄마와 가깝게 기대앉은 아이는 작은 크레파스를 힘없이 쥐고 사람 모양 종이본의 배꼽 아래쪽에 색을 칠했다. 자연스럽게 사람그림에 대해 이야기를 시작했는데 아이는 입원치료 중에 갑자기 하게 된 신장수술에 대해 얘기했다. 나는 선뜻 말을 잊지 못하는 엄마와 작은 목소리로 얘기하는 아이에게 확장작업을 제안했고, 우리는 힘을 합쳐 더 큰 종이에 사람그림을 붙이고 주변을 따뜻하고 힘을 줄 수 있는 색으로 채웠다. 작업을 마친 후 아이는 조금은 밝아진 얼굴로 교실을 나섰고, 함께 휠체어를 밀어 병실까지 가서 '앞으로 완치돼서 병원학교에서 만나지 말자.'는 말로 인사하며 헤어졌다. 가끔 아이들이 '다음엔 또 언제 봐요?'라고 묻는 경우가 있었는데 그럴 때 나는 '여기서는 다 나아서 다시 만나지 않는 게 더 좋은 거야.'라고 웃으며 말하곤 했었다. 그렇게 얘기하면 옆에 있던 보호자가 묘한 얼굴로 쳐다보기도 하고 '그래. 그래.' 하고 맞장구 쳐 주는 분도 있었다.

병원학교의 미술치료에 대한 견해

병원학교에 갈 때는 감기를 비롯해서 감염가능성이 있으면 미리 학교에 전화해서 시간을 조정하거나 함께하는 치료사에게 양해를 구해야 했다. 병원학교에 도착하면 제일 먼저 하는 것이 소독제로 손을 씻고 재료를 준비하고, 작업대를 구성한 뒤 교실 문을 열고 환아들을 맞이하는 일이었다. 어떨 때는 각 병실을 돌면서 오늘 참여 가능한 환아들이 있는지 물어봐야 했는데, 나는 그 일들을 즐겼던 것 같다.

나는 병원학교에서의 미술치료가 질병과 죽음과 관련된 주제를 중심으로 이뤄져야 한다고 생각하지 않는다. 그것이 그들의 '지금, 여기'에 일어나는 일이고 매우 중요한 사건이기 때문에 늘 염두에 두어야겠지만 무거운 마음으로 다가가서는 안 된다고 본다. 그것이 환자가 바라는 치료목표라는 선입견을 치료사가 갖게 되면 환자의 현재를 있는 그대로 보기 어려울 수 있고, 지금의 상태를 잘 견뎌서 건강한 일상으로 되돌아가려는 그들에게 무겁고 힘든 현실에 함몰되도록 자극하는 일이 될 수 있다. 이곳에서의 미술치료 역시 삶에서 일어나는 일상적 고민의 연장선에 있어야 하고, 치료사는 그들이 어쩌면 특수할 수 있는 현재 상황을 극복할 수 있도록 지지하고, 심리적 균형을 잡을 수 있도록 도와야 한다고 생각한다. 그러기 위해서는 신체적 질병에 대해서도 알아야 하고 환자를 만날 때 기본적으로 주의해야 하는 정보들도 숙지해야 할 것이다.

김초롱의 논문에 나타난 것처럼 소아암 환아들을 대상으로 미술치료를 진행하는 것은 다른 기관에서 만나는 내담자들과 차이가 있으며, 또 병원 세팅이라 하더라도 내담자 정보를 공유받을 수 있을 만큼 미술치료사의 입지를 다지는 것이 쉽지 않다. 글쓰기 후반부에 케이스 콘퍼런스에 미술치료사로 참여를 제안받았다고 쓰여 있는데, 나의 경우 병원학교에서 미술치료사로 2년여 동안 미술치료를 진행하면서 스태프 회의에 참석할 수 있었던 적은 없었다. 내가 알기로는 2010년 이후에 병원학교에서 미술치료사를 봉사자가 아닌 정식 직원으로 채용한 기관이 서울 시내에 몇 군데 생겨나긴 했지만 아직까지는 드문 경우인 것 같고, 사실상 정신과병동이 아닌 암병동에서 환자 정보를 공유하며 미술치료를 진행하는 것은 쉽지 않은 구조라고 생각된다. 암환자들은 병의 진행이 종잡을 수가 없고, 입/퇴원을 반복하며 입원 중에는 약물치료와 수술을 중심으로 이뤄지기 때문에 심리치료적 접근은 사실상 힘들다. 그렇기 때문에 환자 개인의 건강상태에 따라 접근해야 하고 다른 기관에서처럼 정해진 요일과 해당 시간에 집단을 구성하여 치료 구조를 잡는 것은 한계가 있을 수 있다. 그럼, 접근이 어려우니까 치료사로서 기피해야 하는 영역일까? 나는 그렇지 않다고 생각한다. 심리치료가 그 효과를 보려면 비교적 장기 치료에 중점을 두는 경향이 있다고 생각하고, 나 역시도 일정 기간 이상을 유지하려고 노력한다. 그러나 병원학교가 아니더라도 단기적으로 효과를 볼 수 있는 접근은 현실적으로 필요하다고 본다. 그리고 여러 세팅 중 병원은 신체적 · 심리적으로 큰 외상을 경험하는 곳이며 환자 개인이 아닌 그 가족 구성원 모두에게 힘든 경험을 줄 수 있는 장소이기 때문에 어린 환자들만이 아닌 다양한 심리적 접근이 필요하다고 생각한다.

내가 경험했고 알고 있는 것은 지극히 적은 부분일 것이다. 심리치료와 상담이 이전보다 그 영역을 넓혀 가고 있으나 병원 세팅에서 실재적으로 차지하는 영역은 우리의 노력과 기대에 비해 협소하다고 생각한다. 나는 나의 아버지께서 암투병을 하시게 되면서 병원학교 활동을 그만두었었다. 처음엔 그대로 유지했었다. 하고 있던 활동을 접는 것이 아버지의 치료에 도움도 안 된다 생각했고, 또 딸이 당신의 일로 생활을 좁혀 가는 것을 원치 않으셨기 때문이기도 했다. 그리고 거기서 환아들을 만나서 잠시라도 도움을 주는 일이 내게 위안이 되었기 때문에 중단하고 싶지 않았다. 그러나 내가 쏟을 수 있는 에너지가 점점 고갈되어 가면서 그 일을 지속할 수 없었고 후배 선생님에게 자리를 넘겼다. 아버지와 함께하는 병원생활이 길어지면서 나는 우리나라에서 내로라하는 병원에서조차 환자와 보호자를 위한 심리치료적 접근이 너무 미비한 것에 갈증을 느꼈다. 암과 같이 급박한 질병은 수술과 약물치료에 집중할 수밖에 없다. 그리고 그 과정에서 거치게 되는 입원병동은 여러 가지 이유로 시간에 쫓기듯 머무는 공간이다. 그렇기 때문에 그곳에 머무는 환자와 보호자들에게 심리치료는 배부른 접근방법일 수 있다고도 생각한다. 갑자기 죽을 수도 있는 상황에서는 감정을 다루는 일은 사치스럽게 느껴지기도 한다. 그러나 분명 신체적 질병과 함께 심리적으로도 트라우마를 갖게 되고, 그것을 가족과 함께 고스란히 짊어지고 가야 한다.

나는 병원학교의 세팅이 비록 학교와 맞닿아 있을지라도 충분히 활용할 수 있는 영역이라고 본다. 그것이 대형병원에서 심리치료 영역을 자리매김하는 것에 있어 중심부터 시작하는 접근은 아닐지라도 환자들에게 접근할 수 있는, 환자들의 필요에 목적을 두고 접근할 수 있는 방법 중 하나라고 생각한다. 그러기 위해서 치료사 스스로 자신의 경험을 정리하고 끊임없이 현장에 귀를 기울이고, 공부해야 할 것이다. 어떤 현장이 현실적으로 접근하기 쉽고 더 심리치료의 중심에 있는지를 파악하는 것은 심리치료사로 살아남는 것에 중요한 부분일 수 있다.

③ 연구 참여자 13의 반영적 작업

스스로를 치유하는 시간을 제공하는 미술치료

소아암 환아를 대상으로 한 병원학교 미술치료의 글쓰기 내용을 읽으며 여러 가지 생각이 머릿속을 스쳐갔다. 소아암 환자를 만나 본 적은 없지만 내가 실습을 통해 그리고 졸업 후 일을 통해 만났던 몸이 아픈 사람들 혹은 마음이 아픈 아이들이 떠올랐다. 그들은 미술치료를 통해 어떤 것들을 얻어 갔었던가. 나 역시 화자처럼 미술치료사로서의 나의 역할에 대해 고민하고 내담자들에게 안쓰러움을 느끼고 또 냉랭하기만 한 주변 환경에 화가 나곤 했었다. 그러면서도 항상 마속으로 곱씹곤 했던 말이 있다.

'미술치료 시간은 그들에게는 정말 소중한 시간이다.'

몸이 아파 병원에 입원해 있는 이들은 질병을 이겨 내기 위해 물리적인 치료를 받지만, 정서적으로는 피폐해질 수 있는 상황에 놓여 있다. 이들은 어떻게든 의지를 가져 보고자 노력하지만 병원에서는 그들의 정서적 상태에 대해 도움을 주는 일은 항상 뒷전인 것만 같은 느낌이었다. 심리치료를 기반으로 한 프로그램들을 갖추고 있는 병원도 제한적일뿐더러 이러한 시간이 있다고 해도 환자들의 심심풀이 시간 정도에 구색 맞추기라고 여겨진다는 생각이 들었다.

그렇지만 아픈 이들과 함께하는 미술치료 상황에 있어 본 사람은 느낄 수 있다. 미술치료가 진행되며 그들이 그려 내는 것, 만들어 내는 것, 이야기하는 것들이 얼마나 놀랍고 아름다운지, 또 이 시간이 그들에게 얼마나 힘을 주는지, 그들에게 자신이 얼마나 큰 힘을 가지고 있는지 확인시켜 주는지, 그리고 그 힘을 가지고 얼마나 노력하려고 하는지, 그걸 알기에 미술치료사들은 열악한 조건에서도 책임감을 가지고 그들과 함께하는 것이 아닐까. 다만, 다소 버겁더라도 필요에 따라 영역을 만들어 가는 것도 있어야 하지 않을까? 아직은 많은 준비가 필요하고 주위의 힘을 모아야겠지만 말이다.

④ 연구 참여자 14의 반영적 작업

소아암 환아를 만난 미술치료학 석사학위과정생의 글을 읽고 한동안 마음이 무거웠다. 나 또한 얼마 전까지 같은 기관의 다른 병동에서 아픈 아이들을 만나왔기 때문이다. 또한 본 체험연구의 글쓰기가 더욱 마음을 건드리는 까닭은 현재 나의 아픈 조카 때문이다.

학생 때 몸이 아픈 아이들을 마음을 위해서 미술치료를 한 적이 있었다. 의료미술치료 현장에서 일한다는 것은 때로 실존적인 불안을 자극한다. 죽음이라는 공포와 좀처럼 마주할 일 없던 내가, 나보다도 어린 생명들의 소멸을 볼 때면 삶이라는 과정 자체가 죽음과 맞닿아 있는 것이라는 생각이 들었다.

얼마 전부터 어린 조카가 중한 질환으로 인해 생명의 기로에 놓여 있다. 뇌수술의 낮은 생존확률을 듣고서 긍정적인 결과를 기대하기란 참으로 어려운 일이었다. 나는 중환자실에서 아이의 의식이 돌아오기를 기도하면서, 그동안 내가 만나왔던 아픈 이들을 생각했다. 뇌수술을 받은 후 이전의 기능을 잃은 사람들을 보면서 지금과 같은 고통을 느낀 적이 없었다. 그것이 나와는 아주 먼 일이라고 은연중 생각했나 보다. 적어도 그때는 마음이 지금처럼 미어지지 않았었기에, 나도 모르는 새 참 무심한 타자로서 그들 앞에 있었구나 싶다.

이런 와중에 미술치료사로서 내가 기여할 수 있는 부분이 무엇이 있을까를 고민한다. 아이가 살아난다면 재활을 돕고자 한다. 종교가 없는 나는 정신의 영적인 힘에 의지하여 기도한다.

⑤ 연구 참여자 15의 반영적 작업

처음으로 암환자를 만났던 날이 떠오른다.

지인의 병문안으로 찾았던 암 병동의 환자들의 모습은 그야말로 충격적이었다.

항암치료로 인하여 다 빠진 머리카락, 앙상하게 마른 몸과 복수로 가득 찬 배, 축 처진 몸으로 침대에 기대어 있는 환자들, 진통제에 취해 잠들어 있는 환자들까지…….

삶과 죽음의 문턱 앞에서 사투를 벌이고 있는 환자들의 모습은 너무 간절하고 절박해 보였다.

죽음으로 다가가는 환자에게서 자신의 인생을 정리하는 과정의 이야기를 들으며, "힘내. 괜찮아질거야." 이 한마디만 공허하게 울려 퍼지는 메아리처럼 내 안에서 맴돌았다.

그러나 나는 입을 뗄 수 없었다. 환자들의 아픔을 알지도 짐작조차 되지 않았던 터라 이 한마디가 너무 가볍고 상황에 맞지 않는 말처럼 느껴졌다.

미술치료학 공부를 시작하며 진정성 있는 미술치료사로서 성장하기 위하여 고민이 생길 때면 항상 병문안 갔었던 그날이 생각난다. 또한 미술치료사로서 내담자를 만날 때 공허하게 울려 퍼지는 존재가 되지 말자! 다짐을 하게 된다.

나는 내담자의 삶을 존중하고 소중히 여기는 마음으로 그들의 바라보고 다가가는 미술치료사로서의 존재가 되고 싶다([그림 3-20] 참조).

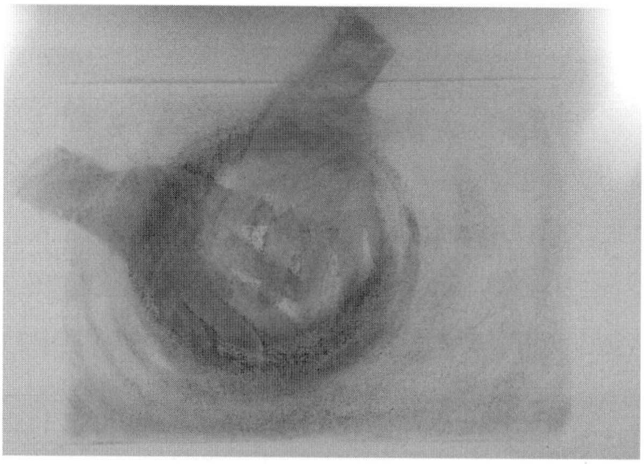

[그림 3-20] #15(2014). 따뜻한 손길이 되어 줄게요. 272×394mm. 파스텔, 한지.

소아암 환아들을 대상으로 한 미술치료 실습 체험의 글을 읽으며 소아암 환아들이 미술치료를 하며 자신의 고민들을 말하고 같은 아픔을 가진 친구들에게 위로를 하는 모습이 인상적이었다. 이러한 모습은 미술치료사로서의 존재가 안전한 공간이 되어 주었기에 가능했던 것이라는 생각이 들며 심리적 · 물리적인 따뜻한 공간 안에서 환아들과 서로 소통하며 공감하는 과정 중에 자연스럽게 치유가 일어났던 것임을 느끼게 된다.

(4) 원본 6: 저소득층 한부모 가족 아동의 집단미술치료 활동 체험에 기반한 반영적 작업

원본 6을 읽고 총 5인의 연구 참여자에 의해서 8편의 자료가 수집되었다. 5편의 글쓰기와 3편의 그림과 시가 포함된 자료이다.

① 연구 참여자 9의 반영적 작업

이중 잣대

이번 글쓰기 소재는 내게 고민을 한 무더기 가져다주었다. 나는 임상에서 저소득층 한부모 가정의 아이들을 만나 본 적이 없다. 그런데 앞선 참여자의 저소득층 한부모 가정 아이들과 함께한 집단 회기에 대한 글을 읽으며 뭔지 모를 불편감들이 내 안에서 스멀스멀 올라오고 있다는 것을 느낄 수 있었다. 이 불편감은 무엇인가…….

우리 사회에서 한부모 가정이라 하면 세트로 따라오는 이야깃거리들이 있다. 경제적으로 어려울 것이라는 편견, 한부모 가정이라 부모의 역할을 한 사람이 도맡아 해야 하니 아이들은 방치될 것이고 그래서 거친 아이들일 것이라는 선입견을 나는 가지고 있었음을 일단 고백해야겠다. 그런데 내가 편견과 선입견을 가지고 있었다고 인정하기 전, 아주 짧은 시간이지만 나는 어떻게 답할 것인가를 고민하며 순간 마음이 복잡하였다. 내 마음은 급히 핑곗거리를 찾았는데 내가 가지고 있는 선입견이 아니라 단지 사회적으로 만들어진 편견에 나도 아무런 비평 없이 그렇게 생각해 왔다고 말이다. 다른 사람이 이런 핑계를 댔으면, '좀 그럴싸한 핑계를 대지…….'라고 생각하고도 남았을 것이다. 그런데 이게 다일까? 속물적인 근성에 쩔어 있는 인간보다 그냥 좋은 사람으로 보이고 싶고, 좀 깨어 있는 인간으로 보이고 싶어서 그 순간 마음이 복잡했던 것일까?

그렇지 않다. 만약 내가 미술치료사로 그 아이들을 만난다면 어떤 마음으로 만날까? 내가 가지고 있는 선입견들을 최대한 배제하려고 의식적으로 노력하며 그 아이들 자체를 경험하고자 할 것이다. 그런데 혹시 그 아이들이 우리 아이의 친구라면 어떨까? 배제해 두었던 온갖 선입견은 부지불식간에 내 안에서 살아날 것이다. 혹시라도 거친 그 아이들로부터 우리 아이가 피해 보는 것은 없을까……. 그런 마음이 활활 타오르면서 말이다.

미술치료사일 때 그 아이들을 바라보게 될 나의 마음과 미술치료사가 아닌 한 아이의 엄마일 때 그 아이들을 바라보는 나의 이중 잣대에 순간 마음이 헝클어지는 느낌이었던 것이다. 동일한 대상을 바라보지만 '미술치료사로 바라볼 때 좋은 미술치료사이고자 하는 나'와 '원래 나란 사람으로 바라볼 때 손해 보지 않으려는 나' 사이에서 발생하는 이중 잣대에 따른 괴리가 나를 불편하게 만들었던 것이다.

② 연구 참여자 10의 반영적 작업

모두 다 꽃이어라

학교 교육복지 대상아동들은 거의 대부분이 저소득이거나 한부모 가정, 혹은 그 둘 모두에 해당하는 아이들이다. 나는 이 아이들을 '교육복지 대상아동'이라는 이름으로 미술치료에서 만나게 된다. 그리고 이들은 너나 할 것 없이 그리기나 만들기를 좋아했고 많은 에너지를 가지고 많은 재료를 마치 소비하듯 사용하고자 한다. 그렇게 아이들은 자신의 허기를 미술재료로 채우고 자신의 존재감을 작업을 통해 드러낸다.

'저소득층 한부모 가족 아동의 집단미술치료 활동'에 대한 글쓰기를 읽으면서 아이들의 그 허기가 나에게만 전해지는 것이 아니라는 것을 알 수 있었고, 인간인 내가 채워 주기엔 버겁던 욕구를 아이들은 'art'라는 큰 품에서 마음껏 채우고 있었다. 아이들의 얼굴이 하나하나 떠올랐다. 그리고 참 예쁜 존재들이라고, 무척이나 사랑스럽다고……. 말해 주고 안아 주고 싶던 많은 순간이 지나간다.

아이들의 환경은 바꿀 수 없다는 것을 인정하게 되면서 아이들은 스스로 바꿀 수 없는 환경에 '굴복'하고 있음을 알게 되었다. 그것이 그 '굴복'이 환경이 주는 '불편함'보다 훨씬 슬펐다. 나는 그들에게 '굴복'이 아닌 '수용'을 선물하고 싶었다. 아이들이 환경을 탓하지 않고 자신의 존재에 대한 귀중함과 소중함을 알게 해 주고 싶었다. 그리고 그들 마음속에 있는 예쁜 꽃씨가 싹을 틔우는 것을 묵묵히 바라봐 주었다. 그들은 어쩌면 조금은 더 힘들게, 어쩌면 조금 더 예쁜 꽃을 피우기 시작했다.

[그림 3-21] #10(2015). 모두 다 꽃이어라. 130×150mm. 휴대전화로 사진 촬영.

③ 연구 참여자 12의 반영적 작업

안녕, 만나서 반가워! (친절한 말투로) 넌 이름이 뭐니? 가족 관계는 어떻게 되니?	안녕, 넌 이름이 뭐니? 엄마, 아빠는? 너희 가족은 어떻게 되니? (어색한 표정으로 얼른) 물어봐서 미안하다…….	제 이름은 ○○○이에요. 아빠는 돌아가셨어요. 엄마는 안 계세요. '왜 그런 표정을 짓지? 기분 나빠. 착한 척하기는…….' '다음엔 절대로 솔직히 말하지 말아야지.' 내가 잘못한 건 아니잖아요. 근데 나는 아빠가 없으니까…….

오늘 기분은 어때?	내 기분을 알아서 뭐 어쩔 건데요? 선생님이 해결해 줄래요? 뭐가 필요한지도 모르면서 도와주려는 건 재수 없는 짓이에요.
솔직하게 표현해 보자!	'아, 짜증나.' 말해 봐야 들어 주지 않을 거잖아요. 어차피 안 된다니까요. 지들이 알아서 해결하라고 해요. 사는 게 다 이 모양이지 뭐. 자기 밥그릇은 자기가 지켜야죠. 받은 만큼 돌려주는 거죠! 맨날 잔소리. 왜 그랬는지 물어보지도 않을 거면서……. 가족 얘기는 비밀인데……. 그냥 그림이나 그리지 왜 자꾸 얘기하라고 해요? 꼭 이렇게 같이 그리면서 말하기 싫은 얘기해야 해요? 말하면 뭐가 달라지는데요? 어차피 내 맘 이해도 못할 거면서. (친구들 눈치 보며) 내가 이 얘기한 거 우리 아빠한테 이르면 안 되는데……. 아빠가 알면 좀 미안할 거 같아요. 그냥 좀……. (고개 숙이며) 짜증도 나고 우울해져요…….
함께 해 보자!	아~ 뭐예요? 나보고 이 꼬마랑 하라구요? 짝 바꿔 주세요!

목소리 크면 장땡이죠!

'지금 날 무시하는 거야?'
'역시 그럴 줄 알았어.'
'애들은 다 날 싫어해.'
'어쩔 수 없어. 내꺼나 열심히 해야지.'
'대충 시간 때우면 되지 뭐.'

맘껏 해 보자!
신나게 해 보자!
자유롭게 해 보자!

오늘은 뭐 그릴 거예요?
아, 답답해. 말로는 표현이 잘 안 돼요.
선생님, 이렇게 해도 돼요? 물감 써도 돼요?
그럼, 이것도 써도 돼요? 여기다 해도 돼요?
같이 해도 돼요? 정말 내 맘대로 해도 돼요?

그림 그리면서 어땠니?
네 기분을 말해 볼래?
친구들하고 같이 작업할 때 무슨 일이 있었니?

느낌이……. 감정이……. 그러니까……. 말로 하지 못하는 걸 그림으로 그리면 재밌어요.
언니가 내꺼 보고, 내 옆에 와서 그리니까 왠지 내가 잘 그리는 것 같았어요. 그 언니는 원래 잘 하는데……. 원래 다른 애들이 그 언니를 따라 하는데 그 언니가 나를 따라하니까……. 그래서 좋았어요.
나 무시했던 녀석을 그림 그리면서 막 혼내 주니까 통쾌해요.
그렇게 큰 종이 주고 꼬마 애들이랑 같이 하라니까 좀 황당했는데……. 걔네 완전 멍~ 해 가지고 완정 짱이었거든요.

	근데 막 재밌게 손이 왔다갔다 하니까……. 같이 하는 거……. 뭐 협동 어쩌구. 이게 그건가? 좋았어요. 새롭고. 이렇게 말해 보니 괜찮네요~ 내 맘대로 해도 되는군요! '(친구 작업을 쳐다보며) 뭘 그리고 있는 거지?' 다음 주에는 뭘 그려 볼까요?
괜찮니? 다행이구나. 좋았어! 힘내!	더 잘할 수 있을 것 같아요.

④ 연구 참여자 13의 반영적 작업

한쪽 부모가 없는 자신이 불안한 아이들. 자신을 내보이기 싫은 아이들. 언제서부턴가 자신도 모르는 사이에 견고한 방어막을 갖게 된 아이들. 이 아이들이 모여 그림을 그린다. 혼란스럽기도 하고 분노가 표출되기도 하며 자유로움을 느끼기도 한다.

이 글 속에 나오는 아이들을 연상함과 동시에 유리구슬을 떠올렸다. 안을 들여다보면 너무 예쁜 것들이 있지만 딱딱한 유리로 싸여 있어 만질 수 없다. 억지로 깨서 만지려다가는 손을 베일 것 같다. 그냥 그대로 안에 있는 것을 소중히 하는 것이 좋을 것 같다.

구슬을 여러 개 굴려 본다. 그냥 굴릴 때는 서로 딱딱 소리만 내며 이리 부딪히고 저리 부딪히고, 어떤 구슬은 너무 멀리 가 버린다. 구슬에 여러 가지 색의 물감을 묻히고 종이 박스 안에서 굴리기를 해 본다. 나름의 색을 내며 굴려 간다. 여전히 부딪히기는 하지만 바닥에서 아무런 안전장치 없이 굴러갈 때보다는 안심이 된다. 나름의 색을 내며 굴러간 구슬들은 어느새 하나의 멋진 작품을 만들어 낸다([그림 3-22] 참조).

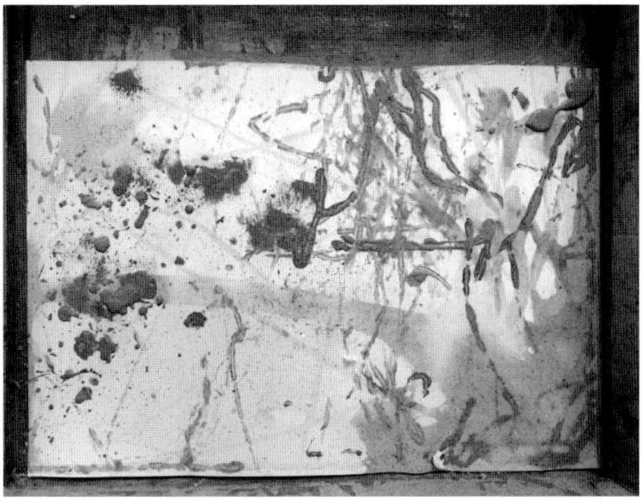

[그림 3-22] #13(2015). 구슬 드로잉. 272×394mm. 수채화 물감, 구슬.

⑤ 연구 참여자 14의 반영적 작업

졸업을 하고 석사학위 과정생이 아닌 미술치료사로 현장에서 일을 한 지 6개월이 지났다. 그 시간 동안 나를 제일 힘들고 바쁘게 하는 동시에, 가장 마음이 쏠리는 현장은 유치원에서 진행하는 유아복지사업이다. 일주일 중 4일을 함께하는 아이들은 정서지원 대상으로 선정된 만 4세부터 7세까지의 유아들이다. 그들 중 과반수 이상이 저소득층, 한부모, 다문화 또는 폭력가정 환경에서 자라오고 있다.

그 아이들과 함께해 온 집단미술치료의 초기는 트램펄린 같았다. 무중력 상태에 있는 것처럼 한 자리에 머물지 못하고 이리저리 동시에 뛰어다니는 아이들 사이에서, 나 또한 곧게 서지 못하고 휘청거리며 버티는 모습이 마치 트램펄린 위에서의 경험 같았다.

유아들에게 다양한 매체를 제공하고 감각 활동을 하는 것이 본 치료의 주안점이기에 나는 매시간 형형색색의 재료를 한가득 제공한다. 푸짐하게 한 상 차려진 재료들에 아이들은 눈을 반짝이며 환호한다. 그리고 작업이 시작되기 무섭게 허겁지겁 재료들을 누린다. '저소득층 한부모 가족 아동의 집단미술치료 활동 체험 연구'의 글쓰기 부분을 읽으며 유치원 아이들의 모습이 중첩되어 시를 지었다. 다음의 시 〈일곱 밤을 자고 나면〉은 유아 집단미술치료 중기가 진행된 현재까지의 경험과, 세 번째 작업 글쓰기에 대한 감상이 반영된 창작 작업이다.

일곱 밤을 자고 나면

너의 상처를 말해 줄래
말하는 어른 앞에서
어른이란 나를 고달프게 했고 서글프게 했으니
두 번 다시 어른 당신 앞에 내 슬픔을 들키지 않겠다고
다짐하면서도 나는 나약하고 여린 아이이다 보니까
또 다시 나는 이 방법밖에는 없어서
너의 비밀을 그려 볼래
가만히 파고드는 그 질문에
대답은 이미 내가 아낌없이 온몸으로 보여 주고 있는데
당신이라는 어른이 내 허기를 어떻게 달래어 줄 것인데

허기짐,
가장 허기진 날에는
색종이 한 그릇
구름 점토 한 냄비
무지개 물감 한 대접
노란 밥 한 공기에 파란 간장 한 숟갈
이걸 먹고 내가 배부를 수 있을까 반문하는 사이에

너의 마음을 칠해 볼래
엿보고 있는 그 어른 앞에서
한술 두술 떠 보니 더 허기만 지는 듯
허겁지겁 그릇째 들고 탐미하다가 문득
방심하고 있는 나를 발견하고 그러다 또 문득
동그랗게 불러 있는 배를 보니

내 마음이 여기 있어

종이 위에 가득 배설해 버린
내 분노가 내 고통이 여기 놓여 있어
여기를 봐 울렁거리고 있어

울렁거림,
일곱 밤을 자고 나면
부른 배가 다시 주리기 시작하면
다시 다가와서 나를 엿보고 나에게 물어봐 줘
다시 다가와서 나를 채워 줘

2) 미술심리치료 주제를 다룬 반영적 작업 I의 원자료

(1) 원본 10: 미술치료학 석사학위 과정생의 슈퍼비전 체험에 기반한 반영적 작업

원본 10을 읽고 총 3인의 연구 참여자에 의해서 6편의 자료가 수집되었다. 3편의 글쓰기와 3편의 그림이 포함된 자료이다.

① 연구 참여자 4의 반영적 작업

석사학위과정을 마친 뒤 몇 년이 지났지만, 이 글을 보니 미술치료 시간에 있었던 한 사건이 떠올랐다. 미술치료사답지 못하게 부적절하게 개입했던 그 순간이 사라지지 않고 있었던 것이다. 이 감정을 다시 꺼내는 스스로를 보면서 여전히 과정 중에 있음을 깨닫게 된다. 지금 나의 모습에서 해결되지 않은 것들을 고민하고 탐색하며 이해를 더해 가는 것 같다는 생각이 들었다.

원본에 대한 반응 글쓰기, 반응 미술작업을 하면서 집단 슈퍼비전 경험과 같은 맥락에 있다는 생각도 했다. 나 역시 집단 슈퍼비전을 받을 때, 다른 슈퍼바이지가 자신의 임상 경험을 나누는 것을 들으면서 결국은 내 임상을 대입하고 치료사로서의 나와 인간으로서의 나를 고민하고 탐색했었다. 박사가 된 이 시점에서도 이 글을 읽는 것만으로도 슈퍼비전과 유사하다는 생각이 들었다.

② 연구 참여자 5의 반영적 작업

초보 미술치료사로 슈퍼비전을 받던 무렵……. 그 낯설고 막막함은 지금도 생생하게 내 마음에 남아 있다. 2006년도 나의 저널 한 페이지에 남아 있는 저 그림([그림 3-23])과 글은 그때의 내 느낌을 고스란히 전해 준다. 마치 어린아이가 되어 버린 듯 무엇을 질문해야 할지조차 모르겠는, 그 어설프고 불안한 느낌들……. 슈퍼바이저에게 내 임상에 대해 이야기하며 조금씩 정리되는 느낌도 있었지만, 막상 다시 치료 현장에 서게 되면 뭔지 모를 답답함이 있었다.

그때 나는 내담자와 나와의 관계, 미술치료사로서의 나와 현장의 여러 관계 사이에 굳게 닫힌 어떤 '문'이 있다고 느꼈었고, 그 문이 열리기를 간절히 소망했었다. 그리고 자유롭게 소통할 수 있도록 닫힌 그 문을 슈퍼바이저가 함께 열어 줄 것만 같았다. 그러기를 기대했고, 그런 마음으로 슈퍼바이저에게 의지했었던 것 같다.

시간이 흘러 이제는 내가 거꾸로 슈퍼바이저가 되어 나의 슈퍼바이지들을 만나고 있다. 두렵고, 불안하고, 우왕좌왕하기도 하지만, 잘해 보고자 최선을 다해 노력하고, 힘들어하는 그들에게 내가 대신 저 문을 열어 줄 수 있다면 좋겠다. 그렇지만 그럴 수도 없고, 그래서도 안 된다는 것을 이제는 안다. 치료관계와 치료 현장에서의 경계를 의미한다고 볼 수도 있는 저 문은 치료사 각자에게 없어서는 안 되는 중요한 장치일 수 있다.

내게 시기적절한 '질문'을 던져 스스로 저 문을 여닫을 수 있도록 도와주었던 나의 슈퍼바저들……. 그분들이 없었다면 미술치료사로서의 나는 지금 아마 많이 다른 모습일 것이다. 이제는 내가 나의 슈퍼바이지들에게 있어 각자의 문을 스스로 힘껏 열 수 있도록, 더 나아가 필요할 때에 자유자재로 열고 닫을 수 있도록 도와주는 그런 존재가 되고 싶다. 늘 새로운 이 미술치료 현장 앞에서 겸손과 감사로 모두를 만나고 싶다.

[그림 3-23]　#5(2016). 수퍼비전을 받은 뒤. 250×250mm. 종이, 마커.

"제발 열려라.
저 안에는,
저 밖에는,
도대체 무엇이 있을까?
어떻게 해야 할지 모르는
나의 이 답답함을
저들은 알까?"

③ 연구 참여자 10의 반영적 작업

연구자의 글을 읽으며, 나는 석사 3학기 때, 슈퍼비전 시간이 떠올랐다.

슈퍼바이저가 동료들끼리 작업을 하고 토론을 할 수 있는 피어 그룹을 형성해 주었는데, 사실 난 그 학기 슈퍼바이저에게 도움을 받은 것은 '다른 어떠한 것도 아닌' 동료를 만들어 준 것이라는 생각이 든다. 석사 시절은 내게 하루하루가 긴장의 연속이었고, 실습지에서는 본의 아니게 돌을 맞고 돌아왔으며, 나는 그것을 스스로 돌볼 여유가 없었다. 게다가 집단슈퍼비전에서 그것을 터놓기가 힘들었던 것 같다. 나는 3학기 슈퍼비전 시간에 공평하게 시간을 나누어 가질 수도 없었고(나와 나의 동료 한 명은 40분 남짓 우리의 사례를 다루었지만, 이후 모든 집단원은 그들의 사례를 3시간씩 다루었다), 세션의 잘잘못을 가려내고 있는 분위기에 적응하기도 힘들었다. 또한 슈퍼비전 시간에는 슈퍼바이저의 말에 동의하지만 막상 끝나고 나면 자신의 실습지 상황과 슈퍼바이저의 말이 맞지 않는다며 투덜거리게 되는 동기들 사이에서 혼란을 느끼기도 했다. '왜 우리는 수업으로 되어 있는 슈퍼비전 시간에는 슈퍼바이저의 입에 맞는 말을 주고받다가 끝나고 나면 투덜거리게 되는가?' '과연 이는 누구를 위한 슈퍼비전인가?' 나의 이런 혼란과 부적응을 슈퍼비전 시간에 아예 입을 닫아 버리는 것으로 선택했던 것 같다. 그러던 어느 날 나는 나의 감정을 피어 그룹원들에게 털어놓게 되었다.

[그림 3-24] #10(2010). 흔적. 210×297mm. 사인펜, 커피.

[그림 3-24]는 집단 슈퍼비전이 끝난 후 피어 그룹원들과 카페에서 한 작업이다. 석사과정 내에서 받는 집단 슈퍼비전은 나에게 소용돌이 같은 존재였다. 피어 그룹원들에게 나의 속마음과 작업을 공유한 후, 먹던 커피를 흘려서 나는 흔적을 만들게 되었다. 소용돌이, 그 사이를 비집고 흔적을 남기고 간 것은 나의 피어들이었다.

(2) 원본 15: 미술치료사의 미술작업을 통한 자기돌봄 체험에 기반한 반영적 작업

원본 15를 읽고 총 5인의 연구 참여자에 의해서 8편의 자료가 수집되었다. 5편의 글쓰기와 3편의 그림이 포함된 자료이다.

① 연구 참여자 1의 반영적 작업

눈치

어린 시절에는 주변 사람들이 그랬다.

너는 할머니랑 같이 사는 아이라서 '눈치가 빠르다'고

우리는 모두 방배동에 살았다.

유치원에서 집으로 걸어오는 길에는 외갓집과 큰 고모네 집이 있었다.

그래서 듣고 싶지 않아도 난 어른들의 감정적인 이야기들을 듣는 환경에 늘 노출되어 있었다.

나는 엄마, 아빠, 오빠 그리고 친할머니와 함께 살았다.

나와 친구처럼 지내 주는 친할머니를 바라보며 우리 엄마는 늘 신경질을 냈고 나는 그 사이에서 늘 긴장해야 했던 것 같다.

며느리에게 서운한 이야기를 들은 할머니는 엄마가 출근한 뒤 고모네에 가서 나의 엄마에 대한 서운한 감정을 이야기했다. 그러면 고모들은 우리 엄마에 대해 안 좋은 이야기를 하곤 했다.

또 어느 날은 아빠랑 싸운 엄마가 나를 획 안고 나가 외갓집에 맡기곤 했다. 그럼 늘 우울감이 많았던 외할머니는 나를 안고 슬피 우셨다. 외갓집에 친밀함을 못 느끼던 나는 그런 상황들이 무섭고 답답했다.

언제 어디서라도 잘 먹고 잘 웃고 잘 적응하던 한 살 터울의 오빠에 비해 난 늘 날이 서 있고 예민했고 눈치를 보면서 '저 사람은 힘들고' '저 사람은 슬프고' '저 사람은 화났구나'를 느끼며 마음이 늘 불편했던 것 같다.

그러면서 그 불편감을 소화시키기 위해 난 늘 그 사람들의 입장에 서서 이해하려 애썼다.

그래서 7세에는

할머니들의 친구들 앞에서는 "할머니가 세상에서 제일 좋아. 할머니가 나를 키워 주니까."라고 말해서 할머니와 할머니 친구들에게 칭찬을 받고

엄마 친구들 앞에서는 "엄마가 제일 좋아. 할머니는 할머니고 엄마는 엄마지." 라고 말을 하여 엄마 마음을 위로하곤 했었다.

눈치 보는 것에서 시작된 내 마음속 동정이라는 감정

고등학교 3학년 여름방학. 나는 미대생이 되기 위해 많은 시간을 미술학원에서 실기 연습을 하며 보냈다. 미술학원을 가기 위해서 나는 늘 양재동 말죽거리 시장을 지나야 했다.

그곳은 늘 시끄러웠고 상인들이 파는 채소와 과일이 뒤엉켜 정리되지 않은 길이었다.

내가 미술학원을 가는 길에 언제나 작은 약국 앞에 쭈그리고 완두콩을 까서 빨간색 바구니에 담아 놓은 할머니 한분이 계셨다. 구부러진 허리로 신문지를 깔고 앉아 뜨거운 태양을 피하기 위해 신문으로 대충 접어 만들어 쓴 모자까지 그 분은 무척 힘들어 보였고 나는 늘 그 분을 돕고 싶다는 생각을 했다.

그냥 그 앞을 지나가는 것이 불편했다.

너무 불편했다. 목구멍에 딱딱한 사탕 알이 박힌 것처럼 불편했다.

그래서 나는 할머니의 장사를 빨리 끝내 드리기 위해서 내 돈으로 할머니가 팔고 계신 물건을 사기로 결심했다.

그날 엄마가 간식을 사 먹으라고 주셨던 돈을 탈탈 털어 할머니께 완두콩을 좀 달라고 했고 그러자 장사를 빨리 정리하고 집에 가고 싶으신 할머니는 완두콩 한 바구니와 가지 그리고 오이를 까만 비닐에 넣어 주셨다. 내가 내민 3천 원에 해당하는 채소가 그렇게 많은 것인지? 놀랐다.

'할머니는 그럼 3천 원을 벌기 위해 이렇게 땡볕에서 장사를 하신 건가?' 하는 안타까운 마음과 '멋진 선생님들과 또 좋아하는 남학생도 있는 화실에 어떻게 이 까만 비닐봉지를 들고 들어가지?' 하는 걱정이 동시에 몰려들었다.

나는 내가 무척 착한 일을 했다고 생각했다. 물론 칭찬을 듣고 싶어서 한 일은 아니지만 내 자신이 스스로 떳떳했다. 뭔가 누군가를 돕는 용기를 낸 것에 마음 행복했다.

그런데 바로 그다음 장면, 할머니는 내가 내민 3천 원으로 떨이 장사를 마치시고 옆에 주차되어 있던 번쩍이는 그랜저 자동차 운전석에 앉으시더니 에어컨을 켜시고 나에게 손을 흔들며 "학생 덕분에 장사 일찍 끝났다."며 인사를 건네셨다.

까만 그랜저 안에서 시동을 걸고 앉아 계신 할머니를 보니 좀 전에 뵈었던 할머니보다 훨씬 건강해 보이셨다.

기분이 이상했다.

바로 좀 전에 나는 무엇을 본 것일까?

그리고 지금에 나는 무엇을 본 것일까?

'그랜저'라는 자동차로 인해 그 할머니의 존재를 다르게 바라보는 나는 그런 속물인 건가?

그 할머니는 같은 분인데 왜 나는 그 할머니가 '불쌍하다' '돕고 싶다'라는 강렬한 느낌을 가졌던 것일까?

뜨거웠던 그 여름, 나는 멍한 기분으로 미술학원을 향해 터덜터덜 걸어갔다. 아까 불쌍한 할머니를 지나치기 어려웠던 그 불편함과는 다른 또 다른 불편감을 안은 채 한 발 한 발 미술학원을 향해 발을 옮겼다. 내가 걸을 때마다 내 손에 들린 까만 비닐봉지도 터덜터덜 함께 움직였다. 그 비닐봉지 안에는 완두콩과 가지 두 개 그리고 오늘 아침에 막 수확했다고 물이 많다고 할머니가 자랑하시던 오이 두 개가 들어 있다.

주부처럼 시장바구니를 든 것이 창피한 나는 오이와 가지를 까만 비닐 안으로 넣어보려 해도 그 길쭉한 형태가 자꾸만 밖으로 삐쭉 튀어나와 속상하다. 삐죽 튀어나온 가지와 오이가 마치 나를 비웃기라도 하는 것 같다.

뭔지 모르지만 창피하다는 감정과 부끄럽다는 감정이 느껴진다.

내가 본 것은 무엇일까?

나는 무엇을 보고 가치를 평가한 것인가?

어쨌든 그날 친구들이 모두 콜라와 햄버거를 사 먹을 때 나는 돈이 없다며 화실에 남아 그림을 그려야 했다.

그날 허기진 배를 움켜쥐고 집으로 향하던 나는 버스 안에서 불 꺼진 말죽거리 시장을 바라보며 낮에 있었던 일을 다시 한 번 떠올려 보았다. 역시나 뭔지 모를 부끄러움이 남는 기분이었다.

발빠름으로 연결된 눈치

내 나이 25살에 다니던 회사에서…….

상사가 커피를 원하면 커피 잔을 준비하고
촬영기사가 쳐다보는 곳을 향해 뛰어가 그릇 세팅을 하고
촬영이 종료되면 정리를 시작하고
손님이 오는 것 같으면 계단 3개씩 뛰어내려가 찻잔을 세팅하고
회의할 때 기분 나쁜 상사 옆에는 절대 앉지 않고

12월에 입사한 나는 2주만에 "○○ 씨 눈치가 장난 아니라며, 활약이 대단하다는 이야기 벌써 소문이 쫙 났어요."라는 칭찬을 들었다. 가만 생각하면 무슨 칭찬인가? 곰곰이 생각하게 되지만 어쨌든 입사 2주 만에 나를 찾는 곳은 무척 많아졌다.

그러다 보니 나중에는 회사에서 급한 일이 있을 때 퀵서비스를 불러 배달 내용을 전달하고 돈을 지불하는 것보다 내용을 다 알고 있는 내가 지하철을 타고 배달을 하고 오는 게 좋겠다는 의견이 나와 내가 배달 업무도 봤던 기억이 있다.

퀵서비스보다 내가 더 빨랐다. 중요한 서류를 가슴에 품고 지하철역으로 뛰어가 지하철을 타고 다시 뛰어 사람을 만나 전달할 만큼 배달 업무에도 최선을 다했으니까. 상사가 급하다면 절대 걷지도 않고 언제나 뛰면서 일을 했으니까

난 늘 전전긍긍했다.
남들이 힘들까 봐

남들이 급할까 봐
남들이 당황할까 봐
남들이 어려울까 봐

그런데 종종 뛰고 있다가 나는 누굴 위해 달리는지
나는 행복한지 묻고 싶었다.

내가 힘들까 봐 전전긍긍하는 사람은 있을까?

내가 이렇게 달려야만 나는 인정받나?
내가 멈추면
다 없어지나? 다 끝나나?
예쁘게 차려입고 멋지게 걷는 직장인들 사이에서 달리며 종종 이런 생각을 하곤 했다.

눈치 빠르다는 것으로 언제까지 직장생활을 버틸 수 있을까?

그리고 곧 내가 알아차린 첫 번째 어려움은
눈치를 보다 보니
나의 의견이 없다는 것!이었다.
도우미는 할 수 있으나 회의에서 내 의견을 이야기할 수 있는 '어른'이 아니라는 것은 충격적인 경험이었다.

내 안에 내가 없다는 것을 알기 시작한 때이다.

미술치료사가 되어 배워 가는 알아차림
눈치를 많이 보며 자라야 했던 나의 유아기도
가슴 속에 동정의 감정과 슬픔 또 피해의식 가득했던 청소년기도
또 잘하기 위해 눈치 보며 뛰어다녔는데 잘 못하는 직장인이 되었던 성인기에도

나의 주요한 이슈는 '다른 사람' '그 행동' '그 사람의 감정' '그 사건' 등이었다.

그때 그 사람이 어떻게 느꼈는지를 잘 알아서 해결책을 제시하는 것이 좋은 치료사라고 생각했던 적도 있었다.

하지만 이제는 아니다.

슬픈 사람이 눈에 들어오기 시작한 것도

(엄마! 친할머니! 외할머니! 고모! 나도 사랑해 줘요.)

어려워 보이는 사람을 돕고 싶은 마음이 드는 것도

(땡볕에서 고생하는 할머니를 보며 제 모습이 꼭 고생하는 당신의 모습과 닮아 있네요. 힘드시죠? 저도 정말 힘들어요. 그런데 아무도 날 도와주지 않아요. 그래서 저는 슬프기도 해요. 그러니까 아마 할머니도 저처럼 힘드실 거예요. 저를 도와주는 사람은 없지만 저는 할머니를 도와드릴게요. 제가 받고 싶었던 사랑과 관심을 제가 할머니께 드리는 것이랍니다.)

알고 보면 내 안에 결핍과 상처로 인한 나의 내면의 울부짖음이었다는 것을 알게 되었고

그래서

용기를 내어

허름하고 멋없는 나의 내면의 모든 것을 인정하기 시작했다.

미술치료사에게 중요한 것은 상황을 느끼는 '더듬이' '촉'이 아니라

내담자가 느끼는 어려움을 '담아내고' '소화시켜 주는' '거울'로서의 존재라는 것이다.

놀이공원에 있는 착각의 집에 가면 우리의 시각이 얼마나 많은 왜곡을 일으키고 그것을 현실로 인식하게 하는지 알고 있다.

나는 그런 엄청난 착시현상을 보며

언제나 내 자신을 점검한다.
치료사라는 이름으로 어떤 문제를 더욱 왜곡시키고 있지는 않은지?

내가 보는 나의 모습은 다른 사람이 보는 나의 모습과 같은지?
나는 다른 사람을 바라보는 도구와 내 자신을 바라보는 도구가 같은지?
나는 얼마나 믿음직한 신뢰할 만한 거울인지?

그리고 그 첫 번째 시작은
바로 내 자신을 내가 건강한 방법으로 수용하고 나를 소화하며 나를 있는 그대로 비춰 낼 수 있는 용기를 갖는 것이다.

소화시켜 반영해 주고 왜곡되지 않게 비춰 주며 어둠 속에 있을 때는 분명 어딘가에 존재하는 빛을 반사시키는 미술치료사가 되고 싶다. 그래서 내 연구소 이름이 '빛'이다. ^^

② 연구 참여자 2의 반영적 작업

아픈 기억을 딛고 분노와 마주한 미술치료사에게 드리는 편지
미술작업과 씨름하며 몰입하여 과거의 그것을 현재의 보물로 만들고 미술치료사로 우뚝 선 그대를 칭찬합니다.
우연한 만남인 듯 필연적으로 미술치료의 초대를 기꺼이 받아들이신 그대를 칭찬합니다.
엄마의 마음을 꺼내오듯 엄마의 지갑에서 100원을 꺼내 차곡차곡 모아 온 어린 그대에게 위로를 전합니다. 그러나 이 기억을 꺼내놓고 펼쳐 보인 그대를 칭찬합니다.
현기증 나는 흔들의자에서 편안한 휴식을 주는 흔들의자 같은 미술치료사가 된 그대를 칭찬합니다.
당당히 걸어 나가는 그대를 칭찬합니다.

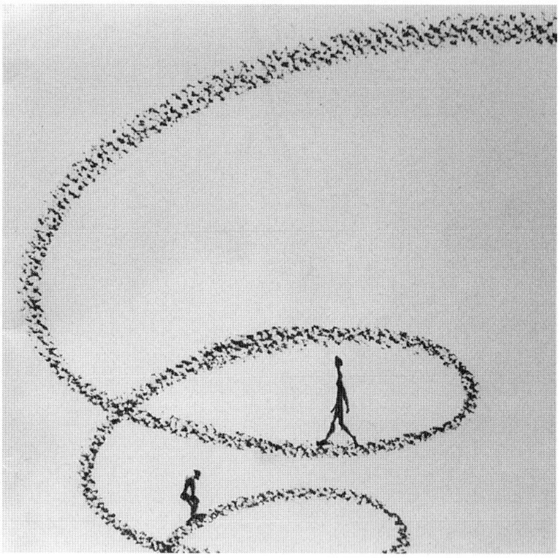

[그림 3-25] #2(2015). 나는 성장하고 있다. 150×200mm. 크레파스, 연필.

③ 연구 참여자 4의 반영적 작업
자기인식, 자기각성, 자기 알아차림…….
치료사의 자기인식
미술치료사의 자기인식…….

미술치료 공부를 시작하고 가장 중요시되고 강조된 부분이 '자기인식'이다. 처음에는 글로 접했던 자기인식. 심리치료 이론을 공부하면서, 미술작업을 하고 이미지와 대화하면서, 인간관계 안에서 나를 돌아보며, 내담자를 만나는 임상에서 나에 대해 탐색하고 돌아보며 끊임없이 자기인식을 하려고 노력하고 있다. 그중에서 이미지를 통한 자기인식은 미술치료사인 우리들에게는 익숙한 과정이며 실제 경험을 함으로써 그 가치를 실감할 것이다.

동료들과의 미술작업
집에서 개인 미술작업
임상실습 후 미술작업…….

동료들과의 미술작업. 가족 간의 문제, 인간관계, 감정 다루기, 내 욕구 알아차리기, 구체화 명료화, 힘 얻어 가기, 지지 받기……. 관계 안에서의 미술작업을 하면서 얻게 되는 이점은 굉장하다. 나와 같은 고민을 하고 있는 동료의 이야기를 들으며 안심을 하기도 하고, 동료의 모습과 그들이 표현한 이미지를 보면서 내 마음이 건드려져서 탐색하기도 하고, 감당할 수 없는 감정을 표현했을 때 머물기도 하면서 나와 가까워지고 위로를 받게 된다. 아무리 개인 작업에 집중한다고 해도 경험할 수 없는 부분들일 것이다.

임상실습 후 미술작업. 내담자에 대한 감정 다루기도 하고, 내담자와의 관계 안에서 올라오는 역전이를 탐색하기도 하고, 임상을 하고 있는 기관과 관련된 감정을 탐색하면서 알지 못했던 다른 나를 만나게 된다. 미술치료 관련 문헌에서 임상을 하는 미술치료사의 미술작업의 중요성을 강조하는 있는데 직접 경험해 보니 그 의미와 이유를 알겠다.

미술작업을 통해서 미술치료의 힘을 경험하는 것은 개인으로, 치료사로서의 성장, 이 영역에 머무를 수 있는 힘을 주는 원동력이 되고 있다.

④ 연구 참여자 5의 반영적 작업

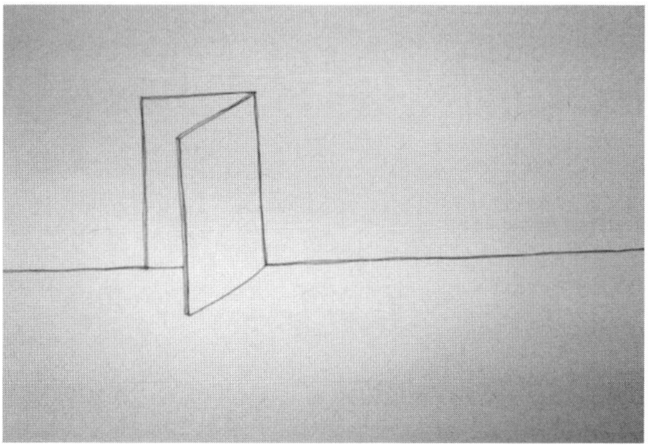

[그림 3-26] #5(2016). 이미지로의 걸어 들어감. 130x210mm. 펜.

미술치료를 공부하며, 또 미술치료사로 일하면서 미술작업이 가진 힘을 한번이라도 체험해 보지 않은 사람은 아마 없을 것이다. 화가의 꿈을 키워 오던 어린 시절 그 언젠가부터 전시를 하며 작품 활동을 하던 시기까지 나는 미술작업과 작품이 내게 어떤 의미인지를 잘 알고 있다고 생각해 왔다. 그러나 나의 이 단순한 생각은 오히려 미술치료를 공부하며 바뀌었다. 눈에 보이는 시각적 이미지에서 그것을 창조하는 자의 의도가 중요한 것은 극히 일부분의 순간뿐이고, 작품은 창조하는 사람에게, 또 그것으로 바라보는 사람에게도 계속하여 끊임없이 다르게 읽힌다.

우리는 미술작업을 하며 거기서 나 자신에 대한 물음을 던지고, 미술작품에서 그 대답을 찾는다. 거기에서 발견하는 것은 바로 나 자신이다. 문을 두드리고, 그 문이 열리기를 바라고, 얼마간의 기다림이 있은 후 작품은 매번 다른 의미로 나에게 말을 걸어온다.

미술작업과 작품을 통해 새롭게 나를 찾아가는 여정, 내담자뿐만 아니라 미술치료사에게도 의미 있는 과정이다. 그 과정은 늘 우리를 초대하고 있다. 누구든 용기를 내어 문을 여는 그 순간을 기다리고 있음에 나는 항상 설렌다.

⑤ 연구 참여자 9의 반영적 작업

지도교수님의 미술작업이 내게 준 의미

미술작업을 통한 자기인식 체험연구를 읽고 나는 문득 지도교수님이 떠올랐다. 석사과정에 처음 입학했을 때, 나의 지도교수님이 되실지 모르는 상태에서 지도교수님이 강의하시는 미술치료 교과목을 수강하고 있었다. 교수님에 대한 첫 느낌은 '어마 무시한 아우라'였다. 다 할 수 없을 것만 같은 산더미 같은 과제를 언제 내야 하는지 수업 준비는 어떻게 해 와야 하는지 말씀하시는데 그걸 안 지키면 어떤 일이 벌어질지 감히 상상이 안 되는 순간이었다. 그러던 어느 날 학교 학사일정에 맞추어 지도교수님 배정이 있었고 '어마 무시한 아우라인 교수님이 나의 지도교수가 되시는구나.'를 알게 되었다. 교수님 앞에서 어떤 얘기만 하려고 해도 쫄려서 심장은 벌렁거리고 말도 잘 안 나오던 터라 처음엔 사실 겁이 많이 났다. 논문 때문에 지도교수님이 정해지는 거라는데 이렇게 무서워서야 내 생각은 얘기도 못하겠는데 논문을 쓸 수 있을까 하는 고민이 되기도 했다. 교수님은 항상 먼 곳에 계신 범접할 수 없는 분이셨는데, 수업 시간에 교수님이 하신 미술작업이 교수님에 대한 느낌을 새롭게 갖도록 만들어 준 계기가 되었다. 내게 교수님을 바라보는 새로운 인식 코드가 생긴 순간이었다. 그 시간은 교수님의 1학기 수업 마지막 시간이었는데, 교수님께서 미술치료가 여러분에게 어떤 의미인지 미술작업으로 해 보자고 그러셨다. 우리는 각자의 작업을 열심히 하고 있었는데 어느 순간 교수님이 안 보이셨다. 각자 작업을 하느라 교수님이 안 보이셔도 개의치 않고 자신의 작업을 하고 있었다. 작업을 갈무리하기로 한 시간이 되었을 때, 교수님도 뭔가 삐죽삐죽 튀어나온 5절지쯤 되는 도화지 한 장을 조심스레 들고 강의실로 들어오셨다. 교수님은 밖에서 풀을 뽑아 작업에 이용했다고 하셨다. 도화지 위에 놓인 풀의 길이, 위치가 각자 달랐다. 뿌리가 보이지 않았으나 잘 자랄 것 같은 느낌의 풀도 있고 길이도 작고 초라해 잘 자랄 수 없을 것처럼 보이는 풀도 있고 여러 느낌을 주는 풀들이 도화지 위에 놓여 있었다. 교수님께서는 이번 학기 수업에 대한 느낌을 미술작업을 이용하여 말씀하셨다. 미술치료학 개론이라는 한 학기의 수업에서 학생들에 대한 느낌이 이러하다고 하셨다. 뿌리를 잘 내려가고 있는 느낌을 주는 학생도 있고, 미술치료를 떠날 것 같은 느낌을 주는 학생도 있다고 말씀하셨던 듯하다. 그러시면서 교수님은 도화지 위에 풀을 얹었더니 드러나게 된 뿌리를 흙으로 덮어 주고 싶으셨다고 하셨다. 뿌리가 드러나면 잘 살아가기 어려울 것 같다는 느낌이 들어 뿌리 부분에 흙을 덮으셨다고 말씀하셨다. 하지만 풀을 뽑다 보니 어떤 풀은 뿌리가 있기도 하고 어떤 풀은 뿌리가 없기도 한데, 모두 잘 자라라는 마음에 흙을 덮어 주셨다고 하셨다. 그러시면서 지금은 아직 야생의 풀이지만 시간이 흘러 여러분이 피우고 싶은 꽃을 피우라고 말씀해 주셨다. 이 일이 갑자기 생각난 건 왜일까? 사실 이 일은 미술치료를 배우는 기간 중에도 내게 개인적으로 의미 있는 일이었다. 미술치료 교과를 배우지만 미술작업이라는 것이 매개가 되어 수업 내에서 교수님들과 얘기를 나눠 본 적은 없었던 듯하다. 교수님이 어떤 생각을 하고 계신지 미술작업을 통해서 나눠 주신 특별한 경험이었다. 미술치료가 무엇인지, 미술작업이 무엇을 어떻게 설명할 수 있는가에 대한 것들이 혼재해 있던 석사 1학기에 교수님께서 당신의 미술작업을 이용해 설명하시는 것은 교수자라는 하나의 명칭이 아니라 온전한 하나의 인격체로 교수님을 만나는 느낌이었다. 교수님을 한 학기 내내 만나 온 것에 비하면 미술작업은 짧은 순간의 일이었다. 하지만 그때 그 작업을 통한 나눔이 없었다면 나는 지도교수님을 논문을 쓰는 시기까지 쭈욱 무서워만 했을지 모르겠다. 미술치료를 갓 시작한 제자들의 뿌리가 상하지 않도록 흙을 덮어 주고 계시는 따스함을 모르는 채로 말이다.

(3) 원본 16: 미술치료학 전공 석사학위 과정생의 '미술작업 중심 교과목' 내에서 미술작업 체험에 기반한 반영적 작업

원본 16을 읽고 총 3인의 연구 참여자에 의해서 4편의 자료가 수집되었다. 3편의 글쓰기와 1편의 그림이 포함된 자료이다.

① 연구 참여자 3의 반영적 작업

나는 미술치료를 공부한다.

미술치료에 관한 이론서와 저널들을 봐도 채워지지 않는 부분들…….

아마도 그것은 '미술' 때문은 아닌가 생각해 본다.

미술, 미술작업.

그것은 다른 교과목 수업과는 다른 기대를 갖게 한다.

수업시간에 미술작업을 하며 그림을 그리고, 무언가를 만드는 그 순간은 학생이 아니라 그저 나로서 존재한다.

처음 머뭇거리고 주위 동기들을 곁눈질해 보며 미술재료를 만지작거리고 그림을 그리다 보면 강의실의 하얀 칠판과 교수님은 나의 시선 밖으로 밀려난다.

놀이를 즐기는 어린아이가 되고, 여기저기 상처의 흔적들이 있는 낯선 내가 된다.

혼자 여기저기 상처의 흔적들이 고스란히 드러난 나를 동기들과 교수님이 보고 있다.

당황스럽고 어찌할 바를 모르겠다.

다시 주워 담을 수도 없고, 시간을 돌릴 수도 없다.

이것이 또 다른 상처가 되지 않을까 겁나고 두렵다는 생각에 눈을 질끈 감았다.

누군가 고개를 끄덕여 주고, 어깨를 토닥여 준다.

용기 내어 눈을 살짝 떠 보고 눈앞의 미술작업에 드러난 나를 본다.
화가 나고 슬프다. 가슴이 아리다.

한참을 울고 더 고개를 들어 보니 나만 그런 것이 아니었다.
각자 다른 형태로, 다른 색으로 상처 난 모습으로 있었다.
나도 옆의 동기의 손을 꼭 잡아 주었다.

우리의 미술작업들은 멋있는 배경이 되고,
그 속에서 나는 새로운 색을 입고 새로운 모습으로 바뀌어 간다.
그렇게 나는, 아니 우리는 성장하고 있다.
미술작업이 있는 수업은 그랬다.

미술작업을 하며 좋은 치료사가 될 수 있는 완벽한 나를 보여 주고 싶었다.
부족하고 상처 있는 내가 미술치료사가 될 수 있을지 걱정되고,
수업이기에 이런 모습이 평가되지 않을까 더 두려웠다.

수업에서 미술작업을 하며, 그 걱정과 두려움이 차츰 줄어들었다.
수업에서 미술로 표현한다는 것의 의미를, 그리고 내담자와 치료사에 대해 이해하는 것을 머리와 시각적인 감각과 마음으로 깨닫고 배워 간다.
나를 통해, 함께 수업에 참여하는 동기들을 통해, 그리고 수업을 이끌고 계신 교수님을 통해서…….

수업에서의 미술작업으로 배운 많은 이론과 미술이 서로 녹아들고 어우러져 미술치료에 대한 풍성한 이해를 할 수 있었고, 나에 대한 이해의 폭과 깊이 또한 달라졌다.
감추고 드러내지 않으려 꽁꽁 싸 둔 우리들의 모습은 수업에서 미술작업으로 표현하고 함께 공유하며 성장하는 밑거름이 된 것이다.

② 연구 참여자 5의 반영적 작업

"저 덮어 버리듯 켜켜이 쌓아 놓은 물감을 걷어 내면 이제 막 움트는 연둣빛의 새싹이 있을 것 같아요. 수줍게 핀 풀꽃이 흔들리고 있을 것 같아요."

연구자의 글쓰기 중에 있었던 문장이 내 마음에 들어온다.

누구나 마음 깊은 곳에 간직하고 있을 연둣빛의 새싹, 자신도 미처 돌봐 주지 못한 순수한 들꽃이 있음을 미술작업은 그림을 그리는 사람도 눈치 채지 못하게, 아무도 모르는 새에, 의도하지 않은 방향으로 흘끗 들여다보게 우리를 이끌어 준다.

미술치료학 전공 석사학위과정생의 '미술작업 중심 교과목' 내에서 미술작업 체험 연구 글쓰기를 읽으며 아무것도 개의치 않고 자유롭고 순수하게 그림을 그렸던 어린 시절처럼 그렇게 미술작업을 하고 싶다는 욕구가 일었다. 처음 미술치료를 시작하던 그때의 풋풋하고 순수했던 그 마음들……. 그 어린아이 같은 마음을 어떻게 그림으로 표현할 수 있을까……. 문득 의도한 형태대로 표현되지 않는 젖은 그림이 떠올라 화지를 편다.

[그림 3-27] #5(2016). 시작, 그 순수한…. 300×450mm. 수채물감, 안료.

녹색과 노랑, 파랑이 어우러지며 퍼져 나가는 색들은 나의 마음에 한 줄기 바람처럼 시원하고 고요한 안정을 가져다준다. 처음 미술치료를 시작하던 그때의 나를 지원해 주고, 있는 그대로 인정할 수 있도록 용기를 준 선후배와 동료들……. 또 지금도 땀 흘리며 미술치료 전문가로 성장하고자 열심히 노력하는 후배들……. 각자의 현장에서 땀 흘리며 자신의 새싹을 아름다운 나무로 키워 내고 있을 그들에게 감사하며, 나 역시 마음 깊은 곳에서 더할 수 없는 지지와 사랑을 보낸다.

③ 연구 참여자 6의 반영적 작업

미술치료 학위 과정 중 중요한 여러 가지가 과목이 있겠지만 나는 미술작업 중심 교과목들을 수강하면서 비로소 미술작업을 통해 어떻게 치료가 되는지에 대해 서서히 답을 찾아가게 되었던 것 같다. 그 시작은 바로 미술작업을 통해 나 자신을 들여다보게 되면서부터일 것이다.

미술치료사가 되고자 대학원에 진학은 하였지만 내담자가 되어 본 경험이 딱히 없었기에 막상 미술로 어떻게 내담자를 치료해야 하는지에 대해서는 알지 못했다. 석사 1학기에 듣는 과목이 미술치료보다는 공통적으로 배우게 되는 심리치료 이론이나 정신병리 과목이기에 2학기가 되어서야 수업 시간에 미술작업을 해 보게 되었던 것 같다. 그러다 보니 오히려 심리치료 이론에 미술작업을 꿰맞추어 보려는 시행착오도 많았던 것 같다. 내담자의 그림을 보면서 분석하고 해석하려고만 했지 공감이나 지지, 격려 등은 잘하지 못했었다. 지금 와서 생각하면 나 역시 그런 경험을 가져 보지 못했었기 때문에 나도 내담자에게 해 줄 수 없었던 것이다.

그러나 집단 미술치료 과목을 들으며 같이 수업을 듣는 집단원들과 같이 작업을 하면서 역동이 생겨나고 기분 나쁜 일도 생기고, 재미있는 경험도 하면서 자신과 타인과의 관계에 대해 생각하게 되는 경험을 하게 되었다. 그리고 집단이 주는 따뜻함과 격려, 지지라는 것이 무엇인지에 대해서도 새롭게 경험을 할 수 있었다. 미술작업을 통해 단지 내담자의 이슈를 분석해 내는 것만이 미술치료가 아니라는 것을 느꼈으며 그것을 포함한 더 넓은 범위에서 미술치료를 다룰 수 있게 되었다. 조금 아쉬운 부분은 학교 안에서 교과목으로 듣는 집단 미술치료를 통해서 아주 깊이 있는 내면의 부분까지 다루어 주지는 못했던 것 같다. 문제만 불거져 나왔다고나 할까……. 그러나 그것을 깊이 있게 다루기에는 학교 수업이라는 시간과 공간, 그리고 너무나 개인적인 것까지 다 공개할 수 없는 여러 가지 제한점이 방해물이 되었었다. 이렇게 불거지고 표면으로 올라온 이슈들은 다뤄지지 않은 채 한 동안 지속적으로 괴로움과 고통으로 이어지기도 하였다. 그러나 점차 시간이 흐르면서 공부의 깊이가 더해 가고 자신에 대해 인식할 수 있는 힘이 생겨나면서 조금씩 조금씩 해결이 되어 갔다. 그리고 이러한 경험은 치료사와 깊이 있는 관계를 지속적으로 맺을 수 있는 개인치료를 받을 수 있는 용기를 내게 해 주었다.

미술치료사가 자신의 미술작업을 하지 않으면 결코 내담자를 이해하기가 쉽지 않다. 앞에 놓인 도화지에 무엇을 그려야 할지……. 미술작업을 하고 나서 시원해지기도 하지만 불편한 마음이 올라올 수도 있다는 것, 집단 안에 자신의 신경을 거스르게 하는 사람이 있을 수 있다는 것, 그리고 그것은 자신의 이슈라는 것 등등 미술치료사의 이러한 모든 경험들은 내담자를 더 잘 이해할 수 있도록 돕는다. 미술작업이 자신에게 의미하는 것이 무엇인지, 미술작업과 자신의 관계가 어떠한지를 처절하게 고민해 본 미술치료사라면 내담자가 자신을 탐색하는 길목의 입구에서 서성이며 두려워할 때 지켜볼 수 있으며 같이 한 발자국 더 안으로 들어갈 수 있을 것이다.

미술치료학 전공 석사학위과정생의 '미술작업 중심 교과목' 내에서 미술작업 체험 연구의 글쓰기에 나오는 예진은 정말 석사 때 나의 모습과 너무도 흡사하다. 그때는 미술작업을 한다는 것이 어떤 의미를 가지고 있는지 다 알지 못한 상태에서 시작을 하였기에 좌충우돌하기도 하고 재미있기도 하였다. 수업시간에 행해진 미술작업 실습 내용을 그대로 내담자에게 적용하려고 했다가 회기가 엉망이 되어 버린 경우도 있었고 그것을 통해 어떤 대상자이냐에 따라 같은 매체와 기법이라도 얼마든지 다르게 될 수 있다는 것을 뼈저리게 배우게 된 적도 있었다. 연구자가 마지막에 가지게 된 새싹의 이미지처럼 새싹이 흙을 뚫고 나오는 힘든 경험이면서 동시에 새로운 희망을 느끼게 되는 그런 경험이었다.

다른 미술치료사들의 글을 읽으며 공감하고 서로의 경험이 크게 다르지 않다는 사실을 알게 되고 나니 우리가 서로 연결되어 있다는 강한 연결감을 가지게 된다. 연구자가 누구인지도 잘 모르고, 한 교실에서 공부를 하지 않은 선배나 후배일 수도 있을 테지만, 미술치료사라는 이름으로 가고 있는 한 우리는 보이지 않는 끈으로 연결되어 각자의 위치에서 서로를 바라봐 주고 있다는 느낌을 가지게 된다. 이러한 동료들과의 연결감은 앞으로 내가 미술치료사로서의 삶을 지속할 자원이 되어 줄 것이다.

2. 반영적 작업 II의 원자료

반영적 작업 II는 연구 참여자들이 2~5편의 원본을 읽고 다룬 체험 글을 말한다. 총 6인이 참여하여 글쓰기와 그림이 포함된 11편의 자료가 수집되었다.

(1) 연구 참여자 4의 반영적 작업

다양한 임상 경험을 한 치료사들이 체험한 글쓰기를 읽으면서 자연스럽게 이 대상들과 했던 내 임상 경험을 떠올리게 됐다. 문장과 문장을 따라가면서 치료에서 만났던 내담자, 내담자와 함께 했던 공간, 그 당시에 느꼈던 감정, 치료사로서 했던 개입에 대한 고민, 슈퍼비전 경험들을 생생하게 다시 경험하는 듯했다.

유난히 한 임상 현장과 관련한 글쓰기는 읽고 싶지 않았고, 반응 글쓰기 작업도 하고 싶지 않았다. 그러면 하지 않아도 됐겠지만, 어떤 마음에서인지 모르겠지만 의도적으로 더 하려고 했던 것 같다. 상황에 대한 파악도 하지 못한 상태에서 무기력하게 있어야 했던 순간……. 그 상황으로 돌아간다면 어떻게 대처했을까를 또 다시 상상해 보면서, 그리고 반응작업을 했던 이미지들을 보면서 그때의 감정을 고스란히 다시 느꼈다. 한편, 예전만큼 괴롭거나 무기력하다는 감정 속에 빠져 있기보다는 그 상황을 거리를 두고 보게 됐다.

(2) 연구 참여자 6의 반영적 작업

생생하게 쓰여진 다른 연구자의 글쓰기를 읽으면 나도 모르게 고개가 저절로 끄덕여지면서 내가 직접 겪어 보지 못했지만 그 체험이 어떠한 것인지 짐작이 가게 된다. 연구 참여자들이 체험한 에피소드와 사건들이 녹아 있는 글쓰기를 읽으면서 감정이입이 되고 내가 직접 경험해 보지 못했던 것에 대해서 새롭게 알게 되며 그 심정을 헤아리게 되는 공감을 느끼도록 도와준다.

한편, 내가 경험했었던 주제에 대한 글쓰기를 읽고 다른 연구자들의 글쓰기에 대한 반응 작업을 할 때는 내 안에서 그 내용과 관련된 잊고 있었던 어떠한 기억이나 체험들이 다시 살아나기도 한다. 타인의 글쓰기이지만 그것에 적극적으로 반응하고 무언가 나만의 작업을 하게 되면서 그것은 더 이상 타인의 글이 아닌 나의 창작을 촉진하는 자극제로 변화한다. 그리고 반응 작업이란 형태로 새로운 창작물이 탄생했을 때 난 과거보다 성숙해지고 더 발전된 시각으로 그 주제를 다루고 있는 나 자신을 발견한다.

대학원과 전공이란 주제로 글쓰기를 하였을 때 난 한 편의 시로 내가 왜를 공부하기로 하였는지, 그리고 그것이 내 인생에 어떤 의미였는지를 새롭게 정리할 수 있었다. 이 시를 쓰면서 전문가로서 내가 앞으로 걸어가야 할 방향과 이 공부를 할 수 있었던 것에 대해 많은 감사를 표현할 수 있는 기회를 가졌었다. 이러한 글쓰기 작업은 그냥 스쳐 지나갈 수 있는 많은 것을 포착하여 더 깊게 생각할 수 있도록 돕기에 삶을 더욱 풍부하고 의미 있게 만들어 준다고 할 수 있다.

ADHD 아동 집단미술치료에 대한 다른 연구자의 글쓰기를 읽고 난 나의 반응 작업에서 내가 초보미술치료사 시절에 겪었던 ADHD 아동 집단미술치료 회기가 기억났고 그때 내가 했었던 반응 작업들과 일지들을 다시 찾아보았다. 그러한 과거의 경험을 소재로 글쓰기 반응 작업을 하면서 그때로부터 지금의 나는 미술치료사로서 얼마나 달라져 있고 성장해 있는지 새삼 느낄 수 있었다.

이렇듯 보통은 다른 연구자의 글쓰기를 읽고 그냥 그 순간에 느끼는 감정이나 공감 정도만 경험하면서 넘어가곤 하기 마련이다. 그러나 다른 연구자의 글쓰기에 내가 반응하는 작업을 한다는 것은 내 자신에게 그 체험에 대해 다시 깊게 생각하며 정리할 수 있는 기회를 제공하는 것이다. 이러한 경험은 스쳐 지나갈 수 있는 수많은 체험 중 하나를 부여잡고 더 깊게 그 의미를 파악하려는 시도이며 삶에 대한 통찰을 얻으려는 노력이다.

(3) 연구 참여자 8의 반영적 작업

우리 인간들은 한 시대를 함께 살아가고 있지만 삶의 모습과 결은 같은 듯 매우 다르다. 한 개인의 주관적인 삶의 경험을 있는 그대로 집중적으로 다룬 글을 통해 읽는 것은 그리 흔지 않은 경험이다. 비록 연구자가 참여자 삶의 탐험을 통해 쓰여진 글이지만 참여자인 그가 그만의 삶의 고유한 경험을 풀어낸 이야기를 읽고 있노라면 삶의 다양한 장면이 매우 직접적인 이미지로 그려지면서 한 편의 다큐멘터리를 보고 있는 느낌이 들며 시각뿐만 아니라 모든 감각의 날이 설 때가 많다. 가끔은 마치 각각의 장면 안에서 함께 소소한 일상을 엿보고 있는 아주 독특한 기분이 든다. 한편으로 머릿속에서는 '정말 이렇게 느끼는 걸까?' '정말 이런 상황이 가능한 걸까?'라고 의구심이 느껴질 때도 있고 어려운 삶의 상황에 맞닥트려 고군분투하며 안간힘을 쓰며 살아가고 있는 그의 삶에 경외감과 숙연함이 느껴지기도 했다.

그러나 기본적으로 글을 통해 간접적으로 타인의 주관적인 생활 세계를 체험하고 이해한다는 것은 흥미롭지만 분명 쉬운 일이 아니다. 따라서 가끔은 글 속에서 연구자가 빗겨나 있지 못해 연구자와 대상자가 함께 느껴져 다소 작위적인 느낌으로 불편할 때도 있다. 연구자가 대상자를 이해하려 애쓰는 흔적으로 나의 호흡이 가빠질 때가 있다. 때로는 반복해 읽어도 읽히지 않거나 머릿속으로만 이해되어 그저 '알 것' 같다는 추측만 막연히 드는 주제도 있다. 또 어떤 글은 지극히 피상적인 느낌이 들어 민망함이 느껴질 때도 있다. 이는 객관적인 거리를 두고 편견을 가진 채 판단하며 글을 읽고 있다는 것을 말한다. 알 수 없는 이질감이 느껴질 때 곰곰이 생각해 보면 연구자 전달력의 문제점처럼 여겨질 때도 있고 나의 통찰력 부족 혹은 내가 경험하고 있는 삶의 상황과 너무나도 달라 공통분모를 못 만들어 내는 탓이라 여길 때도 있었다.

하지만 철저하게 그의 관점이 될 때가 있다. 아주 섬세하고 풍부하게 묘사된 이야기들은 응시하는 순간을 넘어서 마치 내가 그 사람이 되어 버리게 민감하게 만든다는 이야기이다. 분명히 타인의 삶이지만 생생하다 못해 '날것'같이 느껴지는 그의 삶속에 함께 몰입되어 함께 느끼고 함께 행동하고 있으며 그 상황을 함께 숨죽이며 겪고 있는 착각이 들기도 하며 때론 그와 함께 이야기를 나눌 때도 있다. 더욱 나를 흥미롭게 하는 부분은 타인의 삶이지만 부지불식간에 나의 삶의 경험과 나란히 하여 장면 장면을 교차시키며 그의 내면을 더욱 이해하게 되고 내 삶을 반성하기도 한다. 그리곤 타인이 경험한 삶의 본질을 이해하기 위한 동기로 글을 읽지만 이 행위는 나의 삶을 이해하려는 노력이라는 것을 어느 순간 깨닫게 된다.

한 개인의 고유한 삶의 본질을 이해해 나가는 것은 내게는 겸허한 마음을 불러

일으키며 삶의 지평이 자동적으로 확장되어 가는 경험이 된다. 지극히 나의 개인적 삶에 몰두되어 살아가고 있지만 타인의 생생한 삶이 농축된 글을 읽는 순간은 그와 내가 상호간의 대화를 나누고 있다는 생각이 든다. 이는 각자의 삶을 추구하고 있지만 각자의 삶이 아닌 우리의 삶이라는 것, 상호의존적인 관계 속에 있음을 깨닫는 귀한 경험이 된다.

(4) 연구 참여자 9의 반영적 작업

누군가 써 놓은 글을 읽고 거기에 내 생각을 더해서 이야기를 써 나간다는 것은 생소한 경험이었지만 어린 시절의 놀이를 떠올리게 했다. 신데렐라는 어려서 부모님을 잃고 계모와 언니들에게 구박받았으나 왕자님을 만나 행복했다는 우리가 모두 알고 있는 이야기 이후의 새로운 이야기를 만들어 가는 것처럼 말이다. 아직까지는 내가 쓴 글 뒤의 이야기가 어떻게 전개되어 가고 있는지 모르나, 신데렐라가 어떤 모습으로 늙어 가고 있는지는 실로 궁금하다.

신데렐라가 왕자님과 만나 행복하게 살았다는 이후의 이야기를 읽을 땐 궁금함에 이야기가 후딱 읽어졌다. 나도 모르게 신데렐라에게 감정 이입해서 신데렐라의 삶이 어떤지, 신데렐라가 무엇을 얘기하고 싶은지, 신데렐라의 감정이 어떤지에 집중해 글이 술술 읽혔다. 그런데 문득 신데렐라 이야기가 수월하게 읽히지 않기 시작했다. 글쓴이에 대해 내가 개인적으로 갖는 느낌이 신데렐라의 삶에도 투영되어 있다는 느낌이 들면서 말이다. '신데렐라'라는 가상의 이야기에 '신데렐라'라는 이야기를 쓴 현실의 작가가 묘하게 섞여서 읽히기 시작했다. 내가 하고 싶은 이야기를 대신 해 주는 존재로서의 신데렐라라고나 할까……. 어떤 글은 글을 쓴 이의 느낌과 신데렐라의 느낌이 똑같았고 어떤 글은 글쓴이와 신데렐라가 다소 다른 느낌으로 다가오기도 하였다. 하지만 대개는 글은 글쓴이를 대변하고 있는 것 같았다. 아마도 글쓴이를 몰랐더라면 신데렐라 이야기로만으로 충분히 재미있었을 텐데, 그런 느낌 때문일까 막상 내가 뭔가를 쓴다는 것이 쉽지 않게 다가왔다. 글이라는 것을 통해 내가 얼마나 많이 드러날 수 있다는 것을 알게 되자 글쓰기가 막상 한없이 어렵게 느껴졌다. 내가 어떤 걸 의도해서 가리고 말고 할 능력은 되지 않았고 그렇다고 내가 고스란히 드러나는 느낌 또한 편안하지 않았다.

유명한 저자의 책을 읽을 때, 우리는 대개 그 저자와 개인적인 친분을 가지고 있지 않다. 그럴 때 저자의 이야기는 그 저자라는 개인과 분리되고 단지 그 저자가 전달하고자 하는 스토리만 전달된다. 그런데 저자가 유추하면 알 수 있는 대상이 되었을 때에는 그 이야기에 집중하기보다 '아, 이 글을 쓴 글쓴이는 이런 스타일로 내담자를 접하는구나. 이 분은 이런 식으로 일처리를 하는구나.' 그 저자의 개인적인 성향에 집중하는 경험이 되었다. 글쓴이들을 잘 모르나 누구인지 대강 유추할 수 있는 관계는 내게 이상한 즐거움을 선사했다. 인사만 건네는 사회적인 관계망 내에서 만나는 개인은 그 개인의 내면을 들여다보기란 가능하지 않다. 안면과 객관적인 관계만 있지 글쓴이가 어떤 생각을 하는 분인지, 회기에서 내담자를 어떻게 대하는지는 전혀 알 길이 없다. 그런데 글을 읽으며 '이럴 때 이 분은 이렇게 하는구나, 이런 스타일의 분이구나'를 알 수 있는 부분은 실질적인 친분에 비해 개인적인 측면을 깊이 볼 수 있는 것 같아, 균형이 맞지 않으면서도 혼자 글쓴이와 친해진 것 같기도 하도 그러면서 친한 것도 아닌 재미있는 경험이었다.

(5) 연구 참여자 10의 반영적 작업

다른 연구자들의 글쓰기를 읽는다는 것은 나에게 어떤 의미에서는 '기대'였고 어떤 의미에서는 '부담'이었다. 글쓰기가 한 편 나오기 위해서 얼마나 많은 작업들이 이루어지는지 나는 안다. 머리를 쥐어뜯어야 하고 가슴을 치고 쓸어내리기를 반복해야 한 편의 글이 나온다. 그런 글쓰기를 읽는다는 것은 벅찬 일이다. 그래서 기대도 되고 부담도 되는 어쩌면 내 논문의 글쓰기를 하나 더 하는 것만큼이나 많은 생각을 하게 하는 일이었다. [그림 3-28]은 지난 11월경 글쓰기에 대한 반응 작업을 하기 전 혼란스러운 마음을 작업을 표현한 것이다, 아크릴 물감을 뻑뻑하게 덕지덕지 바르며 나의 혼돈을 표현하다가 붓에 물을 적시게 되었고, 붓에서 물감 한 방울이 떨어진 것을 우연히 발견한 나는 그것이 작은 꽃망울 같았다. 그리고 나는 이 작업의 제목을 '혼돈, 그 속에서 드러나는 작은 꽃망울'로 정했다. 한 연구자의 글쓰기는 그의 논문의 꽃이라면, 그 글을 읽은 나는 나의 꽃을 발견해야 했다.

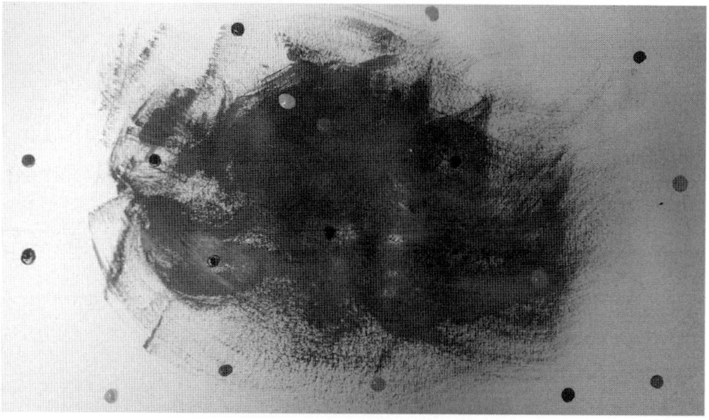

[그림 3-28] #10(2015). 혼돈, 그 속에서 드러나는 작은 꽃망울. 272×394mm. 아크릴 물감.

사실 석사 논문이 나오고 나서도 난 나의 글쓰기를 다시 보지 못했다. 왠지 모를 민망함과 오글거림이 들었고, '잘 쓰지 못했다'는 생각에 부끄러운 생각도 들었다. 그런 글을 공식적으로 누군가와 함께 나누어 읽는다는 게 나에겐 쉬운 결정이 아니었다. 그렇기 때문에 다른 연구자의 글을 마주하기 전에 '존중'하는 마음을 가져야 했다. 다른 연구자의 글을 읽으면서 나는 비로소 잘 쓰고 못 쓴 글쓰기가 있는 것이 아니라, 연구자로서의 고뇌와 연구책임감 속에 완성된 한 편의 글쓰기가 있는 것일 뿐이라는 생각을 하게 되었다. 도대체가 모르겠는, 소설도 아니고 수필도 아닌, 또 다른 장르의 '작문'이라고 나는 질적 논문의 글쓰기를 정의하고 싶다.

그리고 논문이 뭔지도 모르고 논문은 어려운 것이라 일반인은 보지 못하는 연구자의 전유물처럼 여긴 사람들이 있다면 질적 연구의 글쓰기를 한번 보라고 하고 싶었다. 내가 잘 모르고 있는 분야의 글쓰기를 읽으면서 나는 연구자의 연구방향을 알아 가고 연구주제에 대한 이해를 가질 수 있었다. 사실 참으로 놀라운 연구법이라는 생각이 들었다. 문헌에 대한 이해와 연구과정, 연구결과를 하나의 작문으로 읽기 표현하게 아울러 써 놓은 질적 연구의 글쓰기는 일반인들도 편하게 읽고 공감할 수 있게 한다는 생각이 들었다.

어렵지만 꼭 필요하고 많은 사람이 공유해야 하는 그런 연구, 인간의 사는 모습에서 비롯된 '그냥 우리의 모습'을 담은 연구들이기 때문에 특수성과 보편성을 동시에 가질 수 있다는 것도 다시 한 번 느끼게 되는 계기가 되었다. 사실 질적 연구는 철학이고 철학은 인간의 삶과 세계에 대해 연구하는 학문이다. 이런 초심을 다시 갖게 된다.

우리의 글쓰기에는 우리의 임상현장이 있었고 우리와 우리 내담자의 삶이 있었다. 그런 글을 보며 나의 모습을 떠올리게 되고 내 내담자를 생각하게 되기도 했다. 그렇기 때문에 다른 연구자의 글을 읽고 작업을 하지만 나는 나의 글을 쓰게 되고 나의 그림을 그리게 되었던 것이다. 그래서 힘들고 버겁고 때론 하기 싫어 외면하기도 했다. 질적 연구의 글쓰기는 그런 것이다. 한 사람의 삶 속으로 들어와 그 사람의 삶을 생각하고 그 삶에 대한 감정을 건드리는……. 우리가 연구를 하면서 충분히 넘칠 때까지 인터뷰를 하고 축어록을 풀고 범주화를 하며 그들의 삶을 잘 아우르기 위해 노력하는 과정이 치열하면 치열할수록, 글쓰기를 하며 머리를 쥐어뜯는 일이 많으면 많을수록 아마도 사람들의 삶 속에 깊게 파고들 수 있을 것이란 생각이 든다.

이런 저런 생각을 하고 글을 적은 후, 나는 작업이 하고 싶어졌다. 무엇엔가 이끌리듯 재료함에서 내가 사용하고 싶은 재료를 고르고 손이 가는 대로 작업을 하기 시작했는데 그 작업이 [그림 3-29]의 '만다라'이다. 석사 공부를 할 때 만다라가 무엇인지, 무슨 뜻인지 찾아본 적이 있는데 '진수'나 '본질'을 뜻하는 'Manda'에 변한다는 뜻의 'la'를 덧붙인 것으로 '모든 의미는 본질이 여러 가지 조건에 따라 변한다'는 것이라고 한 것이 떠올랐다. 나는 석사과정 때 그것을 찾아보고는 '이래서 미술치료에서 사용하는구나…….'라는 생각을 했다. 그 당시에는 병리와 심리치료에 관한 이론을 배우는 시기라 같은 병리, 같은 심리적 기제에도 불구하고 다 다른 모습으로 살아가는 내담자들을 떠올리며 만다라가 말하고 있는 것과 비슷하다는 생각을 하게 되었던 것 같다. 그리고 지금 만들어 낸 작업에 '만다라'의 이름을 붙이며, 나는 나의 많은 연구 참여자를 떠올리게 되었고 '본질을 추구 한다'는 목적으로 이루어지는 우리의 연구 속에서 우리는 얼마나 다양한 모습의 연구 참여자들을 만나게 되는지 생각하게 된다. 그리고 그것이 연구자에 따라 각기 다른 모습으로 기술될 수 있다는 생각에 이르게 되었다. 이쯤 되었을 때, 처음 연구를 시작하던 나에게 같은 주제라도 계속해서 연구되고 심층 분석이 가능한 것이 질적 연구라고 하신 지도교수님의 말씀이 떠오른다.

나에게 질적 연구도, 연구 속의 글쓰기도, 그 글쓰기를 보고 하는 작업도 여전히 어렵다. 하지만 조금은 알 것 같다. 나와 우리의 이런 노력은 결국 다시 우리 삶으로 돌아오고 우리를 살게 하는 것이다.

[그림 3-29] #10(2016). 만다라. 105×107mm. 천사점토, 사인펜.

(6) 연구 참여자 15의 반영적 작업

창의적 글쓰기 작업에 참여하며 여러 연구자의 다양한 주제의 글쓰기를 읽고 이미지 작업으로 표현하는 과정은 새로운 주제에 대한 떨리고 기대의 연속이었던 것 같다. 연구자들의 마음이 가득 담긴 글에 나의 눈과 마음은 오랫동안 머무르게 되었고 조용히 내 경험과 함께 비추어 보며 새롭게 느껴지고 깨달아지는 무언가에 귀 기울이는 과정을 반복했다([그림 3-30] 참조). 이처럼 다른 미술치료사들과 글과 이미지 작업으로 소통한다는 것은 내게는 색다른 소통의 경험이었다. 이는 심리치료전문가로서 성장함에 있어서 같은 길을 걸어가는 동료들의 고민과 경험을 공유한다는 것에 큰 힘이 되기도 했던 것 같다.

[그림 3-30] #15(2016). 공유의 공간-1, 잠잠히 머무르게 되는 공간. 545×393mm. 오일 파스텔, 캔버스.

다른 경험을 했지만 나와 같은 고민, 같은 것을 느끼는 것 같은…….

미술치료사로서의 다양한 경험을 함께 공유하며 느끼는 시간이 되기도 했으며, 때로는 연구자들의 경험이 와닿지 않아 어렵기도 했다.

내 개인의 경험과 맞물려서 새로운 감정이 불쑥 튀어 올라오고 통찰로 이어지기도 하는…….

미술치료사로서 더욱 풍성해지는 경험이었던 것 같다([그림 3-31] [그림 3-32] 참조).

[그림 3-31] #15(2016). 공유의 공간-2, 서로 다르기에 더욱 아름다운 공간.
545×393mm. 오일 파스텔, 캔버스.

[그림 3-32] #15(2016). 공유의 공간-3, 더욱 깊어지는 공간.
545×393mm. 오일 파스텔, 캔버스.

Chapter 4 창의적 작업의 원자료

원본의 저자에게 반영적 작업의 자료를 모두 모아 보내고 원저자가 이를 보고 다시 자신들의 체험 작업을 하였다. 이를 창의적 작업이라 부른다.

총 12편의 원본에 대해서 글 12편, 그림과 시 13편의 총 25편의 자료가 수집되었다.

1. 연구 참여자 1의 창의적 작업

다음은 원본 12 미술치료사의 슈퍼비전 체험에 관한 글쓰기를 한 연구 참여자 1의 창의적 작업이다.

조심스럽게 또 부끄럽게 시작하다

나는 학위논문에 쓴 글들이 스스로 부끄럽다고 생각하는 순간이 많다. 나의 부족이 드러나는 영역이라고 생각하기 때문이다. 그래서 나의 논문 속 글들이 공식적으로 다른 사람들과 함께 읽혀지는 것에 대해 불편한 마음이 있었다. 또 이런 마음이 있다 보니 다른 사람의 글을 깊이 있게 읽는 것도 미안한 마음을 갖게 했던 것 같다.

돌아온 다른 사람의 반응 글에 안정감을 찾음

돌아온 내 글에 대한 반응 글을 보며 웃음이 삐져 나왔다. 뭔가 공감받고 있다는 안도의 웃음이었다.

사람이 이 세상을 살아가는 방법은 매우 다양하다.

사람이 이 세상을 바라보는 시각 또한 매우 다양하다.
그래서 우리는 함부로 '너의 생각은 잘못되었다'고 이야기하지 못한다. (태은2)

나의 글에 공감의 글을 덧입혀 준 동료·후배들의 글을 보며 나는 따뜻한 이불 위에서 잠시 쉬는 것처럼 휴식 같은 순간을 느꼈다.

미술치료를 공부한 우리들 안에 흐르는 유대감은 나에게 안정감을 주는 것 같다.
동료들 안에서 느껴지는 이러한 휴식 같은 안정감은 마치 내가 가고 있는 길에 대해 점검받고 응원받는 느낌과도 같았다.

[그림 4-1] #1(2016). 사랑의 마음을 비춰 주는 거울. 455×530mm.
파스넷, 모루, 클레이, 거울 시트지, 캔버스.

[그림 4-2] #1(2016). 조각을 모아 원을 만들다. 455×530mm.
파스넷, 모루, 클레이, 거울 시트지, 캔버스.

제목: 마주잡은 손이 만들어 내는 원

공감의 조각들이 모여 원을 만든다.
공감의 마음으로 마주잡은 손이 원을 만든다.
마치 달빛 아래 춤을 추듯 우리는 함께 원을 만들어 낸다.

그 안에 우리를 비춰 주는 거울
서로의 거울이 되어
서로의 안경이 되어
서로의 등대가 되어 주는 과정

불협화음 같은 돌림노래
이렇게 하면 뭐가 될까? 하며 시작한 작은 소리들이 모여
울림 있는 소리를 만들어 내는
놀라운 하모니
너희들 위해 나는 사랑해라고 말한다.

함께 가자 친구들.

[그림 4-3] #1(2016). 함께 가자 친구들. 455×530mm.
파스넷, 모루, 클레이, 거울 시트지, 캔버스.

2. 연구 참여자 3의 창의적 작업

다음은 원본 4 노인 복지시설 집단미술치료를 진행한 미술치료학 석사학위 과정생의 현장실습 체험에 관한 글쓰기를 한 연구 참여자 3의 창의적 작업이다.

노인 되어 감의 해석학적 현상학 글쓰기가 읽은 이의 40대의 나이 듦의 경험글로 돌아온 것을 반복하여 읽고 또 읽었다. 연구의 글쓰기를 읽은 이는 그 글쓰기에서 무엇을 본 것일까? 어쩌면 직접적인 것은 물론이요 간접적이라도 노인을 깊이 이해하기 어려웠던 것은 아니었는지, 그래서 노인의 노인 되어 감에 관해 언급되지 않고 자신의 나이 듦으로 반영글이 나온 것인지 고민에 빠졌다. 그래서 처음 글쓰기 내용을 연결하지 않으려고 하면서 '글쓴이에게 나이 듦이란 경험이 어떤 것이었을까?'라는 물음에 집중하며 글에 집중하였다.

글에는 나이가 들어 감에 따라 몸의 변화를 통해 느끼는 약해지는 자신과 그러한 몸의 변화와 달리 여전히 이팔청춘인 마음이 함께 있다는 내용이 있었다. 그렇기에 이전과 달리 버퍼링이 걸리고, 여전히 젊다고 생각하지만 현실에서는 여기저기 피곤하고, 과부하라고 삐거덕거리며 아우성치고, 이렇게 점점 늙어 가는 것이 서럽다고 한다. 그럼에도 불구하고 여전히 무언가를 부둥켜 잡으려고 하는 자신을 발견하고 있다고, 그리고 조금씩 그러한 자신을 받아들이기 위해 변화하고 세상을 받아들이는 것도 바뀌고 있다고 한다. 그러한 내용을 보다 보니 글쓴이의 나이 듦의 경험이 노인 되어 감의 경험과 무관한 것만은 아니라는 생각이 든다. 연구의 해석학적 현상학 글쓰기에도 노인들의 이러한 경험 내용이 있었고, 그것이 자신의 나이 듦과 조금씩 늙어 가고 있는 자신을 성찰하게 하는 다리 역할을 하게 한 것은 아닐까?

해석학적 현상학 글쓰기에 담겨 있는 노인 되어 감의 체험은 노인들에게는 삶의 후반부이기에 더 크고 의미 있는 체험이겠지만, 그들의 지난 삶과 무관하게 갑작스럽게 찾아오는 경험이 아니라 삶의 연속적 과정에서 조금씩 다가갔던 것들이다. 그렇기에 처음 그(노인되어감) 글쓰기 내용이 반영적 작업 글쓴이의 삶의 일부분으로 자연스럽게 연결되어 자신을 생각해 보게 하였을 것이다. 그리고 그것은 결국 되돌아가 노인 되어 감을 더 공감하게 할 것이라고 생각한다.

이러한 생각들을 정리하며 반영적 작업의 글쓰기인 40대의 나이 듦의 경험을 보면서도 연구 당시 노인 분들의 인터뷰 장면이 스쳐 가며 고개를 끄덕이게 된다. 노인 되어 감의 글쓰기의 반영적 작업인 나이 듦의 경험글을 보며 서로 다른 나이대지만 그 둘을 넘나들며 더 큰 관점으로 노인 되어 감의 글쓰기를 읽을 수 있었고 그 체험들을 공감하며 또 고개를 끄덕였다.

3. 연구 참여자 4의 창의적 작업

다음은 원본 16 미술치료학 전공 석사학위 과정생의 '미술작업 중심 교과목' 내에서 미술작업 체험에 관한 글쓰기를 한 연구 참여자 4의 창의적 작업이다.

"미술치료학 전공 석사학위과정생의 '미술작업 중심 교과목' 내에서 미술작업 체험연구"의 글쓰기에 대한 글쓰기 3편을 읽고 크게 두 가지의 의미를 찾게 되었다.

먼저, 글쓰기에 대한 글쓰기는 원 체험 연구에 대한 신뢰도와 타당도를 높이는 역할을 할 수 있다는 생각이 들었다. 질적 연구에서의 신뢰도와 타당도를 유지하기 위해 연구자가 공적으로 접근 가능한 방법에 따라 연구를 수행하고 이를 다른 질적 연구 경험자들과 논의를 하면서 진행하는 것이 무엇보다 중요하다. 글쓰기에 대한 글쓴이들은 질적 연구를 수행하고 체험 글의 주인공들과 동일한 경험을 한 상항에서 "미술치료학 전공 석사학위과정생의 '미술작업 중심 교과목' 내에서 미술작업 체험연구의 글쓰기에 나오는 예진은 정말 석사 때 나의 모습과 너무도 흡사하다."와 같이 그들이 체험 글의 내용에 공감을 했다는 것은 연구의 신뢰도와 타당도에도 긍정적이라는 생각이 들었기 때문이다.

다음으로 글쓰기에 대한 글쓰기는 원 체험에 대한 공감에 머무르게 하지 않고, 새로운 이해를 갖도록 확장해 줄 수 있다는 생각이 들었다. 원 글쓰기 내에서 체험 글의 주인공들이 바라고 꿈꾸던 모습을 그 이후의 경험을 한 글쓴이들, 즉 졸업 후 미술치료사의 경험을 토대로 글쓰기에 대한 글쓰기를 통해서 만나 볼 수 있다는 점이 굉장히 흥미롭다. 체험 글에 대한 글쓰기를 한 글쓴이들은 이미 오래전 석사학위과정 동안에 교과목 내에서의 미술작업 경험을 했고, 이후 새로운 경험들을 쌓아 가면서 그 경험의 의미를 돌이켜 되새겨 본 것으로 그들의 글은 한 차원 더 나아간 추후 연구에 대한 결과를 미리 만나는 것 같기도 하였다. 체험 글에서 주인공은 앞으로 미술작업을 통해 미술치료에 대해 더 이해하고, 미술작업을 통해 자기이해, 그리고 동기들과 지속적인 교류 등을 기대하고 있다. 그리고 졸업 후 전문 미술치료사들의 글을 통해서 볼 때, 석사과정생들이 갖는 기대는 이후 지속적인 미술작업을 하면서 자기인식, 개인치료로의 연결, 동료들과의 연결감, 그리고 미술치료사로서 새로운 희망 등을 이루게 됨을 알 수 있었다. 이런 의미에서 글쓰기에 대한 글쓰기는 추후 연구와 같다는 생각을 하게 된 것이다.

4. 연구 참여자 5의 창의적 작업

다음은 원본 1 주의력결핍 과잉행동장애 초등학생을 대상으로 집단미술치료를 수행한 미술치료사의 체험에 관한 글쓰기를 한 연구 참여자 5의 창의적 작업이다.

주의력결핍 과잉행동장애 초등학생을 대상으로 집단미술치료를 수행한 미술치료사의 체험연구의 글쓰기를 읽고 동료 연구자이자 미술치료사들이 보내 준 글들을 보며 마음의 큰 울림을 느낄 수 있었다. '비슷한 고민들을 하며, 초보에서 전문가로 가는 과정을 거치리라.'고 막연하게 생각은 했었지만 생생한 경험과 느낌의 묘사는 비슷하지만, 그 안에 또 다른 이야기들이 들어 있었다.

동료들의 체험이 담긴 글쓰기를 읽으며 우리는 다른 시공간에서 각기 다른 모습을 하고, ADHD 아동들을 만나며 조금씩 다른 경험을 하고 있지만, 우리는 마치 연장된 하나의 커다란 장(場)에 함께 있는 듯한 느낌을 받았다. 이것은 비단 내가 아는 동료들만이 아니라, 우리나라의, 아니 전 세계의 미술치료사들이 현장에서 땀 흘리고, 울고 웃으며 내담아동들과 함께하며 성장해 가는 하나의 큰 마당이 아닌가 하는 생생한 울림으로 내게 다가왔다. ADHD 내담아동들의 삶에 공감하고, 함께 버텨 내며, 진심으로 그들과 소통하려 노력하는 미술치료사들……. 지나간 과거의 어느 한 지점에서, 미래의 어느 한 장면에서, 또 지금 이 순간 어디에선가 노력하고 있는 미술치료사들의 속삭임이 내게 들리는 듯하다.

[그림 4-4] #5(2016). 우리의 속삭임. 300×450mm. 오일 파스텔.

무한대의 형태로 끊임없이 펼쳐지는 선들……. 조금씩 다른 색으로 쌓여 가는 우리의 경험들([그림 4-4] 참조)……. 내담아동들과의 경험은 제각각 다르지만, 동료 연구자들의 글을 읽으며 ADHD 아동들을 만나며 체험하는 미술치료사들의 어떤 특정적인 경험은 이렇게 비슷한 형태를 가질 수도 있겠다는 생각이 들었다.

작업을 완성한 후 이런 저런 생각들을 정리하던 중 '평면인 이 작품을 둥글게 말아 보자.'는 생각이 들었고, 이렇게 작업을 변형하자 내 머리를 번쩍이게 하는 어떤 통찰을 갖게 되었다. 둥글게 말린 변형된 작품에는 훨씬 더 재미있는 곡선과 색들이 존재했고, 이리저리 작품을 들여다보던 중 이것이야말로 내가 동료연구자들의 글쓰기를 읽으며 느꼈던 '시공간을 초월해 그들과 교감하는 나의 경험'을 반영하는 것이라는 깨달음이 찾아왔다.

현실, 즉 평면의 작품 속에서 미술치료사 자신과 우리의 경험은 제각각 다른 곳에서 벌어지고 있지만, 둥글게 말리는 순간 시간과 공간은 변형이 되고, 또 다른 시공간이 펼쳐지며 우리의 경험은 통합되고 확장되는 것이다. 이 통합된 우리 미술치료사들의 경험을 의미하는 원통형의 작업이 계속되고, 끊임없이 늘어나다 보면 이것은 무한히 길어질 수 있을 것이다. 또 매우 작은 형태로 축소되어 무한히 길어진다면 이 통합된 또 다른 세계는 마치 기다란 끈과 같은 형태를 만들게 될 것이다. 이것이 5차원을 설명하는 초끈 이론이 아니고 무엇인가…….

이렇게 작품을 변형시키며 여기까지 사고가 확장되며 작품을 보는 경험은 참으로 놀랍고도 즐거운 또 다른 체험이었다. 미술작업을 진행하면서 나는 계속해서 나의 사고와 의식을 확장할 수 있었고, 동료들의 글쓰기를 읽으며 내가 경험했던 것이 더욱 확실하게 눈앞에 시각화되는 것을 목격했다. 더불어 말과 글로는 미처 설명할 수 없는 나의 느낌과 생각을 그 어떤 도구보다 정확하게 표현해 주는 것을 보며 미술작품의 큰 힘도 함께 알 수 있었다.

[그림 4-5-1] #5(2016). [그림 4-4] 우리의 속삭임 변형.
300×450mm. 오일 파스텔.

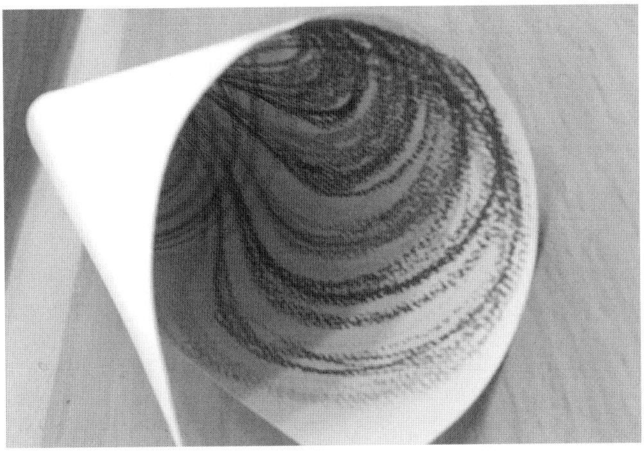

[그림 4-5-2] #5(2016). [그림 4-4] 우리의 속삭임 변형.
300×450mm. 오일 파스텔.

5. 연구 참여자 6의 창의적 작업

다음은 원본 14 미술치료사의 미술작업을 통한 자기인식 체험에 관한 글쓰기를 한 연구 참여자 6의 창의적 작업이다.

미술치료사의 미술작업을 통한 자기인식 체험연구에 대한 반응적 글쓰기를 읽기 전에 나는 마음이 좀 설렜다. 다른 미술치료사들이 내 글쓰기에 대해 어떤 반응을 해 주었을까 그리고 나의 글이 그들에게 어떤 영향을 끼쳤을까 궁금하기도 했다.

첫 글쓰기를 열어 보니 '아픈 기억을 딛고 분노와 마주한 미술치료사에게 드리는 편지'라는 제목의 글이 있었다. 여러 가지 어려움을 견디며 당당히 걸어가고 있는 그대를 칭찬한다는 내용의 글이었다. 더불어 처음엔 구부정하게 걷고 있던 한 사람이 나중에는 당당히 어깨를 펴고 걸어가는 이미지도 함께 보내졌다. 그 이미지와 글을 읽으며 좀 가슴이 울컥해지는 느낌을 받았다. 누구인지도 모르는 사람이 나의 노고와 애씀을 알아봐 주고 격려해 준 그런 느낌이 들어서 감사한 마음이 들었다. 어쩌면 그분도 같은 미술치료사이기에 미술작업을 하며 자기를 인식해 가는 과정을 똑같이 겪었을 것이고 그 이미지 속의 사람은 혼자가 아닌 여러 명의 미술치료사일 것 같다는 생각이 들어 마음이 훈훈해짐을 느꼈다.

또 다른 분들의 글쓰기에서는 자신의 어린 시절의 이야기가 담겨 있었다. 어린 시절의 어떤 경험으로 인하여 그것이 현재의 자신에게도 영향을 미치고 있었던 것을 인식하며 이제는 그러한 무의식적인 굴레에서 벗어날 수 있었던 것을 고백해 준 글이었다. 나 역시 같은 경험을 여러 번 하였기에 이 글을 읽고는 반가운 마음이 들었다. 미술치료사로서 살아가며 이렇게 자신 안에 자리한 어린 자아를 만나고 그것을 인식하고 돌봄으로써 좀 더 자유로운 삶을 살아가게 되는 것은 행운이 아닐까 싶다. 같은 길을 걸어가는 동료로서 한층 더 친밀함을 느끼게 된다.

또한 내 글을 읽고 나서 교수님의 미술작업에 대해 기억이 떠올라서 그 이야기를 적어 준 분도 있었다. 교수님의 미술작업을 보고 나눔으로써 더 교수님에 대해 잘 이해하게 되었다는 내용이었다. 나 역시 미술작업은 타인을 이해하는 폭을 넓혀 준다는 경험을 여러 번 하게 된다. 한 사람을 이해하는 범위가 기껏해야 그 사람의 외모, 겉으로 보여지는 행동들, 그 사람의 위치 등 외적인 것에 국한될 때가 많다. 특히 많은 대화를 나누지 못하거나 할 때는 더욱 그런 것 같다. 그러나 미술작업엔 그 사람의 내면이 담기게 되는 경우가 많기에 그 사람이 가진 다양한 면에 대해 알게 되고 그를 더 이해하게 되는 것이다. 학교 부적응 아동 청소년 내담자들을 보면 학교에서 인정받지 못하고 야단을 맞거나 비난의 대상이 되기 싶지만 정작 미술작업 속에서 보여지는 그들의 내면은 여리고 아름다운 부분을 볼 수 있기도 하다.

'이미지로의 걸어 들어감'이라는 작업의 사진을 보내 준 분도 있었다. 문이 반쯤 열려진 것이 보이는 그림으로 그 안으로 들어가면 만나게 되는 것은 바로 나 자신이라는 내용과 함께 말이다. 미술작업은 우리를 그 문으로 향하게 초대하고 그 문을 용기 내어 열어 볼 수 있는 자! 그들이 누리게 되는 것은 진정한 자신과의 만남일 것이다. 내 글을 읽고 나서 다른 분이 그린 이런 이미지 작업을 보니 더욱 미술치료사로서 우리가 함께라는 동지 의식이 생겨나는 것 같다.

'미술치료사의 미술작업을 통한 자기인식 체험연구'를 읽고 여러 다른 미술치료사들이 반응해 준 글들을 읽으며 뭉클해지는 마음과 동지 의식이라는 단어가 떠올랐으며 이런 마음들을 모아 다음과 같이 한 편의 시를 적어 보았다.

미술치료의 이름으로 만난 동지들

우리들은 안다.
미술작업은 바로 우리들의 마음을 열어 줄 비밀의 문
그리고 그 문을 열어야 할 때
누구나 다 아픈 기억을 가지고 있으며
그것이 우리를 성장하게 만든다는 것을

우리들은 기억한다.
우리는 결코 혼자가 아니며
서로가 서로를 비추어 주는
앎의 거울이라는 것을

우리들은 다짐한다.
우리 앞에 놓인 미래는
우리가 함께 걸어가는 길
아니 함께 만들어 가는 길이라는 것을

미술치료의 이름으로 만난 동지들
온 우주에 깃든
사랑의 마음을 느끼며
서로에게 축복을 빌어 준다.

6. 연구 참여자 9의 창의적 작업

다음은 원본 13 미술교사 경험을 가진 미술치료 석사학위 과정생의 정체성 확립 과정에 대한 체험에 관한 글쓰기를 한 연구 참여자 9의 창의적 작업이다.

선물

내가 쓴 글에 대한 반영적 글쓰기가 담긴 메일이 도착했다. 다른 사람들이 내가 쓴 글에 대해 어떤 이야기를 덧붙여 썼을지 내심 무척 궁금했다. 나는 마치 선물 포장을 뜯는 아이 같은 마음으로 재빨리 파일을 열어 첫 번째 반영적 글쓰기를 재빨리 휘리릭 휘리릭 읽어 내려갔다. 뭔지 모를 살짝 들뜬 신나는 마음으로 읽어 내려가고 있었으나 읽고 나니 신나는 마음은 온데간데없이 사라지고 뭐라 말하기 어려운 감정이 생겼다. 선물 포장을 너무나 신나게 뜯었는데 기대하는 선물이 안 나온 것 같은 그런 느낌이었다. 기대하던 선물이 아니어서 내 기분이 가라앉는 중인 건 알겠는데 그게 무슨 감정인지는 묘연하기만 했다. 말로 단박에 표현하기는 어려워도 어쨌든 기분이 안 좋은 건 확실했다. 무엇이 내 기분을 나쁘다고 느끼도록 만드는지는 모르겠으나, 나는 '에라. 모르겠다.' 하며 파일을 닫고 내 감정도 닫아 버렸다. 그리고 거의 한 달이 지나 그 감정을 다시 직면해야만 하는 상황이 되었다. 지도교수님께서 제출 기한이 당장 내일이라고 알려 주지 않으셨으면 사실 한 달 내내 신경 쓰였으면서도 모르는 척하려 했다. 다이어리에 제출일이라고 진하게 동그라미로 표시해 놓았으나 깜박 잊어버렸다고 얘기하고 싶었다.

그런데 친절히 알려 주시니 모르는 척하고 지나갈 수도 없고 정말 내키지 않았지만 다시 노트북을 켜고 한참 동안 인터넷 서핑하고 딴짓을 하다가 결국에는 마주하고 앉았다. 그 글을 다시 읽으니 한 달 전 기분 나빴던 그런 비슷한 감정이 또 생겼다. 뭐가 엮여 있어서 이런 걸까……. 흐르는 물에 띄엄띄엄 조약돌 던지듯이 혼잣말을 걸어 본다. 나 기분 나쁘다고……. 그런데 왜 나쁜 거냐고. 그 감정을 찾아 글을 써야 한다니……. 생각하기 싫지만 어찌 하냐고……. 어찌 할 수 없으니 해야 한다고……. 맞장 뜨자고 그러면서 피드백으로 받은 글을 꼼꼼히 읽어 내려갔다. 그리고 또 다시 곱씹으며 읽어 본다. 그러다 문득 내가 피드백으로 받은 글의 논지를 받아들이기 불편해하는 건 아닐까라는 생각이 들었다. 우리가 학창 시절의 선생님들을 생각해 보면 분명 좋은 선생님만 계셨던 건 아니다. 어느 학교든, 학원이든 이상한 선생님은 계셨지만 선생님이라는 자체를 강압적이고 지시적인 대상으로 등식을 성립시키는 것은 너무 성급하지 않은가라는 생각이 들었다. 분명 좋은 선생님도 있었을 텐데 말이다. 특히나 그런 이상한 교사로 분류할 수 있는 선생님들이 굳이 미술치료를 공부하고 있는 비율이 얼마나 될까라는 그런 생각이 들었다. 만약 교사였던 사람이 미술치료를 처음 배우는 시점에서 본인이 익숙한 대로 내담자를 학생이라고 부르면 이를 경직된 치료사로 보아야 하는 걸까? 교사들은 언어적으로 비언어적으로 지시적이기만 할까? 그리고 하필 그런 교사들이 미술치료사가 되어 내담자에게 또 다시 지시적이 된다는 것인가? 분명 글쓴이는 그런 선생님을 교육과정에서 경험하였을 것이다. 하지만 개인이 경험한 제한적인 교사의 행태를 전체 교사로 일반화하거나, 교사 출신의 미술치료사는 이러할 것이다라는 확대 해석이 나는 다소 부담스러웠다. 정작 나의 원글에서 내가 고민하던 것들은 전혀 이해받지 못하는 것 같은 느낌으로 다가왔다. '교사는 다 이렇잖아. 그러니 미술교사 출신 미술치료사도 다 이래.' 이러는 것처럼 말이다.

미술치료와 미술교육 사이에서 내 고민은 시작되었는데 내가 피드백으로 받은 첫 번째 글에는 내 고민에 대한 코멘트가 없어 마치 내 고민이 아무것도 아닌 것처럼 다뤄진 것 같아 서운한 마음이 들었다. 그리고 좀 더 솔직히 말하면 미술교사 출신의 미술치료사이기도 한 나를 비난하는 것 같아 마음이 언짢은 마음도 있었다. 글쓴이는 자신의 경험에 따른 얘기를 쓴 것이지 내 얘기를 쓴 건 아닐 텐데 나는 지레 내 감정을 피드백으로 받은 글에 입혀 버렸구나라는 생각도 들었다. 피드백으로 받은 글에서 얘기하는 지시적이고 강압적인 미술치료사가 '나'라는 얘기는 어디에도 없었는데 말이다. 이런 저런 생각이 머릿속에서 슬금슬금 움직이다 나는 글이라는 게 사실적인 정보를 전달하나 그것을 읽는 이에 따라 각자 다르게 읽는 것에 새삼 놀랐다. 우리는 알게 모르게 언어로 전달하는 건 정확하다고 생각하는 경향이 있다. 나는 거기에다 심지어 내가 쓴 글에 대해 내가 말하는 초점으로 상대방이 이해해 주길 바라는 억지스러운 마음도 있었던 것이다. 나의 고민이 이러하고 이 부분이 나에게 어떤 의미인지를 읽는 이에게 전달하고 싶어 했다. 나는 미술치료라는 걸 배우면서 그걸 받아들이는 게 내게는 무척이나 절절한 과정이어서 그 얘기를 하고 싶었다. 어떻게 어려웠는지 세세하고 장황하게 얘기하고 싶었다. 그러나 글이 내 손을 떠나고 난 다음엔 그 글을 읽는 이의 마음대로 느끼고 얘기하는 게 당연한 건데 나는 듣고 싶은 얘기가 따로 있었던 것이다. 누군가 그 글을 읽고 나의 첨예했던 고민을 들어 줬으면 하고 나도 모르게 기대하고 있었다. 내가 피드백으로 받은 글에서 기분이 나쁘게 느껴졌던 것은 내게 위로가 되는 글을 기대했던 내 마음 때문이었다. 나는 '위로'라는 선물을 기대하고 포장지를 확 뜯었는데, 거기엔 내가 원하는 선물이 아니라 선물을 준비한 사람이 주고 싶은 선물이 들어 있었지만 이런 통찰을 얻게 되었으니 그건 내게 진정한 선물이었다.

7. 연구 참여자 10의 창의적 작업

다음은 원본 2 미술치료 석사학위 과정생의 정신과 임상실습 체험에 관한 글쓰기를 한 연구 참여자 10의 창의적 작업이다.

치열하게 임상실습을 하고 있었을 때는 왜 몰랐을까?
우리가 이토록 아름다운 사람이었다는 것을!

사실 석사논문을 쓰고 나서 다시 그 논문을 마주할 자신이 없어 박사과정에 들어오고 수료를 할 때까지 내 논문을 제대로 보지 못했다. 그리고 이런 글쓰기를 동료들과 함께 나누어 보고 반영작업을 하기까지 적잖은 부담감이 있었다. 마치 옷을 걸치지 않은 채, 목욕탕에서 함께 서로의 때를 밀어 주고 있는 듯한 느낌이 나에겐 있었다.

그리고 나의 석사논문 글쓰기에 대한 반영작업을 마주했을 때, 나는 그 모든 걱정보다 큰 뭉클함을 느꼈다. 글을 잘 쓰고 못 쓰고의 문제가 아니었다. 우린 모두 '정신과 임상실습'이라는 테두리 안에서 아름다운 꽃이었다. 우리는 스스로에게 칭찬이 참 인색하다. 특히 석사과정생 때는 더욱 그러하다. 그래서 낯설고 힘든 환경에서도 스스로를 채찍질하고 있었다. 그리고 그때는 얼마나 중요한 일들을 하고 있는지 몰랐지만 하나같이 미술치료사로 살아가며 그 순간의 경험이 얼마나 소중했는지를 느끼고 있었다.

[그림 4-6]은 동료들의 반영적 글쓰기를 보고 작업한 것이다. 임상실습을 졸업과 동시에 끝이 났지만 우리는 그것을 시작으로 미술치료사로서의 자신의 역량을 확장시키고 있다. 그래서 잡지에서 오려 낸 이미지를 종이에 붙이고 확장 그림을 그렸다.

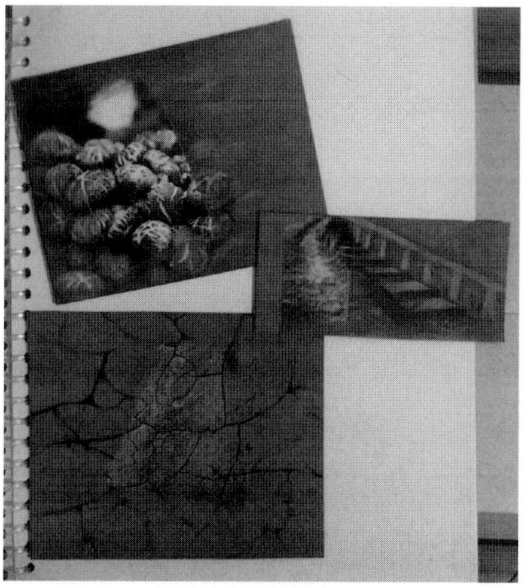

[그림 4-6] #10(2016). 계속되는 이야기. 215×297mm. 잡지, 콩테.

첫 번째 이미지는 버섯무리이다. 정신과의 냄새, 열악한 환경, 임상실습생들을 대하는 치료진들의 태도는 우리를 힘들게 했다. 마치 쾌적하지 못한 그곳에서는 나쁜 균이 아닌 '이로운 균'인 버섯이 자라고 있었다.

두 번째 이미지는 메마른 땅이다. 빠짝 말라 버린 땅은 임상실습생의 소진이자 갈증이다. 아무리 도움이 되는 곳이라도 척박한 환경에서는 메마름을 느낄 수밖에 없었다. 하지만 잡지에서 오려 낸 이미지 위에 작은 물방울을 그려 넣었다. 마치 비가 올 예정인 것처럼……! 단비가 내려 정신과에서 미술치료의 입지가 단단해지길 바란다.

마지막 이미지에는 계단을 그려 넣었다. 우리는 끝이 보이지 않는 곳을 향해 오르는 중인지도 모른다. 하지만 조급해하지 않고 힘들 때는 손잡이에 기대서서 풍경도 바라보며 한 칸 두 칸 올라가다 보면 정상이란 곳을 밟을 수도 있을 듯하다.

누구에게나 처음은 있고 초심자 시절은 있다. 때론 그 순간들이 부끄럽기도 하고 한없이 초라해지기도 하지만, 그래서 아름다울 수 있음을 기억해야 할 것이다. 나도 나의 동료들도 무척이나 아름다운 사람들이었다.

8. 연구 참여자 11의 창의적 작업

다음은 원본 5 미술치료 석사 과정생의 소아암 환아를 대상으로 한 병원학교 미술치료 실습 체험에 관한 글쓰기를 한 연구 참여자 11의 창의적 작업이다.

5년 전 쯤, 소아암 환아들을 만나면서 느꼈던 감정들, 그리고 미술치료사로서 가졌던 다짐들이 다른 미술치료사 선생님들의 글과 그림을 보면서 생생하게 떠오른다. 예전에 내가 그랬던 것처럼 미술치료사로서 가졌던 혼란, 의구심, 소진을 다른 치료사들도 똑같이 느끼는구나……. 하지만 이런 과정을 겪으며 우리는 미술치료사로서 한발 더 성장해 나가는구나…….

고통스러운 항암치료로 힘들어하는 아이들을 보고 오는 날이면 나도 무거운 마음이 들 때가 많았다. 하지만 그 속에는 분명 반짝반짝 빛나는 아이들의 희망이 있었고, 그런 반짝임을 볼 때마다 내 안에서도 기쁨이 번져 갔다. 그리고 항암치료라는 그 끝을 알 수 없는 어두운 터널 속에서 오히려 더 강하디 강한 생명력을 느낄 수 있었다.

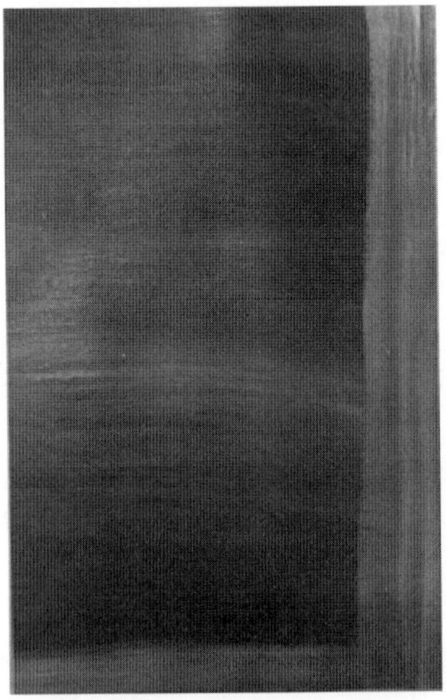

[그림 4-7] #11(2014). 정글. 272×394mm. 아크릴 물감.

9. 연구 참여자 12의 창의적 작업

다음은 원본 10 미술치료학 석사 과정생의 슈퍼비전 체험에 관한 글쓰기를 한 연구 참여자 12의 창의적 작업이다.

슈퍼비전. 왜 나는 '슈퍼비전'에 관심을 갖게 되었을까? 나는 논문주제를 정할 때 질적 연구에 적절하면서도 지도교수님께 통과될 수 있는, 그리고 나 역시 관심을 집중할 수 있는 내용을 잡는 일이 어려웠고, 주제가 통과가 되지 않으면 않을수록 머릿속이 무거워졌었다. 무엇 때문에 그렇게 어려웠을까…….

나는 학위과정 중에 있을 때보다 현장에서 미술치료사로 활동하면서 '슈퍼비전'의 중요성을 인식하게 되었고, 이제는 '슈퍼비전'이 학위과정이나 자격증을 취득하기 위한 목적이 아니더라도 현장에서 활동하는 한 지속적으로 수행해야 하는 작업임을 느낀다. 그런데 나는 왜 끊임없이 수련해야 하는 심리치료사라는 길에 들어서서 누군가는 할 필요도 없는 '슈퍼비전'을 감수하고 있는 걸까? 그리고 나는 왜 끊임없이 질문하고 있을까?

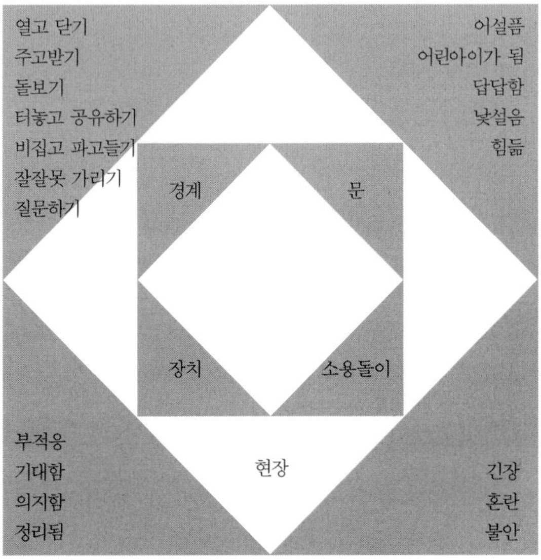

[그림 4-8] #12(2016). 참여자들이 보내 준 슈퍼비전에 대한 반응. hwp file.

참여자들이 내게 전해 준 작업을 받아들고 고민에 빠졌다. 나는 논문을 위한 연구과정에서 연구 참여자를 충분히 모집했다고 자신하진 못해도 그들의 경험에서 많은 양의 자료를 수집했고, 다양한 층의 내용을 뽑아 냈다고 생각했다. 그런데 이번 참여자들의 반응을 접하고 내가 자만하고 있었음을 깨달았다. '이건 연구결과에 없던 언어반응 아닌가!' 나는 나도 모르게 '당시에 최선을 다했으니 같은 주제에 대해서는 더 이상 새로운 경험이 나오는 것이 어렵지 않을까?'라고 생각하고 있었던 것이다. 부끄러움이 밀려왔고, 반응 작업은 오리무중에 빠졌다. 과연 특정 현상에 대한 누군가의 경험을 충분히 이해하는 것이 가능한 일일까? 글쓰기는 가닥을 잡지 못했고, 컴퓨터에 빈 화면만 띄우고 외면하는 시간이 길어졌다. 결국 마감시간이 임박해지고 밤이 깊어지고 나서야 나는 결단을 해야 했다. 할 것인가 말 것인가! 그리고 컴퓨터 앞을 떠나 무작정 도화지를 꺼냈다. 언어가 안되면 비언어로 가는 수밖에.

[그림 4-9] #12(2016). 기도하는 마음으로 Super-Vision.
400×600mm. 파스텔, 색연필, 사진.

종이상자를 뒤적이다 예전에 그리다 만 그림이 눈에 들어왔고, 달력종이 속 나비가 마음을 끌었다. 무엇을 어떻게 표현해야 할지 구체적으로 떠오르지 않았지만 일단 그림(Dieric Bouts의 '울고 있는 마돈나'를 연구자가 모사)을 손으로 잘라냈다. 화판에 방치된 채 색이 바래 가던 그림을 손으로 찢어 내면서 문득 슈퍼비전 상황에 놓인 슈퍼바이지들(나를 포함한)이 떠올랐다. 나는 복잡한 마음을 경험하는 그들을 다독이고 싶어졌다. 슈퍼비전받는 일이 매우 힘든 일이지만 눈물을 펑펑 쏟을 만큼은 아닌 것 같아 측은함만을 드러낼 수 있는 눈물 몇 방울과 기도하는 손이면 충분해 보였다. 지나친 감정 드러내기는 공감이 어려울 수 있다. 화지에 마돈나를 붙이고 끌리는 대로 나아갔다. 하얗던 공간에 여러 가지 색이 혼란스럽게 겹쳐지고, 생겼다 지워지기를 반복했다. 복잡한 형태가 남았다가 덮이기도 했고, 새로운 선이 추가됐다. 도대체 어디까지 가야 하는 건가. 이 모든 것을 관통하는 것이 필요했다. 화면 속 이미지에서 내 모습이 기도하는 사람인지, 나비인지 가늠하기 어렵다. 내가 목적하는 것이 관통하는 힘인지, 그곳을 통과하는 나비인지 분명치 않다. 어디까지 작업을 해야 할지 방황하던 나는 나비를 안착시키고 나서야 작업을 멈추었다. 속이 뻥 뚫리는 느낌이 들진 않았지만 '오늘은 여기까지'라는 생각이 들었다. 불편함을 날리고 싶은 마음이 있었던 걸까? 그래도 '여기까지' 했다는 것에 약간의 만족감이 생겼다. 다행스러운 일이다.

끊임없이 다가오는 수련경험은 나 자신을 한 사람이자 치료사로 들여다보게 하고, 밖의 시선에서 비춰 또 다시 나를 들여다보게 한다. 시간이 쌓이고, 내담자 경험이 늘어나면 새로울 것이 없을 것 같지만 늘 새삼스럽고 어렵기만 하다. 내게 누적되는 이론적 배경과 내담자 경험이 늘어나면서 부지불식간에 내가 누군가의 어려움을 진단할 수 있을 것 같은 자만이 생길 때가 있다. 그 자만으로 그 사람을 이해하고 다가갈 수 있다는 태도를 갖는 순간 그와의 사람 대 사람으로서 갖는 접촉은 단절되고 만다. 어떤 영역에서 전문성을 갖는 것은 쉽지 않다. 나는 내 개인의 성숙함과 함께 누군가에게 진심으로 관심을 기울이고 함께 성장하는 치료사가 되고 싶다. 시간이 지나고 나이를 먹을수록 어렵다고 느끼고 있지만, 그럼에도 불구하고 할 수 만 있다면 계속해서 꿈꾸고 싶다. 어렵지만 함께 성장하는 일! 이것이 슈퍼비전의 진정한 목적 아닐까?

10. 연구 참여자 13의 창의적 작업

다음은 원본 13 노인복지시설 집단미술치료를 진행한 미술치료학 석사학위 과정생의 현장실습 체험에 관한 글쓰기를 한 연구 참여자 13의 창의적 작업이다.

생각하는 힘

사람은 얼마나 간사한 존재인가. 아니 내 경우만 가지고 사람 전체를 논하는 것은 잘못된 일이겠지만. 이런 혼란을 나만 겪고 있는 것이 아닐 거라고 믿고 싶다. 미술치료사로서 복지관의 노인들을 대할 때 나는 아름다움을 보았었다. 미술치료사로서 그분들에게 소박하게나마 소중한 시간을 만들어 드리고 있다고, 최소한 무료함은 달래 드리고 있다고 스스로를 얼마나 대견해했던가. 좀 더 나은 사람이 된 것 같은 마음에, 뭔가 세상에 쓸모 있는 존재가 된 것 같은 느낌에 벅차올랐던 것이 불과 2년 전. 지금 나는 다시금 혼란스럽다.

장애를 가지고 태어나신 나의 큰아빠는 자신의 가정을 이룬 적 없이 평생을 우리 가족과 함께 사셨다. 어린 시절에는 큰아빠가 학교 앞에 마중을 나오거나 하면 그게 그렇게 부끄러워 숨어 다닐 정도로 그 존재를 인정하고 싶지 않아 했지만, 나이가 들고 철이 들며 자연스럽게 받아들이게 되었다. 우리 집은 큰아빠도 함께 산다고.

엄마는 항상 말씀하셨다. '나 도와주는 건 큰아빠밖에 없어.' 비록 장애가 있어 모든 일에 서투르셨지만 뭐든 도움이 되려고 애쓰셨다. 노인이 되면서는 하루 종일 공원에 가서 앉아 있다 오는 것이 일상이 되어 그렇게 있는 듯 없는 듯 항상 그 자리에 있는 사람으로 여겨졌다.

반년쯤 되었다. 그런 큰아빠가 요양병원에 가게 된 것이. 여느 때와 같이 밤까지 거실에서 같이 티비를 보았는데, 다음날 아침 소파에 앉아 있어야 할 큰아빠가 보이지 않았다. '웬일이지?' 생각하면서도 대수롭지 않게 여겼는데 아빠가 나를 급하게 부르며 119에 전화를 하라는 것이다. 난생처음 누워서 꼼짝도 하지 못하는 큰아빠를 보며 나는 그저 당황했다.

응급실에 갔다가 결국 몇 주 만에 요양병원에 입원하게 되자 그제야 실감이 나며 눈물을 쏟았다. 걱정되는 마음에 시간이 날 때마다 병원을 찾았지만, 나쁜 일은 꼭 동시에 생기는 것이 법칙이라 집안에 또 다른 병자가 생기고 이런 저런 사건 사고들이 생겨 결국 큰아빠에게는 크게 신경을 쓰지 못하는 상황이 되었다. 그러면서 나는 미술치료사로서 '나는 괜찮은 사람이네, 세상에 쓸모가 있네.' 하고 생각했던 일들로 인해 오히려 더 큰 자책을 하게 되었다. 정작 나의 가족에게 나는 어떠한 도움이 되고 있는가. 내가 해 줄 수 있는 것은 무엇인가. 공부를 시작하고 어느 정도 채워졌다고 생각했던 마음에 다시금 커다란 구멍이 생기며 다시 제자리로 돌아온 느낌이 들었다. 항상 싸울 때마다 '밖에서만 잘하고 다니지! 넌 엄청 이기적인 애'라고 비난했던 언니의 말이 뇌리에 맴돌며 그 말을 인정할 수밖에 없게 되었다.

그동안 내가 고민해 왔던 것. 그래서 공부해 왔던 것들이 결국은 그럴싸하게 포장하기 위한, 자기 위안을 위한 장치였던 것일까? 이러한 혼란과 불안들은 계속해서 나를 괴롭혔다. 그동안 배운 것들은, 마음속 깊이 울림을 느끼고 그래서 그것이 내 것이 되었다고 느꼈던 것들은 그건 다 거짓이었나? 유행가 가사처럼 원래 사람은 남에게 참견은 잘해도 자신의 일에는 노련하지 못한 것 그 뿐일까?

솔직하게 묻고 싶다. 다른 심리치료사, 상담사, 정신분석가, 자기 계발서를 쓰는 사람들……. 자신의 일에도 다른 사람에게 조언하듯이 그렇게 현명하게 대처하시느냐고. 그렇게 말하고 행동하고 그게 가능하냐고. 그게 쉬우면 세상에 문제가 있겠느냐고. 마치 상담치료를 거부하는 환자처럼 굴고 싶어진다.

하지만 이렇게 혼란스러운 과정에서도 나를 붙잡아 주고 있는 건 역시 '생각하는 힘'이다. 하루에 열두 번도 더 오락가락하는 마음을 곱씹어 보고, '에라 모르겠다' 내팽개치지 않고 끊임없이 답을 찾고, 어떤 의문에 대해 그 정답이란 것을 알 수는 없지만 알려고 노력하고, 그래서 소용없다고 느끼면서도 다시 책을 찾아보고, 그러면서 잠시나마 마음의 평화를 얻고, 하지만 또 방황하게 될 것이라 짐작하고.

언제쯤 나는 좀 더 나은 인간이 되었다고 확신할 수 있을까 싶지만……. 그런 날이 영영 오지 않는다고 하더라도 나는 계속해서 고민하고 생각하고 공부할 것 같다. 그것 외엔 아직 다른 방법을 찾지 못했기 때문이다.

11. 연구 참여자 14의 창의적 작업

다음은 원본 3 미술치료학 전공 석사학위 과정생의 아동 미술치료 현장실습 종결 체험에 관한 글쓰기를 한 연구 참여자 14의 창의적 작업이다.

현장실습 종결 체험에 대한 나의 글이 누군가와의 이별, 가족과의 사별, 미술치료사로서의 초년 경험을 떠오르게 했다. 세상의 수많은 사건에 의해 개인적 경험이 상기되기 마련이지만, 유독 멈추기 어렵고 깊게 침투하며 감정적 영향을 주는 기억은 언제나 상실 경험에 대한 것이었다. 그 이유는 상실에 대한 두려움 때문에 내가 이별을 경험함에 있어 종종 도망자였기 때문이다. 회피당한 이별 경험들이 처리되지 못하고 내 몸 안을 표류하고 있는 것이다.

이별 시점에서는 더없이 중요했던 누군가를 더 이상 상관없는 누군가로 만들어 버리는 일이 중요했다. 그렇게 그 순간이 내 세계를 뒤흔들지 않고 조용히 끝날 것이라 믿고 안심할 수 있는 것이다. 그런 나에게 내담자와의 종결 경험은 실로 처음 있고 압도적인 일이었다. 현장실습 종결 경험은 이별을 정면으로 겪어보게 된 일이었고 나에게는 처음 있는 일이었다.

종결은 그동안의 기억을 추억하고, 이별에 대한 마음을 표현하고, 함께 서러워하는 과정이었다. 이런 일이 이별 당사자 간 일어난다는 것은 일상에서 좀처럼 없는 드문 경우일 것이다. 나에게도 당연해 보이는 이 과정이 새롭고 낯설었다. 그래서 예전에 없던 여러 변화가 생겼다.

첫 번째로 이별이 나를 관통해도 내가 파괴하지 않는다는 것을 알게 되었고, 두 번째는 이를 통해 나에 대한 온전하고 견고한 감각을 느끼게 되었고, 세 번째는 회피하지 않고 현상을 경험하는 일이 나를 내 삶의 주체로 살게 해 주며, 네 번째는 소중했던 존재는 이미지화되어 내 마음속에서 계속 살아 있으므로 정신이 갖는 영속적 힘이 물리적인 한계를 이길 정도로 강인하다는 사실이다.

석사과정 현장실습의 종결 경험을 통하여 이런 깨달음이 있을 수 있었던 데에는 나와 내가 경험하는 현상들에 대해서 반영적이고 창의적으로 이해하고자 한 노력이 있었기 때문이다. 이것이 바로 미술치료사로서 갖추어야 하며 끊임없이 추구해야 할 태도라는 사실이 나를 더 나은 사람으로 살게 한다. 미술치료사로 사는 것이 왜 그렇게 중요하냐고 누가 묻는다면 이를 이유로 답하고 싶다.

나의 글을 읽고 자신의 이별 경험을 떠올린 이, 미술치료사로서의 공감대를 느끼고 표현해 준 이, 선배 미술치료사로서 나의 성장과정을 지지해 준 이들에게 감사하다.

12. 연구 참여자 17의 창의적 작업

다음은 원본 15 미술치료사의 미술작업을 통한 자기돌봄 체험에 관한 글쓰기를 한 연구 참여자 17의 창의적 작업이다.

나의 '미술치료사의 미술작업을 통한 자기돌봄'에 대한 현상학적 글쓰기를 읽고 반응글을 보내 준 동료 미술치료사의 글을 읽고 동료가 어떻게 자기돌봄을 하였는지에 대한 과정들을 같이 따라가면서 나 또한 마음이 따스해지며 자신을 아끼고 사랑하는 것에 대한 아름다움을 느낄 수 있었다.

저자는 박사과정을 다 수료하고 나서 지친 자신에게 선물하고자 한약을 지어 먹고 그렇게 몸을 추스른다. 그리고 그동안 가슴에 품어 왔던 그릇 만들기 시간을 자신에게 허락하며 기쁨과 뿌듯함으로 다시 생기를 찾아간다. 더불어 그릇을 만들고 그 그릇에 그림을 그리며 문득 어린 시절의 자신과 만나게 되었다고 한다. 어느덧 중년의 나이가 되어 버린 이 시점에서 이제는 아련한 그리움뿐인 어린 시절들, 잊혀졌던 기억들을 다시 만나게 되는 것은 행운이라고 말해도 되겠지…….

이 글을 읽으며 나 역시 그릇 만드는 작업을 하며 나 자신을 어루만졌던 시간들이 떠올랐다. 처음에는 그저 흙으로 빚어 낸 그릇들에 유약을 입히고 가마에 구워 내면 진짜 그릇으로 변신하는 것 자체가 너무 신기하고 재미있어 그 매력에 흠뻑 빠졌었다. 그렇지만 처음엔 빚어 놓은 그릇들이 갈라지고 깨어지는 일이 벌어져 아무것도 담을 수 없게 되어 버린 경우도 많았다. 가마에서 나온 그릇의 모양과 색이 기대했던 것과 너무 달라 당황스러웠던 적도 허다했다. 그러나 그러한 시간들이 쌓이고 쌓이면서 무언가를 담을 수 있는 그릇을 만든다는 것은 나에게 있어서는 내가 나 자신을 담을 수 있는 나로 변해 가는 과정이었다는 것을 알게 되었다. 내가 좋아하는 나의 어떤 부분들도, 내가 아니었음 싶었던 어떤 부분들도……. 나의 모든 것을 담게 되는 그런 수용의 과정을 만들어 가고 있었던 것이다.

지친 일상에서 자신이 좋아하는 것을 찾아 재미있는 활동들을 하며 긍정적인 감정들을 만들어 내는 것은 아마 아주 기본적이고 쉬운 것 같으면서도 잘하기 어려운 자기돌봄이 아닐까 싶다. 늘 무엇이 그리 바쁜지, 이리저리 쫓기는 삶의 한복판에서 잠시 숨을 고르고 예술이라는 창작의 시간을 가질 수 있다는 것! 그리고 그 창작의 힘이 주는 무한한 가능성의 신비로움의 기운을 받아 그것을 나의 삶을 더 풍요롭게 만드는 원동력으로 바꾸는 것이야말로 미술치료사들이 가진 재능일 것이다. 미술작업과 자기돌봄의 밑바탕에 깔려 있는 아주 근원적인 공통점은 '창작(創作)과 창조(創造)'인 것 같다. 미술작업을 통한 창작은 무에서 유를 만들어 내는 작업이며, 자기돌봄 또한 자신을 살려 내는 창작의 과정이라 감히 말하고 싶다. 나는 개인적으로 미술작업들을 통해 자신을 돌보는 것은 자신의 가장 깊은 곳의 영혼을 어루만지는 것이며 그곳에 삶의 숨결을 불어 넣는 회복의 과정임을 체험했기 때문이다.

[그림 4-10] #6(2015). Contain. 백자토.

Part 2

체험 미술심리치료에서 반영적 작업 분석

이 책을 위해 자신들이 다뤄 놓은 논문에서 중요한 부분인 원본을 사용하는 데 동의하였고, 이를 바탕으로 시도하는 연구에 참여를 수락한 자를 연구 참여자라고 부르며, 그들의 체험을 다루고자 한다.

제2부에서는 총 16편의 원본을 기반으로, 총 112편(61편의 글, 6편의 시, 45편의 그림)의 체험 자료가 수집되어 이를 분석해 놓고 있다.

제5장과 제6장은 다루어진 분량이 길어서 나누었을 뿐 반영적 작업 I을 다루고 있으며, 제7장에서는 반영적 작업 II를 다루고 있다.

반영적 작업의 목적은 한국 미술심리치료학 전공의 특수성과 이를 반영시킨 질적 연구의 확장 가능성을 다룸으로써 전공자들에게 전공과 질적 연구를 가깝게 연결 짓고, 이 같은 과정을 통해 연구 참여자들에게 나눔을 통한 새로운 배움의 기회가 제공되어 성장의 기회를 마련하였는지를 다뤄 보기 위함이다.

Chapter 5

미술심리치료의 유형으로 분류한 반영적 작업 I의 분석

반영적 작업 I이란 원본 1편을 읽고, 연구 참여자들이 자신들이 체험한 것을 다뤄 놓은 것이다. 이 책에서는 크게 7개의 주제로 분류하였고, 이 중 4개의 주제는 제5장에서 다루고 나머지 3개의 주제는 제6장에서 다루고자 한다. 이들을 위해 총 101편(55편의 글, 6편의 시, 40편의 그림)의 자료가 수집되었다.

그리고 반영적 작업 II란 원본 2~5편을 읽고, 연구 참여자들이 자신들이 체험한 것을 다뤄 놓은 것으로, 제7장에서 다루어지며, 이를 위해 총 11편(6편의 글, 5편의 그림)의 자료가 수집되었다.

1. 반영적 작업의 의미와 목적

제2부인 제5장, 제6장, 제7장에서 공통적으로 표기하고 있는, 반영적 작업이란 것이 무엇인지 그 표기의 의미와 목적부터 먼저 다루어 보면 다음과 같다.

1) 원본을 비춰 보는 거울이란 의미와 변증법

반영(反映)적 작업이라는 표기에서 반(反)은 '돌이킬, 돌아올'이라는 뜻을 가지며, 영(映)은 '비치다, 반사하다, 비추다'의 뜻을 가지고 있다. 따라서 반영은 거울이나 물위에 비치거나 반사된 것을 내가 보는 것으로서, 반영적 작업은 학술활동으로 이러한 것을 시도하는 의미를 담고 있다.

자신의 모습을 한 번도 비춰 본 적이 없는 그리스 신화의 주인공인 나르시스는 어느 날 샘물가에 가서 자신의 모습을 비춰 보고는, 그 아름다운 모습에 도취하여 비극을 맞이하게 된다. 북유럽의 구전 동화인 〈백설공주〉에서는 계모 왕비가 거울 속에 비친 자신의 모습을 보고 '거울아 거울아 누가 세상에서 제일 예쁘니?' 라고 묻는 부분이 나온다.

거울이나 거울과 같이 투명한 물은 있는 그대로를 비추어 준다.

이와 유사한 것이 이 책에서도 여러 단계를 거쳐 일어나고 있는데, 이 경우의 거울은 연구 참여자가 된다.

논문의 원저자가 다뤄 놓은 원본을 공개하는 것이 1단계라면, 동료인 연구 참여자들이 원본을 읽고 그들에게 그 원본이 과연 어떻게 비추어질지, 이는 연구 참여자뿐만 아니라 원저자에게도 매우 궁금증을 자아내는 부분이 된다.

제5장과 제6장은 원본을 1편 주었을 때, 연구 참여자들이 자율적으로 체험을 다룰 것인지 선택을 한 후, 다루어진 체험 자료를 분석한 것이다. 이때 반영적 작업 I은 원본의 거울이 되어 주는 역할을 하게 되며, 여기에서 거울은 연구 참여자의 수만큼 있게 된다. 그리고 제7장은 원본을 여러 편 보고, 체험을 다뤄 놓은 것이다.

모든 학위논문은 심사 통과 후 논문 제출과 더불어 공개된다. 이 책에서는 질적 연구방법을 사용하여 학위논문으로서 논문 심사를 통과하여 학위를 취득한 논문들 중 논문의 원저자가 자신이 논문에서 다뤄 놓은 원본을 동료들과 함께 나누는 것에 동의한 경우이다. 동료들은 모두 질적 연구방법으로 학위논문을 제출한 학위취득자들로, 이들이 원본을 읽고 각자가 체험한 것을 접할 준비가 되어 있다는 것 속에는 배움의 의지와 자신감이 들어 있어야 가능한 일로 보인다.

오늘날 대부분의 글이나 연구물들은 여러 번의 수정과 재수정의 과정을 거치게 된다. 특히 학위논문에서 다뤄지는 글은 전공자가 지니고 있는 전공 관련의 주제와 자신에 대한 정체성이 강하게 결속되어 있기 때문에 수없이 읽으면서 수정과 재수정을 통해 다듬어진 이후 심사숙고한 과정을 거쳐 최종적으로 제출하게 된다.

제2부에서는 그렇게 다루어진 글을 원본으로 부르며, 이에 대해 갖게 된 체험 자료를 분석하고자 한다.

일반적으로 글을 잘 다루어 내기 위해서는 글을 쓴 저자와 저자의 글에 심층적으로 접근해야 하며 이에 글을 다루는 이의 깊은 사유가 필요하다.

제5장과 제6장에서 다루어지고 있는 원본을 허락한 원저자와 원본을 다루고자

하는 연구 참여자들은 각기 다른 연구 주제들을 다루었지만 동일한 전공, 동일한 지도교수, 동일한 연구방법을 적용하여 석박사 학위논문을 제출한 배경을 지니고 있다. 이들 간에는 암묵적으로 서로를 신뢰하고 연구자로서뿐만 아니라 인간적인 덕목으로서 윤리적으로도 예의를 잘 갖추고 있다고 본다.

이들은 각자가 제출한 학위논문 중 가장 중요한 부분으로 여겨지는 원본의 사용을 허락하였고 연구에도 참여하여 체험 자료를 제출해 주었다. 그리고 동료인 연구 참여자의 체험은 곧 자신에게는 거울이 되어 준다는 생각을 할 수 있었다. 1편의 원본을 읽거나 여러 편의 원본을 읽고 갖게 된 체험은 곧 거울이 되어 반영적 작업 I 또는 반영적 작업 II 라고 표기되었다.

이 책에서 다뤄지고 있는 학위논문 중 글쓰기에 해당하는 원본은 Max van Manen의 해석학적 현상학적 질적 연구에서 다뤄지는 형식의 틀을 따르고 있다.

대부분의 학위논문들은 최종적으로 논문 심사를 마치고 나면 도서관에 비치된다. 이 같은 학위논문의 상황은 변증법에 비유해 보면 시작점인 변증법적 正의 상태라 해 볼 때, 이 책의 제2부에 해당하는 반영적 작업 I과 반영적 작업 II는 변증법적 反의 상태에 위치시킬 수 있다(장연집, 2017d).

도서관에 비치된 대부분의 학위논문은 가끔씩 관심을 가진 연구자들로부터 들춰지곤 한다. 제출된 논문이 매우 우수한 경우를 제외하고는, 대부분의 논문들은 비치되어 있을 뿐 잘 다루어지지 않는다. 이에 재조명을 받게 되는 경우는 흔치 않다. 학위논문을 제출한 원본의 연구자가 자신의 논문을 다시 들춰 보는 경우 역시 흔치 않다. 도서관에 제출된 학위논문이 제출된 그 상황을 정(正)의 단계로 볼 때, 대부분의 논문은 정(正)의 단계로 도서관 서고에 꽂혀 있게 되는 것이다.

이 책에서는 학위논문으로 제출된 최종본 중 중요한 부분으로 여겨지는 글쓰기 부분을 원본으로 표기하며 이를 기반으로 반영적 작업과 창의적 작업이라는 다양한 작업을 시도하게 된다. 이 과정에서 16편의 모든 원본은 각기 다른 연구 주제를 가지고 학위논문을 제출한 연구 참여자들로부터 수차례 읽히게 된다. 그 과정에서 어떤 원본은 더 많이 읽히게 되고 더 많은 자극을 받게 된다. 또 어떤 원본은 잘 다루어지지 않는 경우도 있게 된다. 원본의 저자들은 자신의 원본이 많이 다루어지기를 고대할 것이다.

원본의 저자들은 자신의 원본을 제출하지만, 동시에 다른 원본을 읽을 때에는 원한다면 연구 참여자가 되기도 한다. 모든 연구 참여자는 자신이건 동료이건 제출된 학위논문의 원본들을 여러 차례 다시 접하게 된다. 논문 중 일부인 원본을 동료들이 함께 다루고 그 느낀 점을 글과 그림 등으로 다뤄 보는 과정인 반영적 작업의 시도는 변증법적 반(反)의 의미를 지니게 되는데, 이 같은 과정을 가져보는 이유는 보다 발전적인 변증법적 합(合)의 상태에 도달해 보기 위해서이다.

이에 반영적 작업의 단계는 공개적으로 재조명해 보는 기회 제공의 의미를 담고 있으며, 그 같은 과정을 거치면서 최종적으로는 나눔과 배움이 있는 성장을 접하는지에 관심을 기울이고 있다. 반영적 작업이라는 과정을 시도해 보는 이유는 이들 연구 참여자들을 미술심리치료학 전공분야에서 유능한 전문가로 만들고 싶기 때문이다.

원본의 연구자와 연구 참여자 모두는 각자 자신들의 원본을 가지고 있다. 그리고 이들은 동시에 타자의 원본을 읽고 자신이 체험한 것을 해석학적 현상학적 글쓰기의 틀 내에서 다뤄 낼 수 있는 기본 역량을 갖춘 자들이다.

체험한 것을 다룰 수 있고, 동시에 자신에게 비추어지는 것을 진솔하게 다룰 수 있는 능력은 해석학적 현상학의 연구방법을 활용하여 학위논문을 제출하기까지 석사학위 과정이라면 지도교수로부터 최소 2년간의 훈련 기간을 거치게 된다.

이들 참여자들에게 비추어진 원본이, 좋은 거울과 같은 반사의 기능을 해 줄 반영적 작업을 통해 과연 어떻게 다뤄질 것인가는 참여자 모두의 관심사이다.

기존에 어느 누구도 어느 학문에서도 시도해 본 적이 없는 제2부 체험 미술심리치료에서의 반영적 작업이라는 시도와 이를 분석해 낸다는 것은 쉬운 일이 아니다.

연구 참여자로서 좋은 거울이 되어 주기 위해서, 모든 연구 참여자는 자신에게 비추어진 것을 꾸밈없이 그리고 가감 없이 느껴지는 그대로를 진솔하게 다뤄 주어야 한다. 이 때문에 이 책에서는 자율적이라는 단어를 수없이 사용하고 있다. 즉, 진정으로 몰입하여 원본을 다루고, 그 다룬 원본에 체험 자료를 다루고 싶을 때 체험 자료를 제출하라는 것이다. 바꿔 말해 보면 원치 않을 때에는 체험 자료를 제출하지 않아도 된다는 것이다.

반영적 작업의 연구 참여자는 대학원 미술심리치료학 전공자이며 질적 연구방법을 활용하여 최소 석사학위를 취득한 졸업생 중 본 연구에서 다루고자 하는 원본을 공개하고 그 원본과 관련된 작업(반영적 작업과 창의적 작업)에 참여하겠다는 동의서를 제출해 준 자들이다.

원본을 다룬 저자의 입장에서는 원본을 '비춰 본'이라는 의미로 느껴질 수 있고, 연구 참여자에게는 나에게 '비추어진'이란 의미로 느껴질 수 있는 반영적이란 표기는, 원본이 연구 참여자라는 거울에 어떻게 비추어졌는가를 다룬 반영적 작업에 드러나게 된다.

반영적 작업이란 거울이 어떤 거울이냐에 따라 원본의 모습은 다양하게 다루어질 수 있다. 그런 의미에서 볼 때 거울의 상태는 매우 중요하게 된다. 다양한 거울이 있다는 것은 연구를 수행해 보지 않으면 알 수가 없는 것이다.

반영적 작업 I은 원본 1편씩을 읽고 다룬 것으로 총 101편(55편의 글, 6편의 시, 40편의 그림)의 자료가 수집되었고 이들은 제5장과 제6장에서 다루어지게 된다. 그리고 반영적 작업 II는 여러 편의 원본을 읽고 다룬 것으로 총 11편(6편의 글, 5편의 그림)의 자료가 수집되어 제7장에서 다루고자 한다.

2) 반영적 작업을 시도한 목적

학위논문의 중요한 부분인 원본을 기반으로 하는 반영적 작업을 시도해 보는 목적은 질적 연구자이면서 미술심리치료학 전공의 학위취득자들인 졸업생에게 이들이 이미 갖고 있는 자료를 최대로 활용하여 졸업 후 질적 연구와 전공 공부를 자연스럽고 깊이 있게 그러면서도 동시에 자율성을 가지고 나눔과 배움의 기회를 통해 성장이 이루어질 수 있는지를 알아보기 위해서이다.

동일한 전공, 동일한 방법론을 사용하고, 동일한 지도교수의 지도를 받았으며, 석사학위 또는 그리고 박사학위를 취득한 배경을 하고 있는 15인의 연구 참여자들이 가상공간에서 작은 모임을 통해, 각자가 학위논문에서 다뤄진 원본을 공개하고 이들을 한 달에 1편씩 각자가 다루고 나서, 이에 대해 자신에게 떠오른 것을 진솔하게 다루는 새로운 체험 연구를 시도한다는 것은 전공의 1세대에게 향하는 희망 때문일 것이다.

씨는 뿌려야 거둘 것이 있기에, 참가한 모두는 무리인 줄 알면서도 서로에 대한 깊은 신뢰를 가지고 힘든 일이지만 숨죽이고 긴 여정을 떠나 본 것이다.

그 과정에서 다양한 의미와 깊이를 갖고 담겨진 각자의 체험 내용을 분석하는 과정에서 이들을 포함하여 한국 미술심리치료학 전공자들을 좀 더 이해할 수 있었고, 졸업 이후에도 소수이지만 자율적인 전문가 연구모임을 가지고 서로 의지해가며 성장 발전을 해 나가도록 밀어 주는 것은 매우 고무적인 기회라는 것을 확인할 수 있었다.

질적 연구는, 양적 연구에서 통계적 의미를 담고 있는 수치 대신, 이해와 의미를 다룬다. 이는 마치 외과의사가 수술 도구로 환자를 다루는 데 반해, 심리치료사는 언어와 관계 맺기를 통해 문제를 다루는 것에 비유해 볼 수 있다. 이해와 의미는 수치가 아니므로 장점도 있지만, 제한점도 있게 된다. 이는 수치도 마찬가지이다.

제5장과 제6장에서 연구 참여자들이 분석하고 있는 반영적인 작업 I을 통해, 이들 졸업생들에게 과연 반영적 작업 I 이라는 새로운 시도가 나눔과 배움이 일어날 수 있는 성장이라는 장(場)을 마련하였는지는 연구결과에 나타나게 될 것이다.

이에 첫 시도는 도전이라는 말을 할 수 있다.

원본을 모든 참여자가 공개해 주고 나누어 주었으므로 배움이란 것이 어떻게 일어나는지를 다루어 본다는 것은 흥미진진한 일이다. 학위를 취득한 전문가들에게 왜 새로운 나눔과 배움을 통한 성장이 필요한가? 이들은 전문가이기 때문이고 이 두 가지는 평생 필요한 부분이기 때문이다.

나눔과 배움은 전문가들에게는 쉽지 않은 제안이다. 자신이 있어야 부족함이 있더라도 드러내고 나누지, 그렇지 않으면 늘 감추고 돌려 대고 숨기고 너스레를 떤다. 감추면 다들 모를 것 같지만, 미세한 것만큼 잘 보이는 것은 없다.

발전하려면 남의 말이나 지적도 들을 수 있고 들어 내야 한다. 그러므로 발전을 하기 위해선 변증법적인 反의 과정이 필요한 것이다. 그리고 反의 과정은 아무 때나 일어나는 것이 아니라 적합한 때가 있다. 즉, 학위논문을 제출하고 시간이 너무 지나가지 않은 그래도 다룬 주제가 생생히 살아 있는, 내용이 잊히기 이전 일수록 좋다. 게다가 모든 것은 각자가 적극적으로 참여하고 싶고 다루고 싶을 때 할 수 있는 것이므로 철저하게 자율적이어야 하며 온전하게 책임을 질 수 있을 때 가능한 일이다.

결코 돈으로도 얻을 수 없는 귀한 기회가 구성되었고, 많은 함축된 의미와 귀한 내용들이 일일이 열거하지 않더라도 연구 참여자들은 자신들이 참여를 선택한 것이 매우 고된 과정이었지만 인생에서 제대로 큰 행운의 순간이었음을 잘 알고 있을 것이다.

새로움이나 신선함은 기존의 것을 뒤집어 놓기 이전에는 다루어질 수 없는 것들이다. 그래서 변증법적인 反은 合이라는 창조를 낳는 전초전이 된다.

3) 반영적 작업 I의 자료 수집과 소주제 선택

반영적 작업 I을 위해 기반이 되어 준 해석학적 현상학적 글쓰기인 원본의 원저자는 14인이다. 이들 중 2인은 석사학위와 박사학위 청구논문 모두를 제출해 주어, 실제로는 총 16편의 원본이 다루어지게 된다.

총 16편의 원본을, 한 달에 한 편씩 다루게 되면 총 1년 4개월 동안 자료 수집이 지속되게 된다. 그러나 실제로 반영적 작업 I의 자료 수집 기간은 2015년 8월부터 2017년 2월 사이로 4개월 정도가 지연되었다. 세부 사항은 해당 부분에서 자세히 다루고자 한다.

총 16편의 학위논문의 제목은 원본의 제목으로 이들은 미술심리치료학 전공에서 중요하게 여기는 총 일곱 가지의 세분화된 소주제로 분류되었다.

우선 미술심리치료학을 유형별로 분류한 네 가지의 소주제는 임상미술심리치료, 기관미술심리치료, 의료미술심리치료, 일반인을 위한 미술심리치료로 이어지는 제5장에서 다루고, 나머지 세 가지의 소주제는 제6장에서 다루고자 한다.

그리고 워낙 수집된 자료는 방대한 반면 지면은 제약되어 있어 16편의 원본을 매달 1편씩 모두 다루되, 일곱 가지의 세분화된 소주제로 분류하였다.

또한 일곱 가지의 소주제에 대해 여러 편의 원본이 있지만, 이 책에서는 각 소주제별로 연구 참여자의 반응수가 가장 높게 나타난 소주제 일곱 개를 선정하여, 이를 제5장과 제6장으로 나누어 반영적 작업 I로 다루고자 한다.

2. 임상미술심리치료를 다룬 반영적 작업 I의 분석

임상미술심리치료는 정신건강의학과에서 다루는 환자들을 대상으로 하는 미술심리치료이다. 정신 병리는 연령에 따라 크게 분류한 아동 청소년 대상과 성인 대상으로 나누어 볼 수 있다. 여기에서는 ADHD 아동을 대상으로 집단미술치료를 수행한 미술치료사의 체험 자료를 다루고자 한다.

이 주제는 L(이후 5번째 원저자를 표기하는 연구 참여자 5는 #5로 표기해 놓은 곳도 있다)이 박사학위 청구논문에서 다룬 원본을 기반으로, 12명(#1, 2, 4, 6, 7, 8, 9, 10, 12, 13, 14, 15) 의 연구 참여자들이 자신들의 체험을 다루어 놓고 있다.

이들 12명의 연구 참여자들로부터 제출된 체험 자료는 총 31편이다. 즉, 12개의 거울에 비추어진 31개의 내용들은 해석학적 현상학의 주제 분석을 따르고 있다.

1) 연구 참여자 5의 원본을 다루기 위한 관련 사항들

임상미술심리치료는 정신건강상에 문제를 보인다고 진단을 받은 환자를 위한 미술심리치료이다.

이는 미술심리치료의 네 가지 유형 중에서 가장 오랜 역사를 지니고 있다(장연집, 2013). 임상미술심리치료를 수행하기 위해서는 흔히 심리학, 심리치료, 정신병리와 진단, 미술심리치료학, 집단 미술심리치료, 미술심리검사 등의 관련 기초 교과과정의 이수와 임상실습 및 슈퍼비전, 매체연구 등이 기본적으로 요구된다.

#5의 원본은 아동 정신병리 중 미술치료[1] 현장에서 가장 많이 다뤄지고 있는 ADHD 아동을 대상으로 집단 미술치료를 수행한 미술치료사의 체험을 다루고 있다.

#5가 다룬 박사학위 청구논문의 제목은 '주의력 결핍 과잉행동 장애 초등학생을 대상으로 집단미술치료를 수행한 미술치료사의 체험연구'이다. 이 제목에서는 크게 세 가지 주제어로 '주의력 결핍 과잉행동 장애' '집단미술치료' '미술치료사의 체험'이 눈에 띈다.

---

1) 이 책의 전체 흐름은 미술심리치료라는 표기를 사용하고 있다. 그러나 이 부분에서는 #5의 학위논문제목을 존중하는 의미에서 학위논문에서 사용한 미술치료라는 표기를 사용하고 있다.

그리고 이 논문을 수행함에 있어 성패를 좌우하는 것은 미술치료사인 연구 참여자의 선정이다.

미술심리치료의 유형 중 가장 핵심이 되는 유형인 임상미술심리치료를 수행하기 위해 임상미술심리치료사에게 요구되는 역할은 네 가지이다. 연구자, 평가자, 교육자, 현장 실무자로서 각각의 능력 갖추고 이들을 통합하여 다루어 낼 수 있어야 한다(장연집, 2014).

임상미술심리치료는 다른 나머지 세 가지 유형과 비교해 볼 때 가장 심리치료가 강조되며, 확고하고도 균형 잡힌 미술심리치료사로서의 정체성을 요구하는 유형이다.

국내의 대학원 과정에서 임상미술심리치료와 아동임상미술심리치료 전문가 교육을 시킬 수 있는 대학원은 소수로 여겨지며, 관련의 슈퍼비전을 줄 수 있는 전문가 역시 제한적으로 보인다.

그러나 현실적으로는 대학원 과정이지만 미술치료나 미술심리치료가 유형별로 구분 없이 다루어지는 곳도 적지 않다. 이에 임상이라는 표기를 사용하려면 미술심리치료라는 표기를 사용하는 것이 적합하다고 보이지만, 현실적으로는 미술치료라는 표기가 더 많이 사용되고 있는 상황이다.

임상미술심리치료의 대상 아동들 중 가장 많은 수를 차지하는 것이 ADHD 아동이다. 아동 임상미술심리치료를 실시하는 임상 아동 미술심리치료사가 되기 위해서는 기본적으로 전공과목 중 성인 임상미술심리치료 관련의 교과목을 먼저 수강하고 이에 더하여 아동 대상의 교과목을 수강하게 된다. 아동 정신병리, 생리심리학, 아동, 청소년 대상의 DSM-5, 아동용 미술심리검사, 아동 심리치료, 정신건강 등과 같은 교과목의 수강 그리고 아동 임상미술심리치료 슈퍼비전 등의 집중적인 훈련이 요구된다.

#5가 다룬 학위논문의 연구 참여자가 되어 준 아동 임상 집단 미술심리치료를 수행한 미술심리치료사를 선정할 때에는 이 같은 부분을 참조하여 선정하는 것이 바람직하다.

#5의 원본을 기반으로, 12명의 연구 참여자가 자신의 체험을 다루기 위해, 반드시 세부 주제인 ADHD에 관한 정통하고 해박한 지식을 갖추어야 하는 것은 아니다. 이것이 의미하는 바는 원본의 원저자는 매우 다양한 시각을 가지고 있는

다양한 거울을 들여다볼 준비가 되어 있어야 한다는 것이다. 동시에 이들 자료를 분석한다는 것은 체험의 내용과 의미 그리고 이해이지, 평가가 아니라는 것이다.

2) 자율적으로 글과 시각 언어를 담아 보내 준 체험 자료

질적 연구를 위해서는 비공식적인 서류 자료에서부터 공식적 사무적인 보고서에 이르기까지 다양한 서류와 기록들이 이용될 수 있으며(신경림, 조명옥, 양진향 외, 2004), 자료의 형태는 관찰, 면접, 문서, 시청각 자료로 구분할 수 있다(Creswell, 2015).

여기에서는 원본을 읽은, 연구 참여자가 체험한 것을 글 또는 시각 언어(그림, 詩, 사진)로 다루어서 이메일로 보내 준 내용을 다루고 있으므로 자료는 문서의 형태이고 그것을 수집하는 과정은 연구 참여자 모두가 졸업생이므로 특정한 장소와 시간을 정해 참여한다는 것은 거의 불가능하므로 시공간적인 제약을 없애고 문서화된 자료를 자율적으로 이메일을 통해 보내고 받는 것으로 채택하였다. 자료의 제출과 수집이 모두에게 손쉬운 방법으로 받아들여지기는 하였으나, 결과적으로 직접 만남을 통해 다루어지지 않게 되자 뜻밖에 정체가 되어 새로운 방법을 찾아야만 하는 상황을 접하기도 하였고, 그 과정에서 파생되어진 것이 반영적 작업 II이다. 이는 해당 부분에서 다루기로 하겠다.

이에 연구자와 연구 참여자 간의 만남이 필요하며 이 같은 측면을 보완하기 위해, 연 1회 연구 참가자들의 모임을 가졌고, 전체적으로는 총 2회의 만남을 통해, 이 책 관련의 그림 작업을 시도할 수 있었고 이를 나누는 시간을 마련하게 되었다.

개인차는 있지만, 원본의 분량은 대체로 A4용지 기준으로 글자 크기를 10으로 하였을 때 9페이지 정도이다. 그리고 반영적 작업 I에서 다루어진 반영적 글은 같은 기준으로 할 때 2페이지 정도였으며, 연구 참여자에 따라 자율적으로 그림, 사진, 시(詩)가 함께 제출되었다.

질적 연구에서는 서류 문서를 면담의 전사 혹은 관찰에 대한 상세한 기술과 같이 다루어 부호화하고 범주화한다(신경림 외, 2004). 이에 본 연구에서도 수집된 반영적 작업 I의 자료인 글은 해석학적 현상학적 연구방법의 틀에 따라 분석하였고, 글과 함께 제출된 시각 언어로 된 자료들은 연구 참여자들이 다루어 준 그대로를 싣고자 하였다.

#5의 원본에 대해 12명의 연구 참여자들이 보내 준 반영적 작업 I의 자료들은 크게 세 가지 형태를 취하고 있다. 반영적 글만 다룬 경우, 반영적 글과 그림을 함께 다룬 경우, 반영적 그림만 다룬 경우이다.

이들 세 가지 형태 중 가장 선호되면서 가장 세심하게 접근해야하는 자료는 반영적 글과 그림이 모두 다루어진 경우이다.

예를 들어, #5의 원본을 읽고, #14가 다뤄 놓은 반영적 작업 I을 살펴보면 다음과 같다.

#14는 처음에는 [그림 5-1]만 제출하였다. [그림 5-1]을 보면 여러 가지 색, 많은 사람들, 구불거리는 선들 때문에 마치 재미있는 놀이를 표현한 것 같이 느껴졌다. 그런데 제목이 구름이었다. 뭔가 그림의 형태와 제목이 자연스럽게 연결되지 않는다는 생각이 스쳐 지나갔다.

그 이후 연구 참여자가 보내 준 글을 받고나서야 자연스럽지 않은 것 같이 느껴졌던 것을 이해할 수 있었다. 뒤늦게 도착한 글에는 다음과 같은 글이 적혀 있었다.

[그림 5-1] #14(2016). 구름. 207×394mm. 종이, 크레파스.

ADHD 초등학생 아이들과 함께한 미술치료사의 체험 글인 원본을 읽으며 나의 경험을 떠올렸다. 뾰족하게 곤두 선 창들에 방패 없이 방치된 나, 방향성을 예측할 수 없는 럭비공을 수비 능력 없이 잡으려 하는 내가 떠오른다. 대학원 과정 중이었던 그때의 나는 초심자로서 통제 불가능한 상황에 노출된다는 것 자체가 큰 불안이었다. 어느 누구라도 감당 어려울 법한 상황에 방치되었다는 사실이 원망스럽기도 했다.

나는 왜 그렇게 불안해했을까? 원본에 '불협화음도 음악이 될 수 있다는 희망'이라는 문장에 어떠한 생각이 떠올랐다. 내가 느꼈던 불안의 씨앗에 나의 통제욕구가 있던 것이다. 그때의 내가 절실하게 필요하다고 생각했던 방패, 수비수 모두 대응 전략이 아닌가. 마치 그 아이들이 나의 적군이고 맞서 싸워야 하는 전장에 내가 있는 것처럼, 나는 치료가 아닌 전투를 하고자 했던 것이다.

배우고 외워서 알고 있던 지식, ADHD 아이들의 행동 특징에 과잉행동과 공격성이 있다는 것은 그 순간 까맣게 가려져 있었다. 아이들의 행동이 나를 향한 공격이라 생각하고 내 방어에 몰두할 만큼 나는 자기중심적이었던 것이다.

그 아이들에게는 자신들의 불협화음에 기꺼이 귀를 열고 경청해 줄 사람이 필요하지 않았을까. 목청 높여 내지르는 불협화음에 기꺼이 오선지를 펼쳐 음악으로 담아주는 미술치료사의 모습을 그려 보았다. 이제는 싸움이 아니라고, 우리는 같은 편이라고 그렇게 말하는 미술치료사의 모습을 상상하고 그려 보고 마음 깊이 새겨 넣는다(#14, 2016).

처음에 글이 없이 그림만 힐끗 보았을 때 느껴진 것은 뭔가 재미있어 보이는 것을 다룬 것 같았는데 구름이란 제목이 모호하게 느껴졌었다. #14가 그림에 대해 다뤄 놓은 글을 접하고 난 이후 #14가 전달하고자하는 내용을 좀 더 잘 이해할 수 있었다. 글 속에 고스란히 자리하고 있는 내용은 아동 임상 집단미술심리치료를 수행하는 미술심리치료사가 매우 통합적이고 포용적으로 ADHD 아동중심의 미술심리치료 활동을 제공해 주어야 한다는 전문가로서의 치료철학을 담고 있는 장면이 다루어진 것이다.

ADHD와 관련한 그림들 대부분은 공격성이나 분노 등이 표현되곤 한다. 이에 반해 [그림 5-1]을 보면 부정적 감정들은 전문가가 되는 과정에서 겪는 것으로, 전문가가 되었다는 것은 관련의 어려움을 충분히 잘 알고 있고 어려움을 관통해 내려면 이를 승화시키고, 나아가 미술심리치료사와 ADHD 아동이 하나가 되어 함께 미술심리치료 활동을 만들어 가야 한다는 메시지를 담고 있다.

시각 언어인 그림, 사진, 시 등을 잘 다루어 내기 위해선, 글을 포함하여 그 그림을 다룬 당사자의 설명을 충분히 듣는 것부터 시작되어야 한다는 것을 잘 나타내 주는 그림의 좋은 예이다.

미술심리치료에서 미술 매체를 활용한 시각 언어는 말로 표현하기 어려운 것들을 응축하고 있는 경우가 많다. 길고 수려한 문장의 글도 그러하지만, 그림 역시 더 깊고 많은 내용을 동시에 시공을 초월하여 한 장면 속에 모두 담아낼 수 있으므로, 압축된 것일수록 해석은 신중하게 접근되어야 한다.

3) 연구 참여자 5의 원본을 기반으로 한 반영적 작업 I의 자료 분석 결과

ADHD 아동을 대상으로 집단 미술치료를 수행한 미술치료사의 체험을 다룬 #5의 원본을 읽고, 12명의 연구 참여자들이 다뤄 놓은 반영적 작업 I은 총 31편의 자료[2](12편의 글, 19편의 그림, 사진, 詩)를 토대로, 다음과 같이 14개의 본질적 주제와 38개의 하위 주제[3]가 도출되었다.

① 졸업 후 일로 잘 연결 짓지 못했던 체험 자료를 접하고 보니, 이제서야 중요한 것을 재부팅하는 것 같은, 새로운 추스림의 기회가 됨.

①-1 체험연구는 경험자의 입장에서 다룬 특정 경험을 엑기스로 접할 수 있는 모처럼의 기회를 마련해 줌.

①-2 졸업 후 일에 묻혀 정작 중요한 것을 놔두고 살아온 것이 비춰지면서 부끄러워짐.

①-3 체험연구는 언제든지 찾아보기만 하면 뚫리고 자신감을 갖게 하고 생각만 떠올려도 든든한 의지가 되어 주었던 기억이 남.

2) #5의 원본과 이를 기반으로 수행된 반영적 작업 I의 자료는 제3장 참조.

3) 장연집(2017a). 대학원 미술심리치료학 전공 졸업생의 반영적 글쓰기 체험의 탐구: ADHD 아동을 위한 미술치료사 체험을 다룬 해석학적 현상학의 글쓰기를 기반으로. 서울여자대학교 사회과학논총, 24, 213-237.

② 체험과정은 전공자로서 해 왔던 것들을 모두 점검하는 기회를 제공해 주지만, 내가 드러나는 것은 여전히 부담됨.

②-1 원본은 그동안 내가 체험한 것이어서 쉽게 동일시도 되면서, 내가 지녀 온 정보와 세션을 재정리하게 하고, 내 자신을 되짚어 보는 기회를 갖도록 함.

②-2 반영적 글쓰기를 통해, 나를 드러내 놓는다는 것은 여전히 부담스러움.

③ ADHD는 가장 흔히 접하게 되는 임상군으로, 원본의 내용은 마치 내가 수행했던 미술심리치료의 여정을 보는 것 같음.

③-1 ADHD는 미술심리치료의 현장에서 가장 많이 접하게 되는 대상으로, 그들과 함께한 나의 작업도 집단으로 진행되는 경우가 많았음.

③-2 원본은 내가 접한 치료여정을 떠올리게 하고 공감하는 기회가 됨.

④ 미술심리치료사로서 자신을 바라보며 진정한 타인이해나 치료관 등과 관련된 본질적인 물음들을 던져 보게 됨.

④-1 사람을 온전히 이해한다는 것이 과연 가능한 것인가라는 물음이 내면으로부터 올라옴.

④-2 내담자의 내면에서 일어나는 이야기와 이를 다루는 외적현실로서의 미술심리치료라는 것 사이의 간극이 과연 좁혀질 수 있는 것인지에 관하여 물음이 생김.

④-3 내담자에게 진정한 도움이 되기 위해선, 미술심리치료사의 마음부터 진정으로 열려 있어야 함.

⑤ 초보시절 ADHD와의 회기가 종료되면 넋 나간 듯 주저앉아 그만하고 싶은 생각뿐이었음.

⑤-1 세션에 압도되어 짓눌려 버린 내 자신을 추스르는 방법은 도망가고 싶다는 생각뿐이었음.

⑤-2 미숙함이나 무능함은 상태가 심한 아동들을 만나게 되면 더 잘 드러났던 것 같음.

⑥ 치료 현장에서는 지독한 어려움을 겪더라도 절대 내색하지 않지만, 곤혹스러운 어려움으로부터 날 구해 주고 이끌어 줄 전문적인 도움을 갈구하였음.
⑥-1 미술심리치료를 수행할 때는 겉으론 절대 곤혹스러운 감정을 드러내지 않음.

⑦ ADHD 하면 흔히 떠오르는 이미지는 과잉 행동, 과잉 방어, 엉뚱한 대처행동을 하는 사고뭉치임.
⑦-1 ADHD라고 하면 내게는 부산스럽고, 정신없고, 거칠고, 분노하는 아동의 이미지가 떠올려짐.
⑦-2 관계 맺는 것의 어려움 때문에, 이 아동들은 무엇을 해도 모두로부터 언제나 사고뭉치로 여겨짐.
⑦-3 심지어 관심을 끌어 보고자 하는 시도조차 이 아동들의 대처 방법은 어이없고 부적절함.
⑦-4 ADHD 아동과 함께한다는 건 분명 어렵지만, 이들에게는 넘치는 에너지와 순간적으로 발산하는 엉뚱한 발산과 행동이 주는 묘한 매력도 있음.

⑧ 진정으로 이 아동들에게 도움을 줄 수 있는 미술심리치료를 수행하기 위해 나름 여러 측면을 점검해 보고 찾아봄.
⑧-1 미술심리치료 시 응급상황이 발생하면 해당 상위부서로 의뢰하게 되고 결국 약물치료를 받게 되는데, 이것이 과연 최선을 다한 진정한 치료일까라는 생각에 심란해짐.
⑧-2 ADHD라는 진단명이 이 아동들을 이해하는 데 도움이 될지에 관해 의문이 듦.
⑧-3 ADHD 아동을 위한 미술심리치료를 수행하기 위해 가장 먼저 이들에게 무엇이 필요한 것인지에 대해 근원적인 부분부터 살펴보아야 함.

⑨ ADHD 아동과의 미술심리치료에서는 돌발 상황에 철저하게 대처할 능력을 갖추어야 할 뿐만 아니라 충동성을 몰입으로 가라앉히는 활동 및 적합한 매

체 개발 등 신경을 써야 할 것이 많음.

⑨-1 ADHD 아동과 함께하려면 돌발 상황의 가능성에 대해 충분한 숙지와 만반의 철저한 준비가 요구됨.

⑨-2 미술심리치료 활동은 이 아동들로 하여금 안정감을 되찾고 몰입으로 전환되도록 이끌어 주어야 함.

⑨-3 ADHD 아동들의 성향과는 반대되는 정적인 한국 고유의 매체를 다루면 어떨지를 떠올려 봄.

⑨-4 ADHD 아동과 함께 한 집단 미술심리치료 활동이 의외로 멋지게 진행될 때도 있음.

⑩ ADHD 아동을 위한 부모상담 역시 미술심리치료사를 지치게 하지만, 다른 한편 안쓰러운 마음도 갖게 됨.

⑩-1 ADHD 아동의 어머니들도 미술심리치료사인 내 마음을 황폐하게 만드는 건 마찬가지임.

⑩-2 안타까움과 답답함 그리고 악순환으로 부모상담에서 함께 무력감을 가짐.

⑩-3 쉴 틈 없이 버거운 상황 속에 있을 어머니들을 이해하게 됨.

⑪ 너무도 힘들지만 미술심리치료사로서 견뎌 낼 수 있었던 건, 아동에게서 변화와 일에서 의미를 가졌기 때문임.

⑪-1 기대치 않은 변화는 미술심리치료사로서 견뎌 내게 하는 힘이 됨.

⑪-2 의미 있는 일을 하고 있다는 느낌은 위로와 힘이 됨.

⑫ 미술심리치료사로서 내가 한 것보다 오히려 그 아동들로부터 받은 것이 더 많음.

⑫-1 ADHD 아동들로 인해 나 스스로를 돌이켜보고 환기해 보게 됨.

⑫-2 아동들을 통해 미술심리치료사로서 나를 존중하게 되고 내가 하는 일에 자부심을 갖게 됨.

⑫-3 조화와 아름다움이란 것에 대해 새로운 눈을 뜨게 됨.

⑬ ADHD 아동과 함께하는 작업을 터득하게 되자, 재미있고 편안한 나만의 미술심리치료를 수행하기에 이름.
  ⑬-1 노력 끝에 나만의 미술심리치료 스타일을 갖게 됨.
  ⑬-2 내담자들로부터 거리를 둘 수 있게 됨.
  ⑬-3 그들의 삶을 이해하고 응원하며 사랑하게 됨.
  ⑬-4 이제는 그들에게 마음을 열고 편안하고 안전하며 재미있게 해 주는 것도 알게 됨.

⑭ 현재의 나에게 필요한 것은 무엇이고, 버릴 것은 무엇인지를 숙고해 보는 기회가 되었음.
  ⑭-1 역량만큼 열심히 책임감을 가지고 임해야 하지만, 일 속에만 파묻혀 필요한 것도 챙기지 못하는 것은 피해야 함.
  ⑭-2 이미지 작업이 내 자신을 조심스레 치유시켜 가고 있는 힘을 느끼며, 보다 근원적으로 필요한 것이 무엇인지를 숙고해 봄.

4) 연구 참여자 5의 원본을 기반으로 한 반영적 작업 I의 논의 및 결론

#5의 원본을 기반으로 수행된 반영적 작업 I의 결과 14개의 본질적 주제와 38개의 하위 주제가 도출되었다. 여기서는 14개 본질적 주제가 다루어 놓은 내용을 크게 세 가지로 묶은 후에 논의해 보고자 한다.

첫째, #5의 원본을 기반으로 수행된 반영적 작업 I의 과정은 연구 참여자들에게 자신들이 잠시 등한시한 것처럼 느껴지는 질적 연구를 다시 접하는 기분을 느끼면서, 과거에는 그렇게 중요시 여겼던 부분이었는데 현재는 잊고 있었음을 통찰하고, 마치 새로운 기회에 접속하는 느낌을 갖게 한다. 이는 자신들이 좀 더 성장해 가기 위해 필요한 것이 무엇인지를 숙고해 보는 기회로 연결시킨다(본질적 주제 1, 본질적 주제 2, 본질적 주제 14).

둘째, #5의 원본을 기반으로 수행된 반영적 작업 I에서 가장 많이 다루어진 반응은 ADHD 아동 중심의 내용으로 이는 다음과 같이 여섯 가지로 세분화시켜 볼 수 있다.

① ADHD가 나타내는 반응 특성이 다루어졌고 원본을 자신들이 수행했던 치료여정과 동일시하였다(본질적 주제 3, 본질적 주제 7).
② ADHD에 관해 충분한 준비 없이 접근하여 혹독하게 느꼈던 실습이나 훈련의 기억이 되살아났다(본질적 주제 5, 본질적 주제 6).
③ 좌충우돌하던 임상장면에서의 지독한 어려움을 참아낼 수 있었던 것은 아동들에게서 나타난 기대치 않은 변화와 자신들이 의미 있는 일을 하고 있다는 생각 때문이었다(본질적 주제 11).
④ ADHD 증상을 보이는 아동의 어머니를 상담하는 것 역시 미술심리치료사를 크게 지치게 하는 곤혹스러운 상황이다(본질적 주제 10).
⑤ ADHD 아동을 위해 마음을 넣고 다루어야 하는 진정한 심리치료에 과연 진단명이나 약물처방이 어떤 도움을 줄 수 있는 것인지에 관해 질문을 던져본다(본질적 주제 8).
⑥ ADHD 아동을 위해 해 준 것보다 그들로부터 받은 것이 많으며, 그들에게 감사한 마음을 갖고 있다(본질적 주제 12, 본질적 주제 13).

셋째, ADHD 아동을 위한 최적의 집단 미술심리치료가 온전히 경쟁력을 갖춘 심리치료로 자리하기 위해서는 이들의 충동성을 낮추고, 몰입을 이끄는 집단미술심리치료 활동 내용의 점검과 이들의 수준 그리고 상황에 적합한 매체 개발이 요구된다. 그리고 이에 더하여 미술심리치료사로서 정체성을 갖도록 이끌 좀 더 근원적인 측면에서 접근한 생명관, 아동관, 미술심리치료의 치료관을 환기해 볼 필요가 있다(본질적 주제 4, 본질적 주제 9).

이처럼 14개의 본질적 주제를 크게 세 가지로 묶어 본 것 중 첫 번째 묶음에서는 반영적 작업 I이 시도되었기 때문에, 연구 참여자의 통찰이 가능해진 것으로 보인다. 반면, 두 번째 묶음에서는 앞에서부터 네 번째까지의 내용들은 본 연구에서뿐만 아니라 이미 다양한 선행 연구들의 결과에서도 접할 수 있는 것들이다. 그리고 다섯 번째 부분에서 다뤄진 것으로 ADHD 아동을 위한 집단 미술심리치료를 미술심리치료사의 온전한 마음을 담아 넣는 심리치료로 볼 때, 진단명이나 약물처방이 기능적인 목적을 위해서는 필요한 것으로 이해되기는 하지만, 정신건강의 범주 속에서 다루어지는 아동 임상 집단미술심리치료의 치료 목적과 추구하는 것이 환자보다는 관리자 중심처럼 느껴진다. 그리고 여섯 번째는 현재의 시점에서 돌이켜 보니 오늘날의 자신을 만들어 준 것은 다름 아닌 ADHD 아동으로 그들에게 감사를 표현한다는 것은, 이들 연구 참여자들이 충분히 성장했다는 것으로 받아들여진다.

그리고 세 번째 묶음에서는 미술심리치료를 다루어 놓으면서 이들 부분이 미래에 보다 경쟁력을 갖추기 위해 필요한 근본적인 측면들을 구체적으로 다뤄 놓고 있다.

대학원에서 질적 연구에 관한 강의를 수강하였고 지도교수와 함께 훈련을 쌓아 학위논문을 제출하고 학위를 취득한 졸업생들 중 본 연구에 참여 의사를 밝힌 연구 참여자들에게 체험을 다루는 것은 낯설지 않은 과정이다. 원본을 읽고 나서, 자신의 체험을 글 또는 글과 시각 언어로 진실되고 진솔하게 표현을 하면 되기 때문이다.

반영적 작업 I의 세부 진행을 위한 지시 사항은 "원본을 읽고 자신이 체험한 내용을 진솔하게 다루어 주시고, 관련된 시각 언어의 자료가 있으면 글과 함께 보내 주십시오."이다.

이 외에 모든 과정은 암묵적으로 진행되었다. 그 이유는 반영적 작업 I을 다루어 내기 위해 요구되는 기본적 자격 요건이 최소한 질적 연구방법을 활용하여 학위논문을 제출하였고 석사학위 이상을 취득한 자를 대상으로 하고 있기 때문으로, 그 같은 과정 속에서 요구되었던 훈련 내용들이 이 책을 만들어 가는 과정의 내용들에도 모두 중첩될 수 있는 부분이기 때문이다.

자율적인 참여에 따른 모임의 전체 지속 기간은 최소 1년 반 이상이 요구되었다. 이 기간 동안 월 1회 정도 원본을 읽고 체험 자료를 메일을 통해 보내는 과정에서 연구 참여자 간의 신뢰와 자료관리 및 윤리적 측면 등은 매우 중요한 부분으로, 이들 모두는 이 같은 측면을 잘 갖추고 있었기에 자료 수집이 가능할 수 있었다.

국내외에서 처음으로 시도되는 반영적 작업 I은 이들 연구 참여자들도 처음 접하는 것이다. 연구 참여자들 중에는 졸업하고, 처음으로 자율적인 모임을 통해 체험 작업에 참여하면서 자신이 일에 매진하다 보니 질적 연구로부터 멀리 벗어나 있다는 자신의 현재 모습을 알아차리는 순간이 스쳐 지나간 경우도 있다. 이는 순간이지만 매우 소중한 통찰로 보인다. 그리고 자신이 좀 더 전문가가 되고자 한다면 지금부터 무엇을 해야 할 것인가에 대해 숙고해 보는 순간을 가진 경우도 있었다. 이는 현재를 중심으로 미래를 연결 지어 보는 것으로, 반영적 작업 I의 기회가 연구 참여자들에게 이런 기회를 갖게 하였다고 보인다.

순간의 결정이 미래에는 큰 차이를 낼 수 있다. 누구와, 얼마 동안, 어디서, 무엇을, 어떻게, 왜 하고자 하는가? 연구 모임에 참여하느냐 참여치 않느냐는 것도 결정해야 하는 것이고, 이 원본을 다룰 것인가 아닌가도 결정을 하는 것이다. 체험의 글을 쓸까 말까도 마찬가지이다. 결정을 내리게 될 때 가장 갈등을 많이 주는 상황은 51:49의 관계에서 51을 선택하게 되는 경우이다. 그 이유는 49를 미련 없이 버려야 하기 때문이다(장연집, 강차연, 손승아, 안경숙, 2008).

어쨌든 연구 참여자에게 현 위치를 알게 하고, 목적의식을 가지게 하며, 무엇부터 해야 할지 스스로 접해 보도록 이끄는 것은 연구 참여자들 자체가 우수하기 때문이기도 하고, 동시에 이들을 초전문가로 만들고 싶은 생각도 갖고 있기 때문이다. 이런 일은 쉽게 일어나는 일이 아니다. 더군다나 물질주의, 개인주의, 경쟁이 치열한 오늘날과 같은 시대적 배경에서는 더욱 그러하다.

이 책의 자료를 만드는 데 참여한 연구 참여자들의 경우는 우선 자신이 졸업 후 학위논문에서 다뤄진 해석학적 현상학의 글쓰기 원본을 공개해야 한다. 이는 작은 나눔으로 우선 자신이 동료 연구 참여자들로 하여금 반영적 작업 I을 할 수 있는 기회를 제공하게 된 그리고 지도교수는 반영적 작업 I이라는 기회가 졸업생 연구 참여자들에게 질적 연구와 전공 관련의 내용을 동시에 다루면서 배움의 기회를 제공하는 성장으로 이끌어질지에 관심을 가지고 있었다.

대학원의 재학생 관리도 힘든데, 굳이 졸업하고 학위를 취득한 졸업생을 대상으로 질적 연구와 전공 공부를 동시에 할 수 있는 기회를 찾아보기 위해 새로운 연구의 시도를 제안하는 것은 지도교수가 전공과 전공자의 성장을 위한 시대적 역할에 대한 사명감을 갖고 있기 때문으로 이는 쉽지 않은 일이다.

졸업 후 질적 연구와 전공 공부를 심화시킬 수 있는 방법은 다양할 것이다. 이 연구는 다양한 방법 중의 하나이다. 즉, 반영적 작업 I로서 #5가 다룬 체험 자료의 분석 결과는 이들에게 구체적으로 나눔과 배움이 어떻게 다루어졌느냐를 알아보게 하는 첫 시도로서 기초자료에 접근해 보았다.

이 연구에서 연구 참여자들에게 원본의 나눔을 기반으로 배움이 다음과 같이 다섯 가지 측면에서 성장으로 이어지고 있음을 볼 수 있었다.

첫째, 연구 참여자는 체험 연구에 참여한 즉시, 자신이 현장에서 일을 하면서 자신도 모르게 질적 연구가 멀어졌다는 것을 알아차렸다. 흔히 일에 묶이게 되면, 현장 실무자 중심의 역할에만 몰두하기 쉽다. 그러나 임상 미술심리치료사로서의 정체감은 교육자, 평가자, 연구자, 현장실무자로서의 역할을 통합시키는 것으로 다른 중요한 부분을 놓치고 있음을 알아차리게 한다.

둘째, 1편의 원본을 접하고 다루는 반영적 작업 I의 과정은 연구 참여자로 하여금 자연스럽게 과거-현재-미래라는 시간 여행을 하도록 이끌었다.

셋째, ADHD 아동을 위한 집단미술심리치료 관련의 주제는 연구 참여자들에게서 동일시를 쉽게 일어나게 하고, 미숙했던 과거와 만나게 하지만, 좀 더 성장해 있는 현재의 시점에서 자신의 과거가 미숙했음을 스스로 인정하고 포용하며 재정리하면서, 현재의 자신에 대해 스스로 자부심을 가져보는 기회가 되었다.

넷째, ADHD 아동을 위한 집단 미술심리치료자의 입장에서는 당연히 미술심리치료적 치료관을 갖게 된다. 이는 진단명을 붙이고 약물치료로 모든 치료행위를 압축시키는 의료적 상황이 필요한 것으로 이해는 되지만 여전히 불편감을 갖는다는 의미이다. 물론 ADHD 아동을 위해 다학제적 접근의 통합적 치료가 이루어지는 상황에서 미술심리치료가 위치해 있는 상황이라면, 다학문적 · 통합적 접근의 치료를 위해 임상 집단미술심리치료만이 다룰 수 있는 측면을 잘 알고 이를 적용하는 방법에 능통해야 하며, 동시에 정신건강 분야의 다양한 전문 영역의 특수성과 관련되어 있는 치료적 접근을 수용할 수 있는 열린 마음 역시 필요하다. 이는 전문 영역을 인정하고 전문인들 간의 치료 장면에서 필요한 의사소통의 활성화를 위해 요구되는 부분이기 때문이다.

따라서 미술심리치료사는 전공의 특수성과 환아를 위한 다학제간 통합 치료적 시각을 요구하는 보편성 모두에 열린 시각을 갖는 것도 중요한 치료적 시각으로 볼 수 있다. 이에 부연 설명을 해 보면 미술심리치료학 전공자로서 순수하게 환아를 위한 심리치료적 돌봄의 시각이 필요하다고 보는 체험은 전공자로서 미술심리치료적 접근의 시각이 커지고 동시에 치료 장면에서 자신감이 생겨야 드러낼 수 있는 문제 제기이다. 따라서 이 같은 체험의 긍정적인 측면은 미술심리치료가 독립적으로 다루어질 때와 다학제적 상황 속에서 다루어질 때 전공의 특수성 발현을 보다 활성화시키면서 분화 가능해질 수 있도록 발전적인 열린 마음을 갖도록 이끈다.

다섯째, 미술심리치료의 치료적 활동과 관련한 치료 철학이 다뤄져야한다는 측면과 ADHD 아동을 위한 미술심리치료 활동 그리고 매체 개발 요구가 연구 참여자들에게서 다루어졌다.

반면, #5 기반의 반영적 작업 I을 분석하는 과정에서 드러난 두 가지 부분에서의 어려움을 다뤄 보면 다음과 같다.

하나는 반영적 작업 I로 인한 자기노출에 관한 불편감의 문제이다. 연구 참여자의 자기 노출에 관한 불편감(장연집, 2016)이나 예민함을 가지고 있는 경우에는 #5 기반의 반영적 작업 I은 연구 참여자에게 큰 스트레스를 줄 수 있다. 자율적인 참여를 하고 참여 동의서를 제출하였다고 해도, 자기 노출과 관련한 드러남에 지나치게 신경을 쓰게 되는 경우이라면 연구와 연구 참여자 모두에게 적합한 대상으로 보이진 않는다. 물론 자율적인 참여를 기반으로 하는 경우임을 잘 알고 있고 이런 자료 사용의 동의서를 받았다고 해도 자료를 제공하기도 하고 다루기도 하는 데 어려움을 갖게 될 수 있다. 따라서 연구 참여자 자료를 최종적으로 선정하는 과정에서 이같이 불편해하는 자료를 다루지 않거나 연구 계획서를 준비하는 단계부터 충분히 자율성을 기반으로 한다는 것의 의미를 충분히 다룸으로써 이후 세부적으로도 연구 참여자와 관련하여 문제가 발생하지 않도록 신경을 쓰는 것이 최선으로 보인다.

다른 하나는 과거에 실습이나 현장 등에서 연구 참여자가 겪었던 힘들었던 기억이 다시 들춰질 때 곤혹스러움을 갖는 경우이다. 대학원 과정에서 수행되는 현장실습 중 특히 석사학위과정에서 이루어지는 실습은 충분히 적합한 실습 오리엔테이션을 갖추었다고 해도, 실습이나 현장에서의 돌발적 상황에 따른 대처능력이 유연하지 못하고 쌓여진 경험이 적기 때문에 곤혹스러운 측면이 있을 수 있다. 이에 이 같은 과정에서 불가피하게 만났던 실습 과정에서 겪은 미해결된 과제는 당시뿐만 아니라 졸업 후 까지 또는 평생 동안 지속적인 어려움을 만들어 놓을 수 있다. 이렇게 곤혹스러운 기억과 경험이 여전히 지속되고 있다면 이번에 원본을 접하는 과정에서도 크게 힘들었을 것이고, 자율적 참여를 기준으로 하므로 원본을 다루고 싶지 않았을 것이다. 대부분의 연구 참여자는 대학원 시절에 곤혹스러웠던 현장 관련의 기억들을 접하더라도 현재 성장하여 전문가가 되어 있는 당당하고 자신감에 차 있는 자기 모습으로 덮을 수 있고, 어려웠던 기억을 배움의 과정에서 겪은 경험으로 승화시켜 갈 수 있지만, 반면 이 같은 부분이 지속적으로 남아 있어 전문적인 활동을 하는 나의 삶에 불편감을 준다면 이 부분과 관련하여 개인적으로 슈퍼비전이나 전문적인 돌봄이 필요하다고 생각된다. 질적 연구에서는 연구와 치료의 구분을 명확히 구분하고 있다. 연구 참여자가 되었다는 것은 연구에 참여한 것이므로 이를 연계시켜 미술심리치료를 다루어 주긴 힘들기 때문이다.

여기에서는 일반적으로 새로운 기술 습득이나 배움이 일어나는 과정은 4단계로 나누어 이 문제를 환기시켜 보자.

첫 번째 단계는 무의식적 무능감(unconscious incompetence)에서 시작된다(Dilts & DeLozier, 2000). 이 수준은 학습자가 이론과 실제에 관한 충분한 지식과 경험이 모두 부족하므로 이해와 적용능력 모두가 갖춰져 있지 않은 상태이다. 이는 제대로 하지 못한 상태로 볼 수 있다. 예를 들어, 기초 없이 현장에 나가 미술심리치료를 직면하는 상황이 이에 속한다.

두 번째 단계는 의식적 무능감(conscious incompetence)이다(Dilts & DeLozier, 2000). 이 수준은 학습자 자신이 이론과 실제를 이해하고 적용하는 지식과 경험이 모두 충분치 않거나 부분적으로 부족한 부분이 있다는 것을 알고 있는 상태이다. 이런 상태에서는 배움이 잘 일어난다.

세 번째 단계는 의식적 유능감(conscious competence)이다(Dilts & DeLozier, 2000). 이 수준은 학습자가 이론과 실제를 이해하기에 필요한 지식을 잘 갖추고 있어 이에 관해 의견을 나눌 수 있는 수준이지만 경험은 충분치 않은 상태이다. 열심히 매진하여 석사학위를 취득한 대부분의 학위취득자들은 학위취득을 한 초반에는 이 같은 상황에 놓여지고 자신이 전공 분야에서 최고의 전문가라고 생각한다.

네 번째 단계는 무의식적 유능감(unconscious competence)이다(Dilts & DeLozier, 2000). 이 수준에서는 이론과 실제를 지속적으로 적용할 때 필요한 경험을 잘 갖추고 있는 상태이다.

이에 두 단계를 추가해 보고자 한다.

다섯 번째 단계에 도달하게 되면 이론과 실제를 이해하고 활용하기에 지식과 경험을 충분히 갖추고 있는 상태이다. 아마도 ADHD 아동을 위한 미술심리치료의 이론과 실제가 완전히 통합되어 그 아동의 현재 상황에 최적으로 적합한 맞춤형 미술심리치료의 수행을 하는 단계로 볼 수 있다. 이는 개인적으로 뛰어난 최고의 유능한 전문가의 상태를 의미한다.

본 연구자는 개인이 새로운 기술을 습득하여 노련해지기까지 그 저변에 4단계가 있다는 것은 수용한다. 그러나 이는 개인적인 수준에서는 정점으로 볼 수 있으나 미술심리치료사로서 최고의 전문가라고 불리려면 습득 이후에도 새로운 다섯 번째 단계가 필요하다. 이는 개인적 수준에서의 완성도를 갖춘 자리이다.

여섯 번째 단계는 개인적 우수성을 사회 속에 펼치고 나누고 공유함으로써, 보다 근원적인 측면에서 미술심리치료학의 발전 너머에까지 최선을 다하는 모습으로 마지막 단계로 보인다. ADHD 아동을 위한 현장이라면 그들의 부모와 만나도 부모에게 편안함과 희망을 전달할 수 있고, 미술심리치료사 자신 역시 편안하게 최선을 다하는 모습 속에 있어 좋으며, 사회는 유능한 사람이 펼치는 에너지를 접하므로 건강사회가 펴져 가도록 하는 것 그 같은 경지를 다루어 주는 이타적인 나눔과 보살핌의 단계가 최종적으로 자리하고 있다는 것을 전공자들 마음속에 자리했으면 하는 바람이다.

기술습득이나 학습과정에서 5~6단계가 잘 나타나 있는 것이 자신의 본성을 찾아가는 과정을 소 찾는 것에 비유하여 다루어진 중국 송나라 때 곽암의 심우도(Chang, 2001)가 있다. 오늘날 10장의 그림으로 전해져 오고 있지만 초창기에는 8장의 그림으로 구성되어 있었다고 전해진다. 8번째 그림은 인우구망(人牛俱忘)으로 부르고 있는데 이는 완전한 깨달음의 상태를 뜻하는 것으로 완전 텅 빈 원이 그려져 있다. 앞에서 4단계와 같은 것으로 보인다. 이에 추가된 2장의 그림 중 마지막 그림인 10번째 그림은 일명 입전수수(入廛垂手)로 부르고 있다. 큰 포대를 메고 많은 사람이 있는 곳으로 향하는 모습이 다루어져 있다. 즉, 완전히 최고의 경지에 도달하고 나면 세상 사람들이 있는 저잣거리에 나와 봉사하는 모습을 상징적으로 다룬 것으로, 앞의 설명 중 6단계에 해당되는 그림이다.

인본주의 심리학자인 Maslow는 인간이 목표로 할 최고의 수준을 자아실현으로 보지만, 이 역시 개인적인 수준에서의 최고의 지점을 다룬 것으로 앞에서 본

4단계에 해당한다.

현대는 물질문명과 개인주의라는 시대적 흐름으로 개인적인 성취까지만 다룬 이론들이 많이 있다. 실제로 이 지점까지 도달하는 것도 인구의 극소수이다. 이는 우리들이 살아가고 있는 주변 환경이 개인중심주의이기 때문에 그럴 수밖에 없다고 말하는 사람도 있을 것이다. 다시 말해 ego 문명권 속에서 경쟁하면서 잘 살아내고자 하는 우리네 모습을 말하는 것일 수 있다. 그러나 오늘날은 self 문명권으로 전환되는 변화기이다. 개인중심적인 것에서 좀 더 제대로 산다는 것이 무엇인지를 다루며 살고자 하는 그런 시대로 전환되어 가고 있다. 이는 6단계가 있다는 것을 의미한다. 그리고 4단계까지는 개인적인 기술 습득의 과정이고 배움이지 전문가이거나 바람직한 완성의 단계는 아니니다.

정신건강 분야에서의 진정한 전문가란 완성된 자기의 모습을 갖추고, 이 세상 속으로 다시 들어와 이 세상을 위해 진정한 나눔인 빛을 뿌려 주어야 하는 것이 최종의 모습이다. 최고의 전문가는 자신이 알고 있는 모든 것을 나누어 주고 베풀고 봉사하고 함께하는 것이기 때문이다. 그런 전문가들이 궁극적으로 추구하는 것은 본질, 즉 생명을 추구하기 때문이다.

세상에 변화하지 않고, 고정되어 있는 것은 없다. 시대관, 학문의 흐름, 인간관, 치료관, 관심을 끄는 전공, 선호하는 직업 모두가 변한다. 2000년대 초반에는 새로운 융합전공이 구축되어 국내 대학원 과정에 개설되기 시작했다(장연집, 2015). 초반에는 대부분의 대학원과정에서는 미분화된 표기인 미술치료라는 용어가 사용되었으나 이제는 변화에 따라 이 책에서는 미술심리치료학이라는 표기를 사용하고 있다. 이 역시 예외 없이 새로운 변화 앞에 놓여있는 것으로 긍정적인 변화를 기대한다.

#5의 원본이 공개되고 이를 서로 다뤄 보는 학문적인 자료의 나눔이 가능했던 것은 연구 참여자들 간에 기본적으로 믿음이 있었기 때문이다. 자료 제공자 모두는 학위과정을 통해 연구자로서 체험 자료를 소중하게 여기고 이에 대해 철저한 윤리감을 갖춘 질적 연구자들인 동시에 미술심리치료학 전공자들이다. ADHD 아동을 위한 집단미술심리치료사의 체험을 다룬 원본의 주제는 전공 분야에서는 낯설지 않은 주제이다. 이를 다룬 연구 참여자들의 자료 분석에서는 크게 세 가지 부분에서 통찰을 통한 배움이 일어나고 성장해 감을 발견할 수 있었다.

이에 논의를 통해 다루어진 나눔과 배움의 체험을 담고 있는 #5 기반의 반영적 작업을 통해 연구 참여자들의 현재를 중심으로, 과거 그리고 그들이 바라는 미래를 접해 볼 수 있었고, 그 과정에서 접한 의미는 크게 성장이란 단어로 표기해 볼 수 있었다(장연집, 2017d).

이 같은 논의를 통해, ADHD 아동을 대상으로 집단미술치료를 실시한 미술치료사의 체험을 다룬 #5의 원본에 관한 반영적 작업 I은 다음과 같은 세 가지의 결론을 내려 보고자 한다.

첫째, #5를 기반으로 한 반영적 작업 I은 연구 참여자를 잠시 과거로 데려가 동일시를 통해 원본과 자신이 다루었던 회기 속으로 드나들면서 몰입 속에서 다양한 내용을 재체험하고 이해를 통한 재정리의 기회를 갖게 해 주었다.

둘째, #5를 기반으로 한 반영적 작업 I은 연구 참여자인 반영적 작업자로 하여금 지속적인 성장을 해오고 있는 자기 알아차림의 기회를 통해 현재의 자기 모습을 스스로 발견하게 하고 전공자로서 정체성을 다지는 기회를 제공하고 있다.

셋째, 미술심리치료의 현장을 위한 발전적 제안으로, ADHD 아동을 위한 매체 개발의 요구와 함께 미술심리치료의 토대인 치료 철학과 치료관 및 인간관 등이 요구되었다.

결론 중 셋째는 분석자로 하여금 석박사 학위과정에서 다루어지고 있는 아동을 대상으로 하는 임상 집단미술심리치료와 관련될 수 있는 다양한 교과목을 재고할 필요가 있다는 곳으로 이끌었다. 즉, 현장실습 프로그램의 운영과 관리의 재정비, 아동, 정신병리와 임상미술심리치료의 재고, 세분화된 매체 개발, 미술심리치료학의 치료철학과 인간관, 정신건강전문영역의 이해와 특수성, 미술심리검사의 재고 등이다. 이 외에도 임상 집단미술심리치료를 수행하고 있는 전공자를 위한 자기 돌봄 등을 깊이 생각해 보게 되었다.

전공자들이 수행하는 미술심리치료 활동이 좀 더 활성화되려면 대학원 학위과정에서 다루어지는 교과과정의 특수성과 깊이의 재고뿐만 아니라, 이들이 전공을 다루는 과정에서 자기 성장이 자연스럽게 동반되어 간다는 것을 알도록 해야 한다. 이는 자기성장과 타인성장이 분리되어 있는 것이 아니라는 것이다.

수많은 연구 중 작은 부분에 해당하는 #5 기반의 반영적 작업 I은 연구 참여자들에게는 원본과 학문적 분위기를 공유하고 나누며, 이를 바탕으로 다양한 통찰과 배움의 깊이를 접하는 성장의 기회를 갖게 해 주었다.

한편, 이들의 자료를 다루는 과정에서, 시간적 제약과 허용된 지면의 제약 그리고 여전히 연구자로서 역량이 부족함을 느끼게 하였다.

분석 내용은 분석자를 닮고 있으므로, 얼마든지 다양한 결과가 산출될 수도 있고, 관점에 따라 상이한 결론도 이끌어 낼 수 있겠다는 생각이다. 그리고 연구문제와 연구자의 전공 그리고 현장을 보는 관점이 미세하게 차이가 나도 이들은 결론에서는 큰 차이를 가질 수도 있겠다는 생각이다.

아쉬운 측면은 많지만, 이 책의 연구 참여자들도 지속적인 성장을 할 것이고, 본 연구자도 지속적인 성장과 진화를 해 나갈 것이다. 물론 독자들도 그럴 것이다.

미술심리치료학 전공 분야에서 이 같이 순수하게 전공자의 체험이 담긴 자료를 축적해 간다는 것은 쉽지 않은 일이다. 학문적인 측면과 현장의 실제에 부족하지만 최선을 다하여 체험을 다뤄 놓은 자료로서 작지만 도움이 되기를 바란다. 그리고 이들 자료는 미술심리치료학 전공의 발전뿐만 아니라, 해석학적 현상학의 질적 체험연구 발전에 기초 자료가 될 수 있을 것으로 보인다.

3. 기관미술심리치료를 다룬 반영적 작업 I의 분석

기관미술치료는 특수학교, 치매기관, 교도소와 같이 특수 목적으로 구성된 기관에 있는 사람들을 대상으로 하는 미술치료이다(장연집, 2009). 여기에서는 사회복지관, 개인 상담센터, 초등학교, 정신보건센터 등의 기관에서 석사학위 과정생들이 경험한 아동 미술치료 종결에 대해 다루고자 한다. #14의 석사학위 청구논문에서 다룬 원본을 기반으로 4명(#3, 4, 6, 15)의 연구 참여자들이 보내 준 총 4편의 반영적 글쓰기를 탐구한 결과, 5개의 본질적 주제와 12개의 하위주제가 도출되었으며 그 내용은 다음과 같다.

1) 연구 참여자 14의 원본을 다루기 위한 관련 사항들

기관미술치료는 미술치료가 이루어지고 있는 다양한 기관을 포함하고 있다.

장애 아동, 청소년들이 재학하고 있는 학교나 이들이 이용하는 치료 센터, 노인들의 요양기관, 교도소와 같은 교정시설 등이 대표적이다(장연집, 문리학, 한경아, 2017). 기관의 종류는 다양하지만 미술치료 전공 석사학위 과정생들은 주로 현장 수요가 많은 아동, 청소년들의 미술치료를 이들 기관에서 경험하고 있다. 이는 우리나라 바우처 사업이 2006년 10월 사회서비스를 시작하고 2009년 전국적으로 확대되어 이를 이용해 미술치료를 제공받는 아동과 청소년들이 늘어난 것도 이유가 될 수 있을 것이다(한현준, 2016).

미술치료가 실행되는 기관이 매우 다양하기 때문에 미술치료사가 기관 중심의 미술치료를 수행할 때에는 기관에 속해 있는 내담자들이 갖고 있는 공통적 특성이 무엇이며 기관이 요구하는 치료의 목적이 무엇인지 확실히 알고 시작하는 것이 중요하다. 아동을 대상으로 하는 기관이라 하더라도 정서 중심의 치료를 목적으로 하는 기관도 있고, 발달센터처럼 정서적 문제 이외에도 발달학적 문제, 신체적 문제에 더욱 집중하는 곳도 있다. #14의 학위논문에서는 아동을 대상으로 하는 미술치료전공 석사학위 과정생의 미술치료 현장실습 종결에 대해 탐색하고자 다양한 기관에서의 종결 경험을 반영한 연구 참여자 선정이 이루어졌다.

2) 연구 참여자 14의 원본을 기반으로 한 반영적 작업 I의 자료 분석 결과

미술치료학전공 석사학위과정생의 아동미술치료 현장실습 종결 체험연구를 다룬 #14의 원본을 읽고, 4명의 연구 참여자들이 각각 반영적 작업 4편을 보내주었다. 이들의 자료(4편의 글)를 토대로 5개의 본질적 주제와 12개의 하위 주제가 도출되었다.

① 내담자와의 회기는 두근거리기도 하지만 무거운 마음이 들기도 하고 내 마음에 남는 앙금으로 힘들기도 함.

①-1 두근거림과 긴장으로 첫 실습을 시작하게 됨.

①-2 실습생으로 내담아동에게 무엇을 제공할지 몰라 실습현장으로 향하는 발걸음이 무거움.

①-3 내담자들과 만나고 헤어짐이 어떤 의미와 흔적인지 치료사가 헤아리지 않는다면 감정의 앙금들이 남게 됨.

② 준비되지 않은 갑작스러운 종결에서 아쉽고 당황스러우며 안타까움을 느낌.

②-1 준비된 종결보다 어쩔 수 없이 끝나는 조기종결이나 내담자, 치료사의 의지와 상관 없이 행해진 종결에 대한 기억이 더 많이 남음.

②-2 준비되지 않는 종결이 아쉽고 안타까우나 기관에서 정해 준 종결에 맞춰 끝을 맺음.

②-3 내담아동의 갑작스러운 종결 소식에 당황스럽고 속상한 마음을 가득 안고 마지막 회기를 함.

③ 갑작스러운 종결을 통해 나의 해결하지 못한 미해결 과제들이 올라옴.

③-1 내 감정에 압도되어 내 마음을 솔직히 표현하지 못하고, 내담자와의 관계에서도 어색한 행동을 함.

③-2 헤어짐을 감당하기 힘들어하여 회피의 패턴을 반복하는 나의 미해결 과제가 종결을 통해 떠오름.

③-3 어린 자신을 돌보고 싶었던 마음 때문에 내담아동과의 이별이 어려웠다는 것을 인식함.

④ 미해결된 감정이 미술작업을 통해 점차적으로 해소되는 경험을 함.

④-1 헤어짐에 경직되어 있는 나의 오랜 기억이 종결로 인해 떠오르게 되었으나, 애도하는 미술 작업에서 편안함을 느끼게 됨.

⑤ 종결의 경험을 통해 치료사로서의 성장을 기대함.

⑤-1 하나씩 쌓인 종결의 경험에서 성장한 미술치료사로서 나의 모습을 기대함.

⑤-2 뜻하지 않은 조기 종결이었으나 많은 고민과 성실하게 이별을 준비하는 미술치료사의 모습에서 성장해 가는 과정을 느끼게 됨.

3) 연구 참여자 14의 원본을 기반으로 한 반영적 작업 I의 논의 및 결론

#14의 원본에 기반한 반영적 작업을 분석한 결과, 총 5개의 본질적 주제와 12개의 하위 주제가 도출되었고, 세 가지의 결론을 내릴 수 있다.

첫째, 미술치료에서 다양한 감정이 드는 만남과 헤어짐은 늘 반복되지만, 미술치료사는 준비되지 않은 갑작스러운 종결에서 더욱 아쉽고 당황스러우며 안타까움을 경험한다(본질적 주제 1, 본질적 주제 2).

둘째, 미술치료사는 갑작스러운 회기 종결을 통해 자신의 해결하지 못한 미해결 과제들이 마음속에 올라오는 경험을 하며, 이 경험에서 비롯된 감정이 미술작업을 통해 점차적으로 해소되는 체험을 하기도 한다(본질적 주제 3, 본질적 주제 4).

셋째, 미술치료사에게 조기종결의 경험은 미술치료사로서의 성장을 기대할 수 있는 의미 있는 경험을 제공한다(본질적 주제 5).

연구 참여자들은 미술치료사로 일하면서 내담자와의 관계에서 다양한 만남과 헤어짐을 늘 경험하지만 갑작스러운 헤어짐에서는 어려운 마음을 경험하는 것으로 확인되었다. 특히 예상하지 못한 종결에서는 미술치료사들 개인의 이슈가 건드려져 상실감을 겪기도 하였으나 미술작업이라는 방법을 통해 해소하며 자기돌봄을 경험하기도 하였다. 무엇보다 미술치료사들에게 조기종결이란 그들 내면의 부정적 경험을 불러일으키지만, 미술작업의 경험을 통해 그들의 정체되어 있는 경험을 환기하고 또 다른 성장을 기대할 수 있는 도구가 된다는 것을 알 수 있었다. #14의 원본에 대한 반영적 글쓰기 분석 결과 미술작업은 미술치료사들에게 자기돌봄의 역할을 한다는 것을 알 수 있었다. 미술치료사라고 하더라도 마음을 다루는 도구로 미술작업을 한다는 것이 연습되어 있지 않다면 필요한 순간에 미술작업을 떠올리기는 어려울 것이다. 미술치료에서 미술작업은 내담자에게뿐 아니라 미술치료사에게도 도움이 되는 도구가 될 수 있다는 것을 확인할 수 있었다.

4. 의료미술심리치료를 다룬 반영적 작업 I의 분석

의료미술치료는 신체적 질환으로 인해 관련 병원에 입원해 있는 남녀노소 다양한 연령대의 환자들을 위한 미술치료의 유형이다(장연집, 2009). 여기에서는 연구 참여자 11의 석사학위논문을 통해서 소아암 환아와 함께 한 미술치료학 석사과정생의 체험을 다루고자 한다. 주제는 미술치료 석사과정생이 소아암 환아를 대상으로 한 병원학교 미술치료 실습 체험이다.

총 5명(#4, 12, 13, 14, 15)의 연구 참여자들이 본 주제에 대해 자신들의 체험을 다루었다. 5편의 반영적 작업이 이루어졌는데 2편의 글쓰기에는 각각 하나의 미술작품이 포함되어 있다. 이들의 체험 자료를 해석학적 현상학의 방법으로 분석한 결과 9개의 본질적 주제와 21개의 하위 주제가 도출되었다.

1) 연구 참여자 11의 원본을 다루기 위한 관련 사항들

의료미술치료는 육체적인 질병이나 신체의 외상경험, 수술이나 화학 요법 등으로 병원에 입원한 환자들을 대상으로 이루어지는 미술치료이다. 이는 심각하거나 생명을 위협하는 질병의 경험에 대해 의미를 찾게 하고, 회복의 형태이든 재활의 형태이든 신체적 치유에 중요한 것으로 인식한다(Malchiodi, 2000). 이처럼 의료미술치료는 신체적 치유에 도움을 주게 되며, 병원에서 행해지는 주된 1차적 치료의 효과를 높이기 위하여 주치의의 요청에 따라 보조적인 접근을 하게 되며, 치료의 효과를 높여 주는 대체보완의학 범주에 있다고 볼 수 있다(장연집, 2009).

하지만 의료미술치료를 단순히 신체적 치유에 도움을 주는 대체보완의학의 범주에만 넣고 보기엔 그를 넘어선 역할을 하기도 한다. 어쩌면 환자들과 그들의 가족들은 '병이 낫지 않으면 어쩌나' 하는 불안과 공포 등 실존적 두려움에 사로잡혀 있거나, '왜 나에게 이런 일이 생겼을까' 하는 원망과 분노 등으로 심리적인 고통을 받고 있을지도 모른다. 또한 매일 반복되는 삶에 지쳐 있거나 존재하고 있는 현재보다 과거나 미래에 집착하며 하루하루를 살고 있을지도 모른다. 이러한 환자들이나 가족들에게 미술치료는 눈에 보이는 고통과 아픔에 가려진 마음의 고통과 아픔을 바라보고 다가가 어루만져 줄 수 있는 치료가 될 수 있다. 그렇기 때문에 단순히 치유미술로서의 의미를 넘어 심리적인 접근도 가능해야 한다. 또한 실제로 장기 입원 환자들이나 그 가족들이 기분장애의 진단을 받거나, 신체의 외상경험이 외상 후 스트레스 장애를 가져오기도 한다. 그렇기 때문에 의료미술치료의 미술치료사들은 내담자의 심리적 문제를 알아차리고 담당의와 상의를 하거나 임상미술치료전문가와 협력해야 할 필요가 있다. 즉, 의료미술치료사는 자신이 만나고 있는 환자의 주요병리에 대한 이해와 동시에 주요병리로 인해 나타날 수 있는 정신 병리에 대해 이해하고 정신건강 전문가와 협력할 수 있어야 한다.

의료 미술의 형태는 병실로 찾아가서 이루어지는 미술치료, 병원에 입원해 있는 사람이면 누구든지 정해진 장소에 와서 참여할 수 있는 오픈 스튜디오, 학령기 환자를 위한 병원학교 등으로 나누어 볼 수 있다. 이 중 미술치료사가 병실에 직접 찾아가서 하게 되는 미술치료는 개인미술치료로 진행되는 경우가 많고, 그 밖에는 주로 집단미술치료 형태로 진행이 된다. 또한 병원에 입원한 당사자가 참여하는 미술치료만 있는 것이 아니라 그들의 가족을 대상으로 하는 미술치료나 환자와 가족이 함께 참여하는 가족미술치료도 존재한다.

이 중 이 장에서 살펴볼 #11의 원본은 의료미술치료 현장은 병원학교로 소아암 환아를 대상으로 하고 있다. 병원학교는 장기 입원이나 잦은 입원으로 학업을 이수하는 데 어려움을 겪는 학령기 아동청소년들이 학업을 이어 가는 데 도움을 주고 있다. 이러한 병원학교의 교육프로그램 중 하나로 미술치료가 진행되는데, 이는 다른 일반 학교의 교과과정과는 달리 환아들의 스트레스, 불안, 심리적 혼란과 정서적 문제 등을 고려한 교육프로그램이다. 국내의 병원학교 미술치료는 2004년 서울대학교병원에서 서울여자대학교 특수치료전문대학원의 미술치료전공학 박사과정생과 석사과정생들에 의해 처음으로 진행되어(김초롱, 2011), 현재까지 여러 병원학교에서 진행되고 있다.

병원학교에서 이루어지는 미술치료를 아동-의료미술치료라 할 수 있고, 이는 학령기 아동청소년의 발달학적 특징이나 심리적 · 정서적 문제와 함께 병원에 입원해 있다는 특수 상황을 모두 고려한다. 특히 병원학교 미술치료의 창조적 과정은 인간성장과 발달의 통합적인 부분일 뿐만 아니라, 특히 아동의 문제 해결, 즉 홍작품, 자발적인 표현이 수단으로서 중요하다. 아동의 미술표현은 그들의 주변 세계를 알게 하는 방법이며 의사소통의 방법이고, 감정과 지각의 내적 세계를 탐색하는 방법이기 때문이다(김초롱, 2011). 이렇듯 병원학교에서의 이루어지는 미술치료는 환아의 심리적 · 정서적 문제의 해결을 돕고, 환아가 자율성을 가지고 자신을 작품에 반영하고 표현하며 창조적인 에너지를 얻게 한다. 또한 답답한 병원과 자신을 힘들게 했던 병을 잠시라도 잊고 작업에 몰입하는 경험을 하게 한다. 그리고 자율성을 가지고 몰입과 창조적 에너지를 느낀 환아는 이를 경험하게 한 공간이 병원이고, 자신은 여전히 낫지 않은 몸이라는 것을 알아차리게 하고 좋은 공간과 나쁜 공간, 아픈 자기와 건강한 자기를 통합하는 경험을 하게 되는 것이다. 환아는 '병원이라서, 아픈 몸이라서 아무것도 할 수 없는 것이 아니야.' '난 여전히 이렇게 살아 있어.'라는 생각을 하게 하기도 한다. 이러한 생각의 변화와 자율성을 통한 창조적 에너지 생성은 병원생활에 적응을 도울 수 있으며, 의료적 치료의 효과를 높일 수 있는 중요한 역할을 한다. 뿐만 아니라 나아가 아동청소년 환아에게 자신의 현실을 탐색하고 수용하고 통합하는 심리적 발달과 성숙을 가져올 것이다.

이 주제의 글쓰기를 읽고 반영적 작업을 한 연구자들 중 두 명은 동일한 현장에서의 체험 경험이 있었고 한 명은 소아암 환아를 대상으로 하지는 않았지만 병원학교에 대한 체험이 있었으며, 나머지 두 명은 미술치료실습생이나 미술치료사로서의 경험은 없지만 암환자에 대한 간접적 체험을 가지고 있었다. 이 주제의 반영적 작업에 참여한 연구자들은 글쓰기를 읽고 자신의 경험을 바탕으로 글쓰기 또는 이미지 작업을 하였다.

2) 연구 참여자 11의 원본을 기반으로 한 반영적 작업 I의 자료 분석 결과

원본을 기반으로 5명의 참여자들이 보내 준 반영적 글쓰기를 탐구한 결과, 9개의 본질적 주제와 21개의 하위 주제가 도출되었으며, 그 내용은 다음과 같다.

① 졸업한 전공자로서 원본의 체험자료를 보며 다시금 의료미술치료의 중요성을 느낌.

①-1 소아암 환아를 대상으로 한 병원학교 미술치료는 나에게도 의미 있는

미술치료 현장임.

①-2 의료미술치료는 병원에 입원한 환자들에게 유용한 치유적 접근이며, 심리치료적 접근임.

② 병원에서 입지가 약한 의료미술치료에 대한 안타까움.

②-1 병원 현장에서는 내담자의 정보가 공유되지 않은 상태에서 미술치료를 해야만 하는 상황임.

②-2 의료진과 소통하거나 스태프로서 인정받기 힘든 냉랭한 구조가 속상함.

②-3 병원에서 미술치료처럼 심리치료에 기반을 둔 접근이 뒤로 밀려 버려는 갈증을 느낌.

③ 암환자와 함께하는 미술치료는 강렬한 경험을 남김.

③-1 처음 암환자의 모습을 접했을 때 마음이 무겁고 충격을 받기도 함.

③-2 의료미술치료 현장에서는 미술치료사의 실존적 불안을 마주하기도 함.

④ 자신의 가족의 일이 되었을 때 의료미술치료 현장에서의 자신을 돌아보게 됨.

④-1 진정한 공감을 경험하게 되며, 예전 의료미술치료 현장의 자신의 모습을 반성함.

④-2 가족을 돌봐야 하는 역할로 인해 온전히 미술치료 현장에 머무를 수 없어 종결함.

⑤ 의료미술치료사들은 다른 분야의 미술치료사와 다른 특수성을 지님.

⑤-1 의료미술치료사는 자신의 신체적 건강을 돌봐야 하며 항상 감염에 유의해야 함.

⑤-2 내담자의 질병에 대한 이해와 기관에 대한 이해가 요구됨.

⑥ 때로는 의료미술치료사로서의 한계를 인정하며 그 속에서 할 수 있는 것을 찾게 됨.

⑥-1 병원에서 이루어지는 미술치료의 특성상 한계가 있지만 치료사로서

할 수 있는 만큼 노력하고자 함.

⑥-2 죽음을 이야기하는 환자에게 아무 말도 할 수 없는 무력감과 공허함을 느낌.

⑦ 병원학교에서 이루어지는 미술치료는 내담자가 환자이면서 아동이라는 특성을 모두 고려하여 접근해야 함.

⑦-1 아동과 성인의 차이를 이해하고 주의를 기울여야 함.

⑦-2 소아암 환아를 병마와 싸우고 있는 환자들이라는 선입견에서 벗어나 지금-여기에 집중할 수 있어야 함.

⑧ 소아암 환자들에게 미술치료는 매우 유용한 접근임.

⑧-1 안전한 공간에서 서로 소통하고 위로하는 환아들의 모습이 인상적임.

⑧-2 무료한 병원 생활에 미술치료가 즐거운 활력이 되어 줌.

⑧-3 병원에서 이루어진 미술치료는 환자들에게 안전한 소통의 공간이 되어 줌.

⑨ 의료미술치료 전문가가 되기 위해서는 끊임없는 노력이 필요함.

⑨-1 자신이 일하고 있는 현장에 대해 끊임없이 공부하고 관심을 가져야 함.

⑨-2 자신이 속한 기관과의 소통을 위해 노력해야 함.

⑨-3 미술치료사로서 할 수 있는 것을 고민하고 종교를 넘어선 기도하며 온전히 머무르길 다짐함.

3) 연구 참여자 11의 원본을 기반으로 한 반영적 작업 I의 논의 및 결론

#11의 원본을 기반으로 이를 분석한 결과, 총 9개의 본질적 주제와 21개의 하위 주제가 도출되었고, 네 가지의 결론을 내릴 수 있다.

첫째, 소아암 환아와의 만남은 미술치료사의 실존적 불안을 마주하게 하며 진정한 공감을 경험하기도 하고 의료미술치료현장에서의 자신을 돌아보게 한다(본질적 주제 3, 본질적 주제 4). 연구 참여자들을 소아암 환아들을 처음 만났을 때 아동들의 외적인 모습에 마음이 무겁고 충격을 받기도 하며 죽음이라는 실존적 불안을 공포로 경험하기도 한다. 또한 가족의 중한 질환으로 진정한 공감에 대해 경험하게 되며 의료미술치료 현장에서의 자신을 돌아보는 경험을 하였다.

둘째, 병원학교에서는 아동이며 환자라는 특성을 고려하면서도 환자라는 선입견에서 벗어나 그 속에서 치료사로서 할 수 있는 것을 찾아야 한다(본질적 주제 6, 본질적 주제 7). 병원학교에서 이루어지는 미술치료에서 아동들은 죽음이라는 무거운 화두를 꺼내나, 미술치료사인 나는 어찌할 줄 몰라 하며 무력감을 경험하기도 한다. 병마와 싸우고 있는 환자라는 선입견에서 벗어나 지금-여기에 집중하는 것이 미술치료사로서 할 수 있는 일이라 여기고 있었다.

셋째, 의료미술치료만의 특수성을 이해하고 전문가가 되기 위해서는 끊임없는 노력이 요구된다(본질적 주제 5, 본질적 주제 9). 의료미술치료 현장에서 미술치료사는 환아들이 감염되지 않도록 자신의 건강을 잘 살펴야 하고 내담자의 질병에 대한 이해를 높이고자 끊임없는 공부와 관심이 요구되었다.

넷째, 미술치료는 소아암 환자에게 매우 유용한 치유적 접근이지만 입지가 약하여 그에 따른 안타까움을 경험한다(본질적 주제 1, 본질적 주제 2, 본질적 주제 8).

미술치료가 환아들에는 즐거운 활력이 되고 안전한 소통의 공간이며 나에게도 의미 있는 일이나 병원 현장에서는 스태프로 인정받기 어렵고 소통이 가능하지 않은 속상함과 답답함을 경험하였다.

소아암 환아들은 치료를 위해 장기간 입원을 하거나 입원과 퇴원을 반복하는 경우가 많으며 생명을 위협하는 질병의 진단으로 인해 아동과 가족의 신뢰감과 안정감이 뿌리째 흔들리는 것을 경험한다(Malchiodi, 1999). 뿐만 아니라 치료과정에서 소아암 환아들은 탈모, 사지절단, 골격이상과 같은 신체적 변화나 치료의 부작용을 겪게 된다. 이러한 신체적 변화는 환아들에게 위축, 부인, 절망과 같은 부정적인 감정을 갖게 할 수 있다. 그러므로 이러한 현장의 미술치료사들은 환아의 병에 대한 이해와 더불어 환아와 가족이 겪을지도 모르는 정서적 고통 또한 알고 다룰 수 있어야 한다.

또한 의료미술치료 현장은 미술치료사로 투입되기 전에 석사과정 중 실습으로 이루어질 때 매우 중요한 의의가 있다. 현재 국내의 의료 현장에서 유급 미술치료사를 고용하는 경우가 드물기 때문에 실습생으로 경험하기 적합할 곳일 뿐 아니라 현장 자체가 구조화 되어 있어 실습생들에게 안정감을 줄 수 있는 장점이 있다. 하지만 제한된 환경과 의료 현장에서 스태프로 인정받기 어려운 신분으로 인한 고충이 있을 수 있다.

5. 일반인을 위한 미술심리치료를 다룬 반영적 작업 I의 분석

미술치료 유형 중 마지막은 미술치료에 관심을 갖고 있는 일반인을 대상으로 하는 미술치료이다(장연집, 2009).

여기에서는 연구 참여자 #1의 글을 통해 저소득층 한부모 가족 아동의 집단미술치료활동 체험 자료를 다루었다. 원본을 기반으로 5명의 참여자(#9, 10, 12, 13, 14)들이 보내 준 반영적 글쓰기를 탐구한 결과, 4개의 본질적 주제와 8개의 하위 주제가 도출되었다.

1) 연구 참여자 1의 원본을 다루기 위한 관련 사항들

현대인의 삶은 정신과적 진단을 받지 않았더라도 현실적인 생활 속에서 심리적인 불편함과 어려움을 갖고 있어 이를 해결하고 삶에 더 적응적이고자 심리치료를 찾는 사람들이 있다(장연집 외, 2017). #1의 원본은 저소득층 한부모 가족 아동을 대상으로 하는 집단미술치료의 체험을 다루고 있다. 우리 사회에서 가족의 전형은 엄마, 아빠, 자녀 둘로 표현되는 4인 가족일 때가 많다. 이러한 전형적인 가족구성원에 부모 중 한 사람이 없는 경우는 경제적인 생활의 어려움뿐 아니라 가정 내에서 부모 중 한 사람의 역할이 부재할 수밖에 없으며 또래관계에서도 사회적 편견을 직면할 수밖에 없다. 이러한 어려움은 병리적으로 구분될 수 있는 것과는 다르지만, 당사자인 아동들은 심리적 불편감과 내적 갈등, 어려움을 충분히 경험할 수 있다. 미술치료는 조형 활동을 통해 개인의 갈등을 조정하고 동시에 표현과 승화작용을 통하여 자아 성장을 촉진시킬 수 있는데, 특히 미술작업은 유희적인 속성으로 인해 성인뿐 아니라 아동에게도 충분히 도움이 될 수 있다

(Wadeson, 2008). 현대사회는 많은 스트레스를 유발하고 남녀노소 현대인들은 이에 따른 스트레스로 인한 압박, 불안 등을 호소하고 있다. 이 장에서는 일반 아동이 경험하는 미술치료를 다루었으나 일반 성인들도 심리치료에 관심을 갖고 있고, 미술을 매개로 하는 미술치료에 관한 관심도 증가하고 있어 향후 일반인을 위한 미술치료의 수요는 많아질 것이다(장연집 외, 2017).

2) 연구 참여자 1의 원본을 기반으로 한 반영적 작업 I의 자료 분석 결과

저소득층 한부모 가족 아동을 집단미술치료하고 아동들의 시각에 의한 미술치료 체험을 다룬 #1의 원본을 읽고, 총 5명(#9, 10, 12, 13, 14)의 연구 참여자들이 5편의 글과 1편의 그림을 보내 주었다. 이를 토대로 4개의 본질적 주제와 8개의 하위주제를 도출하였다.

① 내가 휘청거리고 다칠 것처럼 느껴져 내담아동들과의 회기가 순탄하지 않게 다가옴.

①-1 내가 휘청거리고 다칠 것처럼 느껴져 내담아동들과의 회기가 순탄하지 않게 다가옴.

①-2 아이들의 안을 들여다보면 내가 손이 베일 것 같아 그냥 그대로 두어야 할 것처럼 느껴짐.

② 아이들을 바라보는 '치료사로서의 나'와 '인간으로서의 나'가 갖는 이중 잣대의 괴리가 나를 불편하게 함.

②-1 '그 아이들을 있는 그대로 경험하려는 미술치료사로서의 나'와 '그 아이들이 내 아이의 친구라면 내 아이가 피해 볼까 봐 꺼리는 나'가 갖는 이중 잣대에 마음이 헝클어지고 불편함.

③ art라는 큰 품에서 아이들은 즐거움과 새로움뿐 아니라 심리적 허기를 채우고, 미술치료사인 나는 미술작업을 하는 것으로 후련함과 시원함을 느낌.

③-1 아이들은 내 마음대로 해 보는 미술작업 과정에서 뿌듯함과 통쾌함, 즐겁고 새로움을 경험함.

③-2 인간인 내가 채워 주기엔 버겁던 욕구를 아이들은 눈을 반짝이며 허겁지겁 달려들어 미술재료로 채움.

③-3 미술치료사인 나의 안 좋은 감정들이 미술작업으로 모두 해결되지는 않았으나 행위 자체만으로도 나에게 후련하고 시원함을 느끼게 함.

④ 미술치료사로서 아이들에게 안전장치가 되어 주고 수용을 선물하고 싶음.

④-1 아이들이 나름의 색을 내어 굴러 갈 수 있도록 미술치료사로서 안전장치가 되어 줌.

④-2 아이들이 환경에 대한 '수용'을 통해 자신의 존재에 대한 귀중함과 소중함을 알기 바라는 소망으로 묵묵히 바라봐 줌.

3) 연구 참여자 1의 원본을 기반으로 한 반영적 작업 I의 논의 및 결론

저소득층 한부모 가족 아동의 집단미술치료 활동 체험 연구 원본을 기반으로 진행한 정상인을 대상으로 하는 미술심리치료에는 5명의 참여자가 지원하였다. 이를 분석한 결과, 총 4개의 본질적 주제와 8개의 하위 주제가 도출되었고, 3가지의 결론을 내릴 수 있다.

첫째, 미술치료사는 미술치료회기에서 스스로가 휘청거리거나 다칠 것처럼 느껴 회기 운영을 순탄하지 않게 겪기도 하고, 내담아동을 바라보는 미술치료사 개인의 인간적인 가치와 치료사로서의 가치 사이에서 괴리를 경험하기도 한다(본질적 주제 1, 본질적 주제 2).

둘째, 미술치료에서는 미술재료 및 미술작업을 통한 다양한 경험과 통찰이 내담아동이나 치료사에게 있어 모두 적용된다. 내담아동들은 다양한 미술재료를 접하며 그들의 심리적 허기를 채우기도 하고 미술작업에서 뿌듯함, 통쾌함, 즐거움, 새로움, 시원함 등을 느끼며 긍정적 정서를 체험하기도 한다. 미술치료사 또한 미술작업을 통해 표출하기 어려웠던 안 좋은 감정을 표현할 수 있는 기회를 얻는다(본질적 주제 3).

셋째, 미술치료사는 미술치료사로서 내담아동들에게 그들의 안전장치가 되어 주고 내담아동들 자체를 수용하고자하는 그들의 역할을 숙고하는 기회를 가진다(본질적 주제 4).

심리치료에서 치료사는 내담자와의 관계라는 맥락에 놓이게 되는데, 내담자만 그들의 마음을 다루는 것이 아니라 치료사 또한 자신의 마음에 대해 지속적으로 경험하게 된다. 미술치료사들이 사용하는 미술이라는 도구는 내담자에게만 치유적인 것이 아니라 치료사에게도 도움이 되고 있는 것으로 나타났다. 미술치료사들은 그들에게 부정적인 것으로 경험되는 감정을 미술작업을 통해 구체화하고 환기하는 경험을 하였다. 이러한 경험은 미술치료사들의 심리적 건강을 도와 소진을 예방할 수 있는 역할을 할 수 있을 것이다.

Chapter 6 미술심리치료의 주제로 분류한 반영적 작업 I의 분석

제6장에서는 슈퍼비전, 미술심리치료사, 미술작업 관련 전공과목이라는 주제의 원본 글쓰기를 참여자들이 읽고 체험한 반영적 작업 I을 분석하였다. 제6장도 제5장에서와 같이 각각의 연구 주제를 토대로 한 글쓰기 원본 중에서 참여자들의 반응의 빈도수가 높은 것을 1개씩 선정하여 3명의 연구자가 분석하였다.

제6장에서 다뤄질 반영적 작업 I의 기초 자료 관련의 세부 내용은 다음과 같다.

슈퍼비전을 주제로 글쓰기를 한 연구자 12의 원본에 3명(4, 5, 10번), 연구자 15의 원본에 1명(1번), 연구자 16의 원본에 2명(1, 2번)이 반영적 작업을 하였다. 따라서 반응 편수가 가장 많은 연구자 12의 원본에 대한 반영적 작업을 분석하였다.

미술심리치료사를 주제로 글쓰기를 한 연구자 6의 원본에 5명(1, 2, 4, 5, 9번), 연구자 7의 원본에 4명(2, 4, 6, 9번), 연구자 9의 원본에 4명(1, 4, 5, 6번)이 반영적 작업을 하였다. 따라서 반응 편수가 많은 연구자 6의 원본에 대한 반영적 작업을 분석하였다.

미술작업 관련 전공 과목을 주제로 글쓰기를 한 연구자 4의 원본에 3명(3, 5, 6번)이 반영적 작업을 하였다. 이 주제는 1편의 원본만 있다. 따라서 연구자 4의 원본에 대한 반영적 작업을 분석하였다.

1. 슈퍼비전 주제를 다룬 반영적 작업 I의 분석

1) 연구 참여자 12의 원본을 다루기 위한 관련 사항들

'미술치료학 석사과정생의 수퍼비전 체험연구'를 한 연구자 12의 해석학적 현상학적 글쓰기를 읽고 세 명의 참여자가 반영적 작업을 하였다. 슈퍼비전 체험

연구의 원본 글쓰기 1편에 반영적 작업 I의 자료는 반영적 글쓰기 3편, 그림 2편, 시 1편으로 총 6개의 자료로 이루어져 있다.

연구자 12는 미술심리치료학 석사학위논문에서 석사과정생을 대상으로 그들의 수퍼비전 체험에 대해서 연구하고 글쓰기를 하였다. 연구자 자신 역시 석사학위 과정을 밟고 있었으며, 연구 참여자 대상도 자신과 같은 미술심리치료학 전공의 석사학위 과정생이다. 반면, 반영적 작업의 참여자들은 미술심리치료학 전공의 박사 2명과 박사과정생 1명이다. 이들은 미술심리치료사 또는 미술심리치료센터의 운영자로 일하며, 대학원 및 다양한 기관에서 미술심리치료학 관련 강의를 하는 등 여러 역할을 병행하고 있다.

슈퍼비전 체험 연구 주제의 배경은 다음과 같다.

미술심리치료학 전공의 석사 과정생들은 실습 현장에 나가면서 대학원 수강과목으로 개설되어 있는 슈퍼비전을 받게 된다. 연구자 12는 미술심리치료학 전공의 석사과정생이며, 자신의 슈퍼비전 경험이 연구의 시작점이 되었다.

연구자 12는 '시작과 낯설음…' '대학원에서 만나는 중요한 관계들…' '이전과 다른 미술경험…' '적응 또 적응…' '성장통…'이라는 제목을 달아 미술심리치료학 전공의 석사 과정생들의 슈퍼비전 체험 연구 결과를 글쓰기로 풀어냈다. 참여자들은 이 글쓰기에 반응하여 글쓰기, 시, 그림으로 반영적 작업을 하였다.

2) 연구 참여자 12의 원본을 기반으로 한 반영적 작업 I의 자료 분석 결과

반영적 작업을 토대로 분석 결과 4개의 본질적 주제와 6개의 하위 주제가 도출되었다. 결과와 반영적 작업에 포함된 그림과 시를 소개한다.

① 경험했던 기억 속의 집단 슈퍼비전을 떠올리며 미술심리치료사가 되어 가는 길 위에 있다는 것을 깨닫는다.

①-1 시간 여행을 하면서 미술치료사로서의 길을 되돌아봄.

이제 졸업한 지 오래다. 그런데도 석사과정생들의 슈퍼비전에 관한 경험 글을 읽으면서 그때 그 시간으로 돌아가는 경험을 했다. 슈퍼비전 시간에 느꼈던 혼란스러움, 부적응, 소용돌이 속에 있었던 것 같은 감정을 다시 느꼈다. 슈퍼비전 수업이 끝난 후 뭔가 석연치 않았던 느낌도 그대로였다. 임상 발표를 하면서 뭔가 평가받고 발가벗겨진 느낌이었던 것을 기억했다. 슈퍼바이저가 동료들끼리 슈퍼비전 그룹을 만들어 주었었다. 수업에서의 슈퍼비전보다 피어 그룹이 더 편하고 좋았었다. 피어 그룹을 진행하면서 그렸던 그림이 생각나서 꺼내보았다. 그때 그 그림 위에 흘렸던 커피 자국이 아직도 있었다([그림 3-24] 참조). 그 흔적을 보니 더욱 기억 속의 피어 그룹 속으로 시간 여행을 하는 것 같다. 미술치료사로서 가는 길에 피어들이 함께해 주었다. (#10)

①-2 이제는 내가 슈퍼바이저

지금은 슈퍼바이저가 되어 슈퍼비전을 주고 있는 내 모습을 돌아보게 되었다.

나의 슈퍼바이지들에게 각자의 문을 스스로 열 수 있도록 도와주는 존재가 되고 싶다.

과거에 슈퍼바이저를 많이 의지했었다. 지금 생각하면 고맙다.

내담자와의 관계, 미술치료사로서의 나와 현장의 여러 관계 사이에 굳게 닫힌 어떤 '문'이 있다고 느꼈다. 그 문이 열리기를 간절히 소망했고 슈퍼바이저가 함께 열어 줄 것만 같았고 그러기를 기대했다.

시기적절한 질문을 던져 스스로 문을 여닫을 수 있도록 해 주었던 슈퍼바이저가 있었다.

이제는 내가 그 역할을 하고 싶다.

2006년에 슈퍼비전을 받은 뒤 나의 느낌을 그렸던 그림([그림 3-23] 참조)을 다시 꺼내보았다.

나는 이렇게 말했다.

'제발 열려라.
저 안에는
저 밖에는

도대체 무엇이 있을까?
어떻게 해야 할지 모르는 나의 이 답답함을 저들은 알까?'

나의 슈퍼바이지들도 과거의 나와 같은 고민을 할 것이다. 자신들의 문을 스스로 열고 닫을 수 있는 슈퍼바이저로서의 존재가 되고 싶다.
미술치료사로서의 길 위에서 과거의 슈퍼바이지였던 나, 현재의 슈퍼바이저인 나를 만난다.

② 의도적으로 과거의 임상실습과 슈퍼비전 경험을 떠올리다.
②-1 의도적으로 떠올린 과거의 임상 현장

그 당시 임상 경험이 떠올랐다. 그런데 떠올리고 싶지 않았다.
의도적으로 떠올렸다.
그 상황으로 돌아간다면 어떻게 대처했을까? 다시 생각해 본다. (#4)

②-2 거리감을 두고 탐색해 보는 나

이제 거리를 두고 본다. 이제는 무기력하게 빠져 있지는 않는다. 다만 나에게 아직 해결되지 않고 남아 있는 것이 무엇인지 보게 된다.
과거의 임상 경험과 현재의 나를 보며 탐색한다.
미술치료사로서 가는 길 위에 서 있으며, 성장 과정 중임을 알았다. (#4)

③ 반영적 작업은 집단 슈퍼비전과 같은 역할을 한다.
③-1 반영적 글쓰기 작업이 슈퍼비전과 유사함.

반응 글쓰기 경험에 대한 반응 글쓰기를 하는 중에 이 감정을 다시 꺼내는 스스로를 보면서 여전히 과정 중에 있음을 깨닫게 된다. 지금 나의 모습에서 해결되지 않은 것들을 고민하고 탐색하며 이해를 더해 가는 것 같다는 생각이 들었다. 글쓰기에 대한 반응 글쓰기, 반응 미술작업을 하면서 집단 슈퍼비전 경험과 같은 맥락에 있다는

생각도 했다. (#4)

④ 반영적 작업은 미술치료사로서 자기 인식의 도구이다.

④-1 내 모습을 거울로 보는 것 같은 반영적 작업

다른 사람의 글쓰기와 미술 작업을 본다는 일은 꼭 내가 거울을 보는 것과 같았다. 적극적으로 나를 보았다. 거울을 뚫어지게 바라보며 나는 살핀다. 내가 그들의 글에 반응하여 글을 쓰는 줄 알았는데 나를 보고 있는 희한한 경험을 한다. (#5)

3) 연구 참여자 12의 원본을 기반으로 한 반영적 작업 I의 논의 및 결론

슈퍼비전 체험 연구의 글쓰기를 보면 연구자 12는 글쓰기를 시작하기 위한 각각의 주제어 뒤에 …을 모두 넣었다. 말줄임표인 …을 넣은 이유를 연구자에게 질문하고 싶어졌다.

'시작과 낯설음…' '대학원에서 만나는 중요한 관계들…' '이전과 다른 미술경험…' '적응 또 적응…' '성장통…' 이렇게 말이다.

연구자 12, 참여자들, 이 반영적 작업의 분석을 하는 저자는 서로 개인적인 만남이나 교류를 가지고 있지 않은 상태이나, 이렇게 글쓰기와 그림, 시라는 매체를 통해서 만나고 있는 셈이 되었다.

저자가 분석을 위해 주목한 점은 연구자 12가 사용한 말줄임표이다. 그냥 성장통이라 쓰지 않고 '성장통…'이라고 했다. 이 작은 세 개의 말줄임표 때문에 말의 톤과 색깔, 이미지, 느낌 등이 아주 다르게 다가왔기 때문이다.

프랑스의 소설가인 프랑수아즈 사강(Francoise Sagan)은 〈브람스를 좋아하세요…〉라는 소설을 발표했다. 사강은 '브람스를 좋아하세요' 뒤에 반드시 말줄임표를 넣어 줄 것을 요청했다고 한다. 많은 독자가 말줄임표의 의미를 저마다의 방식으로 해석하는 것을 보았다. 정작 사강은 정확한 이유를 말해 주지 않았다.

슈퍼비전 체험 연구의 연구자 12 역시 말줄임표의 의미를 글쓰기에서 속 시원히 얘기하고 있지 않다. 참여자들이 이 말줄임표에 주목을 했든 안 했든지 간에 분명히 참여자들의 무의식적 기억과 정서 속으로 들어갔을 것이다.

말줄임표가 어떤 말을 하고 싶은지 찾기 위해서 다시 〈브람스를 좋아하세요…〉의 책 속으로 들어가 본다. 39세의 여주인공 폴이 15세 연하의 시몽으로부터 열정적인 구애를 받는다. 물론 폴은 미적지근하게 만나지만 사랑한다고 믿는 로제라는 애인이 있다. 그 과정에서 시몽이 폴에게 '좋은 연주회가 있어요. 브람스를 좋아하세요?'라고 묻는다. 브람스는 프랑스 사람들이 그다지 좋아하지 않는 음악가라고 한다. 또한 브람스는 자신의 스승인 슈만의 부인인 클라라와 슈만이 죽고 난 후 사랑을 하게 되었다고 한다. 브람스는 묘하게 그들의 삼각관계와 오버랩이 되는 인물이다.

말줄임표로 인해서 '나는 브람스를 좋아하는지, 어떻게 생각하는지, 브람스가 누구인지, 좋아한다면 왜 좋아하는지, 좋아한다는 것은 무엇인지, 과연 이 감정이 진짜인지, 감정은 영속적인 것인지…….' 등에 대해서 많은 사색을 낳게 한다. 그냥 물음표로 문장을 끝냈다면 단답형의 대답이 나왔을 것이 뻔하다.

그런 맥락에서 연구자 12가 사용한 말줄임표를 다시 한 번 바라보았다. 그리고 주목한다. '시작과 낯설음…' '대학원에서 만나는 중요한 관계들…' '이전과 다른 미술경험…' '적응 또 적응…' '성장통…'

연구자 12가 슈퍼비전 경험에 대해서 이렇게 풀어낸 글쓰기를 보고 참여자들은 자발적으로 글을 쓰고 그림을 그렸다. 분석하면서 눈여겨본 점이 또 한 가지 있다. 연구자 12는 연구를 하는 당시에 석사학위 과정을 다 마치고 졸업을 위하여 논문을 쓰는 학기였다. 원본 글쓰기의 연구 대상이 되었던 참여자들은 석사과정생들이다. 참여자들은 박사과정생이거나 박사 졸업생들이다.

연구자, 참여자, 원본 글쓰기의 연구 참여자가 모두 학위 과정과 임상 경험에서 차이를 보이고 있다. 그러나 참여자들의 학위 과정이나 임상 경험이 더 높고 많다는 점을 염두에 두지 않고 이들의 반영적 작업이 어떠할 것인지에 대해 시야를 열어 놓고 분석에 들어갔다. 참여자들의 학위 과정이나 임상 경험이 더 많다면 연구자의 경험이 생소하고 다소 이해가 어려울 것 같고, 그 반대라면 단지 과거의 경험이 되살려지는 정도에 지나지 않을까 하는 저자의 선입견이 있었다. 물론 분석에 영향을 주지 않기 위해 괄호치기하는 작업을 계속 했다.

참여자들은 과거 집단 슈퍼비전 받을 당시 상황을 떠올리며 현재의 내 임상에 과거의 임상 경험을 대입하면서 치료사로서의 나와 인간으로서의 나를 고민하고 탐색하는 힘이 생겼다는 것을 발견하였다. 반영적 글쓰기, 미술작업을 하면서 자신이 과거에 받았던 슈퍼비전 경험을 반추하였다. 반영적 글쓰기 작업이 슈퍼비전과 유사한 것 같다고도 하였다.

석사학위 과정 중에 겪었던 임상 경험들을 다시 꺼내 보면서 '나도 그랬지…….' 생각했다.

'왜 그랬을까…….'

'이렇게 밖에 내담자를 대하지 못했을까…….'

'지금 다시 하라면 똑같은 실수를 또 할까…….'

'지금 다시 이 내담자를 만난다면 최선이 무엇일까…….'

'나는 과연 성장했을까…….'

'동료들의 피드백을 잘 수용할 수 있을까…….'

'지금이라면 슈퍼바이저 앞에서 내 임상을 어떻게 펼쳐 보일 것인가…….'

'어떤 매체를 주었어야 했을까…….'

'양육자 없는 내담아동의 만족감을 주기 위해서 밀가루를 허용했었지…….' '잘못했어…….'

'의사들이 경험한다는 테이블 데쓰(table death)를 맞았을 때, 이런 것일까…….'

다각도로 생각해 보는 여유와 거리감을 가질 수 있게 되었다.

그러면서 정리한다. 내 모습이 부끄럽기도 하고, 질책도 되었지만 시공간을 뛰어넘어 다시 반영적 작업이라는 슈퍼비전을 받으며 정리를 하는 기회가 본의 아니게 제공되었다. 단순하게 과거 경험의 재생을 넘어서서 자신이 제3자가 되어서 자기 자신을 슈퍼비전할 수 있었다. 자동적으로 치료사로서의 부족했던 개입 경험을 지우려 하지 않고 도대체 자기 자신의 내면과 임상 현장에서 무슨 일이 일어나고 있었는가를 들여다볼 수 있었다.

자연스럽게 참여자들의 반영적 작업 속에서 말줄임표의 의미를 발견할 수 있었다. '시작과 낯설음…' '대학원에서 만나는 중요한 관계들…' '이전과 다른 미술경험…' '적응 또 적응…' '성장통…' 참여자들은 반영적 작업을 하면서 각 주제어 뒤에 이어졌던 …에 각자 끝말잇기처럼 다음에 들어갈 글을 채우고 있었다.

연구자 12의 글쓰기와 참여자들의 반영적 작업을 통합하여 재구성하며 맺는다.

미술심리치료사로서의 길로 접어들면서 낯설음이라는 감정이 있었다. 그러나 대학원에서 만나는 중요한 관계들 속에서 피어(peer)들과 함께 적응을 해 갈 수 있었다. 시간이 흘렀어도 기억 속의 집단 슈퍼비전을 떠올리며 미술심리치료사가 되어가는 길 위에 있다는 것을 깨달았다. 그러고 보니 성장통을 겪으며 왔다. 이제는 내가 슈퍼바이저가 되어 반대의 역할을 하게 되었다. 과거의 나와 같은 위치에 있는 나의 슈퍼바이지에게 문이 되어 주고 싶다. 실제로 나는 문이 영상으로 떠올랐고 그려 보았다. 이전과 다른 미술 작업 경험이다. 그 오래전에 슈퍼비전을 경험하면서 혼란스러움을 표현했던 이미지를 다시 꺼내 보았다. 이 역시 적응을 위한 성장통이었다. 커피가 쏟아져 있었다. 그 흔적은 시간의 흐름을 담고 있었다. 그 흔적을 가만히 쳐다보니 거울 같았다. 나의 성장 지도를 보여 주었다. 시공간을 초월하여 반영한 글쓰기와 그림 작업은 내가 어디를 거쳐 어디만큼 와 있다는 것을 알려 주었다.

2. 미술심리치료사 주제를 다룬 반영적 작업 I의 분석

1) 연구 참여자 6의 원본을 다루기 위한 관련 사항들

연구자 6의 '미술치료사의 미술작업을 통한 자기인식 체험연구'(홍혜정, 2010)의 원본을 읽고 5명의 동료 미술심리치료사들이 적어 준 반영적 작업을 모아 해석학적 현상학적 방법으로 분석을 시도하였다.

연구자 6의 미술심리치료학 석사학위논문의 원본에서는 '미술치료사의 작업노트' 라는 형식으로 미술심리치료사들의 미술작업을 통한 자기인식에 대해 다음과 같은 주제로 글쓰기를 제시하였다. 이들 주제들은 '아픈 기억' '직면' '분노' '내가 진정 원하는 것' '짓밟아 버린 내 가면' '심리적인 허기' '내담자와 나의 패턴' '기다리는 연습' '세상을 떠난 내담자를 위한 애도' '몰입의 쾌감' '그림이 주는 메시지' '영혼의 움직임' '나에게 미술작업이란?' '미술치료에 대한 신념'이다. 이 원본을 읽고 동료 미술심리치료사 5명이 반영적 작업을 해 주었으며 총 글 5편, 그림 2편이 수집되었다. 이러한 시도를 통하여 동료 미술심리치료사들이 미술심리치료사의 미술작업을 통한 자기인식에 관한 반영적 작업을 하며 어떠한 체험을 하였는지 그 본질과 의미를 분석한다.

2) 연구 참여자 6의 원본을 기반으로 한 반영적 작업 I의 자료 분석 결과

연구자 6의 원본에 대한 반영적 작업을 토대로 해석학적 현상학 방식으로 분석한 결과 총 5개의 본질적 주제와 10개의 하위주제가 도출되었다.

Gnothi Seauton 너 자신을 알라
– 델포이의 아폴론 신전에 새겨진 경구 –

'인식'이란 단어의 국어사전적 정의는 '사물을 분별하고 판단하여 앎'이다(네이버 국어사전). 한자 '認識'의 認은 '알 인' 자로 '알다, 인식하다, 인정하다, 발견하여 알다' 등의 여러 가지 뜻을 가지고 있으며, '識'은 '알다, 지식, 식견'의 뜻을 가지고 있다. 인식은 한자사전에서 '의식하고 지각하는 작용의 총칭'으로 정의된다(네이버 한자사전). 사전적 정의를 통해 본 자기인식은 자신에 대해 분별하고 판단하며 알게 되고 인정한다는 뜻으로 풀이할 수 있다.

① 결핍감을 느끼던 과거의 자신과 마주함.
　①-1 눈치 보며 식구들 기분을 맞추던 어린 자신이 떠오름.

자신에 대해 알게 된다는 것은 그리 녹록치 않은 일일 것이다. 자신이 보고 싶은 어느 한 부분만이 아닌 자신의 외부와 내부를 모두 포함한 진솔한 자신과 만나야 하기 때문이다. 뿐만 아니라 자신의 모습을 있는 그대로 인정한다는 것은 더욱 어려운 일일 것이다. 자랑스러운 자신의 모습뿐 아니라 깊은 곳 아픈 구석과 마주해야 하기 때문이다.

참여자들은 미술심리치료사로서 자신의 과거를 돌아보며 자기인식의 체험을 새롭게 한다. 이제는 미술심리치료사로 타인을 돕는 위치에 서게 됐다. 미술심리치료사가 되기 위해 교육 분석도 받고, 미술심리치료학, 심리학 그리고 정신병리학 등 많은 공부를 하였다. 무엇보다 미술작업을 통해 내 안의 힘과 만나는 수많은 경험을 하였다. 그렇기에 이제는 나를 돌아볼 충분한 힘과 마음의 여유를 가지게 되었다. 미술심리치료사인 참여자들은 마음 한편에 남아 있는 어린 시절의 장면 장면들을 다시 꺼내어 보며 자신의 관계적 패턴에 대해 돌아본다.

그곳엔 늘 눈치를 보며 타인의 기분에 민감하고 힘들어하던 어린 자신이 있다. 어린아이임에도 불구하고 자신이 먼저 어른들을 이해하려 애쓰고 있었다. 자신이 사랑받고 인정받기 위해서는 그럴 수밖에 없었다.

"어린 시절에는 주변 사람들이 그랬다.
너는 할머니랑 같이 사는 아이라서 '눈치가 빠르다'고
듣고 싶지 않아도 난 어른들의 감정적인 이야기들을 듣는 환경에 늘 노출되어 있었다……. 나의 친구처럼 지내 주는 친할머니를 바라보며 우리 엄마는 늘 신경질을 냈고 나는 그 사이에서 늘 긴장해야 했던 것 같다…….
나는 늘 날이 서 있고 예민했고 눈치를 보면서
'저 사람은 힘들고' '저 사람은 슬프고' '저 사람은 화났구나.'를 느끼며 마음이 늘 불편했던 것 같다. 그러면서 그 불편감을 소화시키기 위해 난 늘 그 사람들의 입장에 서서 이해하려 애썼다." (#1)

①-2 직장에서도 눈치 보며 전전긍긍하던 사회생활

성인이 되어 회사를 다니던 시절에도 늘 타인의 눈치를 보기에 급급했던 자신을 기억한다. 상사가 요구하기도 전에 미리 준비를 해 놓고 급하다면 절대 걷지도 않고 언제나 뛰면서 일을 했다. 누가 시킨 것도 아닌데 말이다.

"날 늘 전전긍긍했다.
남들이 힘들까 봐
남들이 급할까 봐

남들이 당황할까 봐
남들이 어려울까 봐
눈치 빠르다는 것으로 언제까지 직장생활을 버틸 수 있을까?" (#1)

①-3 늘 뒷전이었던 자신

사회생활 중 대부분 자신은 늘 뒷전이었고 남을 먼저 염려했다. 사회생활은 원래 그런 거다 생각하며 위로하기도 했지만 마음속에서부터 자신 스스로에게 묻기 시작했다. 그렇게 살아온 나날들은 자신에게 무엇을 말해 주고 있는 것인가?

"나는 누구를 위해 달리는지…….
나는 행복한지…….
내가 힘들까 봐 전전긍긍하는 사람이 있을지……." (#1)

② 나를 있는 그대로 보는 용기

②-1 스스로에게 던진 질문의 답을 찾아냄.

나를 먼저 돌보지 못하던 삶의 화살은 결국 자신을 향했다. 왜 그렇게 살고 있냐고……. 나 자신과 마주해야 했고 끈질기게 물어야 했다. 그러고는 드디어……. 스스로에게 던지는 질문에 이제 답을 할 수 있게 됐다. 그 답은 결국 자신 안에 있었다.

"눈치를 보다 보니
나의 의견이 없다.
……………………………………
내 안에 내가 없다는 것을 알기 시작했다." (#1)

②-2 그럴 수밖에 없었던 자신의 문제를 알게 됨.

참여자들은 자신의 깊은 구석 속의 아픈 기억들에 대해 다시 곱씹으며 내면속에 자리 잡은 결핍감과 상처로 인하여 타인의 눈치를 볼 수밖에 없었음을 알아차리게 된다. 무엇이 문제였는지, 왜 자신이 그럴 수밖에 없었는지에 대해 진솔하게 바라보는 용기를 낸다.

알고 보면 내 안에 결핍과 상처로 인한
나의 내면의 울부짖음이었다는 것을 알게 되었고
그래서
용기를 내어
허름하고 멋없는 나의 내면의 모든 것을 인정하기 시작했다. (#1)

②-3 나의 가치를 새롭게 찾아냄.

참여자들은 화려하지도 않고 멋지지 않아도 괜찮은 자신을 인식한다. 이제는 나라는 존재만으로도 충분하다는 자신의 가치를 다시 알게 되는 체험을 한다.

②-4 자신의 결핍감이 만들어 낸 투사를 거두어들임.

이러한 체험은 미술심리치료사로서 변화하게 만든다. 미술심리치료사 자신의 내면의 결핍으로 인해 내담자와의 관계에서 동정이나 투사가 일어나고 있는 것은 아닌지 점검하게 된다. 한 개인의 삶과 미술심리치료사로서의 삶이 결코 무관할 수 없기에 개인적인 결핍감과 상처는 미술심리치료사로서의 삶에도 영향을 미칠 수밖에 없기 때문이다.

놀이공원에 있는 착각의 집에 가면
우리의 시각이 얼마나 많은 왜곡을 일으키고
그것을 현실로 인식하게 하는지 알고 있다.
나는 그런 엄청난 착시현상을 보며
언제나 내 자신을 점검한다.

치료사라는 이름으로 어떤 문제를 더욱 왜곡시키고 있지는 않는지?
나의 주요한 이슈는
'다른 사람' '그 행동' '그 사람의 감정' '그 사건' 등이었다.
그때 그 사람이 어떻게 느꼈는지를 잘 알아서
해결책을 제시하는 것이 좋은 치료사라고 생각했던 적도 있었다.
하지만 이제는 아니다. (#1)

참여자들은 이렇게 자신의 결핍감으로 인해 타인에게 드리워진 투사를 조용히 거두어들인다. 미술심리치료사로서 이제는 내가 내 자신을 건강한 방법으로 수용하고 나를 소화하며 있는 그대로 비춰 낼 수 있는 용기를 가지게 됐음을 자축한다.

③ 미술작업의 여정을 통해 자신을 발견하는 설렘

③-1 자신을 찾는 여정에서 만나는 여러 개의 문

미술심리치료사는 내담자에게 미술작업이란 창조적 과정을 통해 그들의 어려움을 돕고자 하는 사람들이다. 그렇다면 미술심리치료사 스스로 미술작업을 하는 것은 어떤 의미가 있는 것일까?

미술작업 속에서 발견하는 것은 나 자신이다.
문을 두드리고,
그 문이 열리기를 바라고,
얼마간의 기다림이 있은 후 작품은 매번 다른 의미로 나에게 말을 걸어온다.
미술작업을 통해 새롭게 나를 찾아가는 여정…….
그 과정은 늘 우리를 초대하고 있다.
누구든 용기를 내어 문을 여는
그 순간을 기다리고 있음에 나는 항상 설렌다. (#5)

미술심리치료사에게 있어 미술작업을 한다는 것은 마치 자신을 찾아가는 여정길에서 만나는 여러 개의 문을 만나는 설렘 같은 것이다. 그 문을 열면 어떤 일들이 펼쳐지는 것일까? 어떤 나를 만나게 되는 것일까? 내 안에는 수없이 많은 나의 모습이 존재하기에 미지의 세계가 주는 설렘과 동시에 주저함도 함께 있다. 그러나 용기를 낸다. 그리고 기꺼이 그 문을 두드리고, 미술작업 속에서 자신을 만난다.

④ 미술작업으로 서로 이해의 폭이 넓어짐.

④-1 미술작업으로 타인에 대한 진솔한 이해가 가능해짐.

혼자서 하는 미술작업과는 달리 타인과 함께하는 미술작업에는 큰 차이점이 있다. 미술작업 속에는 자신의 진솔한 이야기가 녹아 있고, 밖으로 꺼내 보여지지 않은 마음들도 담겨 있다. 언어로 이루어지는 소통만으로 우리가 한 사람을 오롯이 이해한다 할 수 있을까? 참여자들은 같이 미술작업을 하지 않았다면 결코 이해할 수 없었던 타인의 모습을 미술작업을 통해 만나게 된다고 고백한다. 이러한 체험은 동료들 간에 서로를 더 깊게 이해할 수 있는 마음의 폭을 넓혀 준다.

나와 같은 고민을 하고 있는 동료의 이야기를 들으며 안심을 하기도 하고
동료의 모습과 그들이 표현한 이미지를 보면서 내 마음이 건드려지고…….
감당할 수 없는 감정을 표현했을 때 머물기도 하면서
나와 가까워지고 위로를 받게 된다.
아무리 개인작업에 집중한다고 해도 경험할 수 없는 부분들일 것이다.

타인의 미술작업을 통해 그 사람을 보는 것은 하나의 온전한 인격체로 만나는 느낌이다. 그 사람의 미술작업을 보는 것은 짧은 순간의 일이었지만……. 미술작업을 통한 나눔이 없었다면……. 그 사람의 따스함을 모르는 채로 지나갔을 것이다. (#5)

⑤ 과거의 고통을 현재의 보물로 만듦.

⑤-1 아픈 기억을 딛고 일어나 당당히 나아감.

미술심리치료사가 자신을 인식한다는 것의 본질은 무엇일까? 미술심리치료사들이 체험한 자기인식은 지속적으로 자신의 내면을 탐색함으로써 삶에 대한 답

을 찾아가는 과정에서 얻어진다. 또한 그 과정에서 선물로 주어지는 것이 바로 성장한 자신과의 만남이다. 이물질로 인한 고통을 감싸며 진주를 만들어 내듯이, 참여자들은 삶에서 마주하는 고통들을 극복하며 자신을 위한 자원으로 전환하는 체험을 한다. 홍혜정(2015b)은 미술심리치료사가 미술작업을 통해 자신의 자아탄력성을 증진할 수 있다고 하였다. 참여자들 역시 과거의 결핍감으로 인해 상처를 안고 살아가던 시절도 있었고, 치료사 자신의 내면의 역동을 내담자에게 투사하기도 하며 미술심리치료사로서 고군분투하던 시기도 있었다. 그러나 이제 그러한 과정들을 모두 극복해 내고 더욱 단단하게 거듭나는 성장의 기쁨을 누린다.

아픈 기억을 딛고 분노와 마주한 미술심리치료사
미술작업과 씨름하며 몰입하여……. 우뚝 선 미술심리치료사
우연한 만남인 듯 필연적으로
미술치료의 초대를 기꺼이 받아들인 미술심리치료사
편안한 흔들의자 같은 미술심리치료사
당당히 걸어 나가는 그대 (#2)

3) 연구 참여자 6의 원본을 기반으로 한 반영적 작업 I의 논의 및 결론

'미술치료사의 미술작업을 통한 자기인식 체험연구'의 원본을 읽고 동료 미술심리치료사들이 써 준 반영적 작업을 분석한 결론은 다음과 같다.

첫째, 반영적 작업을 통해 연구 참여자들은 자신의 결핍된 부분까지도 있는 그대로 자신을 보게 되는 기회를 가지게 되었다. 누구든 마음의 한 구석엔 응어리지고 아픈 구석이 있기 마련이다. 이제는 미술심리치료사가 되어 과거의 부족하고 움츠러들 수밖에 없었던 자신을 이해하고 위로할 수 있는 내면의 힘을 가지게 됐음을 다시 인식하게 되었다. 미술심리치료사는 내담자가 느끼는 삶의 어려움의 동반자가 되어 그 치유의 과정을 함께 걸어간다. 이렇게 타인의 어려움을 함께할 수 있는 것은 쉽지 않은 일이며 이것은 미술심리치료사 스스로 이미 자신의 강점뿐 아니라 취약한 점까지도 잘 돌아보고 있기에 가능한 것이다.

둘째, 반영적 작업을 통해 연구 참여자들은 미술심리치료사에게 미술작업은

자기인식과 극복의 도구가 되어 준다는 것을 체험한다. 참여자들의 자기를 알아가는 과정에서 미술작업은 자기탐색의 문을 열어 주는 역할을 해 주고 있다. 이러한 체험을 통해 연구 참여자들은 미술심리치료사가 되기 위한 과정 중 특히 미술작업을 통해 자신을 돌아보는 것이 얼마나 중요하며 필요한 것인지에 대해 확신하게 된다. 더불어 동료들과 함께 하는 미술작업에서는 한 사람이 만들어 내는 미술작업 이미지를 통해 그 사람을 이해하는 것이 진정으로 내면의 이해에 대한 깊이감을 준다는 것을 알게 된다.

참여자들이 위의 주제에 대한 반영적 작업을 통해 체험의 논의를 정리하면 다음과 같다.

첫째, 참여자들은 자기 인식의 여러 측면 중에서도 자신의 결핍됐거나 잘 알아차리지 못했던 부분에 대한 인식을 새롭게 한다. 이는 융의 용어로 그림자와 같은 맥락에서 볼 수 있겠다. 그림자는 인격의 무의식적인 측면을 말하며, 자아의 전혀, 혹은 거의 알려지지 않은 속성을 말한다(이부영, 1996). 또한 이는 연구 참여자들이 자신의 무의식적 그림자(shadow)를 알아차려 의식화하는 시도를 통하여 보다 통합된 삶을 살려고 하는 시도를 보여 준다. 이에 대해 켄 윌버는 통합적인 삶을 위한 핵심 모듈로 신체, 마음, 영성 그리고 그림자를 꼽았고, 그림자와 관련된 작업을 하지 않으면 자신의 무의식적인 동기에 의해 많은 방해를 받을 것이라 말했다(Wilber, 2008). 그만큼 자기인식에 있어서 그림자를 알아차리는 부분은 매우 중요한 것이다.

둘째, 미술작업을 통하여 자신을 발견하며 과거의 고통스러웠던 경험도 성숙의 자원으로 승화하는 것을 알 수 있다. 연구 참여자들은 이러한 노력들을 기울이며 미술심리치료사로서 한층 더 성장해 나아간다. 참여자들은 이렇게 매슬로우가 주장한 자기실현의 단계에 이른 사람의 특성중 하나인 어려움을 두려워하지 않고 역경을 오히려 기회로 전환할 수 있는 능력(Maslow, 2009)을 가지게 됨을 알 수 있다.

3. 미술작업 관련 전공과목 주제를 다룬 반영적 작업 I의 분석

1) 연구 참여자 4의 원본을 다루기 위한 관련 사항들

이 장은 해석학적 연구방법으로 대학원 미술심리치료학 전공 학위를 취득한 졸업생들이 "미술치료학 전공 석사학위과정생의 '미술작업 중심 교과목' 내에서의 미술작업 체험(한경아, 2014)"을 주제로 작성한 해석학적 현상학의 글쓰기 1편을 읽고 작성한 반영적 작업 체험을 탐구한다.

원본에서는 석사학위 과정생들이 '미술작업 중심 교과목' 내에서 체험한 미술작업 경험들을 바탕으로 글쓰기를 시행하였고, 연구의 주제는 다음과 같다. 첫째, 기대로 가득 찬 첫걸음, 둘째, 나를 찾아가는 길을 밝혀 주는 미술작업, 셋째, 동료들, 평생토록 내 안의 나를 비춰 줄 맑은 거울, 넷째, 실제적 경험으로 배운 지식을 마음껏 펼치는 공간, 실습 현장(한경아, 2014)이라는 네 가지의 주제로 내용이 구성되어 있다.

이 원본에 대한 반영적 작업을 수집한 결과 총 3인이 3편의 반영적 글쓰기와 1점의 그림을 보내 주었다.

2) 연구 참여자 4의 원본을 기반으로 한 반영적 작업 I의 자료 분석 결과

연구 참여자 4의 원본에 대한 반영적 작업을 탐구한 결과, 총 7개의 본질적 주제와 22개의 하위주제가 도출되었으며 그 내용은 다음과 같다.

① 반영적 글쓰기를 통해 나를 돌아보며, 동료들과의 연결감과 새로운 창작 욕구를 느낌.

①-1 글쓰기가 예전의 내 모습으로 떠오르게 함.

미술치료학 전공 석사학위과정생의 '미술작업 중심 교과목' 내에서 미술작업 체험 연구의 글쓰기에 나오는 예진은 정말 석사 때 나의 모습과 너무도 흡사하다. (#6)

①-2 글쓰기를 읽으며 새로운 창작의 욕구가 일어남.

미술치료학 전공 석사학위과정생의 '미술작업 중심 교과목' 내에서 미술작업 체험 연구 글쓰기를 읽으며 아무것도 개의치 않고 자유롭고 순수하게 그림을 그렸던 어린 시절처럼 그렇게 미술작업을 하고 싶다는 욕구가 일었다. (중략)

처음 미술치료를 시작하던 그때의 풋풋하고 순수했던 그 마음들……. 그 어린 아이 같은 마음을 어떻게 그림으로 표현할 수 있을까……. 문득 의도한 형태대로 표현되지 않는 것은 그림이 떠올라 화지를 편다. (#5)

①-3 동료들의 글쓰기를 읽으며 서로간의 연결감을 느낌.

다른 미술치료사들의 글을 읽으며 공감하고 서로의 경험이 크게 다르지 않다는 사실을 알게 되고 나니 우리가 서로 연결되어 있다는 강한 연결감을 가지게 된다.

(중략)

미술치료사라는 이름으로 가고 있는 한 우리는 보이지 않는 끈으로 연결되어 각자의 위치에서 서로를 바라봐 주고 있다는 느낌을 가지게 된다. (#6)

② 미술작업 관련 전공과목은 새로운 기대와 돌봄을 이끎.

②-1 미술작업은 돌봐 주지 못했던 들꽃 같은 내 마음을 들여다보게 함.

……누구나 마음 깊은 곳에 간직하고 있을 연둣빛의 새싹, 자신도 미처 돌봐 주지 못한 순수한 들꽃이 있음을 미술작업은 그림을 그리는 사람도 눈치 채지 못하게, 아무도 모르는 새에, 의도하지 않은 방향으로 힐끗 들여다보게 우리를 이끌어 준다. (#5)

②-2 미술작업 관련 전공과목은 또 다른 기대를 갖게 함.

……미술, 미술작업. 그것은 다른 교과목 수업과는 다른 기대를 갖게 한다. (#3)

③ 학교 수업에서는 깊이 있는 내면 작업이 어려운 한계와 방해물이 있기도 함.
③-1 불거진 마음이 채 다뤄지지 않고 고통으로 이어지기도 함.

이렇게 불거지고 표면으로 올라온 이슈들은 다뤄지지 않은 채 한동안 지속적으로 괴로움과 고통으로 이어지기도 하였다. (#6)

③-2 학교수업이라는 한계가 방해물로 느껴지기도 함.

조금 아쉬운 부분은 학교 안에서 교과목으로 듣는 집단 미술치료를 통해서 아주 깊이 있는 내면의 부분까지 다루어 주지는 못했던 것 같다. 문제만 불거져 나왔다고나 할까…….
(중략)
그것을 깊이 있게 다루기에는 학교 수업이라는 시간과 공간, 그리고 너무나 개인적인 것까지 다 공개할 수 없는 여러 가지 제한점이 방해물이 되었었다. (#6)

④ 미술작업은 두려움이기도 하지만, 그 자체가 놀이처럼 안정감과 희망을 줌.
④-1 미술작업을 통해 고스란히 내가 드러나는 것이 두렵고 가슴 아림.

혼자 여기저기 상처의 흔적들이 고스란히 드러난 나를 동기들과 교수님이 보고 있다.
당황스럽고 어찌할 바를 모르겠다.
다시 주워 담을 수도 없고, 시간을 돌릴 수도 없다.
이것이 또 다른 상처가 되지 않을까 겁나고 두렵다는 생각에 눈을 질끈 감았다.
(중략)
용기 내어 눈을 살짝 떠 보고 눈앞의 미술작업에 드러난 나를 본다.
화가 나고 슬프다. 가슴이 아리다. (#3)

④-2 부족한 내 모습과 평가에 대한 두려움

부족하고 상처 있는 내가 미술치료사가 될 수 있을지 걱정되고,

수업이기에 이런 모습이 평가되지 않을까 더 두려웠다. (#3)

④-3 미술작업은 두렵고 힘들지만 새로운 희망의 경험을 하게 함.

새싹의 이미지처럼 새싹이 흙을 뚫고 나오는 힘든 경험이면서 동시에 새로운 희망을 느끼게 되는 그런 경험이었다. (#6)

수업에서 미술작업을 하며, 그 걱정과 두려움이 차츰 줄어들었다. (#3)

④-4 미술작업 자체를 놀이처럼 즐기며 안정감을 느낌.

녹색과 노랑, 파랑이 어우러지며 퍼져 나가는 색들은 나의 마음에 한 줄기 바람처럼 시원하고 고요한 안정을 가져다준다. (#5)

미술재료를 만지작거리고 그림을 그리다 보면 강의실의 하얀 칠판과 교수님은 나의 시선 밖으로 밀려난다.
놀이를 즐기는 어린아이가 되고, …… (#3)

⑤ 교과목에서의 미술작업은 내담자와 미술치료학을 새롭고 풍성하게 이해하게 도움.

⑤-1 미술작업을 통해 미술치료를 더 넓고 풍성하게 이해하게 됨.

미술작업을 통해 단지 내담자의 이슈를 분석해 내는 것만이 미술치료가 아니라는 것을 느꼈으며 그것을 포함한 더 넓은 범위에서 미술치료를 다룰 수 있게 되었다. (#6)

수업에서의 미술작업으로 배운 많은 이론들과 미술이 서로 녹아들고 어울려져 미술치료에 대한 풍성한 이해를 할 수 있었고……. (#3)

⑤-2 감각과 마음을 통해 수업에서 이해한 것을 새롭게 배워 감.

수업에서 미술로 표현한다는 것의 의미를, 그리고 내담자와 치료사에 대해 이해하는 것을 머리와 시각적인 감각과 마음으로 깨닫고 배워 간다. (#3)

⑤-3 미술작업에 대한 미술치료사 자신의 경험이 내담자들을 위해 쓰임을 알게 됨.

지금 와서 생각하면 나 역시 그런 경험을 가져 보지 못했었기 때문에 나도 내담자에게 해 줄 수 없었던 것이다. (중략)

미술치료사가 자신의 미술작업을 하지 않으면 결코 내담자를 이해하기가 쉽지 않다. 앞에 놓인 도화지에 무엇을 그려야 할지……. 미술작업을 하고 나서 시원해지기도 하지만 불편한 마음이 올라올 수도 있다는 것, 집단 안에 자신의 신경을 거스르게 하는 사람이 있을 수 있다는 것, 그리고 그것은 자신의 이슈라는 것 등등 미술치료사의 이러한 모든 경험들은 내담자를 더 잘 이해할 수 있도록 돕는다. (중략)

미술작업이 자신에게 의미하는 것이 무엇인지, 미술작업과 자신의 관계가 어떠한지를 처절하게 고민해 본 미술치료사라면 내담자가 자신을 탐색하는 길목의 입구에서 서성이며 두려워할 때 지켜볼 수 있으며 같이 한 발자국 더 안으로 들어갈 수 있을 것이다. (#6)

⑥ 미술작업을 통해 나를 들여다보며 성장하고, 임상현장과 미술치료에 대한 길을 찾아감.

⑥-1 미술작업에 드러난 낯선 나를 바라보며, 용기를 갖게 함.

여기저기 상처의 흔적들이 있는 낯선 내가 된다.

용기 내어 눈을 살짝 떠 보고 눈앞의 미술작업에 드러난 나를 본다……. 나에 대한 이해의 폭과 깊이 또한 달라졌다. (#3)

이러한 경험은 치료사와 깊이 있는 관계를 지속적으로 맺을 수 있는 개인치료를

받을 수 있는 용기를 내게 해 주었다. (#6)

수업시간에 미술작업을 하며 그림을 그리고, 무언가를 만드는 그 순간은 학생이 아니라 그저 나로서 존재한다. (#3)

⑥-2 미술작업을 통해 나 자신을 들여다보며 미술치료에 대한 답을 찾아감.

미술작업 중심 교과목들을 수강하면서 비로소 미술작업을 통해 어떻게 치료가 되는지에 대해 서서히 답을 찾아가게 되었던 것 같다. 그 시작은 바로 미술작업을 통해 나 자신을 들여다보게 되면서부터일 것이다. (#6)

⑥-3 임상현장에서의 내 모습을 돌아보고 성장해 감.

오히려 심리치료 이론에 미술작업을 꿰맞추어 보려는 시행착오도 많았던 것 같다. 내담자의 그림을 보면서 분석하고 해석하려고만 했지 공감이나 지지, 격려 등은 잘하지 못했었다. (#6)

우리의 미술작업들은 멋있는 배경이 되고,
그 속에서 나는 새로운 색을 입고 새로운 모습으로 바뀌어 간다. (#3)

⑥-4 자신과 타인과의 관계에 대해 생각하게 되는 경험을 하게 함.

같이 수업을 듣는 집단원들과 같이 작업을 하면서 역동이 생겨나고 기분 나쁜 일도 생기고, 재미있는 경험도 하면서 자신과 타인과의 관계에 대해 생각하게 되는 경험을 하게 되었다. (#5)

⑦ 동료, 선후배들을 통한 공감과 지원으로 새롭게 성장하며 나도 그들의 손을 잡아 줌.

⑦-1 함께하는 동료들을 돌아보게 함.

처음 미술치료를 시작하던 그 때의 나를 지원해 주고, 있는 그대로 인정할 수 있도록 용기를 준 선후배와 동료들……. 또 지금도 땀 흘리며 미술치료 전문가로 성장하고자 열심히 노력하는 후배들……. (#5)

나를 통해, 함께 수업에 참여하는 동기들을 통해, 그리고 수업을 이끌고 계신 교수님을 통해서……. (#3)

⑦−2 동료를 바라보며 나도 그들의 손을 잡아 줌.

한참을 울고 더 고개를 들어 보니 나만 그런 것이 아니었다.
각자 다른 형태로, 다른 색으로 상처 난 모습으로 있었다.
나도 옆의 동기의 손을 꼭 잡아 주었다. (#3)

⑦−3 함께 공유하고 격려하며 성장하는 밑거름이 됨.

우리의 미술작업들은 멋있는 배경이 되고,
그 속에서 나는 새로운 색을 입고 새로운 모습으로 바뀌어 간다.
그렇게 나는, 아니 우리는 성장하고 있다.
(중략)
미술작업이 있는 수업은 그랬다.
감추고 드러내지 않으려 꽁꽁 싸 둔 우리들의 모습은 수업에서 미술작업으로 표현하고 함께 공유하며 성장하는 밑거름이 된 것이다. (#3)

집단이 주는 따뜻함과 격려, 지지 라는 것이 무엇인지에 대해서도 새롭게 경험을 할 수 있었다. (#6)

⑦−4 미술치료사 동료들에게 감사와 사랑의 마음을 보냄.

각자의 현장에서 땀 흘리며 자신의 새싹을 아름다운 나무로 키워 내고 있을 그들

에게 감사하며, 나 역시 마음 깊은 곳에서 더할 수 없는 지지와 사랑을 보낸다. (#5)

3) 연구 참여자 4의 원본을 기반으로 한 반영적 작업 I의 논의 및 결론

이상과 같은 본질적 주제와 하위주제를 바탕으로 한 연구의 결론은 다음과 같다.

첫째, 반영적 글쓰기를 통해 연구 참여자들은 자신의 경험을 다시 돌아보고 이를 재인식 · 통합함으로써 미술치료사로서 한걸음 더 성숙하는 기회를 갖게 되었다.

연구 참여자들은 자신의 학위 과정 중의 기억을 돌아보며 미술작업 관련 전공과목중의 미술작업이 미술심리치료학에 대해 깊이 있게 이해하도록 도왔음을 기술하고 있다. 또한 미술치료 임상현장에서의 자신의 모습과 내담자와의 관계 등에 대해서도 재조명하는 기회를 가졌다. 뿐만 아니라 연구의 결과로 보아 연구 참여자들은 자신이 미술치료학과 관련한 학문적 · 임상적 발전을 경험하는 중이라는 것 역시 깨닫게 되었음을 알 수 있다.

둘째, 연구 참여자들은 반영적 작업을 통해 미술작업에 대한 새로운 창작에의 욕구와 동료, 선후배와의 연결감을 느끼고, 이는 미술치료사로서의 삶의 자원이 됨을 통찰하였다.

성숙한 미술치료사의 필수 조건 중 하나인 미술작업 경험은 머리로는 이해하고 있지만, 실제 삶 속에서 자발적으로 꾸준히 이루어지기 어렵다. 그럼에도 불구하고 많은 미술치료사는 치료사 자신의 미술작업을 반복하여 강조하고 있다. 연구 참여자들은 반영적 작업에서 미술작업에의 새로운 욕구가 일어남을 기술하고 있으며, 이러한 경험이 내담자를 위해 다시 쓰이는 중요한 토대가 됨을 재인식하고 있다. 특히 반영적 작업은 미술심리치료 분야의 선후배, 동료들의 글쓰기를 보며 그들의 경험을 나누고, 깊이 공감하며 이들의 존재가 자신에게 삶의 지지 자원이 됨을 깨닫고 있다.

이상과 같은 연구의 결과와 결론을 통해 다음의 논의를 간략히 정리할 수 있겠다.

첫째, 반영적 작업은 장연집의 연구(2016)에서 처음 시도되었다. 미술심리치료학을 전공하고, 같은 질적 연구의 배경을 가진 연구 참여자들이 해석학적 현상학 연구의 핵심이라 할 수 있는 원본을 바탕으로 반영적 작업의 피드백을 받는 것은 새로운 성장과 나눔의 기쁨의 장이 됨을 알 수 있다. 반영적 작업은 동료 미술치료사의 체험을 응축한 글쓰기를 통해 다시 한 번 자신의 체험을 더욱 심도 있게 성찰하는 기회를 얻게 된다. 이는 진정한 미술심리치료사로 성장하기 위해 자신의 치료철학과 치료자로서의 자세를 점검해보는 치료 윤리적 차원의 숙고가 이루어지게 된다(장연집, 2017c).

둘째, 미술작업 관련 전공과목 내에서의 미술작업 체험에 대한 반영적 작업을 바탕으로 진행한 본 연구를 통해 연구 참여자들은 미술작업에 대한 창작의 욕구와 자신에 대한 재이해를 경험하고 새로운 성장에의 에너지를 얻음을 알 수 있었다. 이는 본 연구의 배경인 원본에서 다뤄진 참여자들의 경험을 바탕으로 한 단계 더 심도 있게 진행된 것이다. 이러한 성숙한 삶을 위한 노력은 미술치료사들에게 반드시 필요한 태도로서 많은 선행연구에서 강조된 점(Allen, 1995; Moon, 2003; Netzer, 2009; Rubin, 2008; 2010; Wadeson, 2008)이다. 언어로 다르게 소통하는 미술작업은 특히 미술치료사에게 있어 내면과 소통하는 중요한 수단으로, 실제적 경험을 바탕으로 내담자와 심도 있고 긴밀하게 만나는 중요한 도구가 되어줌을 연구 참여자들은 자신의 체험을 공통적으로 밝히고 있다.

미술심리치료학은 이론과 실제 현장에 대한 깊은 이해가 함께 동반되어야 하는 실천적 학문이다. 미술심리치료사의 훈련에 있어 실제 경험에 대한 논의는 일반적인 문자 기술의 이론만으로는 단순한 전달에 그치기 쉽다. 체험에 대한 깊은 이해를 돕는 질적 연구와 함께 반영적 글쓰기라는 새로운 시도는 미술심리치료학에 있어 중요한 학문적 도구로서 그 배움과 나눔을 더할 것이다.

Chapter 7 반영적 작업 II의 분석

제7장에서는 2~5편의 원본을 기반으로 다루어진 연구 참여자들의 체험을 반영적 작업 II라고 표기하고 있다. 체험의 자료는 글 또는 글과 그림으로 제출되었으며, 자료의 제출 여부에는 선택의 자율성을 부여하였다.

1. 졸업생의 전공 심화에 깊이를 더해 줄 수 있는 원본의 활용

반영적 작업 II의 모든 체험 자료는, 해석학적 현상학의 질적 연구방법을 다룬 석박사 학위논문 중 '해석학적 현상학의 글쓰기' 부분을 기반으로 하고 있으며, 이를 최소 2편에서 최대 5편을 읽고 수행한 체험을 다루고 있다.

1) 졸업 후 시작하는 전공 심화의 의미

국내 최초로 석 · 박사학위 과정을 동시에 개설한 서울여자대학교 특수치료전문대학원의 미술심리치료학 전공은 2001년 개원하여 이제 17년이 되었다. 오늘날 학부 과정의 선택에 비해 대학원 과정을 제대로 선택하는 것은 갈수록 중요해지고 있다. 이미 학부 과정에서 다루는 내용들은 국내외의 유수한 대학교에서 자료들을 일반인에게 공개해 놓아 좋은 강의를 접하는 것이 수월해졌기 때문이기도 할 것이다. 미술심리치료학 전공과 같이 학부에서보다는 대학원 과정에서 새롭게 시작하는 경우가 많은 전공의 경우는 더더욱 대학원의 선택이 중요하다.

서울여자대학교 특수치료전문대학원의 졸업생들은 다양한 현장의 미술심리치료사, 연구소 운영자, 미술심리치료학 관련의 교수나 강사 등을 하고 있다. 이들 졸업생들 중 특히 질적 연구방법을 활용하여 학위논문을 준비한 경우, 선행연구가 부족하여 큰 어려움을 겪기도 하였다.

이 책은 질적 연구방법 중 해석학적 현상학의 연구방법을 다루고 학위논문을 제출한 졸업생을 대상으로 하고 있다. 대학원생 때와는 달리 졸업생의 경우는 해석학적 현상학의 연구방법에 전공의 특수성을 넣어 기존의 접근법을 좀 더 확장하여 체험 자료를 다루고 있다.

이에 이 책은 질적 연구의 기본 틀을 충분히 존중하고 자료를 수집하며, 동시에 질적 연구가 전공에 좀 더 기여할 수 있는 부분을 찾아 이를 활성화시켜 본 것으로, 기존의 질적 연구뿐만 아니라 전공에 대한 체험을 보다 가깝게 다루도록 활성화시키고, 이들을 졸업생들이 다뤄 보는 기회 창출을 통해, 참여자와 연구방법 그리고 전공 모두에게 긍정적이고 활기찬 방향성을 개척해 보는 시도로서의 의미를 지니고 있다고 본다.

서울여자대학교 특수치료전문대학원 미술심리치료학 전공의 석사학위 과정에서는 대학원 과정에서의 배움을 용이하게 하기 위해 학부 보충과목의 강화와 심리학을 기반으로 철저한 기본 교육을 강조하며 전공은 유형별 접근과 함께 미술의 실제를 다루는 강의는 국내에서 가장 많이 개설해 놓고 있다. 또한 4개 학기를 통해 720시간의 철저한 현장실습과 슈퍼비전, 그리고 다양한 학술 활동 및 훈련 그리고 학회 참여를 중요한 부분으로 여기도록 이끌어 왔다.

특히 새로운 전공 분야에서 연구 수행의 어려움은 선행 연구의 축적이 잘 이루어져 있지 않기 때문으로, 특히 질적 연구방법을 다루고자 하였을 때 타 전공의 자료에 의지하는 경우도 많았다. 오늘날 연구 수행의 어려운 고비는 일단 넘어선 것 같다.

이 책과 같이 질적 연구를 수행한 경험을 가진 졸업생들이 그것도 전공이란 특수성을 가미하여 확장시켜 가면서 그들 스스로가 다룬 자료들로 질적 연구를 확장시키고 전공을 활성화시키는 이 같은 시도는 이전에는 없었던 그리고 앞으로도 있기가 쉽지 않은 것으로 후학들에게는 시도 자체가 매우 고무적인 사건이라고 본다.

한국에서 석박사 학위과정을 밟은 졸업생들이, 스스로 구축해 낸 접근법을 통해 그들이 접한 체험 자료들로 구성된 저서를 다뤄 놓은 과정을 밟아 갈 수 있었던 것은, 이들이 국내 미술심리치료학 전공의 1세대로서 미술심리치료학이라는 전공을 잘 이끌어 가고 싶은 사명감과 함께 자신들 스스로가 선택한 전공이 활성화되기를 바라는 염원, 그리고 질적 연구를 수행하기 위해 열악했던 시절들을 모두 몸소 겪었기 때문일 것이다. 미술심리치료학 전공은 여전히 짧은 역사를 배경으로 하므로 학문적으로 기본 원리를 다루고 있는 이론을 다룬 이후에 실제를 다루게 되는데, 때로는 실제만이 부풀려지거나 관심을 왔지만, 이제는 많이 안정된 상태이다.

미술심리치료학 전공이 대부분 대학원 석사학위 과정을 통해 시작이 되어 왔기 때문에, 자연히 대학원 과정에서는 많은 것을 요구하였고 자연히 이들을 다루다 보니 시간에 쫓기는 상황이 되기도 하였다. 따라서 급히 먹은 밥이 체할 수 있듯이, 졸업을 하였지만 재정비해야 할 부분들도 적지 않을 것이다. 게다가 시대 흐름과 변화가 급속히 이루어져 보충해야 할 측면 역시 적지 않을 것이다. 따라서 이들 전공자들에게는 졸업 이후에 전공의 심화 단계를 밟는 것이 추천될 수 있는 부분이기도 하다.

모든 학문 분야가 그러하지만, 진정한 전문가는 쉽게 만들어지지 않는다. 대학원 과정을 마치면 곧 전문가가 될까? 미술심리치료학 전공의 경우 대부분 대학원 석사학위 과정에서 전공을 시작하게 되므로, 숨도 제대로 쉬지 않고 달리면서 2년 만에 취득하게 된 학위는 전문가로서 소정의 과정을 밟은 것일까? 아주 성실하고 많은 노력을 요구하는 대학원을 졸업한 경우에 한한다면 가능할까?

제5장의 임상아동을 위한 미술심리치료 부분의 논의에서도 다루었듯이, 진정한 전문가의 마지막 모습은 사심 없이 자신이 알고 있는 모든 것을 공유하고 나누어 주는 것이 아닐까? 이는 개인의 완성 이후의 단계에서나 가능한 일이다. 이 단계는 전공 분야에서의 지식만으로는 결코 도달할 수 없는 부분이다.

이렇게 할 수 있는 것은 자신의 영혼을 일깨워 준 자신 속에 스승을 가지고 있어야 가능하지 않을까? 그리고 이끌어 가는 스승과 이끌어지는 제자의 만남이 형성될 때 가능한 것이 아닐까? 현실적이든 아니든 내면에 좋은 스승을 가진 사람만이 이 같은 역할에 의미를 갖지 않을까 싶다. 진정한 전문가 역시 마찬가지이다. 몇 과목의 시험을 통과했다고 전문가라고 말하는 경우도 흔하지만, 진정한 전문가를 만드는 과정이 그리 쉬울 것 같지는 않다. 자격증만 있으면 뭐 하나, 자신조차 관리를 하지 못한다면 말이다.

미술심리치료학 전공에 입학한 학생들의 배경 전공은 다양하고, 개인차도 많다. 심지어 사회과학을 전공하는 대학원 과정을 시작하지만 학부 과정에서 연구나 통계를 접해 보지 않은 학생들도 많이 있다.

이에 기존의 뿌리가 깊은 학문 분야와 달리, 대학원 미술심리치료학 전공의 지도교수가 된다는 것은 매우 고단한 일이다. 짧은 시간 내에, 전공의 이론과 현장 실제를 함께 다루고 최대한 활성화시켜, 학위논문이라는 결과물을 제출토록 이끌어야 하기 때문이다. 게다가 이들 중 질적 연구방법으로 학위논문을 다루어 석사 학위과정을 마치고자 하는 경우, 4학기 이내에 이 모두를 다루어 내야 하므로 초인적인 노력을 기울이게 된다. 당연히 충분한 노력과 시간을 확보하지 못한 경우에는, 빈 구멍들이 생길 수밖에 없다. 지도교수로부터 직접 배워야 할 많은 것을 다루지 못한 채 학위논문의 수준도 제대로 확보하지 못하는 경우도 있다. 지도학생이지만 논문지도만 받는 형식적인 만남으로는 사제지간의 관계에서 신뢰감을 구축하기란 쉽지 않다. 논문을 써 본다는 것은 전문가가 되어 가는 과정에서 연구의 한 부분이 된다.

대학원을 졸업하고 나면 흔히 자신들이 미술심리치료 전문가가 되었다고 생각하는 시기가 있다. 그러나 이도 잠깐이다. 학위취득을 해냈다는 부분에서는 잠시 그런 생각을 하다가 곧 대학원 졸업생으로 지내다 보면 진정으로 자신에게 부족하다고 여겨진 부분을 보게 되고, 부족한 부분을 보충하는 시기를 갖게 된다. 자신이 스스로를 좀 더 성장한 전문가로 만들어 가기 시작하는 시기를 맞이하게 된다.

최근에 다루어진 미술심리치료학 전공의 졸업생에 관한 선행 연구로는 학회 차원에서 다뤄진 재교육의 연구(김갑숙, 최외선, 2009)나 미술심리치료사로서의 전문성을 개발시키는 것과 관련된 연구(최명선, 2014)들이 있다. 이들 연구의 규모는 매우 크다(장연집, 2016). 반면, 이 책에서 다루는 내용과 같이, 졸업생을 대상으로 그들의 전공 심화를 다루되 깊이는 있으나 매우 작은 규모로 수행된 연구(장연집, 2016; 2017a; 2017b)도 있다.

졸업 후에 시작되는 전공심화란 대학원 과정에서 학위취득이란 목표를 두는 것 너머에 있는, 나라는 개인의 통합적 완성을 목표로 하는 것이다. 부분적인 나 중심에서 보다 통합적인 내가 되고, 이를 토대로 진정한 전문가로 기반을 닦는 의미를 지니고 있다.

2) 학위논문의 중요한 부분인 원본을 재조명해 보는 기회 창출

학위논문의 주제 선정은, 대학원 과정에서 다루어진 내용을 충분히 이해하고 통합시킨 상태에서, 연구자가 제일 관심을 가지고 다루고 싶은 주제가 되기 쉽다.

연구자가 다루고 싶어 하는 연구의 주제는 연구자가 정통한 부분이 될 수도 있지만, 학문적인 발전 과정과 비전 그리고 타 학문과의 연계등과 관련하여 지도교수는 좀 더 통합적이고 큰 시각을 가지고 관련 주제를 다루게 된다. 지도교수의 고견을 이끌어 내기 위해 연구자는 매우 신중하게 들어 낼 수 있는 귀와 눈과 입을 가지고 있어야 한다. 이는 박사학위 과정에서는 더더욱 요구되는 부분이다.

대학원 과정에서 가장 큰 꽃은 논문 심사를 통해 완제본을 제출하고 자신의 학위논문을 갖는 것이다. 학위논문은 학문적으로 접근한 자아실현의 결과로 볼 수 있다.

이 책은 그 같은 학위논문 중에서 중요한 일부에 해당하는 해석학적 현상학의 글쓰기라는 원본을 다룬다. 이들은 석사학위의 경우 1회, 박사학위의 경우 5회의 논문 심사과정을 거치면서 철저하게 검증받게 된다. 원본을 기반으로 한다는 것은 다뤄진 내용이 최소한 석사학위논문 수준이라는 것이다.

이 책에서는 원본이 졸업 후 성장과 발전의 잠재성을 깨우는 기능을 하게 된다. 제7장에서는 Max van Manen의 해석학적 현상학의 질적 연구방법을 사용한 16편의 원본 중 2~5편을 다룬 체험을 대상으로 하고 있다.

질적 체험연구의 방법은, 대학원 재학생에게는 학문적인 측면에서 연구방법론으로만 알려져 있다. 물론 그 주요 기능은 연구방법론이다.

그러나 제7장의 반영적 작업 II에서는 해석학적 현상학의 질적 연구방법을 사용한 연구 참여자의 학위논문 중, 연구 참여자가 압축적으로 다뤄 놓은 원본을 사용한다는 측면에서는 질적 연구방법의 연장으로 볼 수 있다.

연구 목적은 연구 참여자들 상호 간에 나눔과 배움이 일어나는지를 다뤄 보기 위해 졸업생인 연구 참여자의 체험 자료 수집을 메일로 전달받는 측면을 선택하였고, 전공의 특수성인 시각 언어로서 그림이 다루어질 수 있는 유연성을 담고 있다.

원본은 이미 논문심사를 통과한 검증된 자료들로서, 학위논문 중에서 중요한 부분이다. 이같은 원본의 사용에는 경제적인 비용 지출을 하지 않으면서도, 수준을 갖춘 내용을 다루게 된다. 이때 다루어지는 원본은 재조명을 받는 기회를 갖게 되고 활성화의 가능성에 노출된다.

대부분의 학위논문들이 공개적으로 다루어지는 기회는 거의 없다. 그러나 체험의 확장을 시도하는 이 책에서는 거의 이루어지지 않고 있는 기회를 살려 내어 그것이 추후에 졸업한 전공자의 전공 심화를 위한 성장의 가능성을 가질 수 있도록 생명력을 부여하고 있다. 학위논문이 언제, 어떤 상황에서 누구에 의해, 무슨 목적으로 읽혔느냐에 따라, 같은 내용도 다르게 읽혀질 수 있고 새로운 의미를 지닐 수도 있다.

6인의 연구 참여자들은 이미 Max van Manen의 해석학적 현상학의 질적 연구방법을 사용하여 학위논문을 제출하였으므로, 이들이 원본을 기반으로 자신들이 느껴지는 대로 그리고 느낀 것을 가감 없이 쓰고 그리는 반영적 작업 II를 다루기 위해 요구되는 암묵적인 윤리감은 기본적으로 갖추고 있다. 게다가 원본을 다루는 이유가 석 · 박사 학위논문을 준비하기 위한 것이 아니라, 반영적 작업을 하는 것임을 알고 있다. 이것이 의미하는 바는 원본을 다룸에 있어 어떠한 평가를 하기 보다는 자신에게 비추어진 내용을 다루는 것임을 잘 숙지하고 있다는 것이다.

학문이 성장과 발전을 해 나가기 위해서는 역사가 되는 과거의 내용을 포함하여, 재학생들에 관해 다루는 현재의 상황뿐만 아니라 졸업생을 위한 전공 관리의 측면, 나아가서는 미래에 관한 흐름을 분석하고 방향 제시와 다각적인 측면을 다루는 시도가 끊임없이 지속 수행되어야 한다.

흔히 학위논문은 졸업과 동시에 도서관에 묻혀 있기 쉽다. 그러나 이 책에서처럼 16편의 원본은 졸업생들을 위해 새로운 가능성을 창출하는 중요한 자료가 되는 새로운 모습을 보여 주고 있다.

이들 과정에서 다루어진 체험 자료들은 질적 체험연구 자료의 축적이란 측면과 함께, 미술심리치료학 전공의 졸업생 부분이 다룬 흔적을 남기게 되고 특히 졸업생을 위해 시도된 연구와 전공 심화의 가능성을 다룬 자료로서의 의미를 지니게 된다.

졸업생이 되어 원본에서 다뤄진 체험적인 글을 읽고 나서, 이에 대해 자신들이 체험한 것을 쓰는 자율적인 글과 그림은 분명 남에게 보여 주기 위해서 다룬 것이 아니다. 모두 전공자 자신이 진솔한 마음을 가지고 진지하게 참여하고 다루며 정리한 것이다. 이런 글들이 연구로 다뤄지지 않거나 출간의 형태를 취하지 않게 되면, 흔히 개인적인 체험들로 사장되기 쉽다.

이에 체험 자료들이 공식적으로 다뤄져 전공자들과 함께 공유될 때 이들 자료들은 새로운 관심과 조명을 받는 기회를 갖게 되며, 연구자들에 의해 새 생명을 갖게 되기도 한다.

해석학적 현상학의 글쓰기라는 원본은 체험 내용의 저변에 자리하고 있는 의의나 전체적인 의미 구조를 투영하여 보도록 이끌어 준다(van Manen, 1994). 따라서 현장의 살아 있는 목소리와 함께 연구자의 시각이 담겨지므로, 내담자와 연구자를 가까이에서 접하는 기회를 갖도록 해 준다.

이들 자료는 대학원 과정을 거쳐 학위를 취득한 졸업생들이 자연스럽게 자리해 온 한국의 미술심리치료와 관련한 체험이 담겨 있는 다양한 실존적 자료이다. 새로운 융합 전공이 겪는 어려움인 선행 자료의 부족 상태를 벗어나려면 두 가지 방법이 있다. 하나는 소극적인 방법으로 언제가 될지 모르지만 자연스럽게 우리 문화 속에서 미술심리치료를 다루는 다양한 실존적인 자료들을 기다리는 것이다. 다른 하나는 이 책처럼 해석학적 현상학의 체험 연구들을 다룬 질적 연구 수행자들이 글, 시, 소설, 수필과 같은 문학작품이나 예술작품을 다루면서 그 속에 미술심리치료를 언급하는 것이고, 이 같은 관련의 자료들을 축적해 가는 것이다.

체험 미술심리치료의 내용을 다양하게 확장시켜 다루고 있는 이 책에는 2000년대 한국의 미술심리치료학 전공자들이 생각하는 자료들이 진솔하게 다뤄져 있다.

2. 연구 참여자 내면의 목소리를 담고 있는 반영적 작업 II

2~5편의 원본을 접하고 이들에 대한 체험을 제출하게 된 반영적 작업 II의 출현은 애초부터 계획된 것은 아니다. 이는 반영적 작업 I을 진행해 가는 과정에서 파생된 것이지만 오히려 중요한 측면이 다루어지면서 의미를 지니게 된 것이다.

1) 2~5편의 원본을 읽고 다룬 연구 참여자들의 체험

이 책을 위해 메일로 자료를 주고받는 모임의 결성은 구조화된 모임이 아니고 자율적인 모임이다.

반영적 작업 I은 월 1회 1편씩의 원본을 다루는 것으로, 최초로 시작된 것은 2015년 8월이다. 대학원의 학사력에 의거하면 여름방학의 시기였다.

처음에 잘 진행되던 자료를 주고받는 것이 쉽지 않다는 느낌을 갖기 시작한 것은 5개월 정도가 지난 시기로, 체험 자료가 회수되는 반응이 뜸해지기 시작한 것이다(장연집, 2016). 2015년 12월 다시 겨울방학에 접어들면서, 시기적으로 연말의 들뜸과 1~2월이라는 새해를 맞이하면서 글을 쓴다는 것, 즉 집중하기가 힘든 시기라는 것이 느껴졌다. 시기적인 어려움은 당연한 것으로 이해가 되는 것인 반면, 너무도 성실한 연구자들의 체험 자료 제출이 늦어진다는 것에는 이유가 있을 것이란 생각이 들기 시작했다. 원본을 접하면서 원본에서 뿜어 내는 내용과 에너지가 연구 참여자들로 하여금 해당의 체험을 다루는 데 힘들게 했을 수 있다. 그리고 월 1회 한 편씩 자료를 다루는 것으로 피로감이 쌓이면서 동시에 긴장감을 높여 제출 시기를 넘기고 있다는 것이 느껴졌다.

뿐만 아니라 이에 개인적인 이유가 덧붙여질 수도 있다. 이 같은 상황에 대해 조율과 조정이 필요하다고 생각되었다. 제출 시기를 놓치면서, 제때 제출하지 못한 자료를 다루려면 격려 차원의 긍정적인 방안의 모색이 요구되었다.

이런 과정에서 찾아낸 것이, 여러 편의 원본을 다루고 그 체험을 보내 주는 것이다. 이는 특정한 연구 주제에 집중하게 되는 것과 달리, 체험에 집중된 내용이 다뤄질 것이라는 생각을 가지게 하였다.

연구 참여자들이 자율적으로 제출해 준 자료의 편수를 세어 본 이후에 이들이 2~5편의 원본을 다룬 것을 알 수 있었다. 반영적 작업 II의 자료 수집기간은 2016년 3월~2016년 4월 사이이다. 총 6인이 6편의 반영적 글쓰기(#4, 6, 8, 9, 10, 15)와 5편의 반영적 그림(#10, 15)을 다루어 주었다.

여러 달에 걸쳐 메일로 받은 원본 중, 연구 참여자들이 다루길 원한 원본들을 모아서 다시 읽고 체험을 제출한 것이다.

원본은 대학원 재학생의 신분으로 만들었다면, 반영적 작업 II를 다루는 시점은 졸업 이후이다. 그리고 당연히 원본이 만들어진 시기와 원본을 읽는 시점은 다르다. 자신이 다룬 글이라도 시간적인 차이가 있게 되면 글에 대한 감각과 느낌은 달라질 수 있다.

졸업 후 반영적 작업 II를 현재의 기준으로 잡게 되면, 원본이 다뤄진 시점은 과거가 된다. 이미 어떠한 현상을 바라보는 시점이 시간의 흐름으로 인해 경험이 커지면서 변화된 것을 스스로 느끼는 반응이 나오는 것은 쉽게 예상해 볼 수 있는 상황이다. 이는 타인이 여러 번 말해 주는 것보다 스스로가 느끼는 것이 좋다.

이같은 변화를 자유로이 느껴지는 대로 형식에 구애됨이 없이 진솔하게 써 보는 반영적 작업 II의 시도는 질적 연구를 수행한 연구자이자 미술심리치료학 전공자 학위를 취득한 졸업생들이 특정한 대상인 여러 편의 원본을 읽고 나서 느껴지는 것을 나름 자연스럽게 내적으로 재구성하여 글로 쓰고 그림으로 그려 보는 과정에서, 자신과 주위를 탐색해 보는 기회와 함께 새로운 의미를 지닐 수 있다.

이 모든 과정은 이들 참여자에게는 새로운 탐색이자 발견의 과정이다. 이들의 이 같은 체험 과정은 이들에게는 연구가 아니다. 그냥 자연스러운 삶의 한 모습이다.

기존의 해석학적 현상학의 연구 절차에서는 인터뷰를 통해 연구자가 인터뷰한 내용을 받아 적고 이를 분석을 하게 된다. 반면, 반영적 작업 II에서는 연구 참여자인 졸업생들 자신들이 체험한 것을 자신들이 글과 그림으로 직접 체험해 보게 된다.

기본적인 자격 요건을 갖추었기에 가능한, 체험 자료를 직접 만들어 본다는 것은 전공자에게는 전공 분야의 깊이를 갖도록 이끄는 큰 통찰의 기회가 될 수 있다.

이 같은 새로운 시도는 해석학적 현상학의 연구방법 자체에는 없는 본 연구에서 처음으로 시도되는 것으로 확장이란 표기를 사용하고 있다.

대학원 재학생들과 함께 연구를 수행해 보는 것은 쉽지 않은 새로운 경험이다. 그리고 대학원 재학생들이 대학원 과정 중 1학기 때 적응해 가는 체험을 다룬 연구와 대학원과 전공의 선택 배경을 다룬 연구(장연집, 김민주, 박보람, 이영한, 황혜진, 2016; 장연집, 김보라 외, 2016)를 보면, 미술심리치료학 전공자의 경우 대학원 석사학위 과정에서는 특히 1학기 때 대학원 적응을 최적으로 할 수 있도록 돕는 것이 요망된다. 그리고 학위를 취득한 졸업생 집단을 잘 이끌어 가고자 하는 것은, 신생 학문일수록, 당사자를 넘어, 학문 영역의 토대를 튼튼히 하는 것이 된다.

졸업생들이 전공의 지식을 넓히고, 체화하는 방법은 다양할 것이다. 대부분은 홀로 전공의 폭과 깊이와 넓이를 구축해 보려고 많은 애를 쓸 것이다. 그러나 개인적으로 다뤄 내기가 어려운 주제도 있을 것이다.

미술심리치료학 전공의 졸업생을 대상으로 학문적 경쟁력을 지속적으로 구축해 나가도록 이끄는 것은, 이들이 전공 분야에서 1세대에 속하는 참여자들로 여겨지기 때문이다(장연집, 2015). 학위 취득이란 것은 전공 분야에서 독립적으로 부여하는 네 가지 역할인 연구자, 교육자, 평가자, 현장 전문가라는 역할을 이제부터 도움 없이 혼자서 해낼 수 있을 것이라는 인증이다. 따라서 대학원 과정을 마친 전공자들인 졸업생들의 경우는 스스로 이들 역할을 관리하는 생각을 해 볼 필요가 있다.

전공의 미래를 이끌어 갈 이들에게 기존에 시도된 적이 없는 새로운 시도로서 나눔과 배움이 동시에 가능하게 이루어질 수 있는 기회를 창출해 내도록 하는 것은 가능한 것인가? 이들 1세대 졸업생들에게 가장 도움을 줄 수 있는 것은 무엇일까? 무엇을 다뤄 주어야 이들은 스스로를 각성시키고 스스로를 이끌어 나가게 될까? 이 같은 질문은 졸업생 스스로도 던지겠지만 지도교수도 자주 던지고 있다.

이들을 다루어 보기 위해 우선적으로 연구 참여자의 자율성을 최대한 존중하고 그들의 체험을 가장 중요시하였다.

제7장에서 6인의 연구 참여자는 학문적인 배움과 성장을 지속하고 싶은 석·박사 학위를 취득한 졸업생들을 대상으로 하고 있다. 이들 졸업생이 전공 분야에서 좀 더 배움을 가질 수 있는 새로운 것을 통해 성장이 이루어지는지를 다루는 주제는 학문적 측면에서 깊이와 전문성을 지니고 있어야 한다. 그리고 이들에게는 시공간적으로 최대한 제약이 없도록 하며, 접근의 용이성을 갖추고 있을수록 좋다. 이들의 나눔이 지속성을 유지하기 위해선 서로 간에 신뢰와 존중과 윤리적 측면을 갖추어야 한다. 자율성을 기반으로 하여 스스로 선택하고 관리해 나가는 기회를 갖게 하며, 경제적 비용은 전혀 들지 않도록 해야 한다.

이 같은 조건을 갖추고 2~5편의 원본을 다루는 반영적 작업 II는 질적 연구의 형식은 취하지만, 과연 연구 참여자들이 어떤 체험을 하는지를 이해하고 그 의미를 다루어 보기 위한 것에 목적을 두고 수행되었다.

2) 반영적 작업 II의 출현 배경

제7장에서 연구 참여자들이 매달 받은 원본의 편수는 총 5편이었다. 반영적 작업 II에서도 체험의 참여 여부는 연구 참여자의 자율에 따르는 것을 원칙으로 하고 있다. 연구를 분석하는 과정에서 알게 된 것으로 총 6인의 연구 참여자들은 최소 2편에서 최대 5편의 원본을 읽고 반영적 작업 II를 수행한 것으로 나타났다.

제7장에서의 관심은 연구 참여자가 여러 편의 원본을 다루었을 때 갖게 된 체험의 의미와 관심이다.

6명의 연구 참여자(#4, 6, 8, 9, 10, 15)에 의해 다뤄진 반영적 작업 II는 6편의 반영적 글과 5편의 반영적 그림(#10의 2편, 15의 3편)의 자료인, 총 11편이 제출되었다.

미술심리치료학 전공자들의 자료는, 글 언어도 중요하지만 그림, 사진, 시와 같은 시각 언어로 체험을 다루는 것도 중요시된다.

미술심리치료 활동이 연구 목적이 아닌 경우에는 그림 언어만 다뤄지기도 한다. 그러나 이 책과 같이 체험 자료를 분석하는 연구 중심인 경우에는 그림 언어는 글과 함께 다루고 있을 때 채택하였고, 그림만 제출한 경우는 다루지 않는 것을 원칙으로 하였다.

제7장에서는 글만 다뤄진 경우도 있지만, 연구 참여자 2인(#10, 15)에 의해서는 반영적 글과 그림 모두가 제출되었다. 그리고 반영적 그림은 자율적으로 수행된 것이어서 연구 참여자 1인이 2~3편을 제출한 경우가 있다.

그림과 달리 글은 생각한 것을 종이에 옮겨 고정시키는 것이다. 연구는 단순히 글을 수반하는 것이 아니라 연구 자체가 글을 쓰는 작업이다. 다시 말해, 글은 연구의 본질이다. 인간과학 분야에서는 글 쓰는 것 자체를 포기한 연구는 기본적으로 인정하지 않는다. 후셀, 하이데거, 사르트르, 메를리 퐁티 같은 학자들은 연구, 반성 활동과 읽기, 글쓰기는 분리될 수 없는 것으로 본다(van Manen, 1994).

반영적 작업 II에서 체험을 다루는 연구 참여자의 글에는 미술심리치료 전공자로서의 시각뿐만 아니라 인간으로서의 삶도 반영된다.

가능한 한 평가를 의식하지 않고 제약이나 재촉을 받지 않는 상황에서 자유롭고 자율적으로 다루어진 '글'에는 내면의 목소리가 담겨 있기 쉽고, 표현하고 생각하고 느낀 것을 수정하거나 다듬지 않은 채 그대로를 보내지게 되면 이는 아주 훌륭하게 인터뷰를 한 것과 크게 다르지 않을 수 있다.

제7장에서 표기하고 있는 반영이란 개념은 제5장과 제6장에서 다루어 놓은 것과 동일하다. 해석학적 현상학의 '글쓰기'인 2~5편의 원본을 읽은 연구 참여자가 자신의 내면에서 일어난 체험을 다루는 것으로 거울이 되어 준 것을 말한다.

월 1회 1편씩 원본을 다루어 낸다는 것은 쉽지 않은 일이다. 작업 초반과 달리 연구 모임이 시작된 지 5달이 지나고부터, 참여자들의 피로와 개인적인 일들이 생겨나서 그런 것인지, 제출되어야 할 자료들이 제출되지 않은 채 누적되어 갔다.

원본의 내용들이 연구 참여자들의 내면 언어와 간극이 있게 되는 경우 조율이 요구되는 상황으로 연결될 수 있는데 이것이 현실로 나타난 것이다.

반영적 작업 II는 원본을 여러 개 다루므로, 주제 중심의 체험에서 벗어나기가 쉽고, 체험 관련의 내용이 다뤄질 가능성이 있다.

자율성을 가진 6명의 연구 참여자들은 그들이 원하는 원본을 임의로 선택하여 글을 쓰게 되었다. 반영적 작업 II의 자료 제출은 2016년 3월 28일부터 2016년 4월 3일 사이에 이루어졌다.

원본에는 원본의 저자가 다루고 있는 현장, 내담자, 특정 주제들이 다루어지며 다뤄진 원본의 내용들은 어느 시점에서 다양한 이야기를 건드릴 수 있다. 기쁘고 의미 있었던 일들이 있는가 하면, 좀 더 정리가 되었어야 하는 미뤄 놓은 과거의 일들을 떠오르게 하는 원본도 있다. 그리고 이런 것들이 다시금 느껴지며 때로는 재정리를 해도 잘 되지 않는 그런 측면들이 오르내렸을 수도 있다.

졸업 후 성장을 위해 참가한 모임이므로 이들에게는 구속 자체가 없었고 자율만이 있었다. 이들이 월 1회 1편의 제출이 느슨해지게 된 배경은 각기 다를 수 있다. 매사에 열의를 보여 왔던 이들이 제출 시기를 넘기면서 책임을 완수하지 못했다는 미진감을 갖고 있을 때 새로운 기회나 대안을 제시하지 않고 방치해 놓게 되면, 이들은 어쩌면 영원히 재작업에 임하기 힘든 가능성을 가질 수도 있게 된다.

이에 여러 편의 원본을 읽고, 새롭게 체험 작업을 해 보자는 제안을 대안으로 마련한 것이 반영적 작업 II이다.

3. 반영적 작업 II를 다룬 해석학적 현상학적 분석 결과

반영적 작업 II의 연구 참여자는 총 6인이다. 이들의 학력은 미술심리치료학 전공의 박사학위 취득자 2인, 박사학위과정의 수료자 3인, 석사학위 취득자 1인이다.

이들은 임상미술심리치료, 의료미술심리치료, 기관미술심리치료, 일반인을 위한 미술심리치료와 같은 미술심리치료의 4가지 유형(장연집, 2013; 2014)이 지니고 있는 특수성을 숙지하고 있으며, 최소 720시간 이상의 현상실습 체험을 가지고 있다. 그리고 동일한 지도교수로부터 학위논문의 지도를 받았으며, 지도교수의 연구 모임에 소속되어 최소 2년 이상 질적 연구를 다뤘고, 해석학적 현상학의 연구방법을 적용하여 학위논문을 제출한 자들이다.

이들이 받은 원본은 총 5편이다. 이 중에서 반영적 작업 II를 수행하기 위해 연구 참여자들이 자율적으로 선택한 원본의 편수는 최소 2편에서 최대 5편을 다룬 것으로 나타났다.

모든 연구 참여자가 접한 5편의 원본을 담고 있는 학위논문의 제목은 다음과 같다. 아동 임상 집단미술치료를 다룬 미술치료사의 체험 연구, 저소득층 한 부모를 둔 자녀가 다룬 집단 미술치료 연구, 석사학위 전공생을 대상으로 실시된 슈퍼비전 연구, 병원학교 실습에서 만난 소아암 환아를 다룬 연구, 미술작업 인터뷰를 실시하면서 일반 노인이 되어가는 과정을 다룬 연구이다.

이들을 연령을 구별하지 않으면서 논문이 다루어진 현장을 중심으로 유형을 구분해 보게 되면, 임상미술심리치료를 다룬 연구 1편(이는 미술치료사로 분류하게 될 경우에는 임상미술심리치료의 유형은 없어지고 미술심리치료사 관련의 연구가 1편 새롭게 생성될 수 있다), 의료 또는 병원미술심리치료 1편, 일반인을 위한 미술심리치료 2편이며, 전공생을 대상으로 수행한 연구가 1편이다.

6인의 연구 참여자들은 5편의 원본을 접하였고, 이들 중에서 자신들이 자율적으로 선택한 원본을 기반으로 자신들의 체험을 글로 다루거나 글과 그림 모두를 다루어 반영적 작업 II를 수행하였다.

글은 현상적 특성을 기준으로 자료의 의미 단락을 구분하고 이를 잠정적으로 해석하며 주제화하는 것이다. 이는 자료 속에서 의식의 지향 작용과 의미가 구성되는 모습을 분석하고 주제화하는 과정이다. 이를 위해 자료의 내용 자체를 현상학적 텍스트로 읽어 나가는 감각이 중요하다. 그리고 그러한 텍스트로부터 핵심 주제를 포착하거나 작성하여 범주화하는 과정을 거쳐야 한다. 뿐만 아니라 연구자는 언어적 사태에만 집중하는 데서 벗어나 현상 전체의 흐름과 분위기를 생성하도록 충분하고 깊이 있는 이해를 할 수 있어야 한다(유혜령, 2015).

반영적 작업 II에서 수집된 자료는 6편의 반영적 글과 5편의 그림으로 총 11편이 제출되었다. 이 중 5편의 반영적 그림 II는 지면 제약으로 동일한 그림이 두 번 다뤄지는 것을 피하기 위해 제3장에서 다루어 놓고 있다

여기에서는 연구 참여자 6인이 다룬 반영적 작업 II 중, 6편의 반영적 글을 Max van Manen의 해석학적 현상학의 질적 연구방법을 통해 주제 분석하였으며, 분석 결과 아래와 같이 8개의 본질적 주제와 18개의 하위 주제가 산출되었다.[4)]

① 충분히 잘 다뤄진 원본은 공감과 몰입을 통해 일체감을 갖게 함.

①-1 다른 주제의 글들인데도 완전히 공감이 됨.

①-2 원본 속에서 다뤄진 경험과 현장 그리고 내담자의 삶이 공유되고 전달됨.

② 원본은 내 속에 가라앉아 있던 체험들을 일깨웠고, 이를 표현해 보도록 자극함.

②-1 나와 동일한 체험을 다뤄 놓은 원본은 나의 체험들을 떠올리며 생각을 일으키고 나도 모르게 나만의 미술작업을 하도록 이끎.

②-2 원본은 타인을 다룬 것인데도 몰입을 통해 나와 상대의 경계를 없애고 함께 나눔이 일어나게 함.

③ 잘 읽혀지지 않는 불편감을 주는 원본을 접한다는 것은 매우 힘든 일로, 불편감의 원인들 중에는 내가 지닌 미해결된 부분 때문일 수도 있음.

③-1 피상적이고 경험이 와닿지 않은 원본은 공유하기가 어렵고 이질감을 느끼기도 함.

4) 이 책에서는 장연집의 선행 연구(2016)에서 다뤄진 하위 주제의 수에 오타가 있음을 발견하여 18개로 바로잡았으며, 하위 주제에서 부분적인 자리이동 및 표기의 부분적인 변경을 시도하고 있다.

③-2 타인의 주관적인 생활 세계를 체험하고 이해한다는 것은 흥미롭지만, 억지로 만들어진 작위적인 느낌의 글을 접한다는 건 쉬운 일이 아님.

③-3 외면하고 싶은 원본에는 나의 해결되지 않은 감정이 담겨 있을 수 있음.

④ 노출염려의 상황이 의식되면 글쓰기는 불편해질 수밖에 없음.

④-1 원본의 글쓴이가 유추될 수도 있는 경우이라면 글쓴이의 개인적인 측면에 근접해 갈 수도 있다고 봄.

④-2 글을 통해 내가 노출될 수 있다는 것은 글쓰기를 한없이 어렵게 느끼게 함.

⑤ 압축된 경험 내용을 담고 있는 원본을 제대로 읽어 내려면, 사람과 세상에 대한 존중감부터 갖추고 노력하는 것이 필요함.

⑤-1 원본은 깊은 노력의 결정체임.

⑤-2 주관적인 삶의 경험이 고스란히 담겨 있는 원본을 제대로 읽어 내려면, 존중감이 필요함.

⑥ 여러 편의 글을 읽고 다루는 것은 타인 속에서 자신을 보게 하며, 자신이 진정 누구인지를 알아 가도록 하는 방법 같아 보임.

⑥-1 반영적 글쓰기는 미술심리치료에서 다뤄지고 있는 집단 슈퍼비전과 유사해 보임.

⑥-2 원본들을 읽는다는 것은 자기 인식을 하는 또 하나의 방법인 듯함.

⑦ 진정함을 담아내는 질적 연구를 많은 사람이 공유하면 좋겠음.

⑦-1 질적 연구는 존재의 의미를 찾는 연구이자 철학임.

⑦-2 치열하고 깊이 있게 다뤄 낸 질적 연구는 전공자뿐만 아니라고 많은 사람들이 공유하면 좋겠음.

⑧ 과거로부터 현재까지를 다뤄 본 재체험의 작업과정을 통해 자신이 크게 성장했다는 인식을 스스로 해내도록 이끎.

⑧−1 글과 이미지로 소통을 한다는 것은, 색다른 소통의 경험임.

⑧−2 반영적 글쓰기는 과거와 현재의 내가 얼마나 달라져 있고 성장해 있는지를 자각토록 이끎.

⑧−3 반영적 글쓰기는 재체험과 정리의 기회 제공 그리고 삶에 대한 깊은 통찰의 기회를 갖게 함.

산출된 8개의 본질적 주제를 연구자는 다음과 같이 4가지로 묶어 보고자 한다. 첫째, 반영적 작업 II에서는 원본의 역할(본질적 주제 2)과 원본을 다루는 태도(본질적 주제 5)가 다루어져 있다. 둘째, 충분히 잘 다뤄진 원본(본질적 주제 1)이란 주제가 다루어져 있다. 셋째, 불편감을 주는 원본(본질적 주제 3)과 이와 관련하여 반영적 작업 II를 하는 데 걸림돌이 될 수 있는 반영적 참여자의 노출 염려(본질적 주제 4)가 다루어져 있다. 넷째, 체험을 다뤄 놓은 글을 접하면서 스스로 발견하게 되는 자신의 모습, 체험의 정리, 성장한 자신을 발견(본질적 주제 6, 본질적 주제 7, 본질적 주제 8)한다는 연구의 목적인 배움을 통한 성장이 다뤄져 있다.

그리고 이 네 가지로 묶인 본질적 주제를 좀 더 좁혀 보면 두 가지로 묶어 볼 수 있다. 하나는 원본과 관련된 주제이다. 그리고 다른 하나는 질적인 체험 글을 접하는 이점이라는 주제이다.

4. 반영적 작업 II의 논의 및 결론

반영적 작업 II의 연구 결과를 크게 두 가지로 좁혀 보면, 원본에 대한 연구 참여자의 시각과 질적인 체험 글의 이점을 다루고 있다.

이 같은 결과는 반영적 작업 II가 만들어진 특수한 상황과 연계지어 볼 때, 반영적 작업 II와 반영적 작업자들을 이해하는 데 도움이 될 것이며, 반영적 작업 II라는 기회를 제공한 것이 적절한 제안이었음을 확인할 수 있도록 해 준다.

두 가지로 좁혀 본 연구 결과를 보면, 앞에서도 예상했던 것처럼 각각의 원본들이 다뤄 놓고 있는 특정 주제들을 다루는 대신, 예상치 않았던 원본 글과 체험 글 관련의 근본적이면서도 매우 중요한 부분들이 다루어져 있다.

그리고 연구 결과가 다루고 있는 원본 글은 매우 명료하게 다룬 것인 데 반해, 체험 글은 좀 더 일반적이고 큰 개념으로 다뤄져 있다.

해석학적 현상학의 연구방법을 다루는 질적 연구자들의 경우, 다루는 모든 자료와 내용에 대해서는 연구자로서 갖추어야 할 기본적인 태도로서 존중감을 충분히 숙지하고 다루게 된다. 학위논문 중 중요한 일부인 원본을 기반으로 다루게 되는 반영적 작업 II에서도 관련한 기본적인 태도를 암묵적이지만 동일하게 요구하였다.

반영적 작업 II의 본질적 주제에서 다뤄진 연구 결과를 원본 글과 체험 글로 표기하고 연구결과와 연결 지어 보면 다음과 같다.

첫째, 원본 글을 다룬 연구 결과에서는 원본의 역할(본질적 주제 2), 원본을 다루는 태도(본질적 주제 5), 그리고 원본에 대한 두 가지의 반응이 다루어져 있다. 원본에 대한 두 가지의 반응이란 충분히 잘 다뤄진 원본(본질적 주제 1)과 불편감을 주는 원본(본질적 주제3)으로, 후자는 반영적 작업 II를 다루려 할 때 걸림돌이 될 수 있는 노출 염려(본질적 주제 4)로 연관 지어 볼 수 있다. 그리고 이 부분에서는 반영적 작업 II를 다루게 된 배경이 압축적으로 다루어져 있다.

둘째, 체험의 글에서는 체험을 다뤄 놓은 글을 접하면서 그 속에서 발견하게 되는 자신의 모습, 체험한 것들을 정리와 재정리시키는 기회, 성장해 있는 자신을 스스로가 발견하게 되는 기회(본질적 주제 6, 본질적 주제 7, 본질적 주제 8) 등이 다루어져 있으며, 이 부분은 제7장을 다룬 연구의 목적인 배움이 있는 성장과 연결 지을 수 있는 부분으로 보인다.

이에 논의에서는 충분히 잘 다뤄진 원본을 집중적으로 다루면서 관련된 부분을 다뤄 나가고자 한다.

충분히 잘 다뤄진 원본이란 질적 연구자들 모두가 이미 잘 알고 있듯이 다룬 자료를 꾸밈없이 있는 그대로 다루어, 마치 읽는 이가 그 현장에 가 있는 듯하게 다룬 것이다. 자연스럽고 솔직하며 깊이 있게 다루어지면, 이는 읽는 이에게 공감과 큰 이해를 이끌어 내게 되고 울림너머 배움으로 이끌어 주면 더더욱 좋다.

제5장과 제6장에서 다룬 반영적 작업 I은 1편의 원본을 읽고 각자의 체험을 다루었다면, 제7장의 반영적 작업 II에서는 2~5편의 원본을 읽고 각자의 체험을 다루고 있다.

1편의 원본을 읽고 다룬 반영적 작업 I의 경우는 원본에서 다루어 놓은 주제 중심의 체험으로 체험이 집중되면서 반영적 작업자는 수동적으로 원본에 이끌려 가기가 쉽다. 반면, 2~5편의 원본을 다루는 반영적 작업 II의 경우는 원본들 간에 자리하고 있는 다양한 주제들 중에서 반영적 작업 II를 다루는 반영적 작업자가 능동적으로 주제를 이끌어 내어 다루는 과정에서 자기 목소리를 낼 수 있는 반면, 책임 소재와 관련한 조심스러움이나 불안감은 늘어날 수 있다. 이 연구 결과에서도 책임 소재와 관련된 조심스러운 반응을 접하는 것은 어렵지 않았다(본질적 주제 2, 본질적 주제 3, 본질적 주제 4, 본질적 주제 5).

반영적 작업 II를 시도한 연구의 목적은 반영적 작업 II를 통해 나눔과 배움이 있는 성장이 다루어지는지를 보려하는 것이고, 연구문제는 그 과정에서 연구 참여자들의 체험을 이해하고 그 체험의 의미를 다루는 것이다.

모든 원본에는 원저자가 가장 중요시 여기는 메시지가 담겨 있게 된다. 월 1편씩 다루는 반영적 작업 I의 제출 시기를 놓치고, 이런 상황이 누적되어 가면서 자율적인 참여이지만 당황스러워했을 연구 참여자들을 위해 긴급하게 마련한 것이 반영적 작업 II이다. 반영적 작업 II를 접하는 반영적 작업자들은 이미 여러 번 원본들을 접하면서 불편감을 접하였을 것이고, 몇 회의 제출시기를 넘기면서 많은 생각을 하였을 것이다. 물론 불편감의 원인들은 반영적 작업자마다 각기 다를 것이다. 매우 중요한 부분임에도 불구하면 졸업생들과의 자료 수집의 용이성을 위해 마련한 이메일을 통한 자료 수집이 서면 제출이라는 제한성으로 여기에서는 불편함을 자아낸 방법이 되고 있다. 여기에서는 이 부분을 좀 더 명료하게 다루어 내지 못하는 제한점을 지니고 있다.

그렇다면 충분히 잘 다뤄지지 않은 불충분하거나 부족함을 지닌 원본이란 뭔가 필요한 부분의 설명이 충분치 않아서 질문이 생기게 하거나 잘 읽히지 않거나 인위적인 부분이 느껴지거나 충분히 전달되지 않거나 너무 현학적이거나 너무 복잡하거나 명료하게 접근할 수 없는 뭔가 불편함을 주는 부분이 있는 경우일 것이다.

이 책에서 사용하고 있는 16편의 원본은 학위논문을 기준으로 하였고, 그것으로 충분한 기준이 된다고 보았다. 원본의 내용을 보고 연구 참여자를 선정한 것이 아니라, 모임에 참여 의사를 지닌 자를 연구 참여자로 선정한 것이 먼저 이루어졌다. 따라서 이 책에서 연구 참여자들은 16편의 원본을 다루면서, 어떤 원본은 잘 읽히는 반면, 다른 원본은 그렇지 않다는 느낌을 가졌을 수 있다.

다뤄진 원본이 미흡한 부분을 가졌을 경우, 이 책은 자율적인 참여를 기준으로 하고 있기 때문에, 반영적 작업 I이나 반영적 작업 II에서 다룰 자료로 선택되지 않을 수 있다. 물론 원본이 다양한 작업의 대상으로서 선택되는 것이 바람직하고 그럴 경우는 긍정적인 배움을 갖기가 쉽다. 반면, 선택되지 않는다고 해도 배움은 일어날 수 있지만 일반적인 경우이라면 그 같은 경우의 배움은 부정적인 경험을 한 이후에 얻는 선회적인 배움이 된다.

이 연구를 위한 모임은 모임에 참석한 그 자체가 배움으로 일반적인 경우의 배움과는 강도의 측면에서 좀 다를 수 있다. 그리고 배움이란 흔히 현재를 중심으로 다루어지지만, 본 연구의 성격상 배움의 자각을 시간이 지나고 나서 가질 수도 있다는 생각이다.

원본을 기반으로, 연구 참여자들이 체험한 것을 글로 쓰고 그림을 그려 자신들의 체험을 확장해 가는 과정 속에 연구 참여자의 자율적인 참여와 창의적인 표현이 다루어지게 되는데, 이 모든 과정을 일깨우는 시작점이 16편의 원본이다.

원본은 근거 기반의 체험을 다뤄 놓은 과학적으로 학술적인 전공자의 시각이 담겨 있게 된다. 그리고 대부분의 원본은 이미 논문심사의 과정을 거치면서 많이 다듬어지고 검증된 자료이다.

그럼에도 불구하고 원본이 불편감을 주고 있다고 하는 것은 자료 수집이 이메일로 전달되므로 그 제한성으로 정확히 다루어 내기는 어렵지만 적어도 세 가지의 가능성을 지니고 있다는 생각을 해 보게 한다.

첫 번째는 원본 글이 다루고 있는 내용과 맥락 중 어느 부분에서 전달이 자연스럽게 이루어지지 않고 있다는 것이다. 두 번째는 연구결과에서도 나타났듯이 글을 읽는 자가 내용과 맥락을 편안히 다루어 낼 수 없는 경우이다. 세 번째는 보다 근원적인 것이 무엇인지는 반영적 작업자만이 알고 있지만 이들 간에서 상호작용이 일어나서 읽히지 않는 경우를 생각해 보게 된다.

어쨌든 원본은 언제, 어떤 상황에서 누구에 의해, 무슨 목적으로 읽혔느냐에 따라 같은 글이라도 다르게 읽혀질 수 있고 새로운 의미를 지닐 가능성도 지니고 있다.

이메일을 통해 6인의 연구 참여자들이 가진 체험 속에는, 잘 다루어진 원본을 만나는 것은 긍정적인 배움을 낳는다는 연구 결과가 다루어졌다. 이를 반대로 표기해 보면 피상적이고 인위적이며 겉도는 글은 연구 참여자들에게는 엄청난 부담을 주게 되므로 이런 글은 비록 논문심사를 통과한 학위논문이더라도, 생산적인 긍정적인 배움을 통한 성장으로 이끌어지지 않게 되므로, 연구 참여자들로 하여금 스트레스를 갖게 한다고 볼 수 있다. 반영적 작업 II는 그런 체험을 하고 다루어진 것으로 볼 수 있다. 이에 체험연구의 시작점이면서 자율적인 참여를 기본 취지로 한 본 모임이 향후 다른 모임으로 바뀌게 될 경우에는 다뤄지는 자료인 원본들이 걸러져야 하는 과정이 불가피하다는 것을 시사하는 부분이기도 하다. 이에 관련한 부분에 대해서는 좀 더 숙고해 볼 부분으로 잠시 남겨 두고자 한다.

그렇다면 가장 근원이 되는 원본을 다시 다루어 보자.

원본은 학위논문의 일부이다. 학위논문은 흔히 졸업과 동시에 도서관에 묻혀 있기 쉽다. 이에 논문의 일부에 해당하는 원본들은 더더욱 읽혀지기는 쉽지 않은 상태에 놓이게 된다. 그러나 원본을 기반으로 하는 이 책에서는 원본이 새로운 연구를 위한 중요한 자료로 연구의 토대가 되어 주고 있고, 여러 연구 참여자에게 읽히면서 그들을 일깨우고 그들이 배움을 갖도록 하고 있다.

이 같은 과정에서 원본과 원저자는 지속적인 재조명을 받고 있게 된다. 이에 원본과 원저자의 긍정적인 변화 가능성은 진행형의 상태에 자리하게 된다.

미술심리치료학 전공으로 질적 연구방법을 적용한 이들 자료의 축적은 길고 먼 시각으로 보게 되면, 미술심리치료학 전공의 시대적 배경을 담고 있는 1세대의 발자취를 남기게 되며, 전공의 역사를 만들어 가는 작은 조각들이 될 수 있다.

졸업생이 되어, 학위논문에서 다뤄진 중요한 일부분인 원본을 읽고 나서, 이에 대해 반영적 작업 II라고 불리는 자신들이 체험한 것을 다뤄 보는 자율적인 글과 그림은 분명 남에게 보여 주기 위해서 다룬 것이 아니다. 이런 작업은 진솔한 마음을 가지고 진지하게 참여하였고 꾸밀 것도 없으며 멋있게 쓸 필요도 없다. 또한 좀 더 완성도를 높이고 싶거나 완전한 모습을 보이고 마음에서 나오는 자신의 글이 드러나는 것을 꺼리거나, 누가 볼까 봐 피할 필요도 없다. 대부분은 아무도 보지 않는데 지나치게 미리 앞서 여러 가지 측면을 생각해 온 습관적인 근심, 걱정, 불안, 초조로 이 모든 것을 다 내려놓고 다루는 것이 좋다. 우리 모두는 부족하고, 조금 더 채워 보려고 노력 중이며 그렇기 때문에 배움을 찾아가는 중이기 때문이다. 연구 참여자의 모든 글은 당연히 그리고 충분히 존중감을 가지고 다뤄야 한다는 것 역시 아주 중요한 지적이다. 이 역시 같은 맥락이다.

우리들이 부족하거나 불안해하는 이런 글들이 연구로 다뤄지지 않거나 이 책과 같이 출간의 형태를 취하지 않게 되면, 다뤄진 모든 자료는 그저 개인적인 체험들로 모든 것이 일시에 사장되기 쉽다.

이에 이 책과 같이 수년에 걸쳐 공들여 수집된 체험 자료들을 전공자들이 함께 공유하게 될 때, 부족함이 있더라도 이를 접하는 사람들에게 새로운 호기심을 일으키고 연구를 하도록 자극하며 배움에는 졸업생도 당연히 포함된다는 생각을 갖게 하고, 전공자 모두가 연구와 연구자들에게 재조명과 감사하는 기회를 갖게 하는 것은 전공에 새 옷을 입히고 새 생명을 갖게 하는 기회가 된다고 본다.

원본은 체험 내용의 저변에 자리하고 있는 의의나 전체적인 의미 구조를 투영하여 보도록 이끌어 준다(van Manen, 1994). 따라서 현장의 살아 있는 목소리와 함께 연구자의 시각이 담겨지므로, 내담자와 연구자를 가까이에서 접하는 기회를 갖도록 해 준다.

해석학적 현상학의 연구방법을 적용하여 학위논문을 준비하려고 할 때, 인터뷰를 통한 자료 수집과 주제 분석의 어려움은 전공과 관계없이 모든 연구자에게 유사한 어려움을 줄 수 있다. 한국 문화 속에 자연스럽게 자리하게 된 미술심리치료를 다룬 다양한 실존적 자료를 찾아내야 하는 어려움은 미술심리치료학 전공과 같이 신생 융합학문들의 전공자만이 겪는 어려움으로, 많은 연구자가 이 부분에서 당황스러움을 가지곤 한다(장연집, 2016). 미술심리치료학이라는 전공의 주제를 다루고 있는 다양한 실존적인 자료들은 매우 부족한 상태이다. 이를 벗어나려면 두 가지 방법이 있다. 하나는 소극적인 접근으로 언제가 될지 모르지만 자연스럽게 우리 문화 속에서 미술심리치료를 다루는 다양한 실존적인 자료들을 기다리는 것이다. 다른 하나는 적극적인 접근으로 해석학적 현상학의 체험 연구들을 다룬 질적 연구 수행자들이 글, 시, 소설, 수필과 같은 문학 작품이나 예술 작품을 다루면서 그 속에 미술심리치료를 언급하는 것이고, 이 같은 관련의 자료들을 축적해 가는 것이다(장연집, 2016). 최근에는 후자인 적극적인 접근의 자료들이 다루어지고 있다. 그리고 저서『한국 미술치료학』(장연집, 문리학, 한경아, 2017)

과 『체험 미술심리치료』(장연집, 최호정, 홍혜정 외, 2018) 그리고 이 책인 『체험 미술심리치료의 확장』은 이들 자료들과 함께 한국의 미술심리치료학 전공 1세대들이 다뤄 놓은 질적 체험 자료들이며 실존적인 자료들이다.

이 책을 만들어 가는 과정에서 연구 참여자들이 공유한 것은 자율과 존중 그리고 신뢰이다.

물론 상황에 따라 시간에 쫓기고 과중한 업무에 쫓기면서 신뢰에 밀려, 자율적인 참여에 밀려, 어쩔 수 없는 상황에 묶여서 불편한 가운데 체험 자료를 만들어 놓은 경우도 있었을 것이다. 많은 사람이 좀 더 노력이 담긴 자료를 편안하게 공유토록 하려면 수고한 사람들은 분명 있게 마련이다. 연구자들은 자료들을 다루면서 많은 배움을 가졌고 그 과정은 성장이란 의미로 채워질 수 있었다.

전공자들이 자료를 나눈다는 것 속에는 이미 존중과 신뢰가 있어야 가능한 일로, 향후 유사한 자료들을 다루게 될 때에는 제7장의 자료들을 접하면서 알게 된 부분들을 잘 채워서 우선적으로 자료를 접하고 만들어 가는 상황에 불편감이 들지 않도록 하고 가장 신선한 자료로 체험내용을 다루어 내야겠다는 다짐을 해 본다.

이 같은 논의를 배경으로 반영적 작업 II는 다음과 같은 세 가지의 결론을 내리고자 한다.

첫째, 충분히 잘 다루어진 원본은 몰입과 창작을 촉진시키고 토론과 나눔의 場을 활성화시켜, 긍정적인 순환의 원천이 되어 준다. 그 과정에서 원본과 원저자는 재조명되고 새로운 발전의 기회위에 자리하게 된다(장연집, 2016; 2017d).

둘째, 현장의 리더로 지속적인 노력과 자기 개발로서의 배움을 지속하여 완성도를 높이고 싶은 마음에서 나온 조심스러움이나 불안감 등이 담긴 다양한 반응은 더 좋은 체험 자료를 다루어 내기 위함으로 완성도는 우리의 미래에 있다는 것을 통찰하도록 이끌고 있다.

셋째, 체험 작업은 과거를 정리하고 현재 성장해 있는 자신을 스스로 보도록 하는 기회를 제공하여, 미래는 스스로가 만들어 내는 것이라는 조망을 갖도록 체험과 삶의 통찰을 이끌어 주고 있다(장연집, 2016; 2017d).

이 같은 결론은 반영적 작업 II가 나눔을 바탕으로 이루어지면서, 반영적 작업자가 소신 있게 내면에서 일어나는 역동을 진실되게 다루어 주는 과정에서 새로운 배움을 가지게 하였고, 이들이 체험한 의미는 성장이다.

미술심리치료학 전공자에게는 글쓰기보다 더 강렬한 인간으로서의 삶을 총체적으로 반영할 수 있는 그림 언어에 익숙하다. 특히 학위를 취득한 졸업생들의 경우, 스스로의 배움을 위해 마련된 場에서 다루어지는 글과 그림은 자신들의 모든 것을 담아낸 것으로(장연집, 2016) 그들은 쓰고 싶은 것을 쓰고 그리고 싶은 것을 그렸다.

미술심리치료학 전공자들은 체험한 것을 구술 언어로도 다루고, 동시에 강렬한 전달도구인 그림 언어를 활용하는 기회를 통해 체험을 보다 생생하게 접하는 기회를 창조해 내었다.

글보다 그림 언어는 다루는 정보의 왜곡이 덜하다(장연집, 2016; 2017d). 체험을 글로만 다루는 경우와 글과 그림 모두를 다루어 내는 경우는 다르다. 그것을 졸업생이고 연구 참여자인 미술심리치료학 전공자들은 잘 알고 있을 것이다.

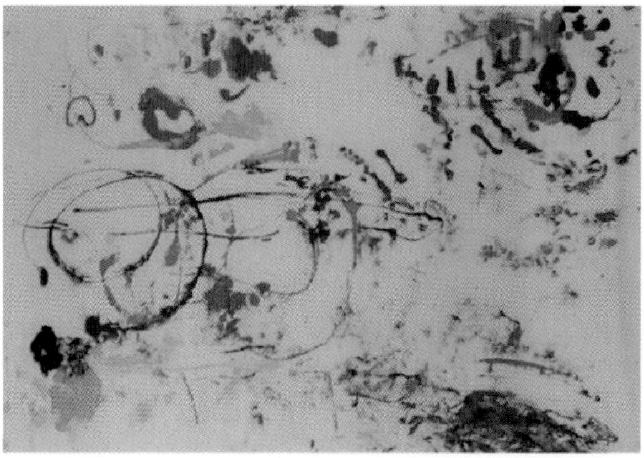

[그림 1-1] 김희연(2014). 선물. 70×106mm. 종이, 물감.

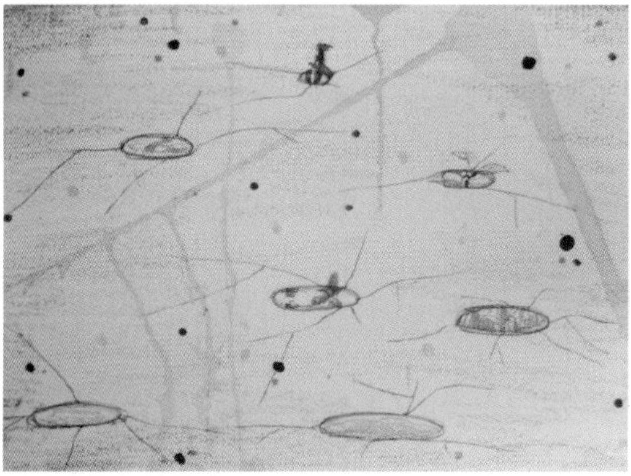

[그림 1-2] 김시내(2011). 쩍쩍 갈라진 땅 사이사이. 394×272mm. 종이, 수채물감, 수채색연필.

[그림 1-3] 김시내(2011). 조개. 394×272mm. 종이, 수채물감, 수채색연필.

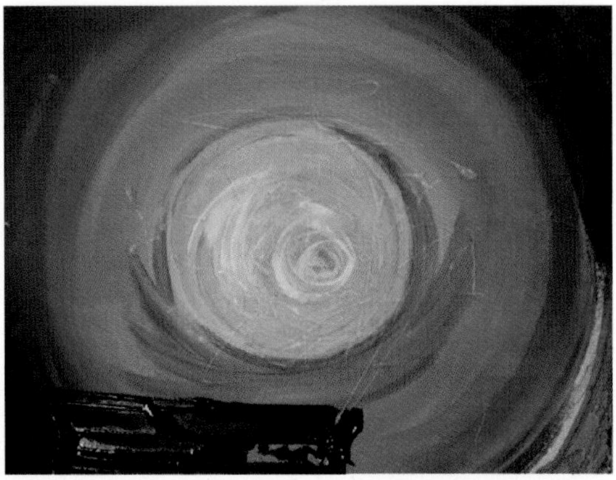

[그림 1-4] 김태은(2003). 나-치료사-혼란. 318×234mm. 우드락, 아크릴 물감.

[그림 1-5] 김태은(2003). 나-치료사-아픔. 318×234mm. 우드락, 아크릴 물감.

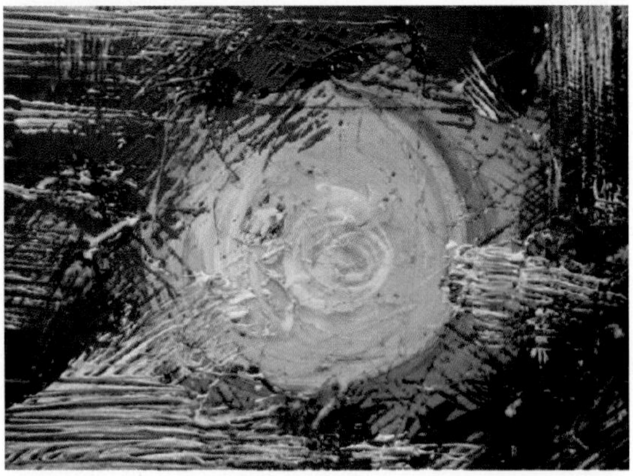

[그림 1-6] 김태은(2003). 나-치료사-덮어 둠. 318×234mm. 우드락, 아크릴 물감.

[그림 1-7] 연구 참여자. 눈물방울. 200×150mm. 종이, 사인펜.

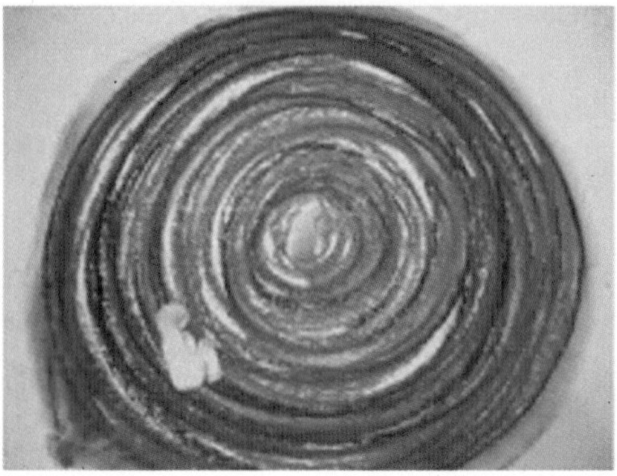

[그림 1-8] 문리학(2014). 죽음 앞에서. 380×270mm. 종이, 파스텔.

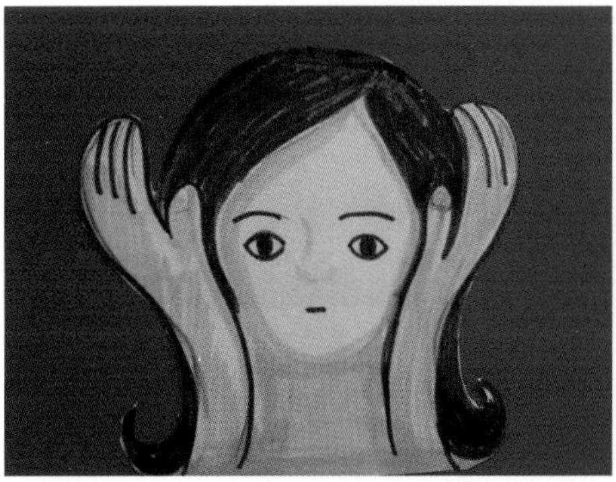

[그림 3-1] #1(2015). 듣기 싫어 I.
272×788mm. 12색 마커.

[그림 3-2] #1(2015). 듣기 싫어 II.
272×788mm. 12색 마커.

[그림 3-3] #1(2015). 아무것도 보지 않고 아무것도 말하고 싶지 않다.
272×394mm. 종이, 12색 마커.

[그림 3-4] #1(2015). 그들을 만나며 흘린 나의 눈물과 땀. 272×394mm. 종이, 12색 마커.

[그림 3-5] #1(2015). 모든 것은 아름답다. 272×394mm. 12색 마커.

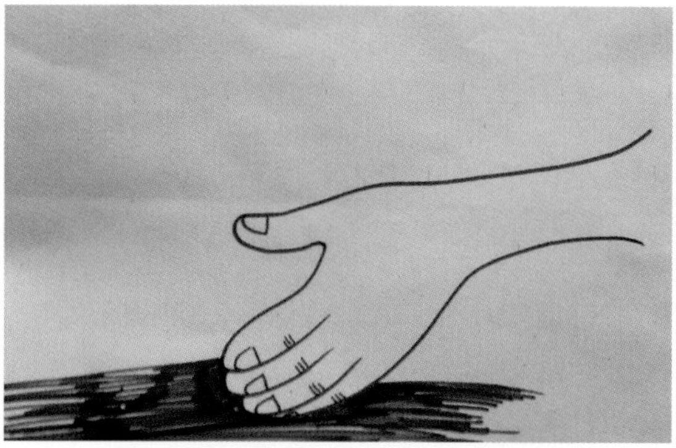

[그림 3-6] #1(2015). 함께 놀자, 이리와. 272×394mm. 12색 마커.

[그림 3-7] #1(2015). 땀과 눈물은 아름다운 보석으로 열매 맺는다. 272×394mm. 12색 마커.

[그림 3-8] #2(2015). "고맙다, 얘들아". 272×394mm. 화선지, 수묵 담채 물감.

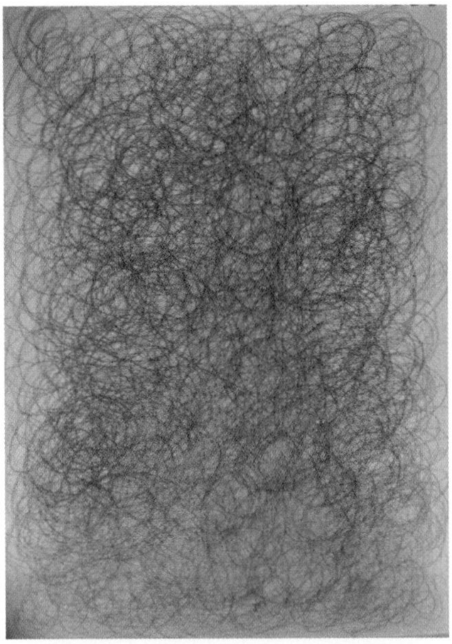

[그림 3-9]　#4(2016). 꽃이 필 때까지. 297×210mm. 색연필.

[그림 3-10]　#6(2012). 무제. 272×394mm. 파스텔.

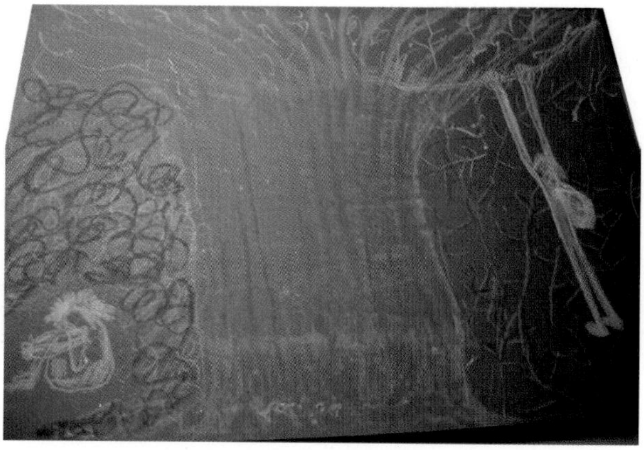

[그림 3-11]　#7(2015). 어둠 속에서도 크는 나무. 272×394mm. 파스넷.

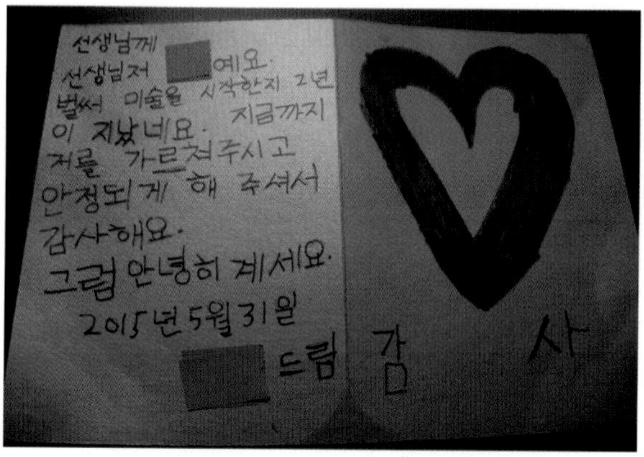

[그림 3-12]　#7(2015). 종결을 맞은 내담아동의 치료사에 대한 감사카드. 234×318mm. 크레파스, 물감.

[그림 3-13]　#8(2015). 우리가 바라보는 세상. 210×297mm. 휴대전화로 촬영한 사진.

[그림 3-14] #10(2015). 난 그래서 네가 예쁘다. 137×267mm. 수채 색연필.

[그림 3-15] #15(2014). "폭발하는 화산처럼……". 297×210mm. 오일 파스텔.

[그림 3-16] #3(2016). ing. 270×470mm. 한지, 파스넷.

[그림 3-17]　#4(2016). 집중. 272×394mm. 수채화 물감.

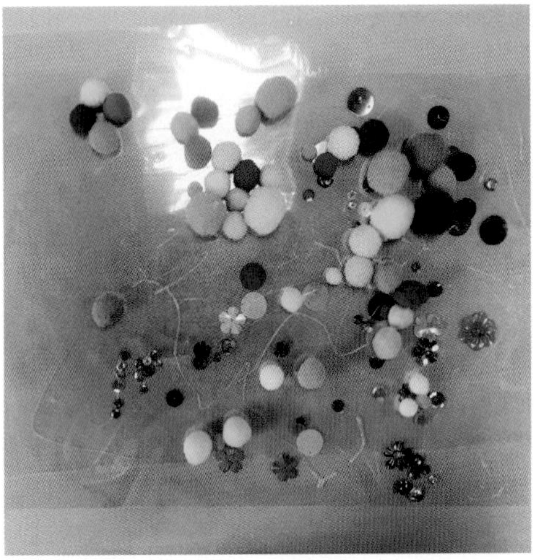

[그림 3-18]　#15(2016). 내 마음속에 별과 같이 빛나는 이모.
400×500mm. OHP 필름지, 스팽글, 뽕뽕이, 색지.

[그림 3-19]　#4(2014). 이목구비. 272×394mm. 색연필.

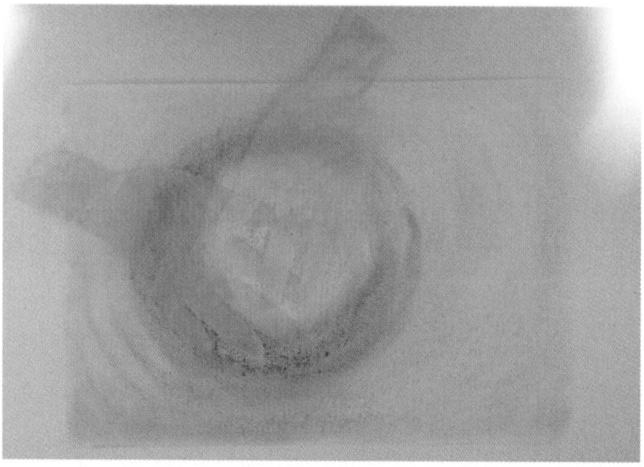

[그림 3-20] #15(2014). 따뜻한 손길이 되어 줄게요. 272×394mm. 파스텔, 한지.

[그림 3-21] #10(2015). 모두 다 꽃이어라. 130×150mm. 휴대전화로 사진 촬영.

[그림 3-22]　#13(2015). 구슬 드로잉. 272×394mm. 수채화 물감, 구슬.

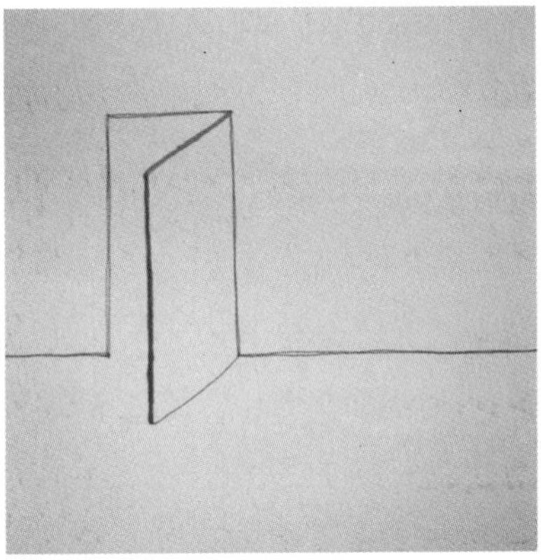

[그림 3-23]　#5(2016). 수퍼비전을 받은 뒤. 250×250mm. 종이, 마커.

[그림 3-24]　#10(2010). 흔적. 210×297mm. 사인펜, 커피.

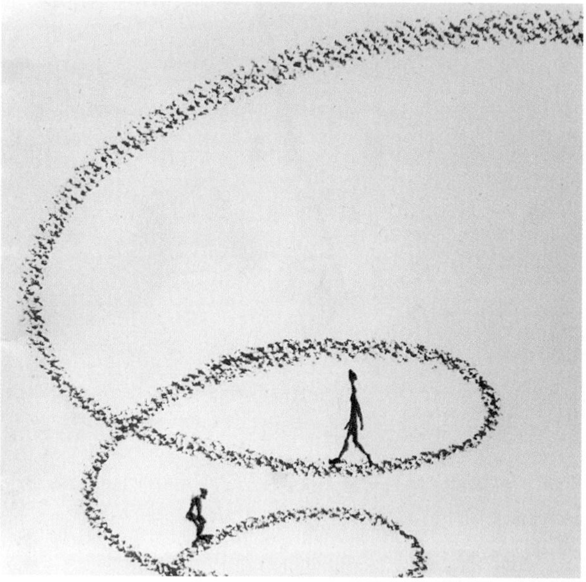

[그림 3-25]　#2(2015). 나는 성장하고 있다. 150×200mm. 크레파스, 연필.

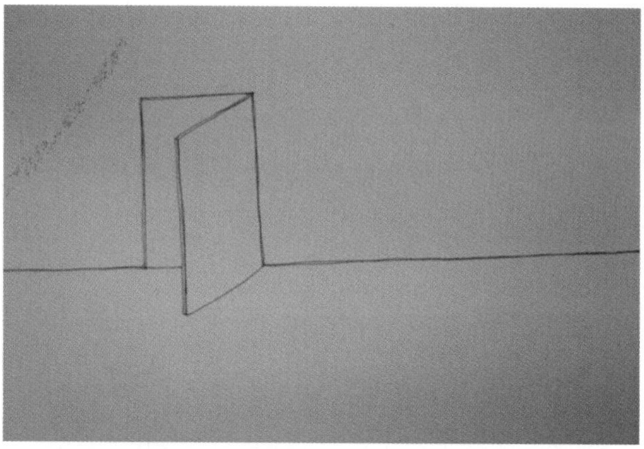

[그림 3-26]　#5(2016). 이미지로의 걸어 들어감. 130×210mm. 펜.

[그림 3-27] #5(2016). 시작, 그 순수한…. 300×450mm. 수채물감, 안료.

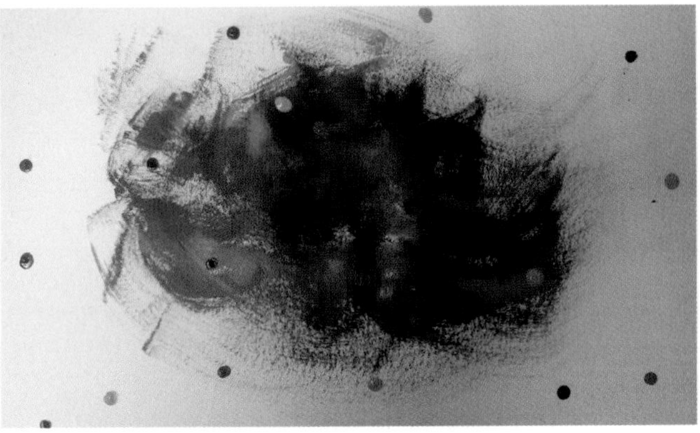

[그림 3-28] #10(2015). 혼돈, 그 속에서 드러나는 작은 꽃망울. 272×394mm. 아크릴 물감.

[그림 3-29] #10(2016). 만다라. 105×107mm. 천사점토, 사인펜.

[그림 3-30] #15(2016). 공유의 공간-1, 잠잠히 머무르게 되는 공간.
545×393mm. 오일 파스텔, 캔버스.

[그림 3-31] #15(2016). 공유의 공간-2, 서로 다르기에 더욱 아름다운 공간.
545×393mm. 오일 파스텔, 캔버스.

[그림 3-32] #15(2016). 공유의 공간 - 3, 더욱 깊어지는 공간.
545×393mm. 오일 파스텔, 캔버스.

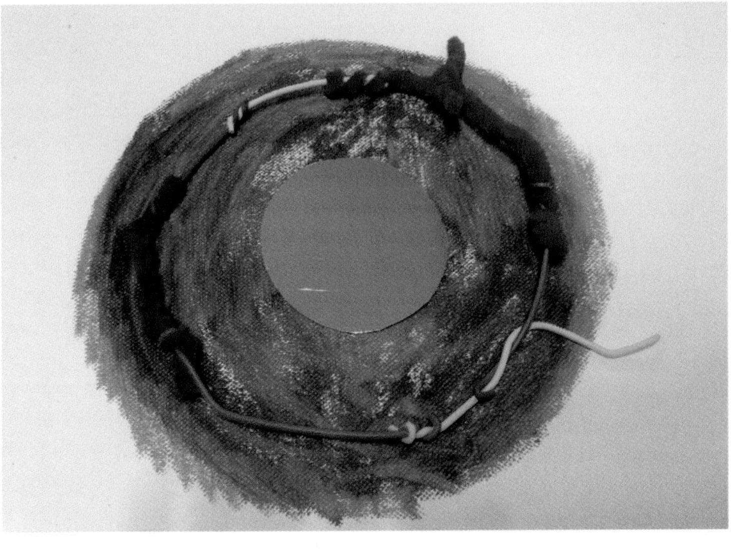

[그림 4-1] #1(2016). 사랑의 마음을 비춰 주는 거울. 455×530mm.
파스넷, 모루, 클레이, 거울 시트지, 캔버스.

[그림 4-2]　#1(2016). 조각을 모아 원을 만들다. 455×530mm.
파스넷, 모루, 클레이, 거울 시트지, 캔버스.

[그림 4-3]　#1(2016). 함께 가자 친구들. 455×530mm.
파스넷, 모루, 클레이, 거울 시트지, 캔버스.

[그림 4-4]　#5(2016). 우리의 속삭임. 300×450mm. 오일 파스텔.

[그림 4-5-1]　#5(2016). [그림 4-4] 우리의 속삭임 변형.
300×450mm. 오일 파스텔.

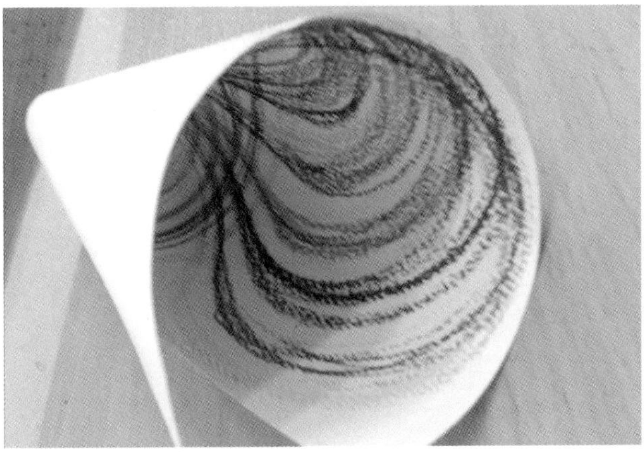

[그림 4-5-2]　#5(2016). [그림 4-4] 우리의 속삭임 변형.
300×450mm. 오일 파스텔.

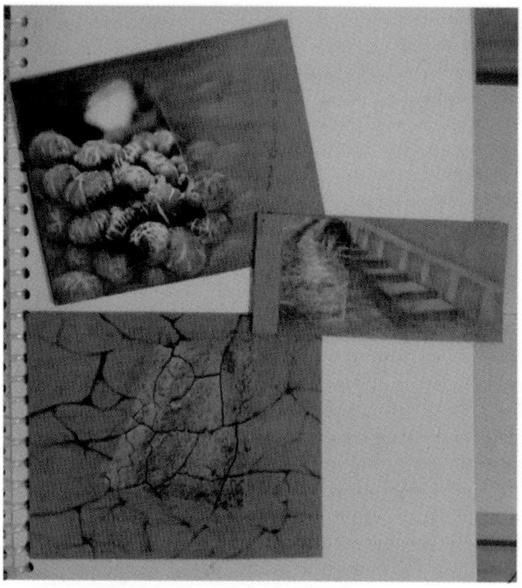

[그림 4-6] #10(2016). 계속되는 이야기. 215×297mm. 잡지, 콩테.

[그림 4-7] #11(2014). 정글. 272×394mm. 아크릴 물감.

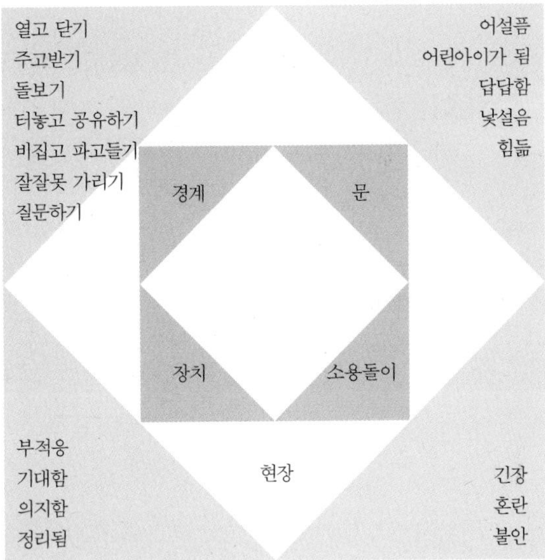

[그림 4-8] #12(2016). 참여자들이 보내 준 슈퍼비전에 대한 반응. hwp file.

[그림 4-9] #12(2016). 기도하는 마음으로 Super-Vision. 400×600mm. 파스텔, 색연필, 사진.

[그림 4-10] #6(2015). Contain. 백자토.

[그림 5-1] #14(2016). 구름. 207×394mm. 종이, 크레파스.

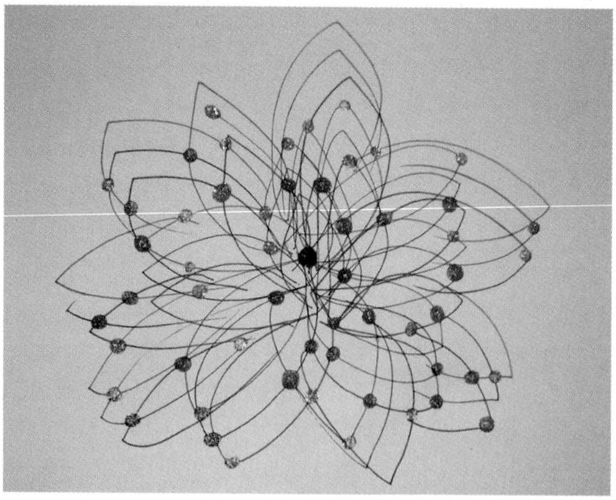

[그림 9-1] 홍혜정(2018). 인드라망 꽃. 300×200mm. 종이, 사인펜, 반짝이 풀.

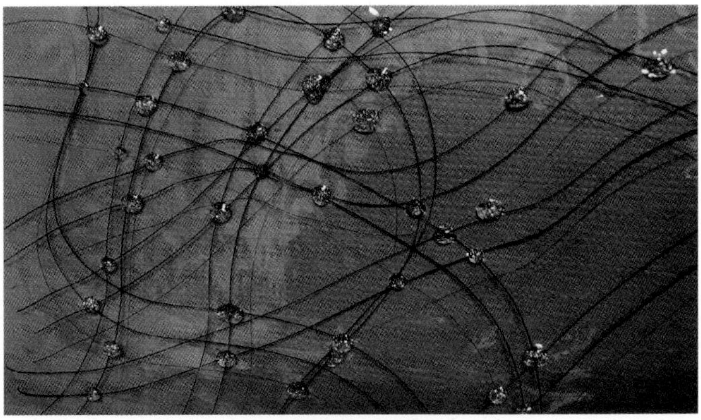

[그림 9-2] 홍혜정(2018). 빛의 파동 1. 200×300mm. 종이, 사인펜, 반짝이 풀, 셀로판지.

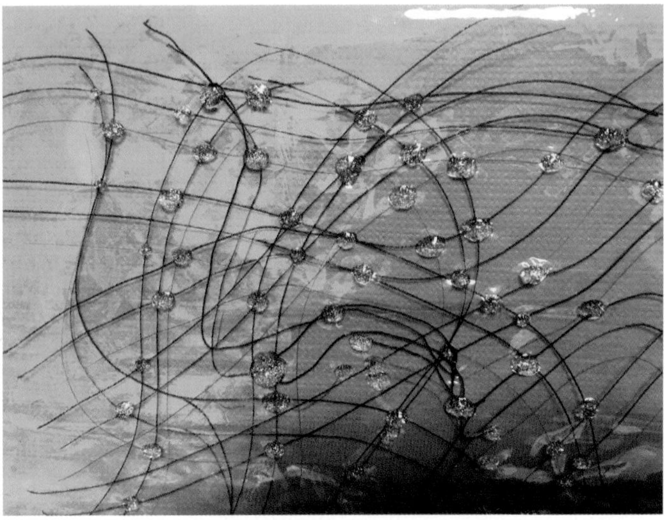

[그림 9-3] 홍혜정(2018). 빛의 파동 2. 200×300mm. 종이, 사인펜, 반짝이 풀, 셀로판지.

[그림 9-4] 홍혜정(2018). 생명의 연결. 자연물. 사진.

[그림 9-5] 홍혜정(2017). 새싹. 사진.

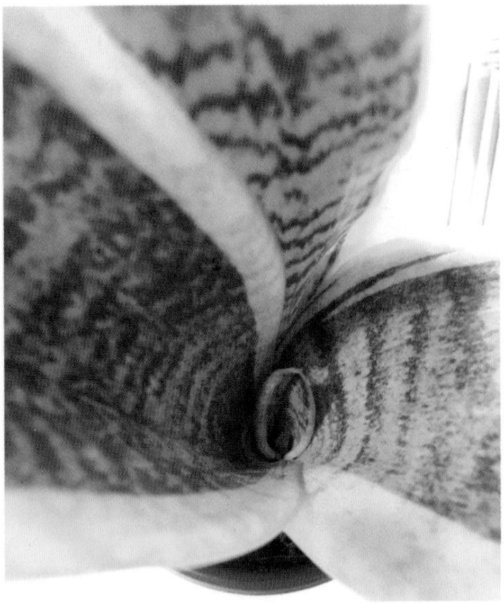

[그림 9-6]　홍혜정(2017). 새싹. 사진.

[그림 9-7]　홍혜정(2017). 새싹. 160×120mm. 색연필, 종이.

[그림 9-8] 홍혜정(2018). 누누(累累). 160×180mm. 종이, 색연필.

[그림 9-9] 홍혜정(2017). 순환. 394×545mm. 종이, 낙엽.

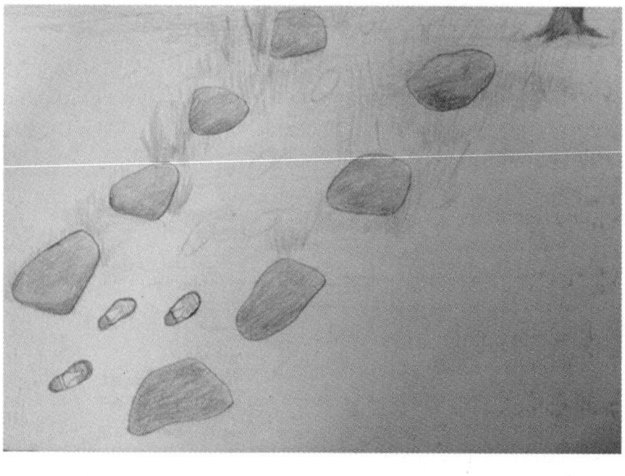

[그림 9-10] 김현미(2018). 한 발자국 한 발자국 담다. 272×393mm. 종이, 색연필.

[그림 9-11] 김현미(2018). 다가가기 싫은 마음. 272×393mm. 종이, 색연필.

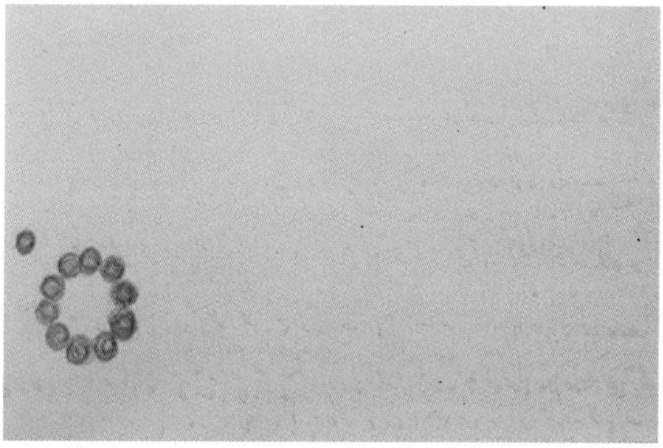

[그림 9-12] 김현미(2018). 뚝 떨어져 있는 나. 272×393mm. 종이, 색연필.

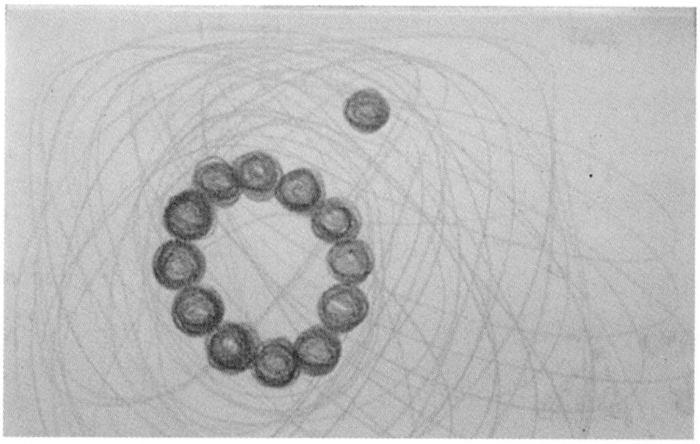

[그림 9-13] 김현미(2018). 움직임을 시작한 나. 272×393mm. 종이, 색연필.

[그림 9-14] 김현미(2018). 아… 살 것 같다. 272×393mm. 종이, 색연필.

[그림 9-15] 김현미(2018). 날실과 씨실. 272×393mm. 종이, 색연필.

[그림 9-16] 김현미(2018). 응시. 272×393mm. 종이, 색연필.

[그림 9-17] 김현미(2018). 또 다른 응시. 각각 393×272mm. 종이, 색연필.

[그림 9-18] 임하연(2018). 혼란. 210×290mm. 종이, 수성펜.

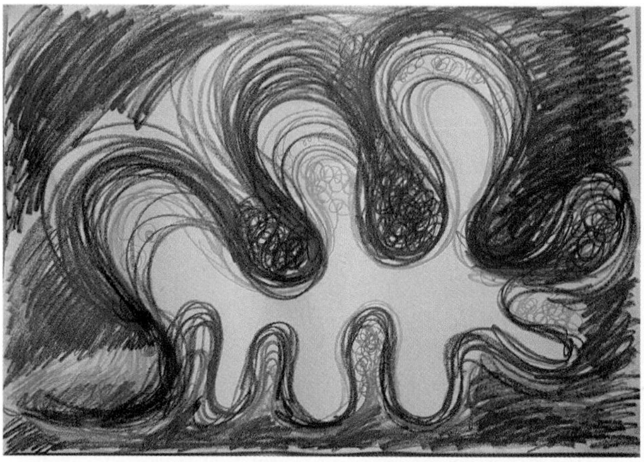

[그림 9-19] 임하연(2017). 무제. 540×790mm. 종이, 파스넷.

[그림 9-20] 임하연(2018). 기도하는 마음으로. 260×380mm. 종이, 마커.

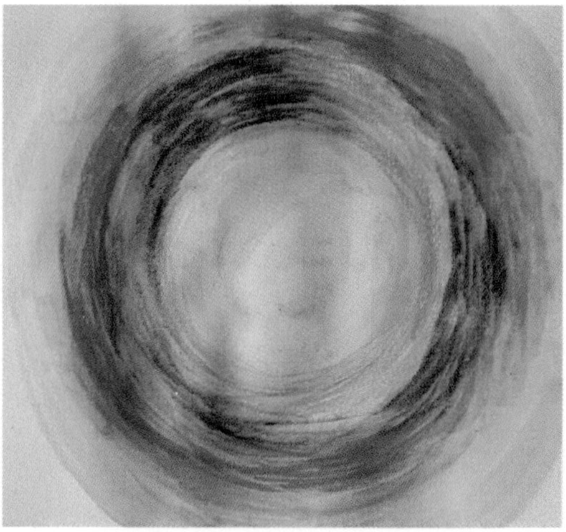

[그림 9-21] 임하연(2018). 진동, 공감. 210×210mm. 종이, 물감.

[그림 9-22] 임하연(2018). 우리는 함께. 290×385mm. 종이, 색연필.

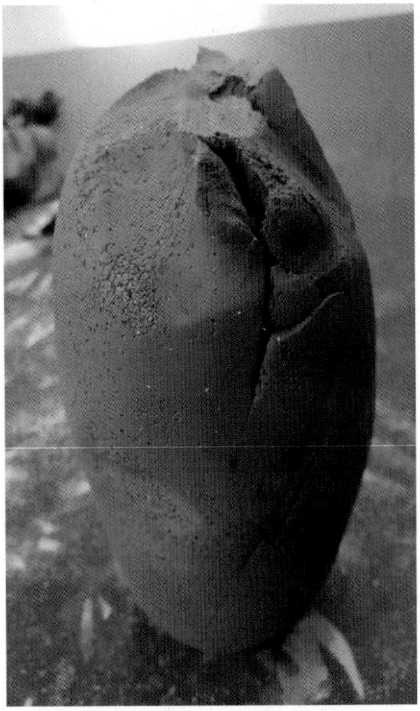

[그림 10-1]　최호정(2018). 나눔을 위한 준비. 200×150mm. 점토.

[그림 10-2]　최호정(2018). 나눔과 분화. 200×1000mm. 점토.

[그림 10-3] 김현미(2018). 거기에 있었네. 900×1500mm. 점토, 종이.

[그림 10-4] 최호정, 홍혜정, 김현미(2018). 저자들의 공동 미술작업 과정 1. 점토, 색모래.

[그림 10-5] 최호정, 홍혜정, 김현미(2018). 저자들의 공동 미술작업 과정 2. 색모래, 점토.

[그림 10-6] 홍혜정(2018). 전문가로 나아가기. 636×939mm. 점토, 색모래.

[그림 10-7] 최호정(2018). 확장 그리고 수렴. 230×150mm. 석고 붕대.

Part 3 체험 미술심리치료에서의 창의적 작업 분석

이 책 중 가장 관심을 끄는 부분이 제Ⅲ부이다.

제Ⅰ부에서 다뤄진 원본을 1단계의 글로 본다면, 제Ⅱ부에서 다뤄진 반영적 작업 I과 반영적 작업 II는 2단계로 볼 수 있다. 그리고 제Ⅲ부는 창의적 작업의 분석과 확장을 다루며, 3단계로 변증법적 합의 단계라는 의미를 지니고 있다.

제Ⅲ부의 제8장에서는 대학원생이었을 때 다뤘던 예전의 원본을 창의적 작업자가 되어 자신과 원본을 재조명해 보는 기회를 갖게 되는 내용을 분석하고 있다. 그리고 제9장은 창의적 작업을 종료한 지 1년이 지난 시점에, 자신이 논문에서 다루었던 원본, 창의적 작업, 더 나아가 자신을 재조명해 본 글로 구성되어 있다.

제Ⅲ부는 연구 참여자 자신만이 지니고 있는 에너지인 특수성과 고유성을 다루고 전체적으로 통합해 보는 기회로, 이 속에는 전문가로서의 정체성 재고도 담겨 있게 된다.

창의적 작업의 과정에서는 내용 중심의 학술적인 정확성이나 평가를 위한 서열이 아닌, 맥락 중심의 주관적 체험이나 가치 추구와 같은 추상적인 측면을 분석하여 그 저변에 자리해 있는 작업의 의미를 알아보고 이해하는 데 관심을 두고 있다.

Chapter 8 창의적 작업의 분석

학위논문의 중요한 일부인 원본을 기반으로, 2단계에서는 연구 참여자들이 받은 자료를 한 편(반영적 작업 I)이나 여러 편(반영적 작업 II)을 읽고 이에 대해 자신들이 체험한 내용들을 글이나 글과 그림으로 다루어 내게 된다.

이 중에서 특히 창의적 작업은 반영적 작업 I에 참여한 자료들을 모아, 이들 자료를 기다리고 있던 원저자이면서 이제는 창의적 작업자로 불리는 연구 참여자들에게 보내진다.

이를 3단계의 시작점으로 이 자료들을 받은 창의적 작업자들은 자신들의 체험을 다룬 후 제출하게 된다.

1. 원본의 재조명 기회와 자신의 내면을 마주해 보는 기회가 되어 주는 창의적 작업

1) 창의적 작업의 표기

이 책에서 사용하고 있는 창의적 작업이란 표기는 창의성과 작업을 합성해 놓은 표기이다. 작업이란 이 책 전체에서 사용되고 있는 것으로서 체험한 것을 다룰 때 기존의 질적 연구가 글 중심인 것에 반하여, 글과 전공의 특수성인 시각 언어가 함께 다루어져 체험의 표현이 확장된 것을 나타낸 것이다.

그리고 창의성이란 새롭고 독창적이고 유용한 것을 만들어 내는 능력, 또는 기존의 사고방식을 벗어나 새로운 관계를 창출하거나 비일상적인 아이디어를 산출해 내는 능력이다(네이버 지식백과).

제8장에서는 대학원 학위논문 속에서 원본을 만든 원저자가, 자신의 원본을 접

하고는 다양한 거울들이 되어 준 자료들을 종합적으로 살핀 후, 이에 대해 창의적 작업자로서 자신의 체험을 다루어 놓게 된다. 이는 대학원 시절에 쓴 원본에 대해, 거울들이 되어 다뤄 준 내용뿐만 아니라, 졸업생이 되어 자율적으로 참여한 모임이란 새로운 장면 안에서 자기만이 해낼 수 있는 자신의 원본과 자신 스스로에 대해 과연 어떻게 통합해 내는지를 담게 된다.

창의적 작업자가 된다는 의미는 매우 귀하고 소중한 것이지만 거의 대부분의 연구자는 이런 기회를 맞이하지 못하고 흘려보내므로, 이에 참여한다는 것은 당사자는 잘 모를 수도 있지만 매우 소중한 것임을 다시금 알려 주기 위해 특별히 마련된 장이다.

그리고 창의적 작업이라는 과감한 표기를 붙여 본 것은 지난 17년 동안 다뤄 온 집중적인 노력이 압축적으로 담겨져 있는 내용으로 보았기 때문이다. 이는 복잡성과 효율성을 지니고 점진적으로 진화해 가는 것을 암시하고 있다(Hawkins, 2016).

2) 원본의 사용 수락과 반영적 작업 I이 만들어 낸 창의적 작업

원저자가 원본의 사용을 허락하였다는 것은 대학원을 졸업한 전공자로서 용기 있는 결정을 내린 것이다. 이들은 본인이 논문 지도를 한 제자들 중 1/5 정도에 해당한다.

원본 사용의 허락이 가능해짐에 따라 반영적 작업 I과 반영적 작업 II가 가능할 수 있었고, 창의적 작업은 반영적 작업 I이 수행되었기 때문에 이루어질 수 있었다.

해석학적 현상학적 질적 연구를 기반으로 수행된 학위논문에서 다뤄진 원본은 이 책에서 다루고 있는 모든 시도의 토대가 되고 있다. 이 같은 시도들은 수많은 노력으로 인해 가능해진 것으로, 이 책을 통해 다루어지고 있고, 관련한 선행 연구나 유사 연구도 국내외에는 없는 상태이다.

원저자가 원본을 다룬 시점은 대학원 재학생의 시기이다. 그리고 이 책의 연구 참여자들의 작업 시점 사이에는 시간적 간극을 채우고 있는 최소한 학위 취득과 졸업이 자리하고 있다. 물론 연구 참여자들 사이에는 개인차가 있어서 개인적인 경험들이 채워져 있다.

제8장에서 관심을 두고 있는 연구의 목적은 창의적 작업이 졸업생들에게 나눔과 배움이 있는 성장의 기회가 되어 주느냐는 것이다.

창의적 작업의 체험을 일으키는 것은 반영적 작업 I이 다룬 내용이다. 그리고 반영적 작업 I을 가능케 한 것은 원본이다. 이에 원본, 반영적 작업 I, 창의적 작업의 관계는 서로 연관되어 있다. 그리고 원본과 창의적 작업자는 동일인이다. 그러나 원본은 대학원 재학생 시절에 다루어진 것으로 원저자라고 부르고 있고, 창의적 작업을 하였을 때는 학위취득을 한 이후로 창의적 작업자라고 표기하고 있다.

원본을 변증법적 正의 상태로 본다면, 반영적 작업 I과 반영적 작업 II는 변증법적 反의 상태로, 창의적 작업은 변증법적 合의 상태로 볼 수 있다.

학위논문을 제출할 시기에 만들어진 원본의 주제를 다루어 낸 원저자의 시각은 주제를 다룸에 있어 자기애적인 상태에 놓여 있기 쉽다. 이 같은 변증법적 正의 상태에서 다뤄진 원본을 공개한다는 것은 그 너머를 보고 싶다는 의도와 용기가 있는 것이다. 다시 말해, 자기애적인 상태에서 다뤄진 원본이 자율적인 참여의사를 밝힘과 동시에 처음으로 타인의 체험을 수용한다는 의미에는 변증법적 反의 상태로서의 반영적 작업 I을 맞이하겠다는 관계가 형성된다.

체험 미술심리치료의 확장에서 다뤄지는 이들 세 가지 종류의 작업을 정삼각형에 대비시켜 보면, 삼각형의 좌측 밑면이 원본이고, 삼각형의 꼭짓점에는 반영적 작업 I과 반영적 작업 II를 배치시켜 볼 수 있다. 그리고 우측 밑면은 창의적 작업으로 배치시켜 볼 수 있다. 이를 변증법적 상태와 합쳐 보면 도형에서는 원본에 해당하는 좌측 밑면이 변증법적 正의 자리이고, 반영적 작업인 꼭짓점이 변증법적 反의 자리이며, 창의적 작업은 우측 밑면으로 변증법적 合의 자리로 볼 수 있다. 이는 등산에도 비유해 볼 수 있다(장연집, 2017d).

원본과 원저자의 자리는 좌측 밑면이고 창의적 작업과 창의적 작업자의 자리는 우측 밑면으로 높이는 같아서 겉으로 보면 차이를 못 느낄 수 있고 시간의 흐름만 있어 보일 수 있다. 동시에 등산하기 이전과 등산 후 하산하고 내려오면 등산을 시작했던 시작의 자리는 동일한 평지이지만, 체험의 내용은 같을 수가 없다.

원본을 다루어 내는 시점은 주제를 다루면서 갖게 된 초보 연구자로서의 자기

애적인 상태에 있기 쉬운 좌측 밑면의 지점이다. 그리고 산꼭대기라는 다른 경험 또는 타인의 시각은 꼭짓점인 산 정상이라고 할 때, 이들의 이야기를 접한 체험을 한 우측 밑면의 지점은 시간과 경험의 폭이 늘어나 내면적으로 질적인 성장인 이루어 시점이 된다. 이 우측 밑면의 상태에서 어떠한 나눔과 배움으로 성장의 기회가 마련되는지를 알고 싶은 것이 제8장을 다루는 이유이다.

원본은 학문적인 검증 과정을 거친 학위논문의 일부분으로, 이 속에는 원저자가 가장 드러내고 싶은 주제 관련의 중요한 체험 부분을 가장 압축적인 다루어 놓게 된다.

이 책을 위해 만들어진 모임에 제출된 원본은 총 16편이다. 이들의 논문명은 다음과 같다.

김성희(2015). 노인복지시설 집단미술치료를 진행한 미술치료학 석사학위과정생의 현장실습 체험연구. 서울여자대학교 특수치료전문대학원 석사학위청구논문.

김시내(2011). 미술치료 석사과정생의 정신과 임상실습 체험연구. 서울여자대학교 특수치료전문대학원 석사학위청구논문.

김초롱(2011). 미술치료 석사과정생의 소아암 환아를 대상으로 한 병원학교 미술치료실습 체험연구. 서울여자대학교 특수치료전문대학원 석사학위청구논문.

김태은(2003). 저소득층 한부모 가족아동의 집단미술치료활동 체험연구. 서울여자대학교 특수치료전문대학원 석사학위청구논문.

김태은(2009). 미술치료사의 수퍼비전 체험연구. 서울여자대학교 특수치료전문대학원 박사학위청구논문.

김현미(2011). 미술교사 경험을 가진 미술치료 석사과정생의 정체성 확립 과정에 대한 체험연구. 서울여자대학교 특수치료전문대학원 석사학위청구논문.

김현진(2004). 30대 불임여성의 미술치료활동 체험 연구. 서울여자대학교 특수치료전문대학원 석사학위청구논문.

김희연(2015). 미술치료학 석사학위과정생의 임상실습을 위한 현장 수퍼비전 체험연구. 서울여자대학교 특수치료전문대학원 석사학위청구논문.

문리학(2014). 미술치료기반의 "미술작업 인터뷰"를 적용한 노인 되어감의 해석학적 현상학 연구. 서울여자대학교 특수치료전문대학원 박사학위청구논문.
박주희(2015). 미술치료학전공 석사학위과정생의 아동미술치료 현장실습 종결 체험연구. 서울여자대학교 특수치료전문대학원 석사학위청구논문.
임연채(2004). 이혼가정 자녀의 집단미술치료활동 체험연구. 서울여자대학교 특수치료전문대학원 석사학위청구논문.
임은영(2013). 미술치료학석사과정생의 수퍼비전 체험연구. 서울여자대학교 특수치료전문대학원 석사학위청구논문.
임하연(2015). 주의력 결핍 과잉행동 장애 초등학생을 대상으로 집단미술치료를 수행한 미술치료사의 체험연구. 서울여자대학교 특수치료전문대학원 박사학위청구논문.
한경아(2014). 미술치료학 전공 석사학위과정생의 '미술작업 중심 교과목' 내에서 미술작업 체험 연구. 서울여자대학교 특수치료전문대학원 박사학위청구논문.
홍혜정(2010). 미술치료사의 미술작업을 통한 자기인식 체험연구. 서울여자대학교 특수치료전문대학원 석사학위청구논문.
홍혜정(2015a). 미술치료사의 미술작업을 통한 자기 돌봄 체험연구. 서울여자대학교 특수치료전문대학원 박사학위청구논문.

이 책에서 다뤄지는 원본 16편은 서울여자대학교 특수치료전문대학원의 미술심리치료학 전공에서 석·박사 학위 청구논문의 일부분으로, 이들의 내용은 이 책의 제2장에서 다루고 있다. 이들 자료를 보면 원본은 5편의 박사학위청구논문과 11편의 석사학위청구논문을 기반으로 하고 있음을 알 수 있다.

졸업생을 위한 새로운 공부법으로 체험 미술심리치료의 확장법이 이들에게 나눔과 배움이 있는 성장의 기회를 제공하는지를 알아보기 위해 이 책을 위한 모임이 지도교수를 중심으로 한시적으로 만들어졌다. 이들 모임에 참가할 대상자는 대학원 지도교수로부터 지도를 받은 졸업생 제자들이다. 이들 모임은 연구와 전공을 다루므로 이들의 이름은 문맥에 따라 연구 참여자, 졸업생, 연구자, 원본의 저자, 반영적 작업자, 창의적 작업자 등 다양하게 불리고 있다.

이들과 함께 연구를 위한 이상적인 자료 수집을 하려면 반영적 작업의 소요 기간은 월 1회 1편을 다루는 것을 기준으로 하여 최소 1년 반 이상이 요구되고 창의적 작업을 위한 기간을 포함시켜야 한다. 이에 연구 참여자들의 자료 수집을 위해 소요된 기간을 2년 정도 잡았다. 그리고 이를 집중적으로 분석하기 위해 16편의 원본을 기반으로 한 자료는 이 책의 저자들인 5인이 각기 맡은 부분을 다루되, 지도교수가 분석하는 부분에 비중이 있어, 집중적으로 자료를 다뤄왔지만 총 4년이란 시간이 요구되었다.

우선 질적 연구방법을 활용하여 학위논문을 제출한 졸업생을 위한 연구모임을 만들기 위해 자율적인 만남이 장기간 지속되려면 최대한 시공의 제한을 받지 않도록 해야 하며, 참여자 수준을 고려해 볼 때 다루어질 자료는 최소 석사학위수준을 유지해야 하고, 경제적인 비용이 최소화되도록 하며, 자율적인 참여 의사를 가진 자들로 구성하면서 이들이 함께한 기간 동안 이루어지는 것에서 큰 의미를 담아낼 수 있도록 하는 방안을 모색해 보았다.

이 모두를 만족시키기 위해선 다루어질 자료는 구태여 다른 곳에서 얻기보다 연구 참여자 모두가 가지고 있는 학위논문을 대상으로 하는 것이 적절하였다. 그러나 매달 한 권씩의 논문을 읽는다는 것은 불가능하므로, 학위논문을 가장 압축시켜 놓고 있는 해석학적 현상학적 글쓰기인 원본을 사용하는 것을 선정한 바, 연구 참여자 모두의 성장을 위해 이는 매우 적절한 후회 없는 선택이었다.

게다가 이 책에서는 기존의 해석학적 현상학적 질적 연구에서 면담으로 이루어지는 자료 수집 방법을 연구 참여자들이 질적 연구에 정통하고 졸업생들이며 미술심리치료학 전공이라는 상황을 고려해 볼 때, 글쓰기를 통한 체험 자료의 수집방법을 채택하였고 시각 언어를 자율적으로 다룰 수 있게 함으로써, 확장된 해석학적 현상학의 질적 연구방법을 사용하여 연구 참여자들의 조건을 최대한 반영해 보았다.

대학원 졸업 이후, 졸업생으로서 질적 연구와 전공의 주제들을 동시에 지속적으로 다루어 보려고 하는 것에 현실적으로 참여를 한다는 것은 모든 일을 뒤로하고 이를 1순위로 하여 임한다는 생각 없이는 엄두를 내기가 힘든 것이다.

이 모든 것에 동의를 해 준 졸업생은 총 15인이다.

이 중 1인의 박사학위청구논문[5]은 근거이론을 다루었으므로, 원본은 제출되지

---

5) 최호정(2009). 여성의 부모 용서과정에 관한 근거이론 연구. 서울여자대학교 특수치료전문대학원 박사학위청구논문.

않았으나, 모임의 처음부터 마지막 순간까지 원본 제출자들과 함께 마음을 담아 임해 주었다.

국내 미술심리치료학 전공의 역사는 대학원마다 상이할 것이다. 본인이 소속한 서울여자대학교 특수치료전문대학원은 2001년 개원하여 올해로 17년이 되었다. 미술심리치료학 전공의 경우, 첫 1세대를 15년으로 잡아 볼 때 이들은 1세대에 속한다. 1세대 전공자들이 졸업하여 현장에 자리하면서, 이들에게 가장 든든한 자료는 자신들이 다룬 학위논문이다. 물론 부지런한 졸업생이라면 논문 이외에 자신이 다뤄 놓은 여러 편의 연구물도 있을 것이다. 학위논문은 준비할 때에는 지도교수의 지도가 있지만, 졸업 이후부터는 자신의 시각으로 모든 것을 다뤄 나가게 된다.

이에 자신들이 다뤄 놓은 원본을 기반으로, 서로 연관되어 있는 새롭게 시도된 접근법들을 다루고 있는 이 책과 같은 시도는, 졸업과 함께 연구와 전공에 소원해지기 쉬운 졸업생들로 하여금, 자기성장을 동료와 함께 도모해 보고 졸업한 이후에도 자신들을 위해 지도교수가 동행하면서 함께 자료를 다룬다는 의미를 갖는다. 이는 한시적이라고 해도 모임에 참여한 모두에게 결속감과 신뢰감, 성취감, 그리고 나눔과 배움의 의미를 다시금 생각게 이끄는 흔치 않은 기회로 보인다.

이 책의 연구 참여자들이 이미 다룬 학위논문의 체제와 틀을 유지하면서도, 가장 용이하게 접근할 수 있고 깊이를 가질 수 있는 단계로 구상한 것이 반영적 작업과 창의적 작업이다.

전체의 구도를 이렇게 잡아 보고 기획하여 제안한 것은 이들을 대학원에서 지도한 지도교수이다. 지도제자들이 반영적 작업과 창의적 작업을 수행하는 연구 참여자가 되어 주는 것 자체가 학위논문에서의 경험에 깊이를 보탤 충분히 유익한 과정으로 보였다. 1세대 전공자들인 이들이 함께하는 시간들이 유익하고 의미 있는 시간들이 되기 위해서는 자율적인 선택과 책임이 뒤따르며, 정성과 노력이 뒷받침될 때 가능한 일이었다. 다행히 모두가 이를 충실하게 임해 주었다.

체험을 다룬다는 것은 평가나 정답이 있는 것이 아님을 의미한다. 연구 참여자들 전원은 석사학위과정과 또는 박사학위과정을 지나오면서 수많은 평가에 노출되어 왔고 그 흔적에 익숙하다. 동시에 이들 모두는 체험 자료를 다루는 것에도 익숙하다.

이들 작업의 과정에서 가장 중요한 것은 솔직하고 담백하며 아무런 부담 없이 자연스럽게 자신이 느낀 것을 꾸밈없이 그대로 다루어 주는 것이다.

대학원에서 동일한 전공을 하고, 동일한 지도교수로부터 지도를 받으며, 졸업 후 새로운 시도에 같이 참여해 보지만, 다양한 과정에서 이들 각자가 체험한 내용은 동일하지 않을 것이다.

3) 내면의 소리를 듣고, 원본을 스스로 재조명해 보는 주체로서 창의적 작업자

창의적 작업자가 되어 본다는 것은 이전에는 다뤄진 적이 없는 새로운 시도의 주인공이 되어 본다는 것이다. 본 연구자도 이런 창의적 작업자의 상태가 몹시 부럽다. 이미 다시는 가져 볼 수 없게 논문을 제출하고 많은 시간이 흘러 더욱 아쉽게 느껴지는 기회이다.

학문적으로 진정 성장하고 인격적으로도 커지려면 자신이 소중히 여기는 것을 내어보고 이에 대해 객관적으로 사심 없이 던져지는 많은 이야기를 들어 보는 기회를 가져 보라고 권해 본다.

창의적 작업자는 반영적 작업 I을 다뤄 놓은 작업자를 그들의 체험을 통해 간접적으로 만나게 되며, 그들의 반응을 접하면서(이것은 반응적 작업 I을 다룬 작업자와 같은 위치이기 쉽다), 그러한 자료들을 접하는 자신 내면의 반응을 접하게[이것은 반응적 작업 I을 보는 나의 내면을 내가 객관적으로 다루는 것으로 상위의 위치(meta position)에서 나를 보는 것을 말한다] 된다.

창의적 작업을 시작하기 위해 기다리는 마음의 상태, 반영적 작업 I의 반응 내용, 이를 바라보는 창의적 작업자로서 자신의 모습, 원저자였을 때의 시각과 내용, 그리고 이들을 모두 생각한 후 통합하여 창의적 작업을 하게 된다. 이에 창의적 작업에는 다양한 내용이 모두 압축되어 다뤄지게 된다. 자신의 원본을 다루게 되고 반영적 작업 I을 다루게 되며, 원저자와 반영적 작업자를 생각해 보면서, 자신도 생각해 보게 된다. 앞부분에서는 이를 간단하게 시간과 경험의 간극이 있다는 것으로 표기하였다. 어쨌든 창의적 작업에는 원본과는 다른 자신과 세상을 보는 시각에 변화가 있게 된다. 그 변화는 내용이 긍정적이든 부정적이든 상관없이, 그 속에는 배움의 가능성이 담기게 된다. 그 가능성을 현실화시키는 것이 창의적 작업자이다.

다양한 상황에 있는 연구 참여자들이 자신이 다뤄 놓은 원본을 읽고, 다뤄 놓은 체험 내용을 접해 보는 것은, 원본과 원저자가 다양한 수준에서 재조명을 받게 되는 기회를 가졌다는 의미가 된다.

창의적 작업에는 창의적 작업자가 자신의 과거 모습인 원저자를 만나며, 그 당시 만들어진 원본을 만나게 된다. 이와 동시에 반영적 작업 I이 아니더라도 원본에서 조금은 달리 바꿔 보고 싶은 부분을 만날 수도 있다. 내가 과거의 모습으로 되돌아간다면 이런 부분은 바꿔 보고 싶은 그러한 맥락이다. 원본은 이미 출간을 마친 것이므로 바꿀 수 있는 것이 아니다. 그러나 창의적 작업의 단계에서는 이 부분을 다룸으로써 원본을 재통합해 보는 기회를 스스로 창출해 낼 수 있게 된다. 기존에 다뤄진 적도 없고 시도된 적도 없는 창의적 작업, 여기서의 주체는 창의적 작업자이다.

원본과 원저자가 아니라, 창의적 작업자가 창의적 작업의 주체이다. 마찬가지로 원본 이외에 창의적 작업자 자신이 자신을 바라보는 시각, 그리고 세상과 사람들을 바라보는 시각이 다뤄지게 된다.

앞에서 변증법으로 비유해 본 세 가지의 단계 중 가장 힘을 가진 부분은 합(合)의 단계이다.

이는 지속적으로 이어져 온 마지막 단계이다. 학위논문에서 중요한 부분인 원본을 채택하지 않았다면 이런 단계는 존재하지 않았을 것이다. 변화와 성장은 정체해 있는 곳에서는 일어날 수 없는 것임을 확인케 해 주는 부분이다.

사람은 그냥 놓아 두게 되면 소극적이 되어 간다. 졸업생이 되면 스스로 무엇인가를 찾고자 하지 않으면 시간이 많아도 소극적이 되기 쉽다. 성장과 진화가 아니라, 반대 방향도 결국은 자신이 만들어 내는 것이다.

대학원 학위과정을 마친 졸업생에게 지도교수로서 가장 신경이 쓰인 부분은 당연히 소극적이지 않도록 이끄는 것이다. 온 마음을 넣어 가르친 대학원 재학 시절보다 졸업 후 혼자서 지내게 될 때 바람직하지 않은 상태로 처질 수 있는 그런 부분이다.

이에 본 연구자는 자료 수집부터 철저하게 자율성을 강조하였고 따라서 책임감을 갖도록 하였다. 시간과 공간의 제약이 없고, 다뤄지는 내용은 학술적인 측면에서 최소 석사학위논문의 수준이며, 참가하는 데 비용이 들지 않고, 참여 여부는 자발적이어야 한다. 이 모두는 연구 참여자의 편의를 최대로 하기 위한 노력이다. 그렇다면 연구 참여자가 되기 위해 반드시 요망되는 것도 당연히 있기 마련이다. 그것은 연구 자체가 질적 연구의 자료에 기반을 두므로, 물론 암묵적인 요구이지만 자료 관리를 위한 윤리감과 자료 공유의 부분에 대해 무한대의 책임감을 지니도록 하는 것이다.

모든 연결은 온라인을 통해 이뤄지는 것이 좋고, 처음 시도하는 시점에서는 누군가 안정된 리더가 있으면 좋다고 보아 지도교수가 함께하였다. 지도교수는 과중한 학교 업무와 연구로 이들을 이끌어 가는 것 자체가 큰 부담이 되었다. 그러나 한시적으로 전공의 1세대를 위해 그들이 학문적으로 책임감을 지닌 역할을 해낼 수 있도록 누군가를 씨를 뿌려야 한다고 보고, 마음을 함께하는 봉사로 여기고 참여하게 되었다. 매우 고되고 힘든 시간들이었다.

체험 자료를 다룬다는 것은 미리 세부적인 계획하에 이루어지는 것이 아니다. 간섭할 것도 없고 개입할 것도 없다. 다만 큰 흐름을 잘 잡고 가고, 모든 일에 장애가 없도록 분위기를 살펴 문제가 생기면 그 원인을 치워 주는 그런 역할을 하는 것이다. 설령 중간에 장애가 생기더라도 무난히 해결해 가고 마지막 부분까지 안전하게 도달해 갈 수 있도록 하면 된다. 따라서 처음이더라도 구체적으로 제시할 것은 거의 없다. 반면, 모든 것은 무한한 가능성을 가지고 열어 놓은 채로 시작해가게 된다. 구체적이지 않기 때문이다. 잠재 가능성으로 모호하게 시작되며, 그 같은 잠재 가능성을 구체화시키고 현실화해 가는 것은 바로 그 속에서 함께 참여해 가고 있는 연구 참여자들의 몫이고, 특히 이런 상황에 상호 신뢰관계가 자리해 있다면 이 같은 상황을 끌고 가는 리더인 지도교수의 살아 있는 실존이 중요했다.

졸업 후 졸업생들에게 대학원 재학 시절의 지도교수로서 이 같은 온라인상의 모임을 제안하였을 때, 지도제자들은 많았지만, 모두가 참여자가 되고 싶어 한 것은 아니다. 대부분은 자신의 원본이 공개되고 다뤄지는 것에 불편감을 가질 수 있다고 생각했기 때문일 것이다.

자유의지와 자율적인 선택은 연구 참여자들에게 매우 유익하고도 가치로운 기회가 될 것으로 보았다. 이 모임에 연구 참여자로 참여만 해도 그 자체가 성숙을 점화시키는 오메가 포인트가 될 수 있도록 이끌어 가기 위해 지도교수는 많은 생각을 하게 되었다.

밖으로 드러내지는 않았으나, 온라인으로 자료를 주고받는 졸업생 연구 참여자들 간의 나눔과 배움을 만들어 가는 과정이 완성도 높게 진행되도록 연구 참여자들에게 마음을 담아 보살펴 왔다. 가상의 모임이지만 지도교수가 이 같은 생각을 한다는 것 자체가 가상모임의 목적을 이미 긍정적인 결과를 낳을 수 있는 조건으로 방향성을 갖고 있는 것이었다.

의도는 드러나지 않으나, 양자역학의 하이젠베르크 효과처럼 순수하고 작은 그러나 진정함이 담긴 리더의 이 같은 생각은 그 집단이 하는 행위의 결과를 좌우하는 데 아무도 모르게 영향을 미치게 된다. 이런 생각을 하고 있는 지도교수로서는 졸업생을 위한 한시적인 온라인상의 모임이지만 이 모임에 참여하라고 강요한 필요가 없었다. 분명 예상했던 것보다 훨씬 좋은 모임이 될 것임이 확실했기 때문이다. 그러나 선택은 각자가 하는 것이므로, 각자가 이 새로운 기회 속에서 배우고자 한다면 시간을 내고 봉사를 하면서 엄청난 것을 접하고 배우게 되면 되는 것이었다. 연구 참여자들이 연구모임에 참여만 해도, 자신들이 담아 넣은 에너지보다 엄청난 에너지를 받아 가게 될 상황이었다.

연구 참여자 모두는 질적 연구방법에 익숙한 상태이고, 원본을 제출한 원저자들 모두는 해석학적 현상학의 연구방법을 활용하여 다뤄 놓은 해석학적 현상학의 글쓰기를 가지고 있었다.

이들의 모임에서는 원본을 매달 1편씩 연구 참여자에게 메일로 보내 주면, 연구 참여자들은 이를 읽고 자신이 다루길 원하면 자신이 느낀 것을 작업을 하여 보내 주는데 이것이 반영적 작업 I이다. 이 반영적 작업 I을 지도교수에게 제출해 주면 지도교수는 이를 모두 모아서 원본의 원저자인 창의적 작업자에게 보내 주고, 이들이 자료를 다루고자 자율적으로 결정하면 창의적 작업을 한 내용을 다룬 후 보내 주는 절차를 밟게 된다.

창의적 작업은 과연 창의적 참여자들로 하여금 시공을 초월한 새로운 살아 있는 공부법으로서 나눔과 배움의 가능성을 담고 있는가? 지도교수는 지도제자였던 졸업생들이 졸업 후에도 전공과 연구 분야에서 보다 성장해 가고자 하는 열망을 가지고 노력하는 부분이 창의적 작업에 담겨 있을 것으로 생각하였다.

2. 창의적 작업의 자료 수집과 자료의 분류

대학원 미술심리치료학 전공의 졸업생을 위해 자율적인 공부 접근법을 개발하고 싶어 시도한 모임의 총 참여자는 15인이며, 이들 중 12명이 창의적 작업에 참여하였다.

이 책에서 다루어진 원고의 분량은 개인차가 있지만 A4용지를 기준으로 할 때, 원본은 10장 정도의 분량이고, 반영적 글과 창의적 글의 분량은 1~2장 정도이다.

1) 수집된 창의적 작업의 원자료

창의적 작업이란 원본을 기반으로, 수행된 반영적 작업 I의 자료들을 받고서 창의적 작업자가, 이들에 대한 체험을 다뤄 놓은 창의적 글이나 창의적 글과 그림을 지칭하는 것이다.

대학원 재학생으로 만든 원본과 졸업 이후에 다뤄진 창의적 작업은 다루어진 시기 자체에 큰 차이가 있다. 학위를 취득하고 대학원 졸업 이후 현장의 미술심리치료사로서 임하면서, 좀 더 살아 있는 배움과 나눔을 가져 보기 위해, 국내외에서 시도된 적이 없는 새로운 접근법의 절차를 따르면서 그 과정에서 자신들이 어떠한 체험을 해 나가는지를 스스로 발견해 가도록 하는 과정에서, 창의적 작업자들은 자신에 대해 많은 생각을 접하게 되었을 것이다.

총 12인의 창의적 작업자(#1, 3, 4, 5, 6, 9, 10, 11, 12, 13, 14, 17)에 의해 총 25편의 창의적 작업이 수행되었다. 그리고 25편의 세부 내용은 12인(#1, 3, 4, 5, 6, 9, 10, 11, 12, 13, 14, 17)이 한 편씩 다룬 12편의 창의적 글과 1인(#6)이 다룬 1편의 詩, 그리고 6인(#1, 5, 10, 11, 12, 17)이 다룬 12편의 창의적 그림(사진 포함)으로 구성되어 있다.

그리고 총 12인 중 7인(#1, 5, 6, 10, 11, 12, 17)은 창의적 글과 그림 모두를 제출하였고, 5인은 창의적 글만 제출하였다.

창의적 작업의 자료 수집 기간은 2016년 4월 1일~2016년 10월 12일 사이에 이루어졌다.

2) 창의적 작업에서 분석할 자료의 선정

총 12인의 창의적 작업자(#1, 3, 4, 5, 6, 9, 10, 11, 12, 13, 14, 17)들이 다룬 25편의 창의적 작업을 산출해 낸 반영적 작업 I과 반영적 작업 I을 수행하도록 기반이 되어 준 원본의 출처를 원본, 반영적 작업 I, 창의적 작업의 순으로 연결 지어 다뤄보면 다음과 같다.

#1의 원본을 기반으로, 5인(#4, 9, 10, 13, 14)이 수행한 반영적 작업 I이 수행되었고, 이후 #1에 의해 창의적 작업(창의적 글 1편과 창의적 그림 3편)이 다루어졌다.

#3의 원본을 기반으로, 1인(#9)이 수행한 반영적 작업 I이 수행되었고, 이후 #3에 의해 창의적 글 1편이 다루어졌다.

#4의 원본을 기반으로, 3인(#3, 5, 6)이 수행한 반영적 작업 I이 수행되었고, 이후 #4에 의해 창의적 글 1편이 다루어졌다.

#5의 원본을 기반으로, 12인(#1, 2, 4, 6, 7, 8, 9, 10, 12, 13, 14, 15)이 수행한 반영적 작업 I이 수행되었고, 이후 #5에 의해 창의적 작업(창의적 글 1편과 창의적 그림 3편)이 다루어졌다.

#6의 원본을 기반으로, 5인(#1, 2, 4, 5, 9)이 수행한 반영적 작업 I이 수행되었고, 이후 #6에 의해 창의적 작업(창의적 글 1편과 詩 1편)이 다루어졌다.

#9의 원본을 기반으로, 4인(#1, 4, 5, 6)이 수행한 반영적 작업 I이 수행되었고, 이후 #9에 의해 창의적 글 1편이 다루어졌다.

#10의 원본을 기반으로, 5인(#2, 4, 5, 11, 15)이 수행한 반영적 작업 I이 수행되었고, 이후 #10에 의해 창의적 작업(창의적 글 1편과 창의적 그림 1편)이 다루어졌다.

#11의 원본을 기반으로, 5인(#4, 12, 13, 14, 15)이 수행한 반영적 작업 I이 수행되었고, 이후 #11에 의해 창의적 작업(창의적 글 1편과 창의적 그림 1편)이 다루어졌다.

#12의 원본을 기반으로, 3인(#4, 5, 10)이 수행한 반영적 작업 I이 수행되었고, 이후 #12에 의해 창의적 작업(창의적 글 1편과 창의적 그림 2편)이 다루어졌다.

#13의 원본을 기반으로, 2인(#1, 6)이 수행한 반영적 작업 I이 수행되었고, 이후 #13에 의해 창의적 글 1편이 다루어졌다.

#14의 원본을 기반으로, 3인(#4, 17, 단 15는 글과 그림 모두 제출함)이 수행한 반영적 작업 I이 수행되었고, 이후 #14에 의해 창의적 글 1편이 다루어졌다.

#17의 원본을 기반으로, 1인(#9)이 수행한 반영적 작업 I이 수행되었고, 이후 #17에 의해 창의적 글 1편과 창의적 그림인 사진 2편이 다루어졌다.

이들 창의적 작업의 자료 중 12편의 창의적 글을 분석함에 있어 본 연구자가 가장 선호하는 것은 반영적 작업 I을 기준으로 유형별로 분류하는 것이거나, 또는 제출된 12편의 창의적 글을 조건 없이 분석하는 것이다.

12편의 창의적 글을 미술심리치료의 유형별로 분류하여 분석해 보는 경우의 장점은 미술심리치료학 전공의 유형별 이해를 용이하게 해 주고 관련 부분의 자료 축적에 기여하게 된다. 그러나 유형별 분석이 가능해지려면 유형별로 다루어진 창의적 글의 편수가 연령별(아동과 성인)로 구분하였을 때 최소한 8가지로 세분화되는 것을 만족시켜야 한다. 그리고 주제 중심으로 글을 분류할 때는 크게 두 가지인 순수형과 혼합형으로 나눠 볼 수 있다. 순수형이란 다루어진 주제가 유형별로 명료하게 구분할 수 있는 주제이다. 혼합형이란 유형에도 속하지만 동시에 다른 분류에도 속하는 경우이다. 12편의 창의적 글 중 순수형으로 유형별 분류에 속하는 창의적 글은 4편(#1, 3, 11, 13)으로 기관미술심리치료, 병원미술심리치료, 일반아동미술심리치료, 일반노인미술심리치료를 주제로 다룬 것이다. 이들 중 분석 가능성을 가진 창의적 글로 보이는 것은 반영적 작업 I이 각기 5편씩 수행된 2편의 창의적 글(#1, 11)로, 주제는 일반아동을 대상으로 한 미술심리치료와 소아암 환아를 대상으로 한 병원미술심리치료를 다룬 것이다. 나머지 2편은 반영적 작업 I이 1~2편 달려 있어 분석 대상으로 하기에 최적의 상태는 아니다. 그렇다면 2편을 창의적 글로서 선정하여 분석하는 것이 좋은가? 이 같은 물음에 관한 답은 창의적 작업이 무엇을 다루고자 하는 것이냐에 달려 있다. 창의적 작업은 '원본 – 반영적 작업 I – 창의적 작업'으로 이어지는 과정 속에서, 가장 마지막 단계에 위치하면서 가장 통합적인 단계이다. 긴 체험을 다루어 온 과정을 거쳐 오면서, 체험한 것을 깊이 있게 다뤄 놓은 것에 관심을 기울여 보다 풍부하고 진솔하며 충분히 깊이를 가진 창의적 작업자가 다뤄 놓은 현상 자체에 집중토록 하는 것이다. 그렇다면 이 창의적 글(#1, 11)은 다른 연구에서 다루기로 하고, 여기에서는 창의적 작업을 제출해 준 12인이 다뤄 놓은 작업 중 12편의 창의적 글(#1, 3, 4, 5, 6, 9, 10, 11, 12, 13, 14, 17)을 조건 없이 있는 그대로를 분석하는 것이 바람직하다고 보아, 이를 채택하고 분석하기로 하였다.

3. 창의적 작업의 주제 분석 결과

반영적 작업 I의 체험 자료들을 받은 창의적 작업자 12명은 창의적 글 또는 창의적 글과 그림 모두를 다룬 창의적 작업을 수행하였다. 창의적 글과 함께 다뤄진 창의적 그림(사진 포함)은 12편과 詩 1편으로 이는 제4장에서 다루어 놓고 있다.

여기에서는 창의적 글을 중심으로, Max van Manen의 해석학적 현상학의 연구방법에서 다루어진 자료 분석을 사용하여, 9개의 본질적 주제와 20개의 하위주제를 산출하였다.[6] 주제의 세부 내용은 다음과 같다.

① 내 원본에 대한 피드백을 받는 것에 설렘.

①-1 내 원본이 어떤 체험을 하게 했을지 궁금했고 그런 걸 다룬 작업을 받게 될 기대로 설레고 기다려짐.

② 고대했던 반응은 뭉클한 큰 울림이었음.

②-1 큰 울림, 공감, 울컥함, 뭉클함을 전해 받음.

②-2 친밀감, 안도감, 인정받음, 반가움 등 진정한 휴식과 응원 같이 느껴지는 선물이 됨.

③ 기다렸던 반응인데 실망이 덮침.

③-1 기대하며 받은 글을 읽는 순간, 찬물을 덮어쓴 듯 낯설고 기분이 쑥

6) 장연집(2017d)에 제출된 결과에서는 8개의 본질적 주제와 21개의 하위 주제로 분류하였다. 그러나 이 책에서는 2017년 연구에서 두 번째 본질적 주제를 둘로 세분화하여 9개의 본질적 주제와 20개의 하위 주제로 재분석해 놓고 있다.

가라앉는 느낌임.

③-2 자신만만했던 나에게 실망감, 혼란스러움이 덮이면서, 마음의 문을 완전 닫아 버림.

③-3 내가 던진 내용은 천차만별로 읽혔으며, 나처럼 이해해 주길 바라는 건 희망사항임.

④ 되돌아온 글을 보니 읽는 이의 입장에 따라 다르게 읽히고 다루어졌음.

④-1 피드백의 글을 기다렸는데, 주관적인 경험의 범주 내에서 다루어진 한계를 접함.

④-2 심기가 불편한 건, 원본에 대한 이해가 전혀 담겨 있지 않은 피드백을 받았다는 것임.

⑤ 모든 작업의 과정 속에는 고됨과 성장이 있고 이들은 서로 연결되어 있는 것 같음.

⑤-1 예전에 논문 준비를 하던 때나 세션을 하던 때의 힘들었던 기억이 잠시 떠오름.

⑤-2 모두에게 고되었던 공부의 체험이 성장을 위한 기회였다는 의미를 찾아냄.

⑤-3 작업의 과정은 새로운 각도로 접근해 보게 하고, 이는 큰 앎에 한 발자국을 더 내딛는 기회가 됨.

⑤-4 깊이 생각해 보며 다양하게 글 써 보는 것을 반복하면 미술심리치료사가 지녀야 할 태도와 존재 이유를 어렴풋이 알게 됨.

⑥ 졸업 후에도 여전히 풀리지 않는 질문들이 답을 기다리고 있지만, 그 과정에서 진정한 배움을 추구하고 있음.

⑥-1 학위취득은 했지만, 논문의 연구 주제와 연관되어 있는 좀 더 밝혀지길 원하는 부분은, 삶 속에서 여전히 자신에게 질문을 던지고 의미를 찾고자 함.

⑥-2 살아 있는 연구를 하고픈 진짜인 고뇌하는 연구자가 되어 보고자 함.

⑦ 도움이 필요할 때 언제든 의지할 수 있고 깊은 곳에서 만날 수 있는 것은 미술작업임.

⑦-1 미술은 설명하기 힘든 것을 정확히 표현해 주는 탁월한 대변자임.

⑦-2 혼란스럽거나 정리가 잘되지 않은 글을 접하게 되면, 이미지 작업부터 하게 됨.

⑦-3 편안할 때도 자기 돌봄을 할 때에도 미술은 진정으로 필요한 것을 알려 줌.

⑧ 늘 해 오던 미술작업의 방식을 조금만 바꾸었는데, 기존에 가진 생각을 순간 확장시킴.

⑧-1 미술작업의 방식을 변형시키자, 기존에 생각해 왔던 모든 것이 달리 보였음.

⑧-2 임상에서의 겉 표정과 속 표정은 실은 달라 보이지만, 다른 한편 큰 시각으로 보면 같아 보이기도 함.

⑨ 참여자 모두에게 감사함.

⑨-1 나의 글을 읽고 각자의 체험을 다뤄 준 모든 이에게 감사한 마음을 전함.

앞에서 다뤄진 창의적 작업 중 창의적 글의 분석 결과 9개의 본질적 주제들은 모두 강렬한 개성을 담고 있으면서 각기 중요한 측면을 드러내고 있다. 이들 주제를 보면 흐름이 있다. 그러나 제5장과 제6장의 반영적 작업 I과 제7장의 반영적 작업 II에서 다뤄진 작업들과 달리, 공통점으로 묶는 것이 쉽지 않다.

이에 본질적 주제의 흐름을 통해, 창의적 작업의 결과가 연구 참여자들에게 어떤 체험의 기회를 갖게 하였는지를 살펴보기로 하였다.

창의적 작업자의 심리 상태는 설렘이나 기다림(본질적 주제 1)의 상태에 있었다. 그리고 이들은 반영적 작업 I에서 자신들이 원했던 반응을 접하게 되었을 때 크게 위로와 인정을 받는 체험을 한다(본질적 주제 2). 반면, 뜻밖의 예상치 못한 반응을 접하였을 때에는 실망스러움으로 열린 마음을 굳게 닫아 버리는 체험을 한다(본질적 주제 3). 그리고 논문에서 다룬 주제는 원본으로 축약되는데 연구의 주제들 중 제대로 풀어지지 않거나 이해되지 않는 부분들은 졸업 후에도 여전히 답이 쉽게 찾아지지 않는다. 이에 이들은 마치 숙제처럼 곁에 있으면서 연구자의 주위를 맴돈다. 반영적 작업 I에는 이와 같은 나의 불명료한 상황이 자리하고 있을 수 있다. 그리고 어느 날 그런 미해결된 과제는 남의 도움을 통해 얻어지는 것이 아니라, 내가 스스로 찾아내어야 하는 것이라는 것을 알아차리게 된다. 그렇다면 해결된 과제로 만드는 것은 자신이 스스로 찾아내는 것이라는 새로운 희망을 만들어 보는 체험을 갖게 된다(본질적 주제 6).

창의적 작업을 하는 입장에서 볼 때, 글은 쓴 자와 그 글을 접하는 자의 입장에 따라 글이 다르게 접해지는 것 같은 체험을 한다(본질적 주제 4). 원본을 다룬 입장과 반영적 작업을 다룬 입장 그리고 창의적 작업을 다룬 입장이 모두 각기 다른 것 같다. 반영적 작업과 창의적 작업을 할 것인지는 자율적인 결정에 따르도록 하였다. 그러므로 자율적으로 글을 다루기로 마음을 정했다면 글이 어떻게 쓰이든 그 글은 체험한 것을 그대로 다루려 했을 것이다. 물론 창의적 작업자의 글 중에는 반영적 작업 I의 글에서 자신의 원본을 충분히 다룬 것 같지 않고 초점을 제대로 맞추고 있지 않으며, 내용의 이해 역시 제대로 다루어지지 않은 것 같아 마음이 크게 상하였다. 이 같은 솔직하고 순수한 반응도 충분히 이해가 된다. 모든 체험은 충분히 수용되길 바란다.

물론 반영적 작업 I을 다뤄 놓은 연구 참여자들은 자신의 반응들이 창의적 작업자에게 이 같은 상황을 만들어 주었을 것이라는 것을 전혀 알지 못한다. 이 같은 상황의 흐름을 말한 자만이 알고 있는 부분이기 때문이다.

그렇다면 이를 기반으로 볼 때 창의적 작업을 통해 얻게 되는 배움에는 최소 두 가지가 있다고 볼 수 있다. 반영적 작업 I을 통해 기대한 반응을 확인한 경우 갖게 되는 배움 1이 있다. 그리고 매우 실망스러운 반응을 확인한 경우 갖게 되는 배움 2가 있다. 배움 1과 배움 2의 배움은 모두 잠재성이라는 가능성이 현실화되는 순간이다. 이것을 어떻게 구체적으로 이끌어 내느냐의 노력에 따라 결과는 큰 차이를 만들어 내게 된다.

창의적 작업자가 작업을 하며 느낀 것을 고통스러움이라고 해 보자. 그것은 고정되어 있는 것이 아니다. 모든 것은 변화하기 때문이다. 변화를 새로운 희망으로 연결되도록 하는 것은 바로 자신이다. 따라서 인정받음과 실망스러움이라는 것을 통해 갖게 된 통찰이, 긍정과 부정의 상태로 나누어 볼 수 있다고 해도 큰 시각에서 보게 되면 이들은 전혀 이질적인 것이 아닐 수 있다(본질적 주제 5).

기존의 질적 연구에서는 체험 내용을 글로 표현해 왔다. 그러나 미술심리치료학 전공자들의 경우는 글보다 그림을 다루는 것이 더 익숙한 연구 참여자들도 있다. 미술심리치료학 전공에서 사용하고 있는 그림이란 개념은 매우 광범위한 개념으로, 문맥에 따라 시각 언어, 이미지, 상징 언어 등 조금씩 다른 표기로도 사용해 오고 있다. 물론 예술에서 다루는 미술이나 그림의 정의와는 다르다.

창의적 작업에서 그림은 자신의 내면과 만나고 연결 지을 수 있는 진실된 소통의 통로이다(본질적 주제 7). 다루어진 이미지에 미세한 변화를 주게 되면 변화된 것을 시각적으로 확인하면서 새로운 배움이란 통찰을 체험하게 한다(본질적 주제 8). 흔히는 수백 마디의 말이나 글귀가 배움이나 통찰을 가져다주지만, 한 장의 이미지는 수 시간 동안 또는 수년 동안 공부해야 할 것을 한 순간에 깨우치도록 이끌어 주기도 한다. 그리고 마지막으로 원본, 반영적 작업 I, 창의적 작업의 과정을 통해 연구 참여자라는 이름으로 나눔과 배움의 기회를 공유한 열린 마음을 가진 모두에게 감사함(본질적 주제 9)이 다루어졌다.

4. 창의적 작업에 관한 논의

원본–반영적 작업 I–창의적 작업의 흐름 중 가장 마지막 단계에 위치해 있는 창의적 작업의 단계에 다다르게 되면, 체험도 커져 가게 된다. 동시에 전공을 보는 시각도 커져 있으며 성숙된 상태가 된다.

자기중심적인 체험의 범위 안에서 다뤄진 반영적 작업 I의 자료를 기반으로, 창의적 작업을 하는 창의적 작업자는 창의적 작업을 원본에서 전체적인 맥락으로 다시 살펴보는 입장에 서 있게 된다.

기존의 연구에서 다뤄진 적이 없는 창의적 작업을 통해 산출된 결과인 9가지의 본질적 주제 중 논의할 주제는 작업이 진행된 시간적 흐름에 따라 초반, 중반, 후반으로 나누어 볼 수 있다. 그리고 각기 이들 시기에서 하나씩 중요한 부분을 선정해 보면, 창의적 작업자의 심리상태와 반응, 글을 쓰는 자와 읽는 자 사이의 간극과 맥락, 창의적 작업 속에 자리한 미술이란 세 가지 주제어를 도출해 볼 수 있다. 이를 논의해 보면 다음과 같다.

첫째, 창의적 작업자의 심리상태와 반응에서 다뤄 볼 수 있는 내용은 다음과 같다.

창의적 작업을 다루기 위한 기초 자료는 반영적 작업 I이다. 반영적 작업 I의 기초 자료는 원본이며, 원본은 학위논문의 중요한 부분이다.

학위논문이나 원본은 일반 저서가 아니므로 어떤 모임이나 집단에서 집중적으로 다뤄지는 경우는 거의 없다. 그러나 이 책에서는 동일한 전공과 배경을 가진 전공자들은 질적 연구를 적용하여 다루어진 원본을 다루고 있다.

학위논문은 해당 주제에 관심을 가지고 있는 전공의 연구자들 사이에서 읽히곤 한다. 이 책의 연구 참여자들 역시 전공의 연구자이기도 하지만 이들이 학위논문의 원본을 다루는 목적은 개인적인 연구업적을 위해 연구물을 만드는 것이 아니다.

기존에 다뤄진 적이 없는 졸업생들을 위해 나눔과 배움이 있는 공부법으로서의 창의적 작업을 다뤄 보는 매우 특별한 체험을 하고 있는 것이다.

학위논문을 제출하게 되면 다시는 들춰 보게 되지 않거나 들춰 보고 싶어 하지 않는다. 그중에서도 원본의 공유에 동의를 해 주고 이를 기반으로 여러 단계로 구성된 일련의 작업 과정에 참여한다는 것은 큰 용기를 내어 준 것이고 넉넉한 마음을 담아 준 것이다. 원본의 공유는 실제적인 작은 나눔으로 볼 수 있다면, 일련의 작업 전 과정에 참여한다는 것은 큰 나눔의 의미를 지닌다.

연구 참여자들은 일련의 작업 과정을 밟아 가는 것이 쉬운 일이 아니라는 것을 막연하게 알고는 있었지만, 시간이 흐르면서 가끔씩 너무도 힘이 들어 자신들이 지닌 인내심의 한계 지점까지 온 것 같다는 생각을 할 때도 있었을 것이다. 이 같은 상황이 반영적 작업 II를 낳게 된 배경이다. 다행히 대부분의 연구 참여자가 중도에 탈락되지 않고 마지막 단계인 창의적 작업까지 참여하여 수행할 수 있게 되었다는 것은 큰 행운이다.

다양한 작업 과정을 밟아 왔지만, 연구 참여자들의 심리상태가 다뤄진 것은 창의적 작업이 처음이다. 이 같은 반응이 다뤄지기 이전에는 이에 대해 연구 주제로서 생각을 해 본 적이 없었다. 이에 이를 다룬 선행연구는 없지만 생각해 볼 측면은 많다.

예를 들어, 창의적 작업자가 반영적 작업 I을 다룬 반응 결과는 크게 두 가지인 긍정적인 경우와 부정적인 경우가 있다고 해 보고, 이를 원본에 대해 원저자가 자신감을 갖고 있는 경우와 부족한 측면이 있다고 느끼고 있는 경우로 나누어 보자. 이 같은 경우에서 나올 반응은 세부적으로 네 가지가 된다.

앞에서 창의적 작업자의 심리 상태는 본질적 주제 1을 통해 설렘과 기다림이 다루어졌는데, 이는 원본을 다룬 원저자가 자신의 원본에 대해 갖고 있는 자신감이 충만한 경우에 해당하는 것으로 보인다.

이는 반영적 작업 I의 반응에 따른 창의적 작업자의 반응 가능성은 2×2로 최소 4가지 중의 하나이다. 이 외에, 예를 들어 괜찮은 반응, 미진한 반응, 화를 돋우는 반응이다.

기대감-설렘-기다림이란 주제어 밑에 자리하고 있는 자신감과 기대감은 학위논문을 취득하고 전공자로서 그리고 연구자로서의 자긍심이 매우 활성화되어 있는 상태일 수 있다. 대부분 학위논문에서 다룬 연구 주제를 통해 밝혀진 것들에 대해 원저자들은 자신들이 신선한 내용을 다루었다고 본다. 물론 이런 생각은 주관적인 판단이다.

자신이 다뤄 놓은 원본이 처음으로 동일한 전공을 지닌 연구 참여자들에게 공개되어 피드백을 한 자료인 반영적 작업 I로 접하게 될 때 기대감-설렘-기다림이란 심리상태는 본질적 주제에서 다뤄진 것처럼 크게 두 가지의 반응으로 이어졌다.

앞에서 예상해 본 것은 네 개의 반응이지만 이들 중 두 개의 반응이 주제로 다루어졌다. 하나는 본질적 주제 2에서 다뤄진 것처럼 매우 만족스러운 경우이고, 다른 하나는 본질적 주제 3에서 다뤄진 것처럼 매우 실망스러운 반응이다.

대만족은 보상과 같은 고대했던 반응을 확인한 경우이다. 반면, 분노를 일으킨 실망스러운 반응은 원본을 다룬 피드백에 전혀 공감할 수 없고 공유되지 않은 뜻밖의 내용을 접한 경우이다.

이들 심리적 반응은 창의적 작업의 목적인 나눔과 배움을 통한 성장이란 것과 연계시켜 보면, 심리적 반응은 과정이고 결과는 어떠한 배움을 갖게 되었냐는 것으로, 이는 연구 참여자에게 열려 있는 가능성이다. 이를 현실화시키는 것은 연구 참여자 자신이다.

둘째, 글을 쓰는 자와 읽는 자 사이에 놓여 있는 글의 간극과 맥락을 논의해 보면 다음과 같다.

일반적인 글에는 저자의 입장과 독자의 입장이 있다. 각자의 입장은 글의 맥락과 연관된다. 매우 신중하고 진실되며 비운 마음으로 글을 다룬다고 해도, 글의 맥락이 전달되지 않는다면 글은 공감을 끌어낼 수 없게 된다.

수많은 학자가 자신에게 맞는 독서법을 나름 구축하고, 평생 이를 향상시켜 나갔다. 이의역지(以意逆志)는 맹자의 독서법으로, 조선 영조 때 실학자 홍대용이 독서의 비결로 삼은 방법이다(김병완, 2014). 네 글자 중 意는 내 뜻이고, 志는 남의 뜻이다. 이는 읽는 주체가 책에서 글쓴이의 뜻을 마중하는 방법을 설명하고 있다. 그것을 읽고 생각하는 것은 나이다. 나와 글쓴이 사이에는 시간과 공간이라는 큰 단절이 놓여 있다. 아전인수격으로 내 멋대로 생각하면 자칫 엉뚱한 샛길로 빠져 길을 잃고 만다. 특히 큰 글의 경우는 큰 뜻에서부터 말단 기교조차도 모두 뜻을 함축하고 있기 때문이다(정민, 2013). 두터운 깊이를 가진 글이, 나의 얇은 글을 접하는 목적으로 가치 없는 글로 읽혀지기도 한다. 독서의 비결은 다름 아닌 저자의 본뜻인 근본을 거스르지 않는 것으로 그렇게 하려면 내가 깊이 사유하고 다루어야 한다.

이의역지에 하나를 더 추가해 보면, 다산이 말한 둔필승총(鈍筆勝聰)의 원리가 있다. 둔하고 부족한 붓, 즉 쓰기는 총명한 머리보다 더 낫다는 것이다. 이에는 부드러운 것이 강한 것을 이긴다는 역설적인 의미가 담겨 있다(김병완, 2014). 이 부분은 글뿐만 아니라 창의적 그림에도 적용시켜 볼 수 있다.

고서에서 다뤄지는 큰 글이 아니더라도, 저자의 글에는 저자가 가장 중요시 여기는 자신의 삶과 다루고 싶은 핵심 내용 그리고 세상을 보는 시각인 가치관 등이 시대적 흐름을 배경으로 다루어지게 된다.

세부사항인 이들 내용을 포괄하는 맥락은 특정시기에 지배적이거나 우세한 조건들을 다룬다(Hawkins, 2016). 맥락을 잘 유지하려면 글이 자연스럽고 정리가 잘 되며 이해하기 쉽게 다루어져야 한다. 현학적인 표현 방식을 취하거나 주제 자체가 난이하게 되면 흔히 맥락 자체를 놓치면서 글의 표면만 읽힐 수 있다.

맥락이란 내용을 포괄하는 총체적인 場 또는 어떤 관점에 입각한 관찰의 場 전체, 또는 특정시기에 지배적이거나 우세한 조건들을 가리킨다. 그리고 진술이나 사건의 의미를 한정하는 일체의 유의미한 사실을 포함한다. 그리고 세부 사항은 내용이 된다(Hawkins, 2016). 해석학적 현상학의 연구방법을 적용하여 다루어진 학위논문에서의 글쓰기인 원본에는 원저자가 다뤄 놓은 의미나 의미 구조를 접하게 된다(van Manen, 1994).

최근에는 말을 잘하는 것처럼, 글을 잘 쓰는 것이 중요하다는 것을 인식하기 시작하였다. 이보다 더 나아가 의사소통의 도구로 말을 하지만, 말하기보다 글쓰기가 더 중요하다고 보기도 한다. 이 같은 이유는 무엇 때문인가?

글은 쓰면서 많은 생각을 정리하게 되고 그 과정에서 치유를 일으키며 통찰을 이끌기 때문이며, 이 외에도 많은 장점이 있기 때문이다.

원본을 기반으로 하는 반영적 작업 I에서 연구 참여자들이 숙지하고 있는 자세는 모든 글을 존중하며, 주제에 대해 편견을 갖지 않고, 명료하게 다루려 한다는 것이다. 그리고 창의적 작업의 목적은 평가가 아니고 나눔과 배움인 성장이 일어날 수 있는 가를 확인해 보려는 것이다.

창의적 작업자들 중에는 반영적 작업 I이 원본에서 다뤄진 맥락을 놓치고, 본질적 주제 4에서 다루었듯이, 주관적인 관점에서 다루어졌다고 말한다.

이 같은 연구 결과는 글이란 글쓴이의 입장과 의도대로 전달되기도 하지만, 읽는 이의 시각에 글쓴이의 시각과 상이할 수 있다는 것을 알게 된 기회를 제공하고 있다. 같은 글을 다루더라도, 상당히 다양한 체험 글과 반응이 있을 수 있다.

이에 대한 배움이 일어나는 기회를 창출해 내기 위해서는, 우선 나의 반응을 통해 나의 글을 되짚어 보는 것으로, 이는 본질적 주제 4, 5, 6에 잘 다뤄져 있다.

원본은 일반 글이 아니고 학위논문에서 중요한 부분인 연구물이다. 이것이 충분히 이해되지 않고 공감받지 못했다는 느낌은 창의적 작업자의 자존심을 충분히 건드릴 수 있다. 창의적 작업자는 반영적 작업 I이 평가 개념으로 다루어지는 것이 아님을 잘 알고 있을 뿐만 아니라. 반영적 작업자의 체험 역시 존중해야 한다는 것을 이미 잘 알고 있다.

일반 글이 아닌 연구물을 다룰 때에는, 매우 집중해서 다뤄진 내용과 맥락을 잡아 주어야 한다. 조선 영조 때 실학자 홍대용이 중시한 독서의 태도나 자세는 바로 저자의 맥락에 가까이 가려는 기본적인 마음가짐을 다룬 것임을 알 수 있다.

외부로 드러나는 양상은 단순히 선형적 인과관계에 의한 것으로 보기 어렵다. 선형적 세계는 잠정적이고 특정한 환경에 국한되고 논리적이고 입증 가능하고 객관적이다. 반면, 비선형적 세계는 영향을 미칠 수 있으며 주관적이고 경험적이며 제약이 없고 입증이 불가능하고 맥락에 의거한다(Hawkins, 2016). 따라서 원치 않은 반응이 나오는 배경에는 비선형적인 매우 다양한 요인이 있다고 본다.

창의적 작업자가 자신의 원본이 제대로 다뤄지지 않게 되면 흔히 반영적 작업 I을 다룬 연구 참여자의 불성실에서 그 원인을 찾아보려 할 수도 있다. 그러나 정확한 원인을 찾는 것은 그리 간단하지 않을 것이다. 게다가 글을 쓰는 자와 읽는 자의 체험에 간극이 있다는 것은 당연한 것일 수 있다.

이에 여기에서 더 중요하게 다루어져야 한다고 보는 부분은 간극 자체보다 간극에 대한 대처이다. 왜냐하면 간극의 대처가 곧 배움을 통한 성장과 연결되는 부분이기 때문이다.

예를 들어, 연구물이든 쓰여진 글이 흥미를 불러일으키는 것은 모든 사람이 바라는 것이다. 그러나 다루어진 내용과 맥락이 깊이를 갖추고 진지함과 담백함을 담고 있어 이를 읽는 이들이 살아가는 데 도움을 받는 기회를 주는, 그 같은 글을 다루는 저자는 이미 타인의 평가에는 그다지 관심을 표명하지 않을 것이기 때문이다. 그는 이미 글에 대한 평 너머에 서 있기 때문이다. 이 같은 수준에 이른 경우는 흔치 않지만, 외부의 자극에 대해 탄력성을 가지는 것도 자신감이라는 통찰을 해 본다면 그건 배움이 일어나는 것과 관련된다. 이에 글의 받아들여짐은 중요한 부분이기는 하지만, 글을 계속 다룰 예정이라면, 받아들여지지 않음을 나의 배움으로 전환시키는 기회가 되도록 만드는 것이 더 중요하다.

맹자가 학문하는 방법으로 내놓은 자기 자신에게서 돌이켜 구한다는 네 글자인 반구저기(反求諸己)가 있다. 나 자신을 위한 공부로 으뜸가는 방법이다. 성인이란 이 같은 훈련이 체질화되어 나날이 향상해 가는 사람이다. 공부법이 많아도 이보다 위력적인 공부법은 없을 것이다(정민, 2013). 내부로 향한 방법은 가장 마지막에 도달하게 되는 공부법인 것 같다.

셋째, 창의적 작업 속에 자리한 미술은 미술심리치료 전공으로 졸업한 창의적 작업자의 미술활동이다.

창의적 작업에는 글 또는 글과 그림이 다루어졌다. 자료 분석은 창의적 글 중심으로 결과를 제시하고 있다. 그리고 창의적 작업자가 다룬 창의적 그림은 제4장에서 다루고 있다.

이 책 전반에서 글과 그림은 등식관계로 접근되고 있다. 창의적 작업에서 다뤄진 그림이란 미술심리치료 장면에서 다뤄지는 미술이 아니다. 이는 창의적 작업자 자신의 체험을 다루는 시각 언어로서의 미술을 말한다. 이는 미술심리치료 회기에서 다루어지는 미술이 아니다. 물론 예술로서의 미술도 아니다. 전공자인 창의적 작업자의 미술 언어이다. 시각 언어로서의 미술을 다뤄 놓은 창의적 그림은 본질적 주제 7과 본질적 주제 8에서 다루어져 있는 것과 맥을 같이한다. 창의적 그림은 창의적 글과 함께 다루어질 때 이해와 의도 그리고 맥락에 근접하게 되고 추후에 다루겠지만 의식 수준을 다룰 수 있게 된다.

미술심리치료학 전공자들에게도 구술 언어는 중요한 부분이다. 그러나 내면적인 경험을 충분히 표현해 내는 데 한계가 있으며 자신의 감정을 기술해 내는 데 충분한 도구가 아니라는 것을 미술작업의 체험에 의해 잘 알고 있다(김현미, 장연집, 2013). 이들 전공자들은 자신과 관련되어 있는 문제에 접근해 보고자 할 때 제일 먼저 접근하는 것이 그림이며, 이 같은 직접적인 만남이 필요한 이유는 다양하게 들어 볼 수 있다. 예를 들어, 시각 언어는 적절히 표현할 수 없는 미묘하고 깊이 있는 개인적 경험을 표현할 수 있다(Ganim & Fox, 2007; Malchiod, 2004; Nucho, 2003). 그리고 구술 언어로 생각하는 것보다 더 가까이 무의식 과정에 접근할 수 있으며(Read, 2002), 자신을 쉽게 숨길 수 없고(Langer, 2009), 미술작업은 무의식 속에 자리해 있던 일차과정의 사고를 활성화시켜 의식으로 끌어올리는 데 도움을(Tyson, 2013) 준다(김현미, 장연집, 2015에서 재인용).

창의적 작업에서 창의적 글을 인지적 과정이라 본다면, 창의적 그림은 정서적 과정을 밟는 것으로 볼 수 있다. 이에 창의적 작업을 통해 인지적인 측면과 정서적인 측면 모두를 담아내게 된다면, 연구 참여자는 보다 풍부한 체험을 하게 된다.

물론 좌뇌와 우뇌는 뇌량에 의해 상호 연결되어 있으므로, 이들을 각기 말해 보는 것 그 자체는 큰 의미가 없다. 다만, 이해를 위해서 다뤄 보면, 글은 좌뇌와 연결시켜 볼 수 있다면, 그림은 우뇌의 연결시켜 볼 수 있다.

최근에는 이를 비선형과 선형[7]으로도 표기한다. 우뇌는 일반적으로 전체성을 다룬다고 추정된다. 평가와 직관 같은, 그리고 의의, 의미, 추론에 대한 이해와 기능을 가능하게 한다. 비선형적이어서 뉴턴적 인과관계의 논리적 연쇄를 통하기보다는 패턴과 관계를 통해 작동한다. 아날로그 컴퓨터처럼 과정들을 다루며, 일반적으로 시간 축을 필요로 하지 않고 작동할 수 있다. 이에 반해 좌뇌는 선형적 양식으로 연달아 일어난 생각을 가리키며 흔히 논리나 이성으로 묘사 되고, 디지털 컴퓨터에 비견할 만하다(Hawkins, 2009).

창의적 작업에서 글은 선형적인 좌뇌 중심으로 다뤄지고, 그림은 비선형적인 우뇌 중심으로 다뤄지면서, 작업 자체는 좌뇌와 우뇌 모두를 거치면서 깊이를 더해 가게 되며, 그 과정에서 창의적 작업자는 본질적 주제 8에서처럼 커다란 통찰을 갖기도 한다.

글만 다룬 경우와, 글과 그림 모두를 다룬 경우, 그리고 그림을 먼저 다루고 나서 글을 다룬 경우와 글을 먼저 다루고 나서 그림을 다룬 경우의 체험에 대해선 후속 연구가 필요하다. 달리 표현해 보면 인지적 과정만 다룬 경우, 인지적이고 정서적인 과정을 모두 다룬 경우, 인지적 과정을 밟고 나서 이완하는 경우, 이완하고 나서 인지적 과정을 밟는 경우, 이완의 상태에서 체험한 것을 다루는 경우가 다를 것 같다.

그림도 글처럼 그것을 다뤄 놓은 의식의 수준에 따라, 에너지 수준이 다르다. 그림에 설명이 가해진 것을 보게 되면 의식 수준에 접근하기가 쉽다. 예를 들어, 대부분의 그림은 육안의 수준에서 다루어진다. 그러나 월버에 의하면 뒤샹은 심안으로 그림을 다룬 반면, 칸딘스키는 영안으로 다루었다고 보는데 이는 그들이 다뤄 놓은 글을 접했기 때문이다(장연집, 2017c).

따라서 창의적 작업에서도 그림에 대해 설명이 있을 때 그 그림은 생명력을 갖게 된다. 그림의 제목을 다는 것도 마찬가지이다. 제목을 달면서 모든 것이 정리되고 연결지으며 마무리하게 되기 때문이다.

본질적 주제 7과 본질적 주제 8에서 다루어진 것처럼, 통찰과 배움은 긴 시간

7) 비선형적이란 시간상으로 예측 불가능하게 불규칙하고 '잡음'이 있으며 비주기적이고 카오스 이론으로 접근한다. 반면, 선형적이란 뉴턴 물리학의 방법으로 논리적으로 진행을 따르는 것으로, 전통수학에서 미분 방정식을 이용하여 풀 수 있다(Hawkins, 2009).

에 걸쳐 일어나기도 하지만 순간적으로 일어난다. 창의적 작업에서 다뤄진 창의적 작업자의 미술활동 체험은, 교과목 미술심리치료 슈퍼비전이나 초 개인 미술심리치료에서 갖게 되는 통찰이나 배움과 공유될 수 있는 부분이 있다. 특히 미술기반의 미술심리치료 슈퍼비전을 확장시키고 싶거나 셀프 미술심리치료 슈퍼비전의 개발 가능성이란 두 가지 측면의 가능성과 연결지어 볼 수 있다. 그리고 초개인 미술심리치료를 다루면서 그림의 에너지 수준을 의식 수준과 연결지어 다뤄 볼 수 있다.

기존의 질적 연구에서는 다뤄진 적이 없는 체험을 글과 함께 그림으로 다루어 시각적으로도 접근할 수 있게 시도한 이 책의 확장 시도는 미술심리치료학에서 그림 연구를 보다 활성화시켜야 한다는 과제를 남긴다.

세 가지의 소주제로 나누어 다루어 본 창의적 작업에 관한 논의는 원본, 반영적 작업 I, 창의적 작업이 상호 연결되어 있는 작업임을 확인케 한다.

원본은 반영적 작업 I의 참여자들로 하여금 과거를 회상토록 이끌어 주며, 반영적 작업 I을 시도하게 한다. 그리고 반영적 작업 I은 창의적 작업자로 하여금 과거를 회상토록 하면서 오늘을 기준으로 새로운 의미 추구를 시도하도록 이끌고 통찰을 갖도록 이끌면서 연구 참여자들을 미래 앞에 서도록 한다.

특히 창의적 그림은 미술심리치료학 전공의 특수성을 잘 드러내 주는 부분이다. 많은 내용을 풀어쓰는 글과 달리, 한 장 또는 하나의 이미지 속에는 시공을 응축해 담아낼 수 있고, 입체적인 변형의 시도는 수년 동안의 공부로 얻어 낼 수 있는 것을 한 순간의 통찰로 체험케 하는 즉흥성도 담고 있다.

5. 창의적 작업의 결론

창의적 작업은, Max van Manen의 해석학적 현상학의 연구방법을 적용하여 석・박사 학위 취득이후 졸업생으로 참여한 창의적 작업을 통해, 이 연구는 창의적 작업자들을 충분히 이해하는 기회가 되었다. 그리고 창의적 작업자들이 다뤄놓은 자료들을 분석하고 결과를 얻는 과정 속에서 그들이 진정한 나눔과 배움을 추구하려고 애쓴 흔적들을 접해 보았다. 이들의 연구 결과를 참고해 볼 때 미술심리치료학 전공자들 중 질적 연구를 기반으로 학위논문을 다룬 졸업생들에게, 창의적 작업은 질적인 성장을 하는 전환점이 되는 기회를 제공하였다는 의미를 지닌다.

인간은 그냥 놓아두면 점점 소극적이 되어 가므로, 특히 졸업 후 자신 이외에 아무도 관심을 기울이지 않는 이들에게, 짧은 시간이었지만 모임을 통해 창의적 작업을 함께 다루어 나갔다는 것은, 이후 다른 작업에 임하게 될 때 큰 자산이 될 체험을 하였다고 보인다.

원본(正)이 다루어질 수 있도록 공개되고, 이를 다룬 체험인 반영적 작업 I(反)이라는 기회를 통해, 창의적 작업자는 원본을 좀 더 성장한 새로운 시각으로 보게 되는 기회를 얻었고 자신의 체험을 전체적으로 다시 점검해 보는 창의적 작업(合)을 다루어 보았다.

정반합(正反合)의 관계를 정삼각형에 대비해 볼 때, 삼각형의 좌측 밑면에 위치한 원본의 자리는 우측 밑면의 창의적 작업이 자리하면서 각각의 차이점을 드러낼 수 있었다.

원본, 반영적 작업 I, 창의적 작업 모두는 글 또는 글과 그림으로 다루어졌다. 이들 과정을 단계별로 다뤄 본 목적은 나눔과 배움이 있는 자율적인 공부법에도 나름 수준이 있을 것으로 보였기 때문이다.

이 중 창의적 작업이 가장 다양하고 깊은 체험을 하며, 통합적인 시각을 가질 가능성을 지닌다.

원본, 반영적 작업 I, 창의적 작업 각각은 홀론이며, 이들은 홀라키[8]의 관계 속에 있다. 홀론이란 용어는 통합심리학자인 켄 윌버가 2000년에 사용한 신조어이다. 홀론은 전체의 부분이다. 한 수준에서는 전체이지만 동시에 다음 수준에서는 전체의 일부가 된다. 그리고 각 수준은 이전 수준을 포함하고 초월한다(Wilber, 2008).

즉, 원본이 있고, 반영적 작업 I은 원본을 다룬 이후 다양한 연구 참여자가 각각 자신의 체험을 제출한 것들이다. 마찬가지로 창의적 작업 역시 다양한 반영적 작업 I을 다루고 나서 창의적 작업자로서의 체험을 다룬 것이다.

8) 홀론과 하이어라르키를 합성한 신조어인 홀라키는 홀론의 위계를 말한다(Wilber, 2008).

원본 속에는 반영적 작업 I의 체험과 창의적 작업의 체험이 들어 있지 않다. 그리고 반영적 작업에는 원본을 다룬 체험은 있지만, 창의적 작업의 체험은 담겨져 있지 않다. 그러나 창의적 작업의 체험 속에는 원본과 반영적 작업 I의 체험을 모두 담고 있다.

이들 세 가지의 글에서 원본을 1단계의 체험 글이라고 한다면, 창의적 작업은 마지막 단계에서 다뤄진 가장 풍부한 체험의 글로 볼 수 있다. 그리고 이들은 연결고리를 갖고 있는 홀론과 홀라키의 관계이다. 이들 중 제일 마지막 단계에 있는 창의적 작업 속에는 모든 체험이 통합되어 하나 됨으로 표현될 가능성을 갖고 있다.

대학원의 학위논문 중 일부인 원본 제작의 시점에 비해, 창의적 작업의 시점은 좀 더 성장해 있는 시각을 담기 쉽다. 성장했다는 것은 좀 더 원숙해진 상태에서, 자신이 체험한 것을 있는 좀 더 있는 그대로 꾸밈없이 다루어 내는 것이 가능하다는 것이다. 이미 충분히 모든 것을 갖춘 자들이 더 잘 보이기 위해 꾸밀 것은 없다. 있는 그대로를 다루어 내는 것만으로도 충분히 자연스럽고 아름답기 때문이다.

이에 12명의 창의적 작업자들이 다뤄 놓은 창의적 작업의 체험은 다음과 같은 결론을 내려 볼 수 있다.

첫째, 설렘을 가지고 기다려 온 창의적 작업의 상황은 자율성을 기반으로 가장 진화된 자유로움과 다양성을 표출할 수 있도록 마련된 상징적인 기회이다.

둘째, 반영적 작업 I에서 다루어진 인정이나 불편감을 주는 반응과의 접촉은 창의적 작업자의 강점과 제한점을 직면하게 하므로 작업의 주체가 여러 수준을 통합하여 잠재적인 가능성을 현실화시키는 자신이라는 것을 알도록 일깨운다.

셋째, 원본, 반영적 작업 I, 그리고 반영적 작업 II를 거쳐 오면서 다뤄진 체험을 모두 담고 있는 창의적 작업은 가장 깊은 체험의 단계로, 창의적 작업(글 또는/과 그림)은 창의적 작업자의 내면에서 올라온 순간적인 깨우침을 다루기도 한다.

이 같은 결론은 창의적 작업의 단계가 그 이전에 수행된 작업의 단계들을 거쳐 오면서 마련된 기회를 모두 담고 있는 단계로, 깊은 내면과 접촉할 수 있는 내면적인 힘을 가지고 있는 상태이며, 이미 구축된 내면의 힘은 자신도 모르게 배움으로 안내하기도 한다. 이에 내가 의도하지도 않았는데 문득 내면에서 던져 주는 의미를 만나는 체험을 하기도 한다. 이는 내가 끊임없이 성장하기 위한 노력을 해 왔기 때문에 가능한 것으로, 성장의 기회에 문을 열어 주는 것은 나의 내면임을 알 수 있다.

모든 연구 참여자가 함께 동반하면서 진행되었으므로, 서로가 의지가 되어 준 것은 확실하지만, 결국 같은 기회를 가졌다고 해도, 자신을 크게 만드는 것은 자신이라는 것을 알도록 이끈 큰 배움이 있는 성장이 드러나는 기회이다.

창의적 작업을 다룬 연구가 미술심리치료학 전공의 학문적인 측면에 기여한 부분은 다음과 같다.

첫째, 질적 연구방법을 사용하여 학위논문에서 다뤄진 해석학적 현상학의 글쓰기인 원본이 졸업 후 새로운 접근법들을 시도하는 데 기반이 되므로, 원본 제작의 중요성과 함께 학위논문의 관리를 잘해야 한다는 것과 좋은 원본은 질적 연구에서도 중요한 자리를 갖게 되지만, 연구물 이외에도 다양한 방법으로 활용될 수 있다는 구체적인 예를 제시하고 있다.

둘째, 기존의 해석학적 현상학적 질적 연구방법에 미술심리치료학 전공에서 다루는 시각 언어와 통합시켜 보는 자율적인 기회를 마련하여 질적 연구방법에는 확장의 가능성을 주고, 전공에는 향후 전공 영역에서의 질적 연구 활성화의 계기를 마련하는 기초자료를 제공하고 있다. 동시에 미술심리치료학 전공의 경우 시각 언어가 매우 중요하지만, 질적 연구에서는 아직은 그림 언어만 단독으로 사용하는 것은 제외하였으므로 이에 대해서는 후속 연구가 수행되어야 한다.

셋째, 대학원 졸업 후 전공 분야의 리더로 자율적인 참여의사를 밝히고 연구참여자로서 참여한 모임에서 다루어진 시작의 글은 다루어진 글의 수준과 졸업생이란 측면을 참고하여 간이하게 접근할 글을 찾던 중 선정된 것으로서, 연구참여자의 사용 동의를 받고 다루어진 것으로, 이는 경제적인 측면에서도 좋은 선택이라고 보인다. 동시에 이 책을 통해 자료의 기반이 되어 준 원본이 재조명이란 기회를 갖게 된 것과 원저자가 창의적 작업자의 시각에서 자신의 원본을 보도록 이끈 기회 제공은 질적 연구를 수행한 전공자들에게 매우 고무적인 자극을 주었다고 보인다.

넷째, 기존에 다루어진 적이 없는 원본을 기반으로 마지막 단계에서 다뤄진 창의적 작업은 내면의 눈을 뜨게 하는 잠재성을 지닌 단계로, 관련한 기초 자료들이 다루어졌다는 기여를 하고 있다.

그리고 창의적 작업을 다루는 과정에서 지니게 된 연구의 제한점은 다음과 같다.

첫째, 질적 연구를 수행하여 학위논문을 제출한 졸업생을 대상으로 한 연구와 자료이므로, 졸업생 중 양적 연구로 학위논문을 다룬 경우와 재학생들이 소외되었다는 측면이다. 이에 질적 연구를 수행하지 않은 졸업생과 대학원 재학생들을 위해 나눔과 배움이 있는 자율적인 공부법으로 이미 다뤄진 접근법들이 가능한지의 여부는 후속 연구를 통해 다루어져야 한다.

둘째, 졸업생들과의 모임은 특히 시공의 제약을 다뤄 주어야 하므로, 모든 자료 수집을 이메일로 다룬 것이 최적의 선택으로 충분히 이해는 된다. 그러나 제출된 자료에 질문이 필요한 경우나, 자료가 포화될 때까지 수집하지 못한 경우와 관련해서는 장점이 오히려 제한점으로 여겨진다.

셋째, 수집된 자료의 내용은 연구 참여자의 자율성을 최대한 부여한 장점은 있었지만 연구 수행 기간이 장기화되면서, 연구 참여자의 피로감이 쌓이는 경우, 자율성이 의무감으로 다루어졌을 가능성도 제한점에 속한다.

오늘날 지도제자들과의 관계는 논문지도를 해 주는 관계로만 마쳐지고 흔히는 학위취득과 함께 마무리된다. 교수의 연구실에서 이루어지는 것이 무엇인지조차 모르는 제자들도 많다. 미술심리치료학 전공자들의 경우, 실습지에서의 실습과 관련한 현장을 익힌다는 이유로 지도교수를 논문지도교수로 축소시키는 경우도 흔히 접해 보았다.

얼마 전 국내의 한 신문에서 조사한 자료에 따르면 한국인이 원하는 미래 직업에는 기존에 있었던 학문하는 사람의 자리가 없어져 있었다. 학자들의 학식이 존경을 받았던 시대도 있었다. 최근에는 인간관계에서 존경이란 단어 자체가 매우 고전적인 표현같이 느껴지는 그런 시대이고 아예 사용하는 것도 뜸해졌다. 학자들의 학식 또한 매우 얇아졌고, 배움도 마치 기능처럼 다뤄지는 시대인 것 같다. 교과과정의 진실 수준 역시 급격히 하락하였으며 이는 지적 나르시시즘과 정신적 무능력을 잘 드러내 주는 것이다(Hawkins, 2016).

시대는 전반적으로 갈수록 가벼워져 가는데, 체화된 배움을 갖기 위해 이 책의 자료 제공에서 분석까지 마음을 함께해 준 모든 지도제자에게 감사한 마음이다.

시대적 흐름과 의식수준을 고려해 볼 때, 예전보다 더욱더 진솔한 노력과 진실을 담은 연구들이 필요하다. 트랜스 휴머니즘 시대에 질적 연구는 그 빛을 더욱 내게 될 것이다.

Chapter 9 창의적 작업의 분석 이후

해석학적 현상학적 글쓰기의 확장에 관한 연구는 크게 반영적 작업과 창의적 작업 두 가지로 나누어 볼 수 있다(장연집, 2016; 2017b; 2017d). 이 두 가지는 모두 해석학적 현상학적 연구방법으로 석 · 박사 학위논문을 취득한 미술심리치료 전공생을 대상으로 수행되었다(장연집, 2016).

반영적 작업은 연구 참여자의 학위논문 중 원본을 공개한 후, 다른 연구 참여자들이 그 원본을 읽고 글과 그림으로 반영해 준 것을 말한다.

창의적 작업은 원본을 공개한 연구 참여자가 다른 연구 참여자들이 작성해 준 반영적 작업을 다시 받아 읽고 느낀 점을 글과 그림으로 표현해 준 것이다.

창의적 작업이 이루어진 시점은 2016년이었으니 그 이후로 많은 시간이 흘렀다. 이 장은 2016년 창의적 작업에 참여한 3명의 연구 참여자가 2년여가 흐른 지금의 시점에서 그 창의적 작업의 경험을 되돌아보며 재조명한 글과 그림 작업을 소개한다.

1. 창의적 작업을 통한 성장과 나눔의 순환

질적 연구를 배우게 된 것은 필자의 인생에 있어 행운이다. 대학원 석사 과정에 처음 들어온 신입생 시절, 필자는 학위논문은 딱딱한 학문적 글쓰기의 형식으로 이루어졌고 연구의 결과를 숫자로 증명할 수 있어야 하다는 편견을 가지고 있었다.

양적 연구도 물론 중요하고 꼭 필요한 연구이다. 그러나 미술심리치료학 전공 공부를 배우고 내담자들을 만나 임상현장에서 미술심리치료를 하다 보니 의문이 들기 시작했다. 미술심리치료를 통해 내담자의 주 호소 문제 혹은 그들이 겪는 삶의 어려움이 점차 해결되어 가는 과정은 그리 간단하지가 않았다. 내담자들 스스로 창작한 미술작업의 과정, 그 결과물, 그리고 미술심리치료사와의 관계 등 많은 요소가 서로 어우러져 긍정적인 변화가 생겨나게 되는 것이다. 내담자들의 심리적 변화와 치료의 과정은 매우 정교하고 섬세하였다. 그런데 이렇게 복잡하고 눈에 보이지 않는 무의식의 역동을 어떻게 연구에 담아낼 수 있을까? 연구자로서 고민이 많았었다.

필자는 운이 좋게도 질적 연구를 하시는 지도교수님을 만났다. 질적 연구방법을 배우면서 어쩌면 이 방법이 필자가 고민하던 부분을 조금이라도 해결해 줄 수 있지 않을까 하는 반가움이 들었다. 특히 질적 연구를 접하면서 인간의 일상의 체험을 인터뷰와 글, 그림 등으로 풀어내어 전달하는 방법에 흥미를 느꼈다. 숫자보다는 그러한 진솔한 체험의 이야기가 더 마음에 와닿았고 무엇보다 연구물에서도 공감과 감동을 느낄 수 있다는 것이 좋았다.

2015년 어느 날 지도교수님으로부터 메일 한 통을 받았다. 미술심리치료학 전공생 중 해석학적 현상학적 연구방법으로 학위논문을 쓴 졸업생을 대상으로 새로운 공부법을 위한 시도에 초대한다는 내용이었다. 졸업생 각자가 논문에 쓰여진 자신의 원본을 제공하고, 한 달에 한 번씩 원본을 읽고 느낀 점을 글과 그림으로 작업하여 서로 공유하는 방식이었다. 호기심이 생겼다. 가장 매력 있게 느껴졌던 부분은 한 달에 한번 씩 글쓰기와 그림 작업을 한다는 것이었다. 일상의 삶을 살면서 창작 생활을 조금이라도 한다는 것이 미술심리치료사로서 얼마나 중요한 것인지 잘 알고 있다. 그러나 바쁜 일상 속에서 자신을 위한 예술작업의 시간을 낸다는 것은 정말 큰 결심이 필요하다. 이렇게 연구에 참여하여 창작생활을 이어 나갈 수 있다는 것에 반가운 마음이 들었다.

질적 연구의 테두리 안에서 '미술심리치료학'에 대한 주제로 동료 미술심리치료사들과 글쓰기와 그림 작업을 나누는 방식은 생소했다. 미술심리치료 교과목 수업 중 혹은 미술심리치료 워크숍 등에서 자신의 미술작업을 나눠 본 경험은 많다. 그러나 질적 연구 안에서 이러한 경험은 처음 시도하는 것이었다. 이러한 조건들이 부담이 될지도 모를 일이었지만, 연구를 위한 약속이 있기에 오히려 더 잘된 것일 수 있겠다고 생각했다.

필자가 연구에 참여하기로 한 이유는 또 있다. 박사 졸업을 하고서 질적 연구를 꾸준히 하기는 쉽지 않았다. 미술심리치료사로서 임상현장과 대학원 과정 학생들을 위한 미술심리치료 교육의 현장을 오가며 분투하고 있었다. 학술저널에 연구물을 출판하는 것도 만만치 않은 일이었으며 많은 시간과 노력을 요하는 작업이었다. 그럴 때 만난 반영적 작업과 창의적 작업은 나에게 다시 질적 연구와 접속할 수 있는 좋은 연결고리가 되어 주었다.

이 장에서는 동료 미술심리치료사들이 필자의 석사학위논문인 「미술치료사의 미술작업을 통한 자기인식 체험연구」와 박사학위청구논문인 「미술치료사의 미술작업을 통한 자기돌봄 체험연구」의 원본을 읽고 그 글에 반영적 작업을 해 준 것을 내가 다시 받아 본 경험, 즉 창의적 작업에 대한 것을 이야기하려고 한다.

필자의 석 · 박사 학위청구논문 글쓰기 원본을 읽고 동료 미술심리치료사가 자신이 느낀 바를 글과 그림으로 표현해 보내 주었다. 필자는 글쓰기를 업으로 하는 사람도 아니고, 학위논문과 미술치료 학술저널지에 발표한 연구물 몇 편이 있을 뿐이다. 보통은 글을 쓰고 나서 그 글이 누구에게 읽히는지, 그리고 그 글을 읽은 독자는 어떠한 생각과 느낌이 들었는지 피드백을 받을 기회가 거의 없다. 그러나 창의적 작업을 통하여 동료들과의 직접적인 소통을 체험했다.

2016년 처음 창의적 작업을 했을 때 필자가 가장 강하게 느꼈던 것은 '동지애'였다. 그때 창의적 작업으로 필자가 느꼈던 것, 동료들에게 하고 싶은 말을 시로 표현했었다. 다음에서 그 시의 일부를 소개한다.

미술심리치료 이름으로 만난 동지들

우리들은 안다.
미술작업은 바로 우리들의 마음을 열어 줄 비밀의 문
그리고 그 문을 열어야 할 때
누구나 다 아픈 기억을 가지고 있으며
그것이 우리를 성장하게 만든다는 것을

우리들은 기억한다.
우리는 결코 혼자가 아니며
서로가 서로를 비추어 주는

앎의 거울이라는 것을

우리들은 다짐한다.
우리 앞에 놓인 미래는
우리가 함께 걸어가는 길
아니 함께 만들어 가는 길이라는 것을

그 당시 필자에게 보내 준 다른 연구 참여자의 반영적 작업을 읽었을 때 가장 위로가 되었던 점이기도 하다. 미술심리치료사의 여정에서 만난 동지들이 있어 든든하다는 생각이 들었다. 필자 혼자 미술심리치료사의 길을 헤쳐 나간다는 것은 생각만 해도 엄두가 나지 않는 일이다. 동료 미술심리치료사들이 함께하기에 그 길을 만들어 나갈 수 있다는 자신감과 희망을 표현한 것이었다.

이러한 창의적 작업을 한 후 약 2년 정도의 시간이 흐른 지금 이 시점에서 다시 이 작업 과정과 결과들을 돌아보았다. 그 당시보다 더 다양한 것이 눈에 들어왔다. 그리고 그동안 필자는 미술심리치료 안에서 많은 경험을 하면서 성장했고 보다 깊은 시각을 가지게 되었음을 인식할 수 있는 계기가 되었다.

지금 현 시점에서 창의적 작업을 한 것이 필자에게 어떤 의미였는지 '인드라망의 파동' '순환'이라는 주요한 키워드를 가지고 풀어 보려고 한다.

인드라망의 파동

혼자서 살아갈 수 있는 사람은 없다. 간단하게 밥 한 끼를 먹으려고 해도 자급자족이란 것은 가능해 보이지 않는다. 어느 날 밥을 먹다 밥상에 떨어진 쌀 한 톨을 무심히 바라보며 든 생각이다. '내 입에 들어오는 한 끼의 음식, 쌀 한 톨에 내가 만난 적도 없고 알지도 못하는 수많은 사람의 노고가 들어있구나.' 어디 그뿐이랴. 생명이 뿌리 내릴 수 있는 땅, 아침마다 빛을 내려 주는 태양, 알맞게 찾아오는 비와 바람, 이 모든 자연의 조화로움 덕분으로 음식을 먹으며 살아가고 있다는 것을 깨달았다.

이러한 연결망은 조금만 주의를 기울이면 인간세상 어느 곳에서나 찾을 수 있다. 바로 창의적 작업을 통해서도 우리 모두가 연결되어 있음을 알게 되었다.

필자의 석 · 박사 학위청구논문은 모두 미술심리치료사에 대한 주제로 미술심리치료사의 '자기인식'과 '자기돌봄'에 관한 것이다. 그렇다 보니 미술심리치료사 개인에 대한 탐색이 매우 중요한 논문이다. 창의적 작업을 위해 필자의 원본을 공개했고, 동료들은 그 글을 읽고 나서 마음이 움직이는 대로 자신의 이야기를 해 주었다. 동료들이 보내 준 필자의 원본에 대한 반영적 작업의 글과 그림들을 본다는 것은 매우 흥미롭고 기대되는 일이었다(동료들의 글과 그림은 앞 장에서 소개가 되었기에 여기에서는 생략하기로 한다). 이를 통해 필자가 전혀 알 수 없었던 동료들의 삶과 그들의 고민, 그들의 내담자에 대해 알게 되었다. 가장 놀라웠던 것은 그 솔직함이었다. 필자의 글을 보고 이렇게 진솔하고 허심탄회한 글들을 보내 주다니!

필자는 동료들이 보내 준 반영적 작업을 읽고 그들의 과거, 현재, 미래까지 만날 수 있게 되었다. 필자의 원본과 관련하여 어떤 동료는 자신의 미술심리치료 임상과 내담자에 대한 이야기를 해 주었다. 또 다른 동료는 자신의 과거 어린 시절에 대한 기억을 아주 솔직하게 적어 주었다. 미술심리치료학 공부를 시작하기 전 회사 다니던 시절 자신을 무시하던 환경에서 벗어나려고 마음먹었던 삶의 이야기, 보다 나은 삶을 위한 변화의 힘을 발휘했던 삶의 한 대목도 들어 있었다.

또한 필자를 격려해 주며 함께 성장하자는 고무적인 이야기도 있었다. 동료가 보내 준 반영적 작업을 통해 그들의 이야기 속에 등장하는 내담자들을 만나고, 그들의 어린 시절을 만났다.

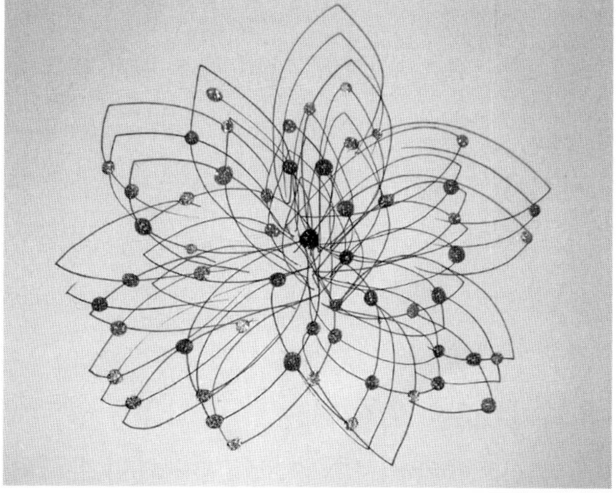

[그림 9-1] 홍혜정(2018). 인드라망 꽃. 300×200mm. 종이, 사인펜, 반짝이 풀.

[그림 9-1]은 동료 미술심리치료사들과 함께 참여했던 창의적 작업 체험을 표현한 이미지이다. 서로의 글쓰기를 읽고 반응해 주고 또 그 글에 다시 반응을 해 주고……. 이러한 이어짐과 연결을 표현하고 싶었다. 동료들의 마음결과 필자의 마음결이 만나 필자의 내면에서 파동이 일어나고 있음이 감지되었기 때문이다.

겹겹이 피어나는 꽃잎이 서로 만나는 지점, 그곳에 은색의 반짝이 풀로 흔적을 남기고 싶었다. 은색의 풀은 어느 새 접점의 사인펜 색깔과 하나가 되어 오묘한 색깔로 변해 갔다(사진에 다 담기지 않아 아쉽다). 우연의 효과이다. 전혀 예상하지 못했었는데 은색 반짝이 풀의 색깔이 사인펜의 색깔과 어우러져 자신만의 색깔을 내기 시작한 것이다. 그러면서 각각의 작은 원은 뭐라 이름 지을 수 없는 빛을 발하기 시작했다. 참으로 재미있고 신기했다.

자신만의 색깔로 반짝이고 있는 작은 원을 보고 있자니 사람들이 떠올랐다. 필자와 글과 그림을 주고받았던 미술심리치료사 동료들 한 명 한 명, 내담자들, 자주 만나는 사람들, 그저 스쳐 지나가는 사람들, 다시는 못 볼 줄 알았는데 다시 만난 사람들……. 수많은 사람이 떠올랐다.

필자가 다 인식하지 못하고 아니 인식할 수도 없겠지만, 과거에서부터 이제까지 만나 온 사람들이 알게 모르게 필자에게 영향을 주었을 것이다. 필자 또한 그들에게 영향을 주었을 것이다.

우리가 모두 연결되어 있다는 것을 알 수 있게 해 주는 대목은 또 있다. 바로 꿈에 나타나는 사람들이다. 나는 융의 분석심리학적 꿈 분석을 받으며 꿈에 등장하는 많은 인물이 나의 어떠한 면을 상징하고 있는가에 대해 자주 탐색하고는 하였다. 꿈에는 가족은 물론, 주위의 사람, 같이 공부하던 동기, 내가 가르쳤던 학생, 지금은 소식도 끊어진 어린 시절의 같은 반 친구도 등장한다. 심지어는 한번도 만난 적 없이 그저 TV에서만 보던 연예인까지도……. 이들은 모두 나에게 어떤 중요한 것을 의미하는 한 존재로 내 꿈에 등장하는 것이다. 이들의 성격, 나와의 관계, 나와 닮은 점, 나와 닮지 않은 점들을 탐색해 보면 결국 이들은 나의 또 따른 모습이라는 것을 알게 된다.

작업의 이미지가 마치 인드라망 같다는 생각이 들었다. 반짝이 풀이 빛에 따라 색깔을 달리하며 빛나는 모습이 서로가 서로를 투영하며 밝게 빛나고 있는 것 같았기 때문이다.

서로를 밝히는 이러한 빛은 내게 파동으로 느껴진다. 파동은 국어사전적 정의로 '물결의 움직임' '사회적으로 어떤 현상이 퍼져 커다란 영향을 미침' '심리적 충동이나 움직임'으로 정의된다. 물리학에서는 '공간의 한 점에 생긴 물리적인 상태의 변화가 차츰 둘레에 퍼져 가는 현상'으로 설명하고 있다(네이버 국어사전). 파동(波動)의 한자어는 '물결파(波)'와 '움직일 동(動)'으로 적는다.

하나의 원본을 중심으로 서로에게 울림을 주고 그것이 변화하여 새로운 창작물이 탄생하여 퍼져 나가는 창의적 작업, 그것이 바로 파동일 것이다. [그림 9-2]는 바로 창의적 작업이 만들어 낸 파동을 표현한 것이다. 푸른빛의 이미지를 보고 있자니 바닷속 파도의 움직임이 느껴진다. 일렁이는 파도와 그 안의 서로 연결된 접점의 빛들이 파동을 만들며 퍼져 가는 것이 아름답다. 녹색의 배경을 넣어 보니 또 다른 맛이 난다([그림 9-3] 참조). 마치 숲속의 정령들이 만들어 내는 보이지 않는 움직임 같기도 하다. 이들이 생명의 기를 뿜어 내며 서로 교신하고 있을 지도 모르겠다. 우리 역시 이러한 빛의 파동 속에서 서로에게 필요한 존재로 어우러져 살아가는 것이 아닐까 싶다.

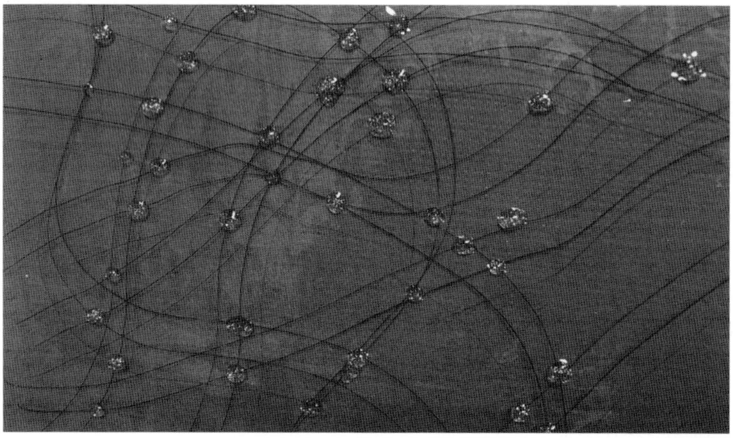

[그림 9-2] 홍혜정(2018). 빛의 파동 1. 200×300mm. 종이, 사인펜, 반짝이 풀, 셀로판지.

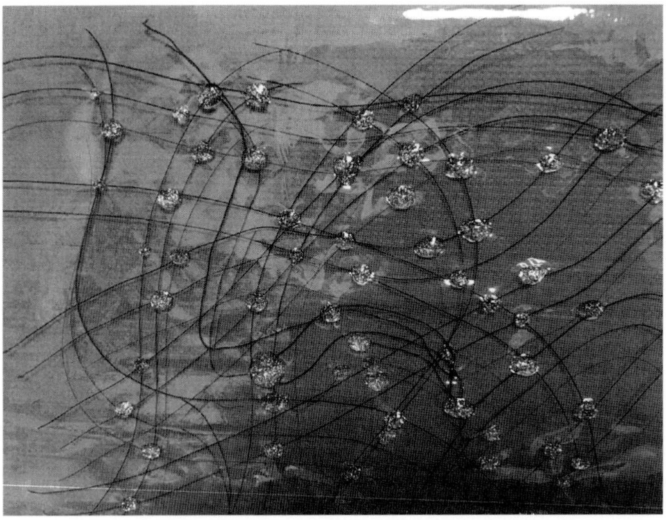

[그림 9-3] 홍혜정(2018). 빛의 파동 2. 200×300mm. 종이, 사인펜, 반짝이 풀, 셀로판지.

순환

질적 연구방법에는 삶이 담겨져 있다. 질적 연구방법은 사회과학 분야에서 쓰이는 학문적 연구방법으로, 질적 연구물들은 주로 학위청구논문과 학술저널에서 찾아볼 수 있다. 당연히 전문적이고 학문적인 내용이 주를 이룬다. 그러나 질적 연구에는 전문적인 연구물임에도 불구하고 인간의 삶 그 자체가 들어 있다. 바로 이것이 필자가 질적 연구방법에 대해 매력을 느끼는 점 중에 하나이다. 특히 일상의 체험에 집중하여 그 경험이 어떠한 것이었는지 의미와 본질을 추구하는 것을 통해 내면세계와 접속할 수 있게 된다. 필자 스스로도 스쳐 지나가는 일상들을 포착하여 성찰해 보곤 하는데, 이렇게 함으로써 필자의 내면에 귀를 기울일 수 있기에 더욱 자신답게 살아가도록 도와준다. 이것이 바로 질적 연구를 하면서 얻은 소중한 배움이다.

창의적 작업 역시 마찬가지이다. 창의적 작업은 내게 있어 순환의 과정과도 같았다. 필자는 다른 동료의 원본에 반영적 작업을 해 주었고, 그 원본의 저자는 필자가 보내 준 반영적 작업을 보며 새로운 경험을 했을 것이다. 필자 또한 필자의 원본에 대해 동료들의 반영적 작업을 보며 마음의 울림을 느꼈다.

한 동료가 보내 준 반영적 작업에는 다음과 같은 글이 있었다.

미술작업과 씨름하며 몰입하여 과거의 그것을 현재의 보물로 만들고 미술치료사로 우뚝 선 그대를 칭찬합니다.

우연한 만남인 듯 필연적으로 미술치료의 초대를 기꺼이 받아들이신 그대를 칭찬합니다.

당당히 걸어 나가는 그대를 칭찬합니다. (#2)

이 글은 '나는 성장하고 있다'라는 제목의 그림([그림 3-25] 참조)과 함께 있었는데 그림을 보는 순간 가슴이 뭉클해짐을 느꼈다.

또 다른 연구자의 반영적 작업에서는 평소에 미술심리치료사로서 필자가 생각하는 미술작업에 대한 의견과 매우 같은 이야기를 읽을 수 있었다. 매우 반가웠고 서로가 연결되어 있다는 느낌을 받았다.

우리는 미술작업을 하며 거기서 나 자신에 대한 물음을 던지고, 미술작품에서 그 대답을 찾는다. 거기에서 발견하는 것은 바로 나 자신이다. (#5)

그러한 내면의 울림을 미술작업으로 이어 무언가를 새롭게 만들어 보고 싶었다. 나도 모르게 창의적 작업을 한 경험을 자연물을 가지고 표현해 보고 싶었다. 학교 캠퍼스로 나가 바닥에 떨어져 있는 꽃과 줄기, 잎사귀들을 한 웅큼 손에 잡히는 대로 주웠다. 막상 이미지 작업을 하려고 자세히 살펴보니 손안에는 꽃과 초록의 잎사귀뿐 아니라 이미 시든 잎사귀도 함께 들어 있었다. 순간 이 시든 잎사귀들을 버리고 싶은 생각도 들었지만, 이미 내 손안에 들어온 것을 내버릴 수는 없었다. 필자는 꽃과 초록의 잎사귀, 가지, 시든 잎을 가지고 둥글게 엮었다. 만다라 형태가 만들어졌다([그림 9-4] 참조). 이 만다라를 다시 커다란 나무에 걸어 주었다. 창의적 작업의 경험이 필자의 내면으로 찾아들어 새로운 무언가로 탄생했다. 살아 있는 생명과 시들어가는 생명이 연결되어 공존하고 있음이 느껴졌다. 자신의 생을 다하면 이 시든 잎사귀도 또 다른 형태의 옷을 입고 자연의 일부로 재탄생할 수 있을 것이다. 그래서 이 만다라에 '생명의 연결' 이라는 이름을 붙여 보았다.

창의적 작업을 마음에 두고 만들어 낸 자연물의 만다라가 필자에게 어떠한 의미를 말해 주고 있는 것일까? 이러한 '생명의 연결'을 보며 필자의 '글쓰기'가 어쩌면 이러한 과정을 거친 것이 아닐까 하는 생각이 들었다.

[그림 9-4] 홍혜정(2018). 생명의 연결. 자연물. 사진.

박사학위청구논문 준비를 할 때가 떠올랐다. 필자에게는 박사학위청구논문의 심사를 받고 논문을 완성한다는 것이 한 송이의 꽃을 피워 내는 것과도 같은 경험이었다.

박사학위청구논문을 위한 연구계획서(프로포절) 발표를 마치고 나서, 꽃잎이 하나 돋아난 이미지가 떠올랐다. 총 다섯 번의 논문심사가 끝날 때마다 꽃잎이 하나씩 늘어 갔다. 논문에 온 마음을 다 쏟고 있는 필자 자신, 도와주시고 이끌어 주시는 지도교수님과 심사위원 교수님들은 태양과 바람과 공기와 물이 되어 그 꽃을 피워 내는 자양분이 되어 주셨다. 이렇게 소박하지만 마음을 다한 한 편의 논문이 탄생하였다(장연집, 문리학, 한경아, 2017).

그러나 정성을 다한 박사학위논문이라는 꽃의 탄생을 축하하던 시기가 지나자 그 꽃은 서서히 시들어 가기 시작했던 것이 아닐까 싶다. 이렇게 피워 낸 꽃이 학위논문으로 도서관 한편에 자리하고 있는 것으로 끝날 수도 있었을 것 같다.

그러나 필자의 박사학위청구논문의 원본이 반영적 작업을 통해 동료 미술심리치료사에게 다시 전해졌다. 그리고 동료들이 그 '글쓰기'를 다시 읽고 다양한 방식으로 자신의 느낌을 표현해 주었을 때 그 원본은 마치 새로운 싹을 피워 낸 것만 같았다.

[그림 9-5] 홍혜정(2017). 새싹. 사진.

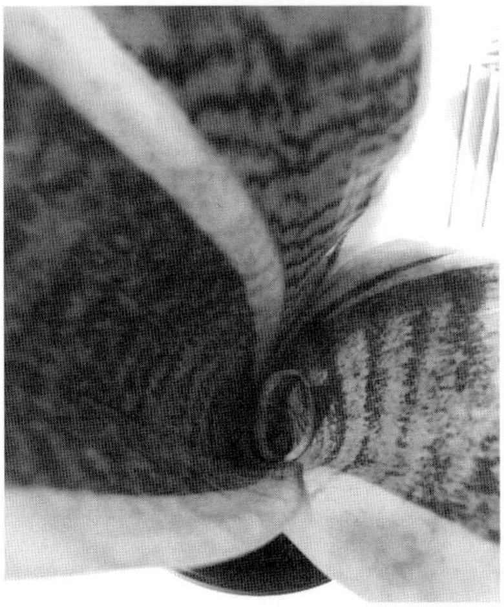

[그림 9-6] 홍혜정(2017). 새싹. 사진.

사진의 새싹을 색연필로 조그맣게 그려 보았다([그림 9-7] 참조). 그리고 여러 가지 재미있는 변형들을 시도해 봤다. 실제 사진보다 필자의 그림 속 새싹은 더

작게 표현이 되었다. 주변의 이미 성장한 잎들은 오히려 사진 속 잎사귀보다 더 크게 그려졌다. 이 봄의 새싹은 이제 어떻게 자라날 것인가?

색연필로 그린 그림을 다양한 크기로 여러 장 출력했다. 가위로 오리고 이리저리 배치하며 붙여 보았다. 같은 그림이지만 각도와 방향이 달라짐으로써 잎사귀는 매우 다르게 보였다.

완성된 [그림 9-8]의 느낌은 새싹과 함께 무성하게 자라난 잎들이 어우러져 전혀 다른 분위기가 연출됐다. 잎사귀를 겹겹이 방향을 바꾸어 가며 붙여 보았다. 이미지의 제목을 누누(累累)라고 붙였다. 누누(累累)는 무엇인가가 겹겹이 쌓여 있는 모습을 나타내는 단어이다(네이버 국어사전).

[그림 9-7] 홍혜정(2017). 새싹. 160×120mm. 색연필, 종이.

[그림 9-8] 홍혜정(2018). 누누(累累). 160×180mm. 종이, 색연필.

겹겹이 붙이는 행위는 이 연구에 참여한 모든 이가 서로의 원본을 공유하고 또 그것에 대해 각자의 반응 작업을 나누었던 행위를 상징적으로 형상화해 본 것이다. 이 이미지를 벽에 붙여 놓고 멀리서도 바라보고 가까이서도 보고 있자니 어느새 한여름으로 시공간을 넘어가게 된다. 연한 녹색의 새싹이 이제는 어느 새 진한 초록의 성숙함을 가지게 됐다고 할까? 여름은 성장과 확장이라는 단어를 연상하게 한다. 봄의 기운으로 태어난 생명은 이제 마음껏 자신의 역량을 분출하며 뻗어 나갔다. 색깔도 더 짙어졌고, 굵기도 더 굵어졌다.

이것이 바로 해석학적 현상학적 연구의 확장 시도에 참여한 동료들과의 창의적 작업을 통하여 필자가 경험한 풍요로운 성장의 이미지일 것이다.

전문가가 된다는 것은 쉽지 않은 일이다. 필자의 경험으로는 오히려 학위 과정에 있을 때보다도 졸업 후 더 많은 노력이 필요한 것 같다. 이제는 전문가로 성장하는 길을 혼자서 헤쳐 나가야 하기 때문이다. 이렇게 미술심리치료사라는 전문가를 향해 가는 과정에 있어서 동료들로부터 받은 지지와 공감, 그리고 함께 공부해 나간다는 경험이 바로 필자 자신을 더욱 성장하게 만들어 줌을 느꼈다.

[그림 9-9]는 창의적 작업의 체험에 대한 재조명을 표현해 주는 마지막 이미지이다. 가을의 단풍잎을 가지고 무언가 이미지를 만들어 보고 싶었다. 무심히 단풍잎이 스스로 자리하고 싶은 곳에 놓아 보았다. 이미지를 바라보고 있자니 단풍잎이 서로 동서남북의 방향을 바꿔 가며 원을 돌고 있는 듯하다.

[그림 9-9] 홍혜정(2017). 순환. 394×545mm. 종이, 낙엽.

[그림 9-9]를 앞에 놓고 필자는 돌고 도는 순환의 삶과 마주했다. 가을에는 수렴을 준비해야 한다. 한때는 작고 귀여운 연녹색의 새싹이었겠지만 이제 몸을 바꾸어 다른 삶의 차원으로 들어가야 하는 때가 왔다. 계속 승승장구 여름의 짙고 푸른 나무를 지속하고 싶지만 자연은 그것을 허락하지 않는다.

필자의 삶도 마찬가지일 것이다. 미술심리치료학 안에서 성장하고 그것을 함께 나누고 그 나눔은 또 모두의 내면으로 스며들어 새로운 싹으로, 새로운 열매로 결실을 맺을 것이다. 이것이 학문적 순환의 과정일 것이다. 이제 풍요로운 성장을 다른 이들과 나누어야 할 때이다. 필자가 가르치고 있는 미술심리치료 전공 대학원생, 미술심리치료 동료, 후배 그리고 내담자 등과 함께 말이다. 필자는 미술심리치료 전공자로서 이제까지 고군분투하며 배우고 익혀 온 것들을 함께 나누고 비워 낼 때 또 다른 배움을 가질 수 있게 된다는 것을 깨닫는다.

창의적 작업 체험을 다시 재조명해 보고 그것이 필자에게 어떠한 의미였는가를 미술작업과 글쓰기로 표현해 보았다.

필자가 경험한 창의적 작업 안에서 '인드라망' '빛의 파동' 그리고 '순환'이라는 본질적 의미들을 찾을 수 있었다. 동료 미술심리치료사들과의 연결과 그 파동으로 인하여 필자라는 한 명의 미술심리치료사의 세계가 확장되었다. 그리고 그러한 확장은 또 필자가 만나는 내담자, 학생, 아니, 필자가 만나는 모든 사람에게 나누어질 것이다.

이 장을 정리하면서 여기에 소개된 필자의 미술작업에 만다라 형태가 많다는 것을 깨달았다. 만다라는 산스크리트어로 '시간적으로 이루어지는 완전한 순환'이라는 뜻이 있다. 고대문화에서는 자연과 인간 사이에서 일어나는 질서정연한 변화를 상징하기도 했다. 만다라의 근본은 주로 인간이 자신에 대하여 알고 싶어 하고, 조화를 경험하며, 우주 안에서 자신의 위치를 찾고 싶어 하는 열망에서 비롯되었다고 한다(Fincher, 2011).

이와 같이 미술심리치료학에서 질적 연구 확장을 위해 시도된 창의적 작업 체험 고찰을 통하여 필자는 한 단계 더 깊은 차원에서 자신과 마주하게 되었다. 자기 자신의 중심을 찾아가는 여정의 경험이 바로 그것이다.

모든 미술심리치료사 그리고 미술심리치료학문 또한 순환의 과정을 거칠 것이다. 생명력을 발하는 봄기운으로 시작하여 여름의 무성함, 가을의 수렴과 겨울의 죽음과도 같은 휴식과 공백을 거치는 재탄생을 거듭하며 성장해 나갈 것이다. 이러한 대 순환 안에서 현재 미술심리치료학은 어디쯤에 와 있는 것일까? 한국에서 미술심리치료 전공 대학원이 시작된 지 약 20여 년의 세월이 흘렀다. 학문에 있어서 그 정도의 시간이면 계절로 치자면 어느 계절일까? 아직은 새싹을 키워 내야 하는 봄에 해당하는 것일까? 튼튼하게 뿌리를 내리고 가지를 뻗을 힘이 필요한 시기이다. 동료들과의 창의적 작업에서 시작한 작은 움직임의 파동이 미술심리치료학을 키워 내는 데 작은 씨앗이 되기를 희망한다.

2. 되돌려 받은 선물

이 작업은 필자의 석사학위논문인 「미술교사 경험을 가진 미술치료 석사과정생의 정체성 확립과정에 관한 체험연구」에 수록된 해석학적 현상학적 글쓰기(이하 원본)에서 시작되었다. 지도교수님의 새로운 시도하에 이 연구에 참여한 연구참여자 가운데 4명이 원본에 반영적 글쓰기를 하였고, 이 글을 바탕으로 필자는 1차 창의적 작업을 시도하였다. 그 후 1년이 조금 지난 시점에서 시도한 2차 창의적 작업이 이 글이다.

필자에게 석사학위논문의 출발은 절박함이었다. 당시 본인은 해결하지 않으면 안 될 절체절명의 고민을 안고 있었다. 석사학위 과정에서 미술치료전공으로 2년 동안 정말 열심히 고군분투하였으나 그럼에도 미술치료라는 영역은 필자에게 수월하게 받아들여지지 않는 영역이었다. 그렇다고 마음에서 진심으로 이해되지 않는 것을 이해된다고 나 자신을 속일 수도 없었다. 당시의 고민은 '미술치료에서 말하는 치료란 무엇인가?' '미술치료가 어떤 이유로 치료가 되는가?'에 대한 의문이었으나 그때에는 필자가 무엇을 고민하고 있는지에 대해서조차 선명하지 않았다. 미술치료 서적에서는 미술이라는 영역을 예술에서의 미술이나 미술교육에서의 미술, 미술치료에서의 미술로 나누어 설명하고 있었지만 이 모두를 경험한 본인은 딱히 이렇다 할 통찰을 갖지 못한 채 답답해하고 있었다. 미술의 치유적 요소는 이미 미대에서 미술작업을 하는 과정에서도 경험하고 있었고, 본인이 경험한 미술교육에서도 학생들이 하고 싶은 미술작업을 마음껏 하며 미술작업에 대한 그들의 느낌이나 생각이 어떤지 이야기로 나누는 형태의 수업들이 이미 시도되고 있었다. 그러다 보니 필자가 이미 경험하고 있었던 미술들과 미술치료에서의 미술이 어떤 차이점을 지니고 있는지 발견하기 어려웠다. 특히 꿈이 화가였던 필자에게 미술이라는 영역은 초등학교 때부터 익숙한 삶의 한 부분으로 자동화된 사고와 같았다. 그러다 보니 이미 경험한 미술이라는 영역과 거리두기가 수월하지 않았고, 의식하여도 본인에게 익숙한 틀로만 미술을 바라보게 되어 미술치료의 치료적 지점이라는 것이 무엇인지를 포착하지 못하고 있었다. 미술작업을 하고 내 마음에 대한 이야기를 하는 것만으로 미술치료를 설명할 수는 없으니 말이다. 정말 필자가 무엇을 하고 있는지 모르겠다고 느껴지는 시간들이 있었다. 지금에서야 '그땐 그랬구나.'라며 추억으로 떠올릴 수 있지만 당시엔 미술치료사로서의 정체성을 찾아 뚜벅뚜벅 걸어가는 순탄하지 않은 여정이었다. 그럼에도 '그림 너머 무엇'이라는 것에 매료되어 시작한 미술치료가 무엇인지 정말 궁금했고 잘 배우고 싶었다. 필자는 한 발 한 발 따박따박 가는 그 길 위에 있었고([그림 9-10] 참조) 질적 연구라는 방법론도 그 길에 도움을 주었다.

[그림 9-10] 김현미(2018). 한 발자국 한 발자국 담다. 272×393mm. 종이, 색연필.

논문이라는 형식을 빌리기는 했지만 필자와 동일한 고민을 하고 있는 여러 사람을 인터뷰 과정에서 만나고 그들의 이야기를 듣고 기록하고 다시 살펴보는 것은 크게 얽혀 어떻게 풀기 어려웠던 매듭을 풀어 가는 진지한 과정이었다. 그때의 기억이 내게 너무 소중해서일까……. 필자는 막연하게 석사학위논문에서의 인터뷰와 같이 필자의 고민과 결은 달라도 닿아 있는 맥락의 반영적 글쓰기를 기대하고 있었던 듯하다. 그런데 1차 창의적 작업을 통해서는 필자가 느꼈던 당혹감들이 고스란히 묻어난다. '선물 포장을 너무 신나게 뜯었는데 기대하는 선물이 안 나온 것 같은 그런 느낌' '정작 내가 고민하던 것들을 전혀 이해받지 못하는 것 같은 느낌'이라는 표현이 눈에 들어왔다. 왜 그런 마음이 들었는지 궁금해하며 예전에 받았던 반영적 글쓰기를 다시 찾아보았다.

치료를 공부하는 내 마음 안에서 '교육'을 향한 적대적 감정이 있다.
적대적이라는 표현이 좀 강하다면 그냥 좀 불편한 감정일 것이다.

새로운 환경, 새로운 과목, 새로운 선생님과 익숙해지는 과정은 내게 도전이었고 날 긴장하고 경직되게 만드는 조건이었다.

그래서인가 난 미술교사 출신들이 진행하는 미술치료에도 불편감이 있다.

교육계획서가 분명했던 그들에게 '내담자에 따라 유동적으로 변경될 수 있는 치료계획서'가 중요하다는 것을 설명하는 순간에도 내담자를 수시로 '학생'이라고 표현하는 미술교사 출신의 미술치료 훈련생들의 경직된 태도에서도 내담자에게 '지시적인' 언어적 · 비언어적 표현에서도 나는 참 답답하고 불편하다. (#1)

아~ 필자가 기대하던 것과 다른 피드백을 받아 많이 서운했었구나. 필자는 아마도 다른 사람들도 필자와 비슷한 마음을 느끼고 있으리라는 막연한 생각을 했던 게 아닐까 싶다. 그런데도 재미있는 것은 1차 창의적 작업의 제목은 '선물'이었다. 필자에게는 받고 싶지 않았던 선물이지만 그래도 고맙다는 이야기를 하려 고민한 흔적들이 그 글에서 느껴졌다. 1차 창의적 작업을 하기 위해서 선물상자의 뚜껑을 열고 다시 닫고를 반복하며 무엇이 고맙다고 얘기할까를 한참 고민하였던 듯하다. 1차 창의적 작업에서는 이렇게 끝을 맺고 있다.

나는 미술치료라는 걸 배우면서 그걸 받아들이는 게 내게는 무척이나 절절한 과정이어서 그 얘기를 하고 싶었다. 어떻게 어려웠는지 세세하고 장황하게 얘기하고 싶었다. 그러나 글이 내 손을 떠나고 난 다음엔 그 글을 읽는 이의 마음대로 느끼고 얘기하는 게 당연한 건데 나는 듣고 싶은 얘기가 따로 있었던 것이다. 누군가 그 글을 읽고 나의 첨예했던 고민을 들어 줬으면 하고 나도 모르게 기대하고 있었다. 내가 피드백으로 받은 글에서 기분이 나쁘게 느껴졌던 것은 내게 위로가 되는 글을 기대했던 내 마음 때문이었다. 나는 '위로'라는 선물을 기대하고 포장지를 확 뜯었는데, 거기엔 내가 원하는 선물이 아니라 선물을 준비한 사람이 주고 싶은 선물이 들어 있었지만 이런 통찰을 얻게 되었으니 그건 내게 진정한 선물이었다. (#9)

이해받지 못한 것 같아 서운하다는 필자의 마음이 있었지만 선물이기 때문에 괜찮은 것처럼 가리려 해서 마음의 고민들이 시작되었다는 것을 알 수 있었다. 필자 손을 떠난 글에 대한 피드백은 전적으로 다른 사람의 몫인데, 그걸 필자의 것이라고 잡고서는 놓지 못했던 마음 또한 살펴볼 수 있었다. 1차 창의적 작업은 '선물'이라는 제목으로 필자가 어떤 통찰을 가졌는지 언급하고 있지만 그 바닥에 깔린 감정은 '실망' '서운함'일 듯하다. 어떤 서운함일까 관심을 가지며 필자는 1년 전 창의적 작업에 대해 현재의 시점에서 미술작업을 시도하였다. 미색의 종이를 계속 바라보고는 있는데 뭘 그리기가 어려웠다. 공감받지 못해 서운한 마음을 어떻게 표현해야 할지 모르겠다. 필자의 마음에서 허전함이 느껴진다고 할까……. 그런 필자의 마음에 파란색이 어울릴 것 같았다. 파란색 색연필은 꺼내 들었는데 그 상태로 한참을 앉아 있었다. 작업을 하고 싶지 않았다([그림 9-11] 참조). 아……. 다가가고 싶지 않구나……. 필자는 다가가기 어려운 마음을 그냥 두기로 했다.

[그림 9-11] 김현미(2018). 다가가기 싫은 마음. 272×393mm. 종이, 색연필.

그래, 혼자가 아니었구나…….

2차 창의적 작업을 시도하며 예전 글들을 다시 뒤적이다 보니 1차 창의적 작업에서 언급되지 않았던 여러 글이 있었다. 1차 창의적 작업에서는 필자의 서운함이 커서 다른 글들이 눈에 들어오지 않았던 걸까? 다시 읽어 본 반영적 작업에서는 필자가 고민했던 것과 유사한 맥락의 고민이 담긴 글을 비롯해 다양한 마음을 담은 여러 내용이 있음을 발견할 수 있었다.

> 나의 미술치료 방식에서는 미술이란 부분이 큰 부분을 차지하지 않았었던 것이 사실이다. 어쩌면 미술치료사이면서 미술의 치유적 요소나 미술작업의 과정 자체가 가지는 힘에 대해 잘 알지 못했기 때문일 것이다. (#6)

이 글은 본인에게 큰 위안이 되었다. 필자와 유사한 고민을 했던 누군가가 있었다는 것을 알게 되었고 그 고민들은 필자만의 고민이 아니었다는 것에서 위로가 되었다. 다들 수월하게 잘 받아들이는 것 같은데 필자는 왜 수월하게 받아들이기가 어려운 건지 의문이 들었던 과거의 마음에 안도감이 들었다. 필자만 잘 받아들이지 못하는 것 같은 느낌은 이질감으로 느껴져 마음을 부대끼게 만드는 시간들이었다. 그때 필자의 마음은 구석에 자리 잡은 무엇이었다([그림 9-12] 참조).

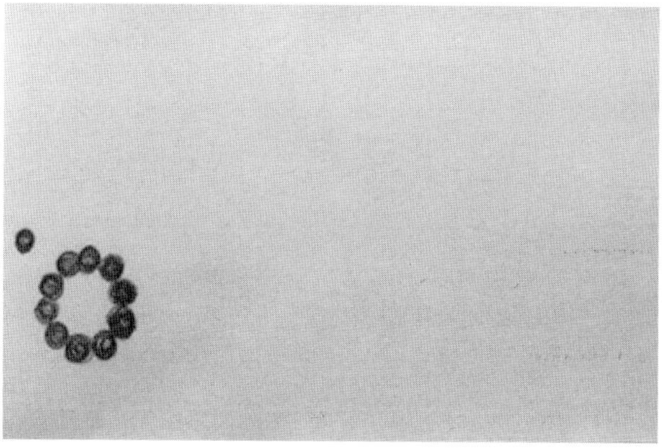

[그림 9-12] 김현미(2018). 똑 떨어져 있는 나. 272×393mm. 종이, 색연필.

그런데 '필자만의 고민만은 아니었구나.'라는 반가운 마음은 경직되어 있는 마음에 살포시 여유를 주었다. 처음엔 잘 움직여지지 않았지만 조금씩 조금씩 움직일 수 있게 되며 필자의 마음은 용기를 얻어 아래로 위로 옆으로 움직여 볼 수 있었다. 필자는 조금 더 편하다고 느껴지는 곳에서 멈췄다([그림 9-13] 참조).

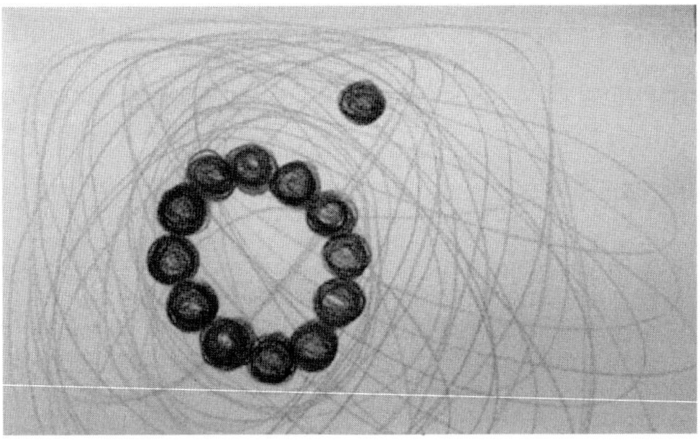

[그림 9-13] 김현미(2018). 움직임을 시작한 나. 272×393mm. 종이, 색연필.

음~ 한결 기분이 좋아진다. 필자와 유사한 고민을 한 누군가가 있다는 걸 잘 몰랐던 거지 다들 비슷하게 고민하고 성장통을 겪고 있었을 꺼야. 미술치료를 공부하는 친구들 중에 필자와 같은 고민을 하는 친구들이 또 있지 않을까? 똘똘 뭉쳐 있으며 곁을 주지 않았던 필자의 마음이 느슨해진다([그림 9-14] 참조).

[그림 9-14] 김현미(2018). 아… 살 것 같다. 272×393mm. 종이, 색연필.

지금에서야 필자가 그때 굉장히 긴장하고 있었고 그러다 보니 시야가 좁아져 옆을 볼 틈이 없었겠다는 상황이 이해되었다. 배우려고 애쓰는데도 빨리 알아지지는 않고 그러다 보니 마음은 더 조급해져서 앞만 바라보고 달려가는 필자가 떠올랐다. 달려가는 그 길에 동지들이 있었을 텐데도 말이다.

그래, 필자도 비슷한 경험이 있었지

필자는 본인처럼 미술교육의 경험이 있으면서 미술치료를 공부한 참여자들의 반영적 글쓰기에서 특별히 공감 가는 초점을 찾을 수 있었다.

> 교육을 해 왔기에 처음 접하는 심리치료 지식과 실습에서 내담자와의 만남이 그리 낯설지 않았고, 익숙함까지 느낄 수 있었기 때문이었다. 물론 교육의 경험이 장점으로만 작용하기도 했던 것은 아니다. 이것이 치료사로서 역할을 하는 데 어려움으로 작용을 하기도 했다. 그렇다고 할지라도 미술치료를 공부하기 전의 경험에서 벗어나 새로운 미술치료로 태어나는 것이 아니라, 미술치료를 시작하기 전의 경험을 자원으로 하여 미술교육 배경이라는 고유성을 가진 치료사의 모습을 갖추어 가는 것이라 생각했다. 전공을 바꾸었지만, 미술치료사라는 정체성을 형성하는 과정에서 '미술교육 배경을 가진 미술치료사'라는 나만의 고유한 특성을 갖고 치료사에게 요구되는 이론과 실제를 채워 갈 수 있었다. (#4)

[그림 9-15] 김현미(2018). 날실과 씨실. 272×393mm. 종이, 색연필.

이 반영적 글쓰기를 읽고 연상되는 이미지가 있어서 그림으로 그려 보았다([그림 9-15] 참조). 맞다. 그랬다. 본인도 미술치료 공부를 하는 과정에서 미술교육의 경험이 장점으로 크게 차지한 부분이 있다. 미술치료 공부를 시작하기 전에 이미 많은 아이를 만나 보아서 아이들을 만난다는 것이 어떤지, 부모님들을 만난다는 것은 어떠한지에 대해서 낯설지 않다는 것은 유익한 경험이었다. 아이들이 어떤 상황에서 시큰둥한지, 어떤 상황을 즐거워하는지 혹은 어떤 매체를 통상적으로 어떤 식으로 이용한다는 식의 기준점은 큰 도움이 되는 부분이었다. 이러한 경험들은 미술치료 학위과정에서 정신병리를 배울 때 아동 내담자에 대한 이해를 수월하게 해 주었다. ADHD 아동들의 과잉행동이나 산만함, 충동성이라는 부분이 실제 아이들에게 어떻게 적용되는지를 이미 만났던 아이들을 통해 머릿속으로 대응해 보며 빨리 적용할 수 있었다. 찰흙으로 자동차 길을 만들며 손이 섬세하지 않아 꼼꼼히 연결하지 못하는 것이 아니라 그 아이가 지닌 부주의함이 원인일 수 있겠다는 이해가 되었고, 친구들이 미술작업에 대한 이야기를 할 때 끝까지 듣지 못하고 이야기 도중 툭툭 끼어들어 질문하는 행동들은 충동성이 원인일 수 있다는 것에 대한 이해가 있었다. 이러한 접근은 이미 본인이 경험하고 있는 아이들에 대한 이해에 심리학에서 바라보는 시각이 얹어질 때 가능한 부분이었다. 아이들을 어떤 시각으로 바라볼 것인가에 대한 본인의 시각을 더욱 촘촘하게 해 주었다. 문제행동으로 보일 수 있는 행동들을 특성으로 이해할 수 있다면 아이들과의 관계는 훨씬 더 새로워지고 편안해질 수 있다. 아이들이 필자의 말을 안 듣거나 못 알아듣는 것이 아니라 그 아이는 그럴 수밖에 없는 내면의 이유가 있기도 하기 때문이다. 반면, 미술교육의 경험이 단점이 된 것이라면 미술치료에 대한 이해를 더디게 만드는 부분들이었을 것이다. 미술작업을 하고 작업에 대한 이야기를 나눈다는 것이 교육에서도 이루어지고 있는데 이 부분이 어떻게 치료적인 요소가 될 수 있느냐에 대한 의문이 컸던 것 같다. 미술치료에서 치료적 개입이라는 부분에 대한 이해가 이루어지면서 본인은 이 문제를 하나씩 풀어 갈 수 있었다. 본인에게 핵심문제였던 부분들이 해소가 되니 연구 참여자 #1의 이야기가 마음 안으로 쏙 들어왔다.

> 미술치료 과정이 때때로 교육적이 될 수도 있고 미술교육 과정이 때때로 미술치료적 일 수 있다는 것을 너무 잘 알고 있다. (#1)

날실과 씨실이 교차하여 견고한 직물이 되는 것처럼 미술교육이라는 경험에 미술치료라는 경험을 더한다는 것은 필자에게 어떤 의미였을까? 미술치료를 배웠기 때문에 미술의 힘을 알게 된 것은 아니었다. 미술과 함께한 시간들 속에 자연스럽게 그림 너머의 무엇이라 것에는 이미 끌리고 있었다. 하지만 그림 너머의 그것이 무엇인지 알 수가 없었는데 이를 설명해 줄 수 있는 것이 미술치료가 되지 않을까라는 마음이었을 것이다. 미술교육인지 미술치료인지의 구분보다 '그림 너머의 무엇'을 지향하려는 의지가 본인에게는 방향성을 만들게 했고 그 해결지점이 미술치료인 듯하다.

하지만 분명하게 특별히! 꼭! 다르게 존재해야 하는 한 가지 요소가 있다.
절대 변하지 않는 색으로 존재해야 하는 것!
미술치료사!이다. (#1)

그래. 나는 미술치료사이다.

내가 마음을 두고 바라보는 곳은 어디인가?

[그림 9-16] 김현미(2018). 응시. 272×393mm. 종이, 색연필.

작품 뒤에는 이미지의 응시가 존재한다. 이것은 예술작품을 바라보는 모든 사람에게 열려 있는 가능성을 주고, 관람자의 응시와 만나게 된다. 관람자는 내담자와 미술치료사 모두에게 해당된다. 미술치료라는 장 안에서의 이러한 응시의 만남을 통해 우리는 시간이 흐름에 따라 다시 새로운 해석을 떠올리게 되고, 자신에 대해서도 새로운 질문을 던지게 된다. (#5)

'응시'라는 단어에 마음이 콕 박혔다. 필자가 지금 응시하고 있는 것은 무엇일까? 반영적 글쓰기와 1차, 2차 반영적 작업을 거치는 과정에서 본 작업은 '따로 또 함께하는 집단 심리치료' 같은 느낌으로 필자에게 다가온다. 우리는 집단치료를 경험할 때 집단에서 내 문제가 나만의 문제가 아님을 경험한다. 나만의 어려움인 것으로 알고 있었던 문제도 집단에서 내어놓고 보면 나만의 어려움이 아니라 모두가 경험하는 어려움인 경우가 많다. 본인에게도 이러한 경험이 적용되었다. 필자만의 어려움인줄 알고 있었던 고민들에 동지가 있었고, 필자와 유사한 고민들에 편안함이 느껴지기도 하였다.

2차 창의적 작업에서 본인은 어떤 질문을 던지고 답하고 있는가? 반영적 글쓰기를 다시 읽으며 본인이 무엇인가에 집중하고 있으면 너무 애쓰느라 주변을 잘 보지 못하는 것을 알게 되었다. 세상 모든 일은 이럴 수도 있고 저럴 수도 있는데 그러지 못했다는 사실을 2차 창의적 작업을 통해 생각해 볼 수 있었다. 원본에서 본인이 고민하던 지점들과 연구 참여자들이 반영적 작업을 통해 보여 준 지점들은 각자의 시선에 따라 매우 다른 부분들을 반영하고 있었다. 어떤 연구 참여자는 어린 시절 선생님들에 대한 기억이 좋지 않아서 미술교사라는 자체에 부담감을 가지고 있기도 하였고, 미술교육의 경험이 있는 연구 참여자는 미술교육의 경험이 미술치료를 배우는 과정에서 어떠한 장단점이 되었는지 얘기하기도 하였다. 학부과정의 전공이 미술과 다른 전공자인 경우에는 본인의 경험과 또 다른 경험치를 나누기도 하였다. 물론 어떤 이야기들은 본인의 고민과 접점이 없어 보이기도 하였고 유사한 경험을 하였어도 고민의 접점이 달라 초반에는 반영적 글쓰기를 통하여 어떤 이야기를 할 수 있을지 막막한 고민이 되기도 하였다. 그러나 원본에 대한 이러한 다양한 시선은 하나의 사실에 대해 각자 얼마나 다른 접근을 가능하게 하는지 볼 수 있는 계기가 되었다. 그런데 본인에게 고민이 되는 것에만 초점을 맞추고 있다 보니 어떤 이야기는 듣기 싫은 이야기가 되어 버렸고 또 다른 이야기는 관심 밖의 이야기가 되어 버렸다. 분명 잘하고 싶은 마음으로 애쓰고 있었을 것이다. 잘하고 싶은 마음보다 애쓰는 그 마음에 사로잡혔던 시간들이었던 건 아닌가 싶다. 사로잡힘으로 오히려 잘 배우기보다 시야가 좁아져 버리는 일이 발생했는데 말이다. 애씀을 내려놓고 먼 곳을 살펴보면 어떨까?

[그림 9-17] 김현미(2018). 또 다른 응시. 각각 393×272mm. 종이, 색연필.

3. '우리'라는 공명(共鳴)과 감사

이 절은 「주의력 결핍 과잉행동 장애(ADHD) 초등학생을 대상으로 집단미술치료를 수행한 미술치료사의 체험연구」(임하연, 2015)를 다룬 필자의 박사학위논문의 원본 부분을 읽고, 총 15인의 연구 참여자들이 시행한 반영적 작업을 바탕으로 2차 창의적 작업을 진행한 결과물이다.

이는 필자의 지도교수님의 주관으로 새롭게 시도된 연구 과정으로 이 2차 창의적 작업이 이루어지기까지 사전에 시행된 많은 작업 과정들이 있었다. 이 중 이 절과 직접적 관련을 가진 부분을 간단히 살펴보겠다. 우선 필자의 원본을 읽고 총 15인의 연구 참여자들이 2015년 8월부터 2016년에 걸쳐 반영적 작업을 시행하였다(장연집, 2017a). 반영적 글쓰기란 현상학적 체험을 다룬 원본을 읽고 연구 참여자들이 자신의 경험을 바탕으로 내면의 이야기들을 통합적으로 재정리하는 것을 칭한다(장연집, 2016). 필자가 받았던 반영적 글쓰기 안에는 질적 연구방법으로 미술심리치료학 석사 또는 박사학위를 취득한 미술심리치료사인 연구 참여자들이 ADHD 아동을 만나며 겪어 온 체험을 바탕으로 적어 내려간 다양한 목소리와 미술작품이 포함되어 있었다. 이 반영적 글쓰기들을 바탕으로 원저자가 다시 본인의 체험을 바탕으로 글과 미술작품들을 포함한 창의적 작업(장연집, 2017b)을 시행하게 된다. 필자는 2016년 1차 창의적 작업을 시행하였으며, 이 장은 2년 이상의 시간이 흐른 뒤, 새로운 시각으로 작성한 원저자의 2차 창의적 작업이라 할 수 있겠다.

질적 연구로서의 글쓰기 작업은 학위과정 중에는 하나의 까다로운 연구방법으로 느껴지기 쉽다. 그러나 실제 졸업 후 경험되는 이 과정은 미술치료 임상현장에서의 체험들을 생생하게 재경험하게 하고, 이와 더불어 글쓰기와 미술작업 등을 통해 깊은 숙고와 반영의 과정을 거침으로써 거듭 성장하게 하는 좋은 도구라 생각된다.

연구 참여자들은 현상학적 체험을 다룬 질적 연구의 원본을 다시 읽고, 반영적 글쓰기를 해 봄으로써 자신의 모습을 되짚어 보고, 재정리해 보는 계기가 되었음을 보고하고 있다. 또한 특정한 경험을 경험자의 입장에서 심도 있게 들을 수 있는 기회가 됨을 다시 한 번 느끼며 자신의 임상현장과 관련한 질적 연구 논문을 찾아보아야겠다는 생각만으로 의욕과 자신감이 생기는 경험을 하게 된다고 설명하고 있었다.

필자 역시 미술심리치료 현장에서 비슷한 경험을 하고 있는 동료 선후배들의 반영적 작업들을 보며 마음 깊은 울림을 받을 수 있었다. 학위논문은 막상 학위를 받고 졸업을 한 이후 시간이 흐르면 흐를수록 점차 잊히기 마련이다. 현상학적 질적 연구는 많은 연구 참여자의 생생한 인터뷰를 통해, 또 여러 문학 및 미술작품의 분석과 더불어 그들 체험의 본질을 담아내기 때문에 연구자로서 고마운 연구 참여자들의 경험의 나눔이 잊히는 것은 그들에게도 미안하고 안타까운 마음이 큰 것이 사실이다. 그러나 이전에는 시도된 적 없는 반영적 글쓰기와 이어지는 원저자의 창의적 작업이라는 확장된 연구 과정들은 학위논문 원본의 저자 입장에서 매우 감사한 일이 아닐 수 없다. 마치 먼지가 쌓여 빛을 잃어 가는 소중한 것을 새롭게 닦아서 여러 사람이 다시 보는 듯한 느낌이다. 물론 여러 사람이 필자의 글을 본다. 더더군다나 학위를 마친 전문가들이 날카로운 시각으로 필자가 작성한 원본을 본다는 점에서 많은 용기가 필요하다. 그러나 필자의 부끄러움은 시간이 지나 필자에게 찾아온 동료들의 반영적 작업들을 보며 감사함으로 바뀌었다.

2016년 1차의 창의적 작업을 기록한 후 벌써 2년여의 시간이 흘렀다. 이 절에서는 동료들의 반영적 작업들과 필자의 1차 창의적 작업을 새로운 눈으로 다시 보며 좀 더 심도 있고 세밀한 2차적 창의적 작업을 진행하고자 한다. 여기에는 지난 창의적 작업의 확장과 더불어 1차 작업 이후 필자의 경험들이 함께 녹아들어 있다.

힘든 마음도 거울 보듯 서로를 보며…….

연구 참여자들은 반영적 작업에서 글쓰기 원본을 통해 ADHD 아동을 만났던 초보 미술치료사 시기, 내담아동들과의 첫 번째 회기를 떠올리게 된다고 기술하였다. 또 현재 만나고 있는 아이들을 떠오르게 한다고도 하였다. 그리고 그 힘든 과정을 돌아보는 것이 쉽지 않음을 이야기하는 참여자들이 많았다. 아마도 이는 체험의 생생함을 전달하는 질적 연구의 특성 때문이기도 할 것이다. van Manen의 해석학적 현상학 연구방법론은 연구 참여자들의 생생한 목소리를 담아내어야 하고, 이 체험의 본질을 분석해 내어 이를 바탕으로 글쓰기를 시도한다. 따라서 객관적으로 사례만을 보고하는 방법론의 결과물을 접할 때와는 달리 해석학적 현상학 연구방법의 글쓰기 부분은 읽는 이로 하여금 마치 그 현장에 실제 있는 듯한, 그 당시 자신의 경험과 느낌과 오버랩되는 강렬한 경험을 하게 하기도 한다.

> 조용히 해!
> 아무 말도 하지마!
> 듣고 싶지 않아!
> 귀를 막아 버리고 싶어.
> (중략)
> 그들과 그들의 엄마들이 휩쓸고 나간 미술치료실은 말 그대로 전쟁 후 폐허
> 내 마음도 너덜너덜……. (#1)

이번 연구자의 글쓰기는 나의 초초초보 미술치료사였던 모습, 이제는 지나가서 다행이라고 생각한 시간들을 내 앞에 떡하니 되돌려 놓았다. '이런 젠장…….' (중략)

마치 토네이도 중앙에 앉아 있는 것처럼 정신없이 움직이는 아이들 때문에 속이 울렁거렸고, 에너지가 빨려 나가는 것 같은 상황들은 나의 오감을 건드렸으며, 정신

을 바짝 차리게 만들었다. (#12)

아이들이 폭발한 분노는 수없이 검은 연기를 내뿜었고, 깨어진 유리조각처럼 날카로웠다. 오늘 세션 중 내내 진땀이 나고 놀라고 당황의 연속이었다. 아이들에게도 내가 얼마나 화가 났으며 그 화를 참고 있는지 나 역시 적나라하게 보였다. (#6)

구슬을 굴리면서 아이들 간에 경쟁이 생기기 시작하더니 한 아이가 흥분하기 시작했다. 순식간에, 물감을 종이에 부어 버리고, 이를 본 다른 아이는 그림이 망쳐졌다는 생각에 화를 내며 구슬을 던졌다. 나는 순식간에 일어난 상황에 당황하며 놀라서 정신을 차릴 수가 없었다. 진땀을 빼며 겨우 마무리를 지었던 첫 회기를 되돌아보며 반성의 시간을 가졌다. (#15)

연구 참여자들은 반영적 작업에서 원본을 통해 자신의 ADHD 내담아동들과의 지난 경험들을 떠올리게 되었음을 보고하며 자신들의 미술치료 임상현장의 장면과 그 속에서의 미술치료사들의 감정과 사고의 흐름을 생생하게 드러내고 있다. 필자 역시 이들의 글과 그림을 보며 다시 ADHD 초등학생들과의 세션을 다시 한 번 떠올려 본다. 예측할 수 없는 혼란과 불안감, 전쟁터와 토네이도를 떠올리게 할 만큼 아이들의 분노와 충동성, 흥분은 미술치료사가 감당하기 힘들 정도이다. 동료들과 내가 경험했던 그 혼란의 감정들을 그림을 표현해 보고 싶었다([그림 9-18] 참조).

[그림 9-18] 임하연(2018). 혼란. 210×290mm. 종이, 수성펜.

가느다란 선은 불안함을 느끼게 한다. 갈피를 잡지 못하고 이리저리 움직이는 곡선들, 출발점도 종착지도 알지 못하고 우왕좌왕하는 모습을 떠올리며 그렇게 선을 그었다. 초보미술치료사 시절에는 특히나 세션이 진행 중인 당시에는 무엇이 어떻게 돌아가는지 객관적으로 알기가 어렵다. 내담자가 하는 말, 행동의 의미를 파악하기는커녕, 치료사인 자신이 무엇을 하는지조차 알기 어려운 경우도 허다하다. 때로는 아이들이 돌아간 뒤 빈 치료실에서, 그 황망함의 한복판에서 미술치료사들은 혼란과 표현하기 힘든 절망감에 빠지기도 한다.

한참 동안 선을 긋고 난 뒤 멀리 두고 바라보았다. 그런데 이 그림은 연구 참여자들의 글 속에서 느꼈던 것과는 무언가가 달랐다. 무엇이 빠져 있을까……. 더 강렬한 무엇인가가 있어야 하는데 그것이 없었다. '전쟁 같은, 폭발한 분노, 내뿜는 검은 연기…….' 동료들의 글을 다시 보며 필자는 작년에 진행했던 한 작품([그림 9-19] 참조)이 떠올랐다.

꽤 다양한 증상의 아이들을 만나 보았다고, 이제는 웬만한 상황에서는 흔들리지 않고 능숙하게 현장에서 일할 수 있다고 자신하던 나였는데, 이 작품을 지금의 시점에서 다시 보니 연구 참여자들과 내가 겪어 온, 또는 겪고 있는 혼돈의 감정들이 그림 한 장으로 고스란히 느껴졌다. 100% 이해할 수 없는 그들의 증상들, 순간순간 어떻게 대처해야 할지 모르는 미술치료사의 막막함…….

[그림 9-19] 임하연(2017). 무제. 540×790mm. 종이, 파스넷.

이 작업을 진행하던 당시 필자는 워크숍 참여 중 깊은 내면의 한 부분에서 무언가 끌어올려지는 느낌을 받았다. 당시 힘들었던 느낌들, 필자가 감당하지 못했던 에너지들이 쌓여 있다가 폭발하는 듯한 감정을 느꼈다. 그것들을 적나라하게 드러내면 더 혼란스러울 것 같았는데 쏟아내듯 그림으로 표현하고 나니 오히려 정리가 되는 느낌이었다.

밑 마음을 들여다보고 난 후 드러내기 꺼려지던 처음과 달리 후련했다. 음악의 리듬을 타듯, 춤추는 듯한 반복적인 선을 그으며 즐거움을 느꼈다. 몰입하여 작업을 진행하면서 그림 안에 경계가 자연스럽게 생겨났고 여백도 생겼다. 작품을 보면서 치료사로서 내가 잘 감지하고 지켜야 하는 경계에 대해서도 알고 있음을, 즐겁게 내담자와 공감하며 임상현장에서 일하는 방법도, 때로는 멈춰서야 할 곳도 잘 알고 있다는 확신을 느꼈다. 무엇인지 모르는 혼란([그림 9-18] 참조)은 한 걸음 더 다가가 용기를 내어 들여다볼 때, 정리가 되고 오히려 거기에서 의미를 찾게 된다([그림 9-19] 참조).

진정한 공감이란

연구 참여자들의 반영적 작업들을 보며 동료들이 전문가로 성장하는 길에서 겪어 내야 할 과정들을 어떻게 걸어가고 있는지 여실히 볼 수 있었다. 그리고 필자 역시 그동안 미술치료사로서의 여정에서 어떤 마음과 감정의 터널들을 지나왔는지를 돌아보며 마음 깊이 그들과 공감할 수 있었다.

> 세션이 끝나면 때론 멍하니 혼이 나간 모습으로, 때로는 홀로 남아 어두운 창밖을 응시하며, 때로는 동료들과 어려움을 토로하며, 또한 슈퍼비전과 분석 등을 통해 치료 과정이 선명하게 드러날 때까지 견디어 내야 했다. (#7)

> 초보미술치료사 시절의 일지를 다시 읽어 보니 도망갈 수 없는 상황에서 어떻게든 버텨 보려는 노력을 했던 것 같다. 슈퍼비전을 받으면서 하면 할 수 있겠지 라는 희망에 의지하여 나 자신을 달래고 또 달랬었던 것 같다. 슈퍼비전이 없다면 이러한 어려운 상황에서 어떻게 앞으로 나아갈 수 있을까? (중략) 오히려 내게 물으셨던 것 같다. 그것은 나 스스로 답을 찾아가야 함을 훈련시키기 위한 것이었으리라. 그래야 내가 슈퍼바이저에게 전적으로 의존하지 않으며 독립적인 미술치료사로 성장할 수 있

을 테니 말이다. 난 그 대답을 찾기 위해 고군분투하였으며 시간이 흐르고 그러한 답들이 쌓여 가면서 나의 치료 스타일이 생겨나고 미술치료사로서 잔뼈가 굵어지며 성장하게 되는 것 같다. (#6)

피곤한 몸을 이끌며 미술치료 공간을 정리하며 나는 깨닫는다. 그들의 엄마들은 이렇게 어질러 놓는 아이와 매일 매일을 함께 시간을 보내겠구나. 그래서 예민해진 엄마들은 또 그들에게 들리지 않는 잔소리를 끊임없이 해 대겠구나. 악순환은 그렇게 반복 되겠구나.

그들을 이해하는 마음은 이처럼 그들을 만나며 흘린 나의 땀과 눈물을 통해 하나씩 하나씩 이뤄진다. (#1)

연구 참여자들은 슈퍼비전을 통해, 또 동료와의 나눔을 통해 자신을 객관적으로 바라보고 감정과 생각을 정리해 나가는 명상과도 같은 과정들을 보내고 있었다. 필자와 동료들은 힘들지만 하루하루 견디어 가며 우리가 만나는 아동들을 이해하고자 노력하였다. 때로는 뿌연 안개 속을 헤매는 듯 답답할 때도 있지만 내 마음속 굳게 닫힌 빗장을 먼저 열고 진정함으로 만나고자 하는 시도들을 계속해 나갔다.

[그림 9-20] 임하연(2018). 기도하는 마음으로. 260×380mm. 종이, 마커.

동료들이 기술한 글들을 읽어 가며 마치 앞의 그림들에서 보여진 혼란한 선들이 차츰 안정되어 제자리를 찾아가는 느낌이 들었다. 이 과정이 엉켜 있는 실타래 같은 감정과 사고들을 하나씩 하나씩 정성껏 풀어내어 소중하게 들여다보는 것처럼 느껴졌다. 조용한 수평선의 반복과 같은 이미지가 떠올라 종이를 꺼내어 그림을 시작했다([그림 9-20] 참조).

호흡을 고르고 푸른색을 골라 선을 긋는다. 하얀 종이 위에 펜이 지나가는 소리가 필자를 안정시킨다. 종이가 작아 호흡의 길이가 남는다. 좀 더 큰 종이를 꺼내어 날숨의 길이에 맞추어 길게 선을 그어 본다. [그림 9-20]은 필자의 호흡에 맞추어 그어진 수평선들이 모여 완성되었다. 이 과정은 필자의 기도와도 같았다. 조용히 앉아 호흡하는 명상의 과정이었다. 동료들과 필자가 이 미술치료 현장에서 겪어 내는 시간들에 대한 고마운 마음을 기도 안에 담았다. 다른 장면으로 생각이 전환될 때에는 조금씩 색을 바꾸고 싶을 때도 있었다. 손이 가는 대로 색을 바꾸어 가며 호흡에만 집중했다. 색은 점점 연해졌고, 결국 사라져 아무것도 남지 않았고 필자는 한 순간 빛을 본 것 같았다.

그림을 벽에 붙이고 오랫동안 바라보았다. 하나씩 풀어져 조용히 놓여 있는 선들은 고요하게 느껴졌다. 선들이 모여 있는 모습이 필자와 동료들의 모습 같기도 했다. 우리가 만나는 아이들, 우리의 마음들, 우리가 함께한 시간들이 여기 있는 듯했다. 시간은 순간이기도 하고, 또 영원이기도 하다. 길게 이어진 시간, 영원에는 과거도 미래도 없다.

여기까지 생각이 다다르자 예전에 진행했던 1차 창의적 작업의 글과 미술작업이 떠올랐다([그림 4-4] [그림 4-5-1] 참조).

> …둥글게 말린 변형된 작품에는 훨씬 더 재미있는 곡선과 색들이 존재했고, 이리저리 작품을 들여다보던 중 이것이야말로 내가 동료연구자들의 글쓰기를 읽으며 느꼈던 '시공간을 초월해 그들과 교감하는 나의 경험'을 반영하는 것이라는 깨달음이 찾아왔다.
>
> 현실, 즉 평면의 작품 속에서 미술치료사 자신과 우리의 경험은 제각각 다른 곳에서 벌어지고 있지만, 둥글게 말리는 순간 시간과 공간은 변형이 되고, 또 다른 시공간이 펼쳐지며 우리의 경험은 통합되고 확장되는 것이다. 이 통합된 우리 미술치료

사들의 경험을 의미하는 원통형의 작업이 계속되고, 끊임없이 늘어나다 보면 이것은 무한히 길어질 수 있을 것이다. 또 매우 작은 형태로 축소되어 무한히 길어진다면 이 통합된 또 다른 세계는 마치 기다란 끈과 같은 형태를 만들게 될 것이다. 이것이 초끈이론이 아니고 무엇인가……. (#5)

초끈이론은 자연을 이루는 최소의 기본 단위를 아주 작은 진동하는 끈이라 가정한다. 이 이론은 물질의 본질에 대한 지금까지의 이해를 완전히 바꾸어 놓기 때문에 이 이론을 인정하는 물리학자들은 기존과는 다른 눈으로 세상을 바라본다(Kaku & Trainer, 1993; Kaku, 2012). 필자는 물리학자가 아니므로 '어느 이론이 맞다'고 주장할 수는 없다. 그러나 미술치료사의 시각으로 세상을 이해하기 위한 방법으로 이 이론들을 살펴보자면 많은 생각과 이미지를 떠올리게 된다. 기존의 '아주 작은 점입자'가 우주의 구성 원리라 보는 시각에 비해 진동하는 끈은 우리가 지금까지 이해해 온 시간과 공간을 통합적으로 보게 한다고 생각한다.

2년 가까운 시간이 흘렀지만 지금도 이 작업을 진행하던 시간이 생생히 떠오른다. 반영적 글쓰기에 참여한 동료들의 글을 읽으며 필자의 사고는 점점 확장되어 세상 곳곳에서 함께 일하며 비슷한 경험들을 하고 있는 미술치료사들을 떠올리게 되었고, 그 이미지를 종이 위에 표현하였다([그림 4-4] 참조). 자신이 처한 위치에서 성장해 가고 있는 하나의 큰 장(場) 위에 우리가 함께하는 속삭임들이 들리는 듯하였고, 그림 속에서 그 끊임없이 계속되는 울림을 끊어지지 않는 움직이는 선으로 표현하였다.

당시 필자는 작업을 완성한 후 우연히 종이를 말아서 보면 이 많은 선이 어떻게 보일까 하고 들여다보다가 어떤 통찰을 갖게 되었다. 필자에게 이 과정은 마치 시간과 공간이 둘둘 말려 버린 것과 같이 보였다. 한 장의 그림에 표현한, 우리가 함께 일하고 있는 이 미술치료라는 큰 마당이 평면을 벗어나 원통의 형태로 돌아 모이게 된 것이다. 이것은 하나의 신선한 변형이자, 확장이었다. 말려진 선들은 나선형으로 상승하는 곡선처럼 보이기도 하고, 계속해서 움직이며 진동하는 것 같은 착시도 느껴졌다. 그리고 평면의 그림에서는 움직이는 선을 나타내고 싶어도 잘 느껴지지 않는 한계가 느꼈었지만, 공간이 둘둘 말리자 자연스럽게 필자가 표현하고자 했던 움직임이 잘 나타났다.

경계와 한계가 없는, 시간과 공간의 한계를 넘어선다는 것은 어떤 것일까…….
이 작업 과정을 지금 시점에 다시 바라보면서 선과 악, 과거와 미래, 자신과 타인을 완벽하게 분리해서 바라보는 단계가 아닌 서로의 관계를 깊이 바라보고 하나됨으로 나아가는 여정에 대해 다시 한 번 생각하게 된다. 이런 시각으로 그림을 바라보니 저 다양한 색을 띤 각각의 선이 유난히 두드러져 보이고 불편했다. 미술작업 도구들을 꺼내어 새로운 그림을 시도했다.

[그림 4-4]와 [그림 4-5-1]에서는 각자가 내는 에너지, 끈들이 도드라졌다면, [그림 9-21]을 작업하면서는 다양한 주파수를 가진 에너지들이 모여 하나로 어우러져 노래하는 듯한 진동을 더 잘 느껴 볼 수 있었다. 이 새로운 작업을 시도하면서 우리가 누군가를 진정으로 이해하고자 한다면 진정 시간과 공간을 뛰어넘어 공감해야 함을 다시 한 번 느낄 수 있었다.

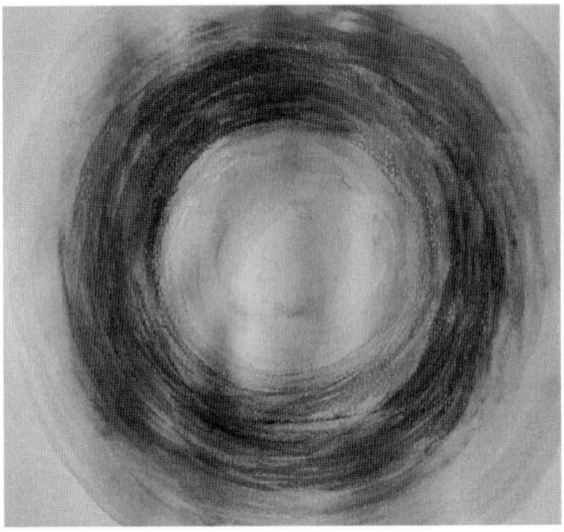

[그림 9-21] 임하연(2018). 진동, 공감. 210×210mm. 종이, 물감.

마치 박제된 동물과도 같은 과거에 매여 선입견을 갖거나, 미래에 대해 섣불리 예측하며 걱정하거나 하는 사람에게 평안이란 없을 것이다. 선입견도 편견도, 또 불안감도 걱정도 없이 온전히 현재에 존재할 때 참으로 자유롭지 않을까. 이런 상태야말로 시간과 공간을 뛰어넘는 경험일 것이며, 이렇게 공명하며 현존하는 감각을 잃지 않을 때 필자와 타인의 존재 깊은 곳의 빛을 발견할 수 있으리라 생각한다.

'함께' 라는 감사함으로

사실은 ADHD 진단명이 어울리지 않는 아이들이다. ADHD 진단명이 꽃 같은 아이들의 모습을 옭아매고 있다. 아이들에게는 ADHD의 진단명과 약 복용이 필요한 것이 아니라 물과 공기와 빛과 자양분이 필요할 뿐이다.

"너희에게도 물, 공기, 빛, 자양분이 필요한 것처럼 실은 치료사인 나에게도 마찬가지야"

"고맙다, 얘들아." (#2)

나는 그들의 삶을 존중한다. 그들의 산만함 뒤에 오는 잠시의 고요를 존중하고 그들의 순간적인 공격성 뒤에 길고 깊게 몰려오는 우울감을 공감한다. 그래서 미술치료실에서 친구들과 어깨를 부딪치며 때론 싸우고 때론 우는 그들의 땀내 나는 작업 과정을 진심으로 응원하고 사랑한다. 그들과 함께 하는 나도 언제나 땀을 흘리며 그들과 함께 하고 있기에 그들의 삶을 존중하는 것은 나의 삶을 인정하는 것과 같은 것이다. 너희를 통해 세상의 아름다움을 배웠구나! (중략) 나는 그들과의 작업 시간의 하모니를 들을 수 있고 미술작품의 창의성을 읽어 낼 수 있으며 아름다운 보석반지를 낀 행복한 미술치료사이다. (#1)

종결을 맞은 내담자가 자신의 성장의 과정을 함께해 준 치료사에게 감사와 사랑을 표현할 때 치료사는 그동안의 고통이 감동과 보람으로 바뀌게 된다. 어린 내담자는 하트를 그리고 그 공간을 채우기 위해 가느다란 사인펜을 얼마나 많이 오가며 그었을지 치료사에 대한 감사와 사랑의 마음이 진하게 느껴진다. 나는 이 맛에 미술치료를 한다. (#7)

나 자신을 벗어 버리고 그의 현실에 머물러 살아남아 줄 수 있다면 그도 모르게 굳게 닫아 버린 마음의 빗장은 열릴 것이다. 그와 내가 공모한 현실의 한복판에서 그가 지닌 이름 없는 두려움을 함께 견뎌 나가는 여정은 진정한 현실로 안내하며 온전히 '그 자신'이 될 수 있는 길이 된다. (#8)

ADHD라는 진단명을 가진 아이들과 그들의 부모를 만난다는 것은 쉽지 않은 일이지만, 그 과정은 힘든 만큼 많은 것을 느끼고, 배우는 여정이기도 하다. 이 아이들은 작은 자극에도 예민하게 반응하고, 과잉행동과 분노를 보여 치료사를 당황하게 하지만 그들의 넘치는 에너지와 창조적인 발상력, 호기심은 오히려 미술치료사에게 힘을 주고 집단에 새로운 전환을 가져다주곤 한다. 필자의 동료 미술치료사들은 이러한 ADHD 아동들의 특성을 잘 알고 있었고, 반영적 작업들을 통해 이 아이들과의 힘들었던 여정이 감동과 보람, 배움의 시간이 됨을 고백하듯 쓰고 있다.

필자 역시 글쓰기 원본에서도 여러 번 기록했듯, ADHD 아동들을 민감한 눈으로 항상 새롭게 바라보도록 노력해야 함을 느낀다. 또 이런 시각으로 이들과 함께할 때 미술치료사 자신도 함께 성장함을 자주 경험하고 있다. 그리고 늘 다짐하곤 한다. 단시간에 변화할 수 없는 아이들이지만 그들을 믿고, 기다려 주자고……. 끊임없는 약속과 신뢰, 기다림이 미술치료사의 역할에서 가장 중요한 부분일 것이라고 되새긴다.

비단 이 ADHD 아이들뿐 아니다. 성장 과정 중에서 누군가가 진심으로 자신을 도우려 한다는 것을 느껴본 아이, 그리고 확신을 갖고 자신을 인정해 주며 신뢰 속에서 기다려 주는 누군가가 곁에 있음을 느껴 본 아이는 인생에서 난관에 봉착했을 때 잘 견뎌 낼 수 있을 것이다. 주변의 성인에게서 전적인 신뢰와 고마움을 마음 깊이 느껴 보는 경험은 인간의 삶에서 매우 중요한 부분이다.

주변의 비난과 눈총으로 주눅 들고, 내면 깊은 곳에 상처를 가진 이 아이들에게 인생의 어느 시기에서 만난 미술치료사들이 이러한 중요한 경험을 하게 할 수 있다면 이 얼마나 의미 있는 일인가? 미술치료사의 인내와 기다림, 신뢰 속에서 자유롭게 미술작업을 하는 미술치료 과정은 아마도 아이들에게 자신의 삶을 잘 살아갈 수 있다는 확신을 주는 과정이 될 것이다. 성장하면서 이렇게 스스로를 인정하고 수용하는 경험들이 쌓여 삶의 자양분이 되고, 남들이 단점이라 보던 부분이 개성이 될 것이라 믿기에 우리는 이 미술치료사의 길을 묵묵히 걸어 나간다. 내담자와 함께하는 이와 같은 과정을 통해 미술치료사들 역시 또 다른 삶의 의미 속에서 감사하며 전문가로 성장해 간다.

미술심리치료사로서의 삶은 혼자서는 지탱해 나가기 어렵다. 한 사람의 치료사가 바르게 잘 서서 전문가로서의 여정을 힘차게 걸어 나가기 위해서는 겪고 있는 고민과 어려움을 이해하고 공감해 주는 동료들, 슈퍼바이저들, 그리고 진정한 스승의 도움이 절실하다. 이들이 곁에 없다면 이 길은 너무나 외롭고 몇 배의 시간과 노력이 들 것이다. 반영적 작업에서 보여지듯 동료 미술치료사들은 원본을 보며 동료의식과 공감을 경험하는 듯하였다. 그리고 이 과정에서 누구보다도 깊은 위로와 공감을 받은 것은 아마도 원저자인 필자일 것이다.

[그림 9-22] 임하연(2018). 우리는 함께. 290×385mm. 종이, 색연필.

타인의 글을 읽으며 자신의 경험을 돌아보게 되고, 그 누구의 위로보다 깊은 공감을 하게 되는 것이 아마도 질적 연구의 묘미인 듯하다. 연구 참여자들이 ADHD 아동들을 만나며 체험한 것을 녹여 낸 반영적 글쓰기들은 나로 하여금 또 다른 기쁨을 느끼게 하였다. 원본 글쓰기를 작성할 수 있도록 본인의 체험들을 심도 있게 나누어 주었던 필자 학위논문의 연구 참여자들에 대한 감사함을 다시 한 번 마음 깊이 느낄 수 있었고, 또 질적 연구자로서 보람도 갖게 하였다.

필자가 만나는, 필자와 함께인 한 사람, 한 사람의 삶이 소중하고 아름다움이 새삼스레 깊이 느껴진다. 그들이 안쓰럽고, 그들의 아픔을 공감하기에 따뜻한 마음으로 안아 주고 싶다. 필자의 내담자들, 필자의 동료 미술치료사들, 필자가 사랑하는 이들이 필자와 함께 있음에 감사한다. 한 줄기 빛에 모든 색을 품고 있는 무지개처럼 풍요롭고 따뜻하기를, 본래 무지개가 하나의 원(圓)의 형태이듯이 우리도 서로 연결되어 있음을 느끼면서 튼튼한 나무들처럼 언제나 평화롭길 기도한다([그림

9-22] 참조).

이 절의 초반에 밝혔듯, 이 원고를 작성하는 데까지는 많은 과정이 선행되었다. 지금 그 행로들을 돌아보며 필자에게 가장 크게 느껴지는 것은 감사함이다. 우리가 함께 모여 자신의 체험을 나누며 공감할 수 있음에 감사하고, 또 미술치료사로서의 여정 중에 경험하는 아픔과 기쁨, 보람을 함께 글로 기록하며 나눌 수 있는 이러한 장이 있음에 감사한다. 각자의 일터에서 자신이 맡은 일들을 기쁘게 겪어 내고 있을 모든 미술치료사에게 이 글을 빌려 감사함을 전하고 싶다.

Part 4 미술심리치료학 전공자의 성장과 미래

미술심리치료 전문가를 향한 바른 정체성을 가지고 자기 삶에 대한 책임감을 느낀 미술심리치료 전공자라면 마땅히 성장을 거듭해야 한다. 미술심리치료학 전공자들은 대학원 과정을 통하여 학위 과정에서 요구되는 학업과 임상 현장에서의 실습, 슈퍼비전 시간을 이수하는 훈련을 받는다. 학위논문 작성은 연구자로의 역할을 부여받으며 학위 과정의 마침표를 찍게 한다. 졸업한 석 · 박사들이 각자의 영역에서 미술심리치료사, 교수로서도 다양한 역할을 수행하면서부터 비로소 진정한 공부를 시작하는 것과 진배없다.

그러나 졸업 후에는 광야에 던져진 것과 같아서 스스로 울타리와 성장을 향한 공부의 주체가 되어야 한다. 어쩌면 전문가란 누구에 의해서가 아니라 스스로에 의해서 움직이며 성장해 가는 것을 주저하지 않는 자를 말할 것이다.

우리는 이 책을 통하여 학위논문이 학위 과정의 마침표가 아니라 시작점이 되어서 반영적 작업과 창의적 작업으로서의 확장의 가능성을 보았다. 미술심리치료 전공자들은 반영적 작업과 창의적 작업을 시도하면서 성장하고 있음을 발견하였으며 자신의 학위논문을 '나눔'은 곧 '배움'으로 이어진다는 것을 몸소 느꼈다. 그리고 어느새 자기 자신도 나눈 만큼 성장할 수 있었다.

이 장에서는 미술심리치료 전공자에서 전문가로 확장되어 가기 위한 과정을 탐색하며 미술작업을 통한 체험을 다루어 보고자 한다.

Chapter 10 미술심리치료학 전공자에서 전문가가 되기 위한 노력

1. 미술심리치료 전공자로서 전문가가 되어 가는 준비 과정

미술심리치료학을 전공한 석 · 박사들은 졸업 후 현장에 나와 미술심리치료 전문가로서 성장해 나가는 과정을 겪는다. 여기서 성장이란 미술심리치료 전문가로 거듭나기 위하여 자신의 부족한 측면과는 화해하며 전문가로서의 최적화된 기능은 더 좋은 모습으로 재창조되어 간다는 의미를 갖는다.

미술심리치료학을 전공하고 학문적 · 임상적으로 수련을 잘 거친 미술심리치료 전공자는 공부하면서 배운 이론과 치료적 모델, 개입을 사용할 것이다. 그러나 이러한 학문과 임상 과정 속에는 그것을 사용하는 치료사의 인간됨이 배어 있을 것이다. 심리치료 모델을 잘 사용하기 위해서는 지능만 가지고는 부족하며 모델을 잘 활용하는 치료사가 되어야 한다.

미술심리치료 전공자로서 살아가는 삶이란 심리적 · 감정적으로 수련이 필요한 일이다. 미술심리치료사가 되어 가는 과정은 본능적인 '생존'이 아니라 일종의 감정적 · 정신적 '생존'에 대한 고심을 늘 한다고 해도 전혀 무리가 없을 정도로 어려운 작업이기도 하다.

무슨 일을 하는 데에 도전이 없다면 특별한 매력도 없을 것이기에 미술심리치료 전공자로서 즐거움을 잃지 않고 자신의 삶과 실제 현장에서도 잘 '존재'하고 더 나은 방향으로 나가야 하는 일을 모색해야 한다.

미술심리치료학 전공의 석 · 박사생들은 학점 이수, 임상 시간, 임상 수련에 대한 감독 시간을 현장에서 채워야 하며, 자격증을 따기 위해서도 엄청난 시간과 에너지, 비용을 쓰고 있다. 졸업 후에도 보수 교육을 받는 데 게으르지 않으며, 최신 학문적 트렌드와 치료 모델을 습득하고 슈퍼비전을 받기도 한다. 그러나 이러한 수고와 노력만으로는 전문가가 되기 위해서 필요조건은 되지만 충분조건은 되지 않는다는 것을 알아야 한다. 여러 측면에서의 비용 발생으로 인하여 자신이 전문가가 되었다고도 말할 수 없다는 것 또한 잘 알고 있을 것이다.

미술심리치료 전공자라면 우리 삶에서 합리성이 결여된 측면 또는 자신의 약점과 한계를 깨닫고 대처해 나가는 일종의 수행(修行)을 해야 한다. 또한 다양한 역할을 수행(遂行)해야 하는 미술심리치료사는 참을성과 독창성, 삶의 균형감을 유지해야 한다.

미술심리치료사는 자신이 현장에서 만나는 다양한 대상의 마주하기 힘든 과거의 시점으로 같이 들어가 그곳에서 멈춰 버린 심리적 성장을 촉진시키는 역할을 해야 하는 막중한 무게감을 갖는다. 그러나 어떤 만족을 느끼게 해 주는 무게감이기도 하다.

타인의 감정과 힘들었던 사건을 맞닥뜨리며 함께 고군분투하던 감정을 뒤로하고 일상으로 돌아와 미술심리치료사가 아닌 '나'로 살아가는 일에는 심리적 유연함과 융통성도 필요하다. 거꾸로 나의 삶의 현장이 평온하지 않은 시간을 지나야 하는 기간을 만나게 된다면 치열하게 싸우다가 출렁이는 감정과 사건을 잠시 접어두고 극도의 절제와 균형감을 유지하며 미술심리치료사로서 역할을 다해야 한다. 사실상 이러한 고비는 미술심리치료 전공자들에게는 성장을 위한 문턱에 있는 것이다. 그러나 어떻게 이 문턱을 넘어갈 것인가가 관건일 것이다.

이 책에서 미술심리치료 전공자들은 '원본'을 나누며, 자신의 '원본'에 대한 반영적 작업을 받아 보는 경험을 하였다. 나눔이라는 즐거움도 있었지만 자신의 체험과는 차이가 있으며 긍정적이지만은 않은 반영적 작업을 받아 보는 진통도 있었다. 그러나 나와 타인의 체험을 비교하며, 반성하고, 숙고하는 사유의 시선을 갖게 해 주는 기회가 되기도 하였다. 집요한 관찰과 예민함으로 기존의 것을 낯설게 바라보는 참된 용기를 가지게 해 주었다. 자율적으로 스스로를 돌아보고 다져 가며 문턱을 넘는 작업이 나도 모르는 사이 되고 있었다. 어쩌면 미술심리치료 전공자에게 요구되는 전문가 되어 가기 과정을 지나 온 것이다.

대학원에서 미술심리치료를 전공하고 졸업한 후, 미술심리치료사는 이론만을 가지고 전문가가 될 수 없다는 것을 잘 알고 있다. 졸업이 생장점이 되어서 확장되어 가는 미술심리치료사는 경륜을 가진 '인간됨'을 나눔과 배움을 통하여 갖추고 칼날 위의 물방울처럼 전문가로서의 날 선 연장을 연마하며 성장해 나갈 것이다.

2. 미술심리치료 전문가를 향한 나눔과 배움으로서의 미술작업

미술심리치료 전공자에서 전문가로서 나아가기 위한 방안은 무엇일까? '전문가로 나아가기'라는 것은 '……하는 방법'과 같은 지침서는 아닐 것이다.

그렇다면 미술심리치료학 전공이 개설된 대학원에서 공부를 하고 어렵게 학위논문을 작성하여 졸업한 석 · 박사들은 진정한 미술심리치료 전문가가 되기 위한 과제를 어떻게 다루고 있을까?

졸업생들의 전공과 연구 관리를 위해서 지속적인 공부와 훈련의 중요성은 모두 인식하고 있으나 최근에 이 문제의 화두와 함께 구체적인 대안이 제시되고 시도된 바 있다. 장연집(2017b)은 해석학적 현상학적 연구를 수행하여 학위취득을 한 1세대 졸업생들을 위해 졸업 후 전공심화 교육 프로그램의 개발에 관심을 두고 이제까지 시도된 적 없는 연구를 하였다. 질적 연구로 수행된 학위논문을 기반으로 졸업한 석 · 박사들이 원본인 해석학적 현상학적 글쓰기를 서로서로 나누어 읽고 체험한 다음 다시 반영적 작업과 창의적 작업을 한 것이다. 이는 마치 원본이 비추어지는 거울과 같은 반영적 역할(장연집, 2017b)과 같았다. 체험 작업에 참여한 이들은 졸업 후 각자의 삶의 자리와 각기 다른 임상 현장에서 고군분투하고 있었으나 이러한 체험의 확장은 현상학적 해석학적 연구의 활성화뿐만 아니라 각자에게 성장을 일으켜 주는 역할을 하였다. 뿐만 아니라, 질적 연구와 전공 공부를 동시에 지속적으로 할 수 있는 공부법이 되기에 충분하였다. 자율성이 강조된 이 작업은 self-supervision으로서의 기능을 하면서도 전문가로의 방향성 제시와 길라잡이가 될 수 있을 것으로 기대한다.

철학자 최진석(2017)은 참된 사람이 있고서야 참된 지식이 있다고 하며 인격적인 준비가 되어 있는 사람이라야 참된 지식, 즉 세상의 진실을 밝히는 이론적이고 지적인 통찰, 새로운 시대의식을 가슴에 품는 활동을 할 수 있다고 하였다. 미술심리치료학이 아무리 인간에게 유용한 학문이며 치료 양식이라 할지라도 이것을 수행하는 미술심리치료사가 바로 서 있지 못하면 소용이 없다. 삶의 고통을 다루고 자아 성장을 추구하는 이들을 만나기에 책임감은 막중하다.

지식은 근본적으로 무한 분화하는 성격을 가지고 있기 때문에 자기가 아는 것,

자신만의 제한된 개념을 가지고 얼마든지 자신을 꾸미거나 상대방을 괴롭힐 수 있다(최진석, 2017). 이러한 오류와 위험에 빠지지 않기 위해서 미술심리치료사가 체험을 나누고 확장하는 시도는 전문가가 되기 위한 즐거운 생존 방법의 하나가 될 수 있다.

여기에 참여하였던 석 · 박사들은 학위논문을 쓰고 다른 동료들의 글쓰기를 읽고 반영적 작업을 하였으며, 자신의 글쓰기를 읽고 반응한 반영적 작업을 보고 또 다시 들여다보는 창의적 작업을 하였다. 또다시 2년여란 시간이 흐른 뒤, 이 모든 작업을 한 체험들을 되새기며 다시 글쓰기와 미술 작업으로 작업을 한 것이 이 책의 제9장에 소개되어 있다.

나와 타인의 생각과 감정을 '옳고 그름'의 잣대로 사용하게 된다면 나도 타인에게도 건강한 비판이 아니라 비난이 될 것이다. 그러나 반영적 작업, 창의적 작업은 서로가 서로의 거울이 되어 주며 자신의 거울을 닦는 일종의 수행 작업과도 같았다. 전문가는 홀로 일할 줄 아는 자이다. 자율성이 세상에 부딪치는 용기의 원천이 된다. 익숙하지 않은 환경에서 학교와 지도교수를 떠나 스스로를 자극하며 나아가게 하는 힘은 서로를 비추어 주는 확장적인 작업을 할 때 가능하지 않을까 싶다. 특히 글만으로 부족한 부분은 그림 및 입체 작업, 시, 사진 등 이미지 작업으로 채우며 서로의 사유의 높이를 인정하고 나누는 일은 정말 매력적이다.

이 책을 마무리하며 저자들이 모여서 미술작업을 하였다.

미술심리치료 전공의 박사들에게는 다양한 역할이 주어져서 각각의 역할을 수행하고 있다. 이 역할들은 쪼개진 일이 아니라 통합적으로 이루어지는 유기체와 같다. 이 역할들이 잘 어우러지고 진정한 전문가로서 거듭나기 위하여 미술심리치료의 또 하나의 자아인 미술작업까지도 통합되어 성장하기 바란다.

저자들은 모여서 점토를 만지며 반영적 작업과 창의적 작업을 했던 체험과 전문가로의 확장과 성장을 주제로 미술작업을 하였다.

저자들은 저마다 커다란 점토 덩어리로부터 점토를 뚝뚝 떼어 내어서 각자 자기의 작업 공간으로 흩어졌다. 필자는 커다란 점토 덩어리에서 떼어 낸 작은 점토 덩어리를 책상에 올려놓고 굴렸다. 굴려서 자연스럽게 나온 형태가 마음에 들어서 세워 보았다.

다음은 미술작업을 하면서 동시에 체험한 것에 대한 글이다.

"세워 놓고 보니 작은 점토 덩어리는 거대한 스톤 헨지와 같이 구조물([그림 10-1] 참조)처럼 여겨진다. 한참을 들여다보니 마치 아직 분화하기 전의 생물체 같기도 하다. 그러고 보니 반영적 작업의 모체가 되었던 학위논문 원본 같기도 하다. 학위논문 원본은 대학원 과정을 통해서 안정감 있고 온전한 형태를 만날 때까지 점토를 굴렸던 과정의 결과물과도 같다."

[그림 10-1] 최호정(2018). 나눔을 위한 준비. 200×150mm. 점토.

원본이 도서관에만 비치되어 있는 화석과 같은 존재가 아니라 다른 사람들에게도 찾아갈 수 있는 일이 가능할까?

점토 덩어리를 철사로 쪼개어 보았다. 얇은 철사줄이지만 점토 덩어리를 나누는 도구로서 쓰였다. 철사줄이 덩어리를 통과할 때 쓰윽 하는 미세한 소리를 내며 점토 덩어리는 나뉘었다. 한 덩어리가 나뉘고 또 한 덩어리, 또 한 덩어리……. 계속 나뉠 때 쾌감이 있었다. 철사가 지나간 단면의 흔적도 고스란히 점토 덩어리에 남겨져 있었다. 마치 세포 분열과 같았다([그림 10-2] 참조).

[그림 10-2] 최호정(2018). 나눔과 분화. 200×1000mm. 점토.

점토 덩어리가 생명을 얻어 살아있는 유기체가 된 것 같았다.

어쩌면 원본이 이렇게 나누어져서 동료들에게 찾아가고 반영적 작업이 되어서 또 다시 나에게로 돌아오고 나는 창의적 작업자가 되어서 나의 원본과 동료들의 반영적 작업을 돌아보며 창의적 작업을 하는 과정과 흡사했다.

나누는 일은 즐거운 일이었으며 생명이 또 다른 생명을 낳는 체험을 가져다주었다. 작은 점토 덩어리는 나뉠수록 작아지는 것이 아니라 더욱 많은 공간을 차지하게 되었고 물리적인 크기도 커졌다. 이것이 바로 확장인가 보다. 점토를 만지는 감각적인 작업은 무엇인가를 만들어 내는 창작 작업으로 변환되었으며, 그것들을 시각을 통하여 바라보는 일련의 감각 자극은 사고 작업을 동시에 일어나게 하며, 통찰과 사유로 넘어가고 다시 오감각을 일깨우며 치유작업으로까지 넘어갔다.

개인 미술작업은 자연스럽게 저자들의 공동 작업으로 이어졌다. 각자 작업한 점토들을 가지고 한곳에 모였다. 처음에는 나만의 미술작업의 고유성이 없어진다는 아쉬움이 있어서 잠시 망설였지만 재창조를 위하여 내 생각의 파괴를 해야 했다. 분화되고 나누어진 점토 덩어리를 다른 저자의 미술작업 옆에 놓았다([그림 10-5]

참조). 양해를 구하고 또 다른 저자의 서로 연결된 코일링 작업을 분해하였다.

다음은 다른 저자의 미술 작업이 자연스럽게 공동 미술 작업을 하게 되면서 느껴졌던 감정이다.

"분해된 코일링 작업 사이에 상대적으로 큰 나의 점토 덩어리를 배치해 볼까? 다른 사람의 미술 작업에 방해가 되는 것은 아닐까? 물론 양해를 구했지만 내 것과 다른 사람의 것을 통합하는 일은 망설여진다. 그런데 막상 해 보니 분해가 아니라 오히려 다리가 되어 연결된 것처럼 보인다. 마치 처음에 반영적 작업을 받고 당혹감에 잠시 혼란스럽다가 수용하여 나의 것으로 만든 후 지경이 넓어지는 경험과도 같다."

또 다른 저자의 점토 작업이다. 저마다 똑같이 커다란 점토 덩어리로부터 각자 점토를 떼어 갔는데 점토를 책상에 대고 손바닥으로 굴리니 무슨 바위덩어리 같던 점토는 어느새 기다란 줄처럼 되어 있었다. 길게 코일링 작업을 위한 준비를 하고 있었던 것이다. 점토는 형태가 자유자재로 변신한다는 매력이 있다.

저자는 코일링 작업을 하면서 여러 개의 용기 모양의 점토 작업을 하였다([그림 10-3] 참조).

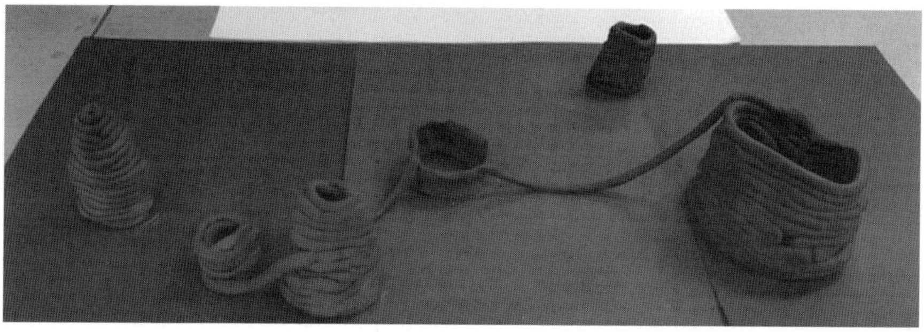

[그림 10-3] 김현미(2018). 거기에 있었네. 900×1500mm. 점토, 종이.

다음은 [그림 10-3]의 미술 작업을 한 저자의 체험 글이다.

"나는 흙을 다룰 때 반복적인 코일링 작업이 참 좋다. 손바닥과 손가락을 쫙 펴서 힘을 주고 앞뒤로 손을 반복적으로 움직이다 보면 이리저리 돌아다니던 마음이 이곳에 닻을 내리는 순간을 맞는다. 오늘 작업의 주제는 연구 참여자들과 함께해 온 반영작업과 반영작업에 대한 창의적 작업을 거치는 과정에서 미술치료사인 나에게 그것은 무슨 의미인지를 미술작업으로 담아 보는 시간이었다. 나의 경우 반영작업의 원본은 석사학위논문이었으니 그 시절부터 지금까지의 시간은 내 삶에서 미술치료를 알아 갔던 모든 시간이라 할 수 있다. 그 시간 안에는 미술치료라는 배움에 대한 열정과 내 삶을 나의 시선으로 바라보고자 하는 자세도 모두 녹아 있다. 미술치료에 대한 배움의 과정은 그날그날의 허덕임이었지만 시간이 지나고 나니 이제는 한숨 돌리며 바라볼 수 있는 내 삶의 한 부분이 되었다. 나는 차곡차곡 쌓여 지금이 된 시간들을 표현하고 싶었다. 특히 반영적 작업과 창의적 작업을 하면서는 동료들과의 관계라는 부분에 대해 생각해 보는 기회가 되었다.

미술치료사들은 손 안의 모래 같다는 비유를 누군가 한 적이 있는데 참 적절한 비유라는 생각이 들었던 기억이 있다. 한 손 가득 쥐었을 때에는 손 안에 있는 것 같지만 손을 펴는 순간 모래들은 순식간에 사라져버릴 뿐 아니라 물이라는 매개가 없다면 뭉쳐진다는 자체가 가능하지 않다. 결속력이 약하다는 의미로 미술치료사들을 모래에 비유했던 것 같은데 분명 미술치료사들은 그러한 부분도 가지고 있다. 그런데 이번 프로젝트를 거치며 우리 각자는 망망대해 같은 바다의 어느 곳에 터를 잡고 차곡차곡 성장해 가고 있다는 생각이 들었다. 내가 여기 있다고 손을 들고 있지는 않지만 다가가서 듣고자 하면 열리고 필요한 도움을 내어주는 창이었다. 이는 우리의 작업에서도 그러하였다. 각자의 작업([그림 10-3] 참조) 후 함께도 작업을 하였는데([그림 10-4] [그림 10-5]) 첫 만남은 조심스러웠다. 곁을 내주었으나 서로의 공간을 침해하지 않으며 잠시 그곳에 머물렀다([그림 10-4]). 안전감은 있었으나 답답하게 느껴지던 순간 서로의 공간으로 들어가도 되는지 창을 두드린 후 초대를 받고 조심스레 입장하였다. 그리고 잠시 후 조심스러움이 누그러지자 상대방의 작업에 다가갈 수 있었다. 그건 알 수 없는 일이 벌어지기 직전의 상황과 같았다. 곧 벌어질 일에 대한 궁금함과 기대하는 마음으로 마음이 살짝 들뜨지만 그 일이 어떻게 벌어질지는 전혀 예측할 수 없었다. 각자가 만들었던 애초의 작업들이 해체되고 분리되며 다른 이의 작업과 연결되었을 때 나의 원래 작업은 사라져 버렸다. 차곡차곡 쌓인 나의 시간들은 그 안에서 전혀 예상하지 못했던 형태로 스며들어 또 다른 무엇이 되어 거기에 있었다. 그 때 느낀 나의 감정은 시원함이었다. 왜 숨통이 트이는 것 같았을까……. 지금까지는 스스로 서기 위해 성을 열심히 쌓았던 시간이지만, 이젠 그 성곽이 허물어져도 괜찮겠구나. 그래도 내가 무너지지 않고 오히려 함께할 수 있겠구나 그런 생각이 들었다. 이젠 배우느라 급급했던 시간들을 지나 내 안에 쌓인 것으로 천천히 호흡하는 미술치료사이고 싶다."

[그림 10-4] 최호정, 홍혜정, 김현미(2018). 저자들의 공동 미술작업 과정 1. 점토, 색모래.

[그림 10-5] 최호정, 홍혜정, 김현미(2018). 저자들의 공동 미술작업 과정 2. 색모래, 점토.

검정 종이에 점토를 가지고 마치 그림을 그리는 것 같은 미술작업을 한 저자가 있었다. 점토가 그림을 그리는 붓과 같은 도구가 될 수 있다는 것을 알았다. 그 위에 색모래를 뿌렸다. 색모래도 그림을 그리는 크레파스 같은 역할을 했다.

다음은 [그림 10-6]의 미술작업을 한 저자의 체험 글이다.

"필자는 『체험 미술심리치료의 확장』이라는 저서를 준비하며 동료들과 미술작업의 기회를 가졌고, 이 미술작업을 통하여 다시 한 번 미술심리치료 전문가가 된다는 것에 대해 생각해 보는 기회를 가지게 되었다.

필자가 미술심리치료학 석사 과정에 입학할 때, 그리고 석사 과정을 공부하면서는 석사만 졸업하면 이미 미술심리치료 전문가가 되어 있을 것이라고 생각했었다. 그러나 석사 졸업을 하고 미술심리치료 임상 현장에 나가서 일하며 깨달은 것은 미술심리치료학 석사는 미술심리치료사가 되기 위한 그저 첫걸음을 뗀 것에 지나지 않는다는 것이었다. 미술심리치료 임상에 대해 모르는 것이 너무 많아 막막함을 느꼈다. 그래서 미술심리치료학 박사과정에 입학하였다. 그리고 미술심리치료학 박사가 되고 나면 그때는 정말 전문가가 되어 있겠지 하고 기대했었다. 그러나 박사를 졸업하고 이제는 후배를 양성하는 미술심리치료 교육의 현장과 임상현장 두 곳에서 일하며 역시 너무나 부족함을 느끼고 있다. 더구나 박사를 졸업하고 나니 임상가, 교육자, 평가자에서 더 나아가 이제는 연구자로서의 역할까지 감당해야 했다. 전문가로 나아간다는 것이 얼마나 많은 노력을 지속적으로 기울여야 하는 것인지에 대해 뼈저리게 느끼고 있다.

'미술심리치료사로서 전문가로 나아가기'라는 주제를 가지고 점토 작업을 하였다. 이 주제를 마음에 담고 늘 그렇듯이 계획 없이 그냥 손이 움직이는 대로 따라갔다. 점토로 코일링을 하며 동그란 원들을 만들어 가다가 만다라를 만들게 되었다([그림 10-6] 참조)."

[그림 10-6] 홍혜정(2018). 전문가로 나아가기. 636×939mm. 점토, 색모래.

“작은 원에서 시작하여 점점 더 큰 원으로 나아갔다. 그리고 나의 손은 그 각각의 원들을 늘려 보는 행위를 반복하였다. 원들이 훨씬 넓어졌고 확장된 느낌이 들었다. 처음에는 한 손가락으로만 점토를 늘리다가 두 손가락으로 점토를 확장하고 싶어졌다. 그러다가 나중에는 오른손 왼손 모두를 사용하여 양방향으로 점토를 넓혀 나가고 있었다. 그러면서 느끼게 된 것은 확장이라는 것, 전문가로서 나아간다는 것은 앞으로만 나가는 것이 아니라 양 방향으로 나아가는 것이 아닐까 라는 생각에 이르렀다. 필자에게 있어 양방향으로의 확장은 어떤 것을 의미하는 것일까? 곰곰이 생각하다 그것은 어쩌면 한 방향은 필자 자신의 내면으로의 확장이고 또 반대 방향은 필자의 외부로의 확장을 의미하는 것일 수 있겠다는 통찰에 이르렀다. 미술심리치료 전문가가 되기 위한 내면의 확장을 위해 필자가 현재 노력하고 있는 것은 바로 자신을 위한 분석을 지속적으로 받아오고 있는 것을 들 수 있겠다. 박사를 졸업하고 좀 시간적 여유를 가지면서 분석을 시작하였고 바쁜 일정에 정기적으로 분석을 받는 것이 쉽지 않은 일이지만 그래도 이 시간은 빠지지 않으려고 한다. 분석을 통하여 필자의 마음이 넓어지고, 마음이 넓어지는 만큼 자유로워진다는 것을 느낀다.

또 다른 내면으로의 확장은 그림 그리기를 통해 가능해진다. 미술심리치료사에게 있어 미술작업을 한다는 것이 얼마나 중요한 것인지 잘 알면서도 미술작업은 늘 뒷전으로 미뤄지기 쉽다. 그러나 지금은 지속적으로 동료와 함께 그림을 그리며 아주 즐거운 시간을 보내고 있다. 처음엔 너무나 바쁜 일상에서 매주 그림을 그린다는 것을 어떻게 지속할 수 있을까 했지만 그림을 그리면서 얻는 에너지와 기쁨이 오히려 지친 일상에 활력을 주고 있다. 더불어 필자 스스로의 창작 작업 경험은 내면 탐색도 가능하고, 미술심리치료사로서도, 미술심리치료 교육자로서도 많은 도움이 되고 있다.

전문가로 나아가기 위한 외부로의 확장은 아무래도 전문가 집단과 지속적으로 교류하고 공부하는 것일 것이다.

지도교수님과 동료들과 함께한 반영적 작업과 창의적 작업 같은 경우가 이러한 좋은 예에 속한다고 볼 수 있다. 미술심리치료 영역에서 중요하게 여겨지는 주제에 대해 동료들과 상호작용하며 글을 읽고, 쓰고, 그림을 그리는 것이야말로 또 다른 세계로 나아갈 수 있게 해 주었다. 또한 1년에 봄가을로 내가 좋아하는 학회 몇 곳의 학술대회를 참석하고 있다. 꼭 미술심리치료학회가 아니더라도 질적 연구 관련 학회, 심리치료 관련 학회 등에도 나가 학문적 배움도 얻게 되고, 다른 영역의 전문가들과 교류할 수 있게 된다. 그리고 연구를 통한 다른 전문가들과의 소통의 기회를 얻는 것이다. 미술심리치료학 관련 학술저널에 연구를 발표하고 다른 미술심리치료사들의 연구물을 읽는 것은 학문에 대한 전문적 견해를 서로 나눌 수 있는 좋은 기회라고 생각한다.

미술심리치료 전문가가 된다는 것은 어쩌면 평생이 걸리는 일이지 않을까? 전문가의 완성이란 것이 있을까 싶기 때문이다. 그리고 공부를 하면 할수록 모르는 것이 더 많아지고 배워야 할 것들, 배우고 싶은 것들이 더 많아지기에 미술심리치료학을 처음 접하던 초심으로 돌아가고자 한다."

점토 작업을 마치고 다시 석고 붕대를 사용하여 미술작업을 하였다. 석고 붕대는 뼈에 금이 가거나 부러졌을 때 사용하는 의료용 도구이기도 하다. 붕대에 석고가루가 입혀져 있고 물에 넣으면 금세 열을 발생시키며 석고처럼 딱딱하게 굳는다. 그 과정이 재미있고 신기하다.

치료를 한다는 맥락에서 보면 미술심리치료와 아주 닮은 미술 매체이기도 하다.

물에 적신 석고 붕대를 작은 원에서 시작하여 석고 붕대가 다 할 때까지 풀었다. 자연스럽게 원은 점점 커져 갔다. 석고가 굳을 때까지는 형태를 유지하기 위하여 잠시 기다려야 한다. 마치 치료 과정에서도 물리적인 시간이 필요한 것처럼.

보잘것없이 시작한 작은 원은 점점 커져 갔고 원의 모양도 타원형, 또 삐뚤삐뚤한 원형, 또 다른 형태의 원형의 모양을 갖추며 확장되어 갔다. 360도를 유지하는 완벽한 구의 모양을 만들기는 어려웠지만 완성되고 보니 완벽하지 않은 원의 형태가 더 아름다워 보였다.

이 작업을 하는 동안 언제 끝내야 할지 고민이 되었다. 석고 붕대가 허락되는 한 계속 뻗어 갈 수 있었다. 확장, 확장, 또 확장할 수 있었다([그림 10-7] 참조).

적절한 크기와 형태가 되는 단계를 생각하면서 멈추어야 하는 시점을 결정해야 했다. 무한대로 뻗어나갈 수 있지만 크기와 공간의 제약 속에서 멈추고 다시 수렴해야 했다.

미술심리치료 전문가로 성장한다는 것은 무조건 몸집만 불리는 것과 같지 않은 점과 닮은꼴을 하고 있었다.

[그림 10-7] 최호정(2018). 확장 그리고 수렴. 230×150mm. 석고 붕대.

"미술심리치료 전공자는 나눔과 배움을 통해 스스로 성장해야 하지만 혼자서는 결코 갈 수 없는 길이라는 것을 깨닫는다. 그리고 미술심리치료 전문가로서 자신의 한계를 알고 거울을 통해 비추어진 자기 모습을 수용한다. 스스로 자기 자신을 비출 수는 없어도 유기체와 같이 확장해 간다. 자신의 위치와 크기를 알고 언제 나아가고 어디서 멈추어야 하는지 알아가며 진정한 확장을 스스로 해 나갈 수 있기를 꿈꾼다."

참고문헌

김갑숙, 최외선(2009). 한국미술치료학회의 미술치료사 현황 및 발전방향. 미술치료연구, 16(2), 157-169.

김병완(2014). 초의식 독서법. 경기: 아템포.

김선희(2014). 미술치료 수퍼비전의 중요성과 임상현장 수퍼비전에 대한 고찰. 한국심리치료학회지, 6(1), 17-26.

김성희(2015). 노인복지시설 집단미술치료를 진행한 미술치료학 석사학위과정생의 현장실습 체험연구. 서울여자대학교 특수치료전문대학원 석사학위청구논문.

김시내(2011). 미술치료 석사과정생의 정신과 임상실습 체험연구. 서울여자대학교 특수치료전문대학원 석사학위청구논문.

김아미(2017). 시각적 연구방법에 대한 인식론적, 방법론적 고찰. 교육인류학연구, 20(1), 1-23.

김초롱(2011). 미술치료 석사과정생의 소아암 환아를 대상으로 한 병원학교 미술치료실습 체험연구. 서울여자대학교 특수치료전문대학원 석사학위청구논문.

김태은(2003). 저소득층 한부모 가족아동의 집단미술치료활동 체험연구. 서울여자대학교 특수치료전문대학원 석사학위 청구논문.

김태은(2009). 미술치료사의 수퍼비전 체험 연구. 서울여자대학교 특수치료전문대학원 박사학위청구논문.

김현미(2011). 미술교사 경험을 가진 미술치료 석사과정생의 정체성 확립 과정에 대한 체험연구. 서울여자대학교 특수치료전문대학원 석사학위청구논문.

김현미, 장연집(2015). 미술치료에서 미술에 관한 개념 모색. 한국심리치료학회지, 7(2), 23-35.

김현미, 장연집(2013). 박사 과정생 수퍼바이지의 미술작업 체험연구. 한국심리치료학회, 5(2). 51-67.

김현미, 장연집(2014). 미술치료전공박사 학위과정생 슈퍼바이지의 자발적인 반응작업 체험연구. 한국심리치료학회지, 6(2), 1-21.

김현진(2004). 30대 불임여성의 미술치료활동 체험 연구. 서울여자대학교 특수치료 전문대학원 석사학위청구논문.

김현진(2013). 성인기에 사별한 미혼 딸의 이미지 작업 체험연구. 한국심리치료학회지, 5(2), 69-90.

김현진(2016). 성인여성의 부모용서를 시각 언어로 표현하고 자기돌봄을 이끄는 집단 미술치료활동 체험연구. 서울여자대학교 특수치료전문대학원 박사학위청구논문.

김희연(2015). 미술치료학 석사학위과정생의 임상실습을 위한 현장 수퍼비전 체험연구. 서울여자대학교 특수치료전문대학원 석사학위청구논문.

문리학(2014). 미술치료기반의 "미술작업 인터뷰"를 적용한 노인 되어감의 해석학적 현상학 연구. 서울여자대학교 특수치료전문대학원 박사학위청구논문.

박정자(2005). 빈센트의 구두. 서울: 도서출판 기파랑.

박주희(2015). 미술치료학전공 석사학위과정생의 아동미술치료 현장실습 종결 체험연구. 서울여자대학교 특수치료전문대학원 석사학위청구논문.

신경림, 조명옥, 양진향 외(2004). 질적연구방법론. 서울: 이화여대출판부.

유혜령(2015). 현상학적 질적 연구의 논리와 방법: Max van Manen의 연구방법론을 중심으로. 가족과 상담, 5(1), 1-20.

이부영(1996). 그림자: 우리 마음속의 어두운 반려자. 서울: 한길사.

이정국, 강석헌(2002). 도 정신치료의 핵심. 한국정신치료학회 학술연찬회. 5-22.

이종규(2006). 질적연구방법론. 서울: 교육과학사.

임연채(2004). 이혼가정 자녀의 집단미술치료활동 체험연구. 서울여자대학교 특수치료전문대학원 석사학위청구논문.

임은미, 최금진, 최인호, 허문경, 홍경화(2009). 질적 연구방법. 서울: 한울.

임은영(2013). 미술치료학석사과정생의 수퍼비전 체험연구. 서울여자대학교 특수치료전문대학원 석사학위청구논문.

임하연(2015). 주의력 결핍 과잉행동 장애 초등학생을 대상으로 집단미술치료를 수행한 미술치료사의 체험연구. 서울여자대학교 특수치료전문대학원 박사학위청구논문.

장연집(2009). 한국 미술치료학의 현황분석-미술치료의 유형과 임상미술치료의 가능성. 한국심리치료학회지, 1(2), 1-35.

장연집(2012). 의식의 발달과 통합심리치료. 사회과학논총, 19, 191-217.

장연집(2013). 국내 미술치료학 전공의 대학원 과정 발전현황과 가능성. 심리치료, 13(1), 1-30.

장연집(2014). 미술치료학 전공자의 전공 관리를 위한 기본 사항의 고찰. 여성연구논총, 29, 15-41.

장연집(2015). 한국미술치료학의 과거 현재 그리고 미술심리치료학. 한국심리치료학회지, 7(2), 105-126.

장연집(2016). 해석학적 현상학의 학위논문에서 다뤄진 "글쓰기"를 기반으로 미술심리치료학 전공 졸업생들의 반영적 글쓰기 체험의 분석. 한국미술치료학회: 미술치료연구, 23(4), 1123-1141.

장연집(2017a). 메타 예술심리치료학과 예술심리치료사의 의식수준. 국제예술심리치료 협회 창립 자료집 (pp. 7-13). 국제예술심리치료협회.

장연집(2017b). 대학원 미술심리치료학 전공 졸업생의 반영적 글쓰기 체험의 탐구: ADHD 아동을 위한 미술치료사 체험을 다룬 해석학적 현상학의 글쓰기를 기반으로. 서울여대 사회과학논총, 24, 213-237.

장연집(2017c). 메타 미술심리치료학을 위한 기초 사항의 점검. 한국심리치료학회지, 9(1), 79-95.

장연집(2017d). 해석학적 현상학적 연구의 확장. 한국질적연구학회: 질적연구, 18(2), 193-208.

장연집, 강차연, 손승아, 안경숙(2008). 정신건강. 서울: 파란마음.

장연집, 김민주, 박보람, 이영한, 황혜진(2016). 미술심리치료학 전공 석사학위과정 신입생을 통해서 본 대학원 전공선택 준비과정에 관한 체험 연구. 서울여대 특수치료전문대학원: 다학제적 접근의 심리치료, 16(2), 47-65.

장연집, 김보라, 김지애, 노지혜, 이지열, 이지민, 박찬옥(2016). 대학원 미술심리치료학전공 석사학위 과정생의 입학 초기에 관한 체험 연구. **서울여자대학교 특수치료전문대학원: 다학제적 접근의 심리치료**, 16(1), 47-66.

장연집, 문리학, 한경아 편저(2017). **한국미술치료학**. 서울: 시그마프레스.

장연집, 최호정, 홍혜정, 김태은, 문리학, 한경아, 김시내, 김초롱, 임은영, 김성희, 박주희, 김희연, 김현미, 임하연, 임연채, 김현진(2018). **체험 미술심리치료**. 서울: 학지사.

장희정(2017). 미술치료사의 질적 연구 경험에 관한 해석학적 현상학 연구. 영남대학교 대학원 박사학위청구논문.

정민(2013). **오직 독서뿐**. 서울: 김영사.

조선일보(2017a). 글을 써 봐야, 내가 뭘 알고 모르는지… 여기서 창의성 출발. 2017. 1. 14. www.chosun.com.

조선일보(2017b). 글 잘 쓰는 인재 키우는 美 대학들: 하버드대 글쓰기수업 1:1로 혹독하게 가르쳐. 2017. 1. 14. www.chosun.com.

최명선(2014). 실천가로서 미술치료사의 전문성과 교육적 접근. **예술심리치료연구**, 10(4), 169-192.

최진석(2017). **탁월한 사유의 시선**. 경기: 21세기북스.

최호정(2009). 여성의 부모 용서과정에 관한 근거이론 연구. 서울여자대학교 특수치료전문대학원 박사학위청구논문.

한경아(2014). 미술치료학 전공 석사학위과정생의 '미술작업 중심 교과목' 내에서 미술작업 체험 연구. 서울여자대학교 특수치료전문대학원 박사학위청구논문.

한경아, 장연집(2013). 미술치료학 전공 석사학위과정의 대학원 유형 분류와 교과과정 분석 연구. **한국심리치료학회지**, 5(2), 143-167.

한동석(2013). **우주 변화의 원리**. 서울: 대원출판사.

한현준(2016). 미술치료 바우처서비스 만족도에 관한 연구 -아동 및 청소년 학부모를 대상으로-. 원광대학교 동서보완의학대학원 석사학위청구논문.

홍혜정(2010). 미술치료사의 미술작업을 통한 자기인식 체험연구. 서울여자대학교 특수치료전문대학원 석사학위청구논문.

홍혜정(2015a). 미술치료사의 미술작업을 통한 자기돌봄 체험연구. 서울여자대학교 특수치료전문대학원 박사학위청구논문.

홍혜정(2015b). 미술작업을 통한 미술치료사의 자기돌봄 체험연구. **미술치료연구**, 22(3), 777-798.

Allen, P. B. (1995). *Art is a way of knowing: A guide to self-knowledge and spiritual fulfillment through creativity*. Boston: Shambhala.

Baker, C., Pistrang, N., & Elliott, R. (2002). *Research methods in clinical psychology*. West Sussex, England: John Wiley & Sons, Ltd.

Chang, Y. J. (2001). Meditation and Qualitative Health Research. The 7th Annual Qualitative Health Research Conference. 국제 질적연구세계대회 Key Note.

Clark, A., Prosser, J., & Wiles, R. (2010). Ethical issues in image-based research. *Arts & Health, 2*(1), 81-93.

Creswell, J. W. (2015). **질적연구방법론**. (조홍식, 정선욱, 김진숙, 권지성 역). 서울: 학지사.

Davis, C. S. (2013). *Communicating hope: An ethnography of a children's mental health care team*. Walnut Creek, CA: Left Coast Press.

Dilts, R. B., & DeLozier, J. A. (2000). *Encyclopedia of systemic neuro-linguistic programming and NLP new coding*. CA: NLP University Press.

Eldėn, S. (2012). Inviting the messy: Drawing methods and 'children's voice'. *Childhood, 20*(1), 66-81.

Fincher, S. (2011). **만다라 미술치료 워크북**. (오연주 역). 서울: 이음. (원저는 2009년에 출판).

Ganim, B., & Fox, S. (2007). **비주얼 저널을 통한 미술치료**. (최재영, 윤혜원 역). 서울: 시그마프레스. (원저는 1999년에 출판).

Gravestock, H. M. (2010). Embodying understanding: Drawing as research in sport and exercise. *Qualitative Research in Sport and Exercise, 2*(2), 196-208.

Hawkins, D. R. (2009). **의식수준을 넘어서**. (문진희, 김명권 역). 서울: 황금가지.

Hawkins, D. R. (2016). **현대인의 의식지도**. (주민아 역). 서울: 판미동.

Kaku, M. (2012). **미래의 물리학**. (박병철 역). 서울: 김영사. (원저는 2011년에 출판).

Kaku, M., & Trainer, J. (1993). **아인슈타인을 넘어서**. (박영재 역). 서울: 전파과학사. (원저는 1987년에 출판).

Kaplan, F. F. (2013). **미술, 과학, 미술치료**. (장연집 역). 서울: 시그마프레스.

Langer, S. K. (2009). **예술이란 무엇인가?** (박용숙 역). 서울: 문예출판사. (원저는 1957년에 출판).

Malchiodi, C. A. (1999). *Medical art therapy with children*. London: Jessica Kingsley Publishers.

Malchiodi, C. A. (2004). **미술치료**. (최재영, 김진연 역). 서울: 조형교육. (원저는 1998년에 출판).

Maslow, W. (2009). **동기와 성격**. (오혜경 역). 경기: 북이십일.

Moon, B. L. (2003). *Essentials of art therapy education and practice*. Springfield: Charles C. Thomas.

Netzer, D. (2009). From linear to imaginal: Choosing research methods to inform art therapy practice. *Art Therapy: Journal of the American Art Therapy Association, 26*(1), 38-41.

Nucho, A. O. (2003). *The psychocybernetic model of art therapy*. London: Chales C Thomas publisher. LTD.

Phipps, C. (2016). **인간은 무엇이 되려 하는가**. (이진영 역). 경기: 김영사.

Pink, S. (2003). Interdisciplinary agendas in visual research: Re-situating visual anthropology. *Visual Studies, 18*(2), 179-192.

Prosser, J. (2011). Visual methodology. In N. Denzin, & Y. S. Lincoln (2011). *The sage handbook of qualitative research*. CA: Sage Publications Ltd.

Read, H. (2002). **도상과 사상**. (김병익 역). 서울: 열화당 미술책방. (원저는 1955년에 출판).

Rogers, N. (2007). **인간중심표현예술치료**. (이정명, 전미향, 전태욱 역). 서울: 시그마프레스.

Rubin, J. A. (2008). **예술로서의 미술치료**. (김진숙 역). 서울: 학지사. (원저는 1984년에 출판).

Rubin, J. A. (2010). **미술치료학 개론**. (김진숙 역). 서울: 학지사. (원저는 2006년에 출판).

Schyns, B., Tymon, A., Kiefer, T., & Kerschreiter, R. (2013). New ways to leadership development: A picture paints a thousand words. *Management Learning, 14,* 11-24.

Seidman, I. (2009). **질적연구 방법으로서의 면담**. (박혜준, 이승연 역). 서울: 학지사.

Sorin, R., Brooks, T., & Haring, U. (2006). Exploring children's environmental understandings through the arts. *Creative Approaches to Research, 5*(1), 15.

Tracy, S. J., Lutagen-Sandvik, P., & Alberts, J. K. (2006). Nightmares, demons, and slave. *Management Communication Quarterly, 20*(2), 148-185.

Tracy, S. J., & Redden, S. M. (2016). Markers, metaphors, and meaning. In Elsbach, K. D., Kramer, R. M. (2016). *Handbook of qualitative organizational research*. NY: Routledge.

Tyson, P., & Tyson, R. (2013). **정신분석적 발달이론의 통합**. (박영숙, 장대식 역). 부산: 산지니. (원저는 1990년에 출판).

Uwe, F. (2009). **질적 연구방법**. (임은미, 최금진, 최인호, 허문경, 홍경화 역). 서울: 한울.

van Manen, M. (1985). Practicing phenomenological writing. *Phenomenology+Pedagogy, 2*(1), 1984.

van Manen, M. (1990). *Researching lived experience*. London: The University of Western Ontairo.

van Manen, M. (1994). **체험연구: 해석학적 현상학의 인간과학 연구방법론**. (신경림, 안규남 역). 서울: 동녘출판사.

van Manen, M. (2015). *Pedagogical tact*. CA: Left Coast Press.

Wadeson, H. (2008). **미술심리치료학**. (장연집 역). 서울: 시그마프레스.

Weber, S. (2008). Visual images in research. In A. L. Cole, & G. J. Knowles (2008). *Handbook of the arts in qualitative research: Perspectives, methodologies, examples, and issues*. LA: Sage Publications

Wilber, K. (2008). **통합심리학**. (조옥경 역). 서울: 학지사.

네이버 사전 http://dic.naver.com/

네이버 지식백과 https://terms.naver.com/

네이버 한자사전 https://hanja.dict.naver.com/

찾아보기

저자 소개

장연집(Chang, Yeonjip)

프랑스 스트라스부르 루이파스퇴르 대학원 심리학 박사

서울여자대학교 사회과학대학 학장, 사회과학연구소 소장, 입학관리처장

한국심리치료학회 회장 역임, 대통령 교육 및 학술상 수상

임상심리전문가, 상담심리전문가, 건강심리전문가, 정신보건임상심리사 1급 정신보건 전문요원, 국제공인 NLP Trainer & Consultant, 심리개입전문가, 임상미술심리전문가, K-EMDR전문가

현 서울여자대학교 특수치료전문대학원 교수

저서) 체험 미술심리치료(공저, 학지사, 2018)
한국 미술치료학(편저, 시그마프레스, 2017)
정신건강(공저, 파란마음, 2008)
현대인의 정신건강(공저, 학지사, 1999)

역서) 미술, 과학, 미술치료(시그마프레스, 2013)
임상미술치료학(공역, 시그마프레스, 2012)
미술치료학 연구법(공역, 시그마프레스, 2012)
미술심리치료학(시그마프레스, 2008)
여성건강 심리학(이화여자대학교출판부, 2001)
성인화의 분석(공역, 학지사, 1995)
아동이 그린 가족화 분석(교문사, 1994)

논문) 해석학적 현상학적 연구의 확장 시도(2017) 외 170여 편

최호정(Choi, Hojung)

서울여자대학교 특수치료전문대학원 예술치료학 박사

현 최호정 미술심리치료연구소 소장

A.T.R. (미국공인미술치료사)

저 · 역서) 체험 미술심리치료(공저, 학지사, 2018)

임상미술치료학(공역, 시그마프레스, 2012)

미술치료학 연구법(공역, 시그마프레스, 2012)

해석적 기술(공역, ㅎ누리, 2011)

홍혜정(Hong, Heajung)

서울여자대학교 특수치료전문대학원 예술치료학 박사

현 서울여자대학교 특수치료전문대학원 표현예술치료학과 겸임교수

홍혜정 미술심리치료연구소 소장

저서) 체험 미술심리치료(공저, 학지사, 2018)

김현미(Kim, Hyunmi)

서울여자대학교 특수치료전문대학원 예술치료학 박사

현 광운대학교 심리건강증진센터 미술치료사

서울여자대학교 특수치료전문대학원 표현예술치료학과 외래교수

저서) 체험 미술심리치료(공저, 학지사, 2018)

임하연(Lim, Hayeon)

서울여자대학교 특수치료전문대학원 예술치료학 박사

현 한국예술치료상담연구소 소장

저서) 체험 미술심리치료(공저, 학지사, 2018)

체험 미술심리치료의 확장

Expansion of Lived Experience in Art Psychotherapy

2018년 8월 20일 1판 1쇄 인쇄
2018년 8월 30일 1판 1쇄 발행

지은이 • 장연집 · 최호정 · 홍혜정 · 김현미 · 임하연
펴낸이 • 김진환
펴낸곳 • (주) 학지사
04031 서울특별시 마포구 양화로 15길 20 마인드월드빌딩
대표전화 • 02)330-5114 팩스 • 02)324-2345
등록번호 • 제313-2006-000265호

홈페이지 • http://www.hakjisa.co.kr
페이스북 • https://www.facebook.com/hakjisa

ISBN 978-89-997-1644-7 93180

정가 22,000원

이 도서의 국립중앙도서관 출판시도서목록(CIP)은 서지정보유통지원시스템 홈페이지(http://seoji.nl.go.kr)와 국가자료공동목록시스템(http://www.nl.go.kr/kolisnet)에서 이용하실 수 있습니다.
(CIP 제어번호: CIP2018026315)